600만 자영업자를 위한 솔루션

브랜드 창업

그냥 '창업'이 아니라 '브랜드 창업' 입니다

2007년 8월, 유난히 비가 많이 내리고 무더웠던 여름이었지만 나는 그해 여름을 겨울보다 더 추웠던 것으로 기억한다. 8월 한 달 동안 나는 유니타스브랜드를 창간하기 위해서 뜨거운 여름 정오의 햇빛을 손등으로 가리며 20년 동안 잡지밥을 먹었다는 선배들을 만나러 돌아다녔다. 한 달 동안 만난 지인들은 마치 합창단이 화음을 잡듯이 똑같이 이렇게 말했다.

"절대 잡지로 창업하지 마라!"

단 한 명도 나의 창업가 정신을 독려하거나 응원해주지 않았다. 그러나 내가 그들을 원망하지 않았던 이유는 분명 나를 진심으로 아끼고 사랑하는 마음에서 우러나온 충고를 하는 것임을 알았기 때문이다(나 또한 잡지로 창업하겠다고 찾아오는 후배가 있다면 창업하지 말 것을 당부할 것이다). 어떤 선배는 미팅을 마치고 헤어진 뒤 그날 저녁에 다시 전화를 해서 절대 잡지로 창업하지 말 것을 재차 강조하기도 했고, 왜 죄 없는 가족들을 고생시키냐고 걱정하는 사람이 있는가 하면, 또 어떤 사람은 도시락을 싸 들고 다니면서 말리겠다고도 했다. 심지어 함께 일할 직원들에게 잡지를 창간하는 것의 어려움을 폭로(?)하겠다고 협박 아닌 협박을 하는 선배도 있었다. 도대체 잡지 시장이 어떤 상황이기에 이런 말을 들어야 하는 것일까 의아했는데, 잡지협회에 따르면 그 해 폐간을 했거나 창간과 동시에 폐간된 잡지의 수가 무려 480종이었다고 한다.

그렇게 말렸던 창업을 감행한지 햇수로 4년이 지났다. 나는 가끔 다른 잡지 편집장이나 발행인들과 만나는 자리를 가질 때가 있다. 우리들은 지금까지 생존해있는 것을 스스로 자랑스러워하는 얼굴 빛으로 서로를 무언으로 위로한다. 서로가 묻는 안부인사는 "밤새 안녕하셨어요(어떻게 견디고 있어요)?"하는 식으로, 생존의 노하우를 묻는 질문이다(물론 여기서 해외 라이선스지는 예외다. 불황일수록 오히려 호황을 누리는 그들은 놀라울 정도의 높은 성장율을 보이고 있다).

누군가 나에게 와서 국내 시장에서 브랜드 잡지를 창간하고 싶다고 하면 나는 그들에게 뭐라고 말할까? 내가 당했던 것을 한번 그대로 당해보라는 마음으로 창업을 독려해줄까, 아니면 창업 전투에서 얻게 된 나의 상처를 보여주면서 말려야 할까.

만약 그 친구가 창간 후 폐간을 해도 (브랜드 관점으로) 다시 일어설 각오로 앞으로의 10년 계획을 말해준다면 기꺼이 나의 노하우를 전수해줄 것이다. 하지만 창업을 또 다른 취업, 가업, 부업 혹은 전업으로 생각하고 있다면 OECD 국가 중 부도를 낸 사장의 자살율을 비교해 보이면서 말릴 것 같다.

600만 자영업자 중에 70% 이상이 나홀로 사장이다. 해마다 50만 개 이상의 자영업이 폐점하고 창업자 10명 중에 5명은 3년을 견디지 못하고 망한다고 한다. 그나마 3년을 견뎌낸 사업체라도 5년까지 지속되는 곳은 그 중에 20%도 안 된다. 우리나라는 OECD국가 중에서 영세 자영업 비율이 가장 많다. 뿐만 아니라 올해부터 베이비붐 세대인 700만 명의 사람들이 10년 동안 순차적으로 은퇴를 하게 된다. 단순히 따져봐도 10년 안에 우리나라에서 자영업을 하는 사람들은 1,000만 명에 육박할 것이다. 창업을 준비하는 당신의 창업 의지를 얼음조각처럼 부숴 버릴만한 끔찍한 숫자는 더 즐비하지만 여기까지만 하겠다.

우리나라는 한 업종이 움직이면 그 즉시 도미노처럼 묻지마 창업이 일어난다. 요즘은 카페가 그런 형국이지만 예전에는 조개구이 전문점, PC방, 노래방, 단란주점, 찜질방, 도시락집, 휴대폰 판매점 등이 전국에 동시다발로 생겼다가 사라졌다.

도대체 이런 창업을 왜 하는 것일까? 결정적인 원인은 대부분의 창업이 생계형 창업이기 때문이다. 아무런 준비없이 6개월 만에 시작하는 돌발 창업은 마치 공부하다가 전쟁터로 뛰어나온 학도병처럼 총알받이로 장렬히 전사하는 것과 같다. 비즈니스도 전쟁터임을 잊지 말아야 한다.

그렇다면 이런 일을 당하지 않기 위해서 무엇을 해야 될까? 그 대답은 놀랍게도 글로벌 브랜드들이 가지고 있다. 아디다스, 나이키, 맥도날드, 구글, 스타벅스, 이케아, 애플 외 수많은 브랜드들은 모두 처음에는 두 명 혹은 혼자서 시작한 자영업의 형태였다. 다만 처음을 시작한 생각이 달랐음에는 틀림없다. 이뿐만이 아니다. 우리가 알고 있는 대부분의 좋은 브랜드는 대기업의 프로젝트에서 나온 것이 아니라 영세 자영업자들이 시작했다. 또한 이번 호에서 소개할 창업 사례들 역시 자영업에서 시작한 기업들이다. 물론 자영업이라고 해서 모두 브랜드가 되는 것은 '절대로' 아니다. 자영업이 브랜드가 되는 독특한 패턴이 있는데 우리는 그 패턴을 이번 특집에서 다룬 브랜드들에게서 발견했다.

아마 유니타스브랜드 정기구독자라면 그간 유니타스브랜드가 소개한 브랜드들의 90%가 모두 자영업으로 브랜드를 완성한 사례였다는 것을 눈치챘을 것이다. 그동안 우리는 시즌 I

EDITOR'S LETTER

과 시즌Ⅱ를 통해 브랜드 창업을 하고 브랜드를 구축하는 과정과 특이점을 소개했던 것이다. 한마디로 Vol.1~19까지 나왔던 모든 이론, 법칙, 그리고 컨셉들의 시작점은 바로 Vol.20에서 출발한 내용들이다. Vol.1~19까지가 열매라면 Vol.20은 그 열매의 씨앗이다.

자신이 맺게 될 과일만큼 커다란 씨앗은 없다. 사과 씨앗을 까서 먹는다고 해서 씨에서 사과맛이 나지도 않는다. 사과 씨앗과 사과는 닮지 않았다. 하지만 그 씨앗 속에는 나무가 되는 논리가 숨어 있다. 이번 특집에서 소개될 창업 이야기들은 브랜드 씨앗에 관한 이야기들이다. 그래서 우리는 Vol.20을 브랜드가 될 씨앗을 고르는 마음으로 만들었다. 독자들이 이 책을 읽을 때 브랜드의 씨앗이 독자의 마음에 뿌려지는 모습을 상상하면서 말이다.

이번호에 소개될 브랜드들의 이야기는 창업의 역경과 고난을 인내와 진정성으로 견디고 있는, 그러니까 아직 '창업 중'인 브랜드에 관한 이야기다. 분명 우리들의 기준으로 성공했지만 그들은 절대 창업에 성공했다고 말하지 않는다. 아직도 초심으로 비전을 바라보면서 자신의 철학으로 브랜드를 완성하고 있다. 이들에게 유니타스브랜드의 시즌Ⅰ, Ⅱ에서 소개한 브랜드뷰 BrandView, 브랜드십 BrandShip, 온브랜딩 ON-Branding, 슈퍼내추럴 코드 Super Natural Code 등과 똑같은 현상이 적나라하게 보이지는 않았지만, 그러한 법칙으로 해석될 현상(열매)의 원형인 초심(씨앗)을 찾을 수 있을 것이다.

유니타스브랜드가 지금까지 브랜드의 열매와 씨앗을 다루었다면 앞으로 다루게 될 시즌에서는 브랜드의 숲을 만드는 내용들을 소개할 예정이다. 먼저 시즌Ⅱ와 시즌Ⅲ의 연결부라고 할 수 있는 시즌Ⅱ의 후반부 특집들은 창업 이후에 브랜드 경영에 도움이 될만한 '강소브랜드 경영' '브랜드 대담', 그리고 'Brand B자 배우기'가 준비되어 있다. 그리고 2012년 초반에 시작될 시즌Ⅲ는 의식주휴미락 산업분야에 관한 브랜딩 매뉴얼이라는 컨셉으로 전혀 다른, 새로운 유니타스브랜드를 기획하고 있다. 이뿐만이 아니다. 2013~2014년에 시작될 시즌Ⅳ는 '브랜드와 감각'을 중심으로 공간, 색깔, 냄새, 감동, 원형, 역사, 장인, 미각, 영혼, 테마, 섬김 등에 관한 특집이 준비 되어있다. 시즌Ⅴ에서는 고가, 중가, 저가, 여성, 남성, 아동, 청소년, 장년 브랜드에 관한 기획을 준비하고 있으며, 시즌Ⅵ에서는 희노애락에 관한 브랜드를 조명할 계획이다. 이런 방식으로 유니타스브랜드가 꿈꾸는 브랜딩의 숲은 완성될 것이다.

이렇게 브랜드의 숲을 이룰 10년 특집 구상은 2007년 8월 잡지 분야에 있는 선배들과 만났다 헤어지고 사무실로 돌아오면서 생각했던 주제들이다. 돌아오는 지하철에서 스스로 묻고 대답하는 시간을 통해서 내가 왜 창업을 해야 하는지에 관한 이유를 다시 한 번 정립했다.

'혹시 중간에 폐간되면 어떻게 하지?' '그래! 블로그에 연재하면 되겠지!'

'그러면 나는 어떻게 생계를 유지하지?' '그냥 틈틈이 벌면서 하면 되겠지!'

'과연 10년 안에 브랜드 창조와 구축에 관한 법칙을 발견할 수 있을까?' '못하면 10년 더하면 되지!'

'그런데 왜 브랜드를 이토록 연구하려는 것일까?' '나는 좋은 브랜드가 좋은 생태계를 만드는 것을 증명해 보여야 하잖아!' 2007년 8월에 이렇게 스스로 묻고 답하면서 10년 동안 만들 60여 권의 유니타스브랜드를 머릿속에 그려냈다. 이번 Vol.20호를 통해서 전체의 1/3을 마친 것이다. 나의 창업도 이렇게 자영업에서 시작되었다.

이렇게 10년을 바라보면서 준비했던 것은 돈을 벌기 위함이 아니라 돈에 끌려 다니지 않기 위함이었다. 전문지가 돈을 벌기 위해서 보도용 자료를 마치 특집처럼 다룬다면 과연 얼마 동안 생명을 유지할 수 있을까? 전문지가 돈을 벌기 위해 자체 컨텐츠보다 광고를 더 많이 싣는다면 누가 그것을 전문지라고 생각할까? 우리는 광고를 선별하고 제한했으며 보도기사는 기사로 다루지 않았다. 그렇게 3년을 보내면서 우리는 우리가 어떻게 존재해야 하는지를 알게 되었다.

잡지의 종 혹은 전문지의 질은 그 나라의 지식과 문화의 수준을 대변하는 경우가 많다. 미국과 일본의 서점에서 잡지 코너를 가 본 사람이라면 충분히 공감할 것이다. 그렇다면 우리의 잡지 코너에는 과연 어떤 잡지와 전문지가 있는가? 브랜드 시대에 브랜드에 관한 잡지는 과연 몇 권이 있을까? 유니타스브랜드가 존재하는 이유는 우리나라 브랜드가 강력한 글로벌 브랜드가 되고, 우리나라의 문화와 정체성을 브랜드에 접목시켜 국가브랜드를 구축하며, 이런 브랜드가 유산이 되어 후대에게 전달되는 것을 돕는데 있다. 그것이 우리가 창간한 이유다.

편집장 권 민

  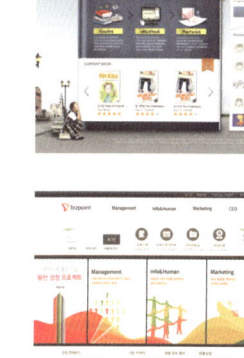

Wire and Wireless Total Business Enabler

Client List SK그룹 삼성그룹 LG그룹 SK텔레콤 KT KTH 구글 SK텔레시스 SK브로드밴드 삼성전자 팬택앤큐리텔 소니 SK에너지 르노삼성자동차 기아자동차 한국존슨앤드존슨 롯데제과 동서식품 언일파스퇴르유업 삼성생명 국민은행 비씨카드 롯데카드 신한증권 우리투자주식회사 신한카드 메리츠 아이스베리 교보자동차보험 동양파이낸셜 푸르덴셜생명 넥스 현대스위스저축은행 LG백화점 롯데백화점 롯데마트 신세계 디아지오코리아 SKC&C 삼성SDS OK캐쉬백 하이텔 국민대학교 신사고 크레듀 서울특별시 보건복지부 온미디어 한샘 CJ미디어 네오비즈 삼성문화재단 인텔 삼성종합기술원 힐스테이트
2010 Award SK텔레콤 기업대표 웹어워드코리아 생활브랜드부문 통합대상 삼성물산 건설부문 웹어워드코리아 기업일반부문 대상 르노삼성자동차 드라이빙케어 코리아디지털미디어어워드 모바일앱 정보 및 서비스부문 대상 에르고다음다이렉트 코리아디지털미디어 어워드 금융보험부문 대상

Homepage_ www.media4th.co.kr Blog_ www.onlinefirst.co.kr Twitter_ www.twitter.com/media4th Tel_ 02. 536. 0517

BOOK

Unitas BRAND
브랜드, 마케팅, 트렌드, 디자인에 관한 전문
매거북(magazin+book)으로, 격월간 발행

Unitas VIEW
트렌드, 문화, 라이프스타일, 예술, 리서치 등의
주제를 무크지 형태로 발행

단행본
브랜드를 비롯한 전문 분야에 대한 다수의 연구서
저술을 통해 지식을 개발

CONSULTING

Unitas Consulting
브랜딩 최적화를 위한 브랜드 컨설팅 서비스를 제공
브랜드 철학 및 비전구축과 이를 가시화하는
전략 수립 컨설팅 병행

Unitas Coaching
CEO와 Top Management의 실제적인 브랜드 경영을
돕기 위한 프로그램을 제안

BRANDING HOUSE

브랜드를 브랜드답게 만듭니다

EDUCATION

Unitas CLASS
전 직원의 브랜더화를 위한 브랜드 전략가 양성 교육,
기업 맞춤 교육 및 집합 교육 등 브랜드 특화 교육 커리
큘럼 제공

Unitas Conference
최고의 브랜딩, 마케팅 전문가들과 함께하는 컨퍼런스
및 세미나를 통해 브랜딩 역량 향상

SOLUTION

Brand 창업
브랜드 창업센터를 통해 예비창업자를 위한 교육 및
세미나를 진행중이며, 유니타스브랜드 시즌Ⅲ의 특집
구성은 브랜드 창업을 염두에 두고 기획 중. 단행본
시리즈의 특집과 단행본 《아내가창업을 한다》 발행

UNITAS MATRIX
프로젝트가 진행될 때 최상의 결과를 얻을 수 있도록
돕는 프로젝트 도구. 프로젝트 플래너, 크리에이티브
노트, 시장조사 노트, 독서 노트 등 전략적 사고의 툴
제공

㈜모라비안유니타스 서울시 강남구 역삼2동 725-21 Tel 02.545.6240 Email unitas@unitasbrand.com www.unitasbrand.com 문의 조선화 실장

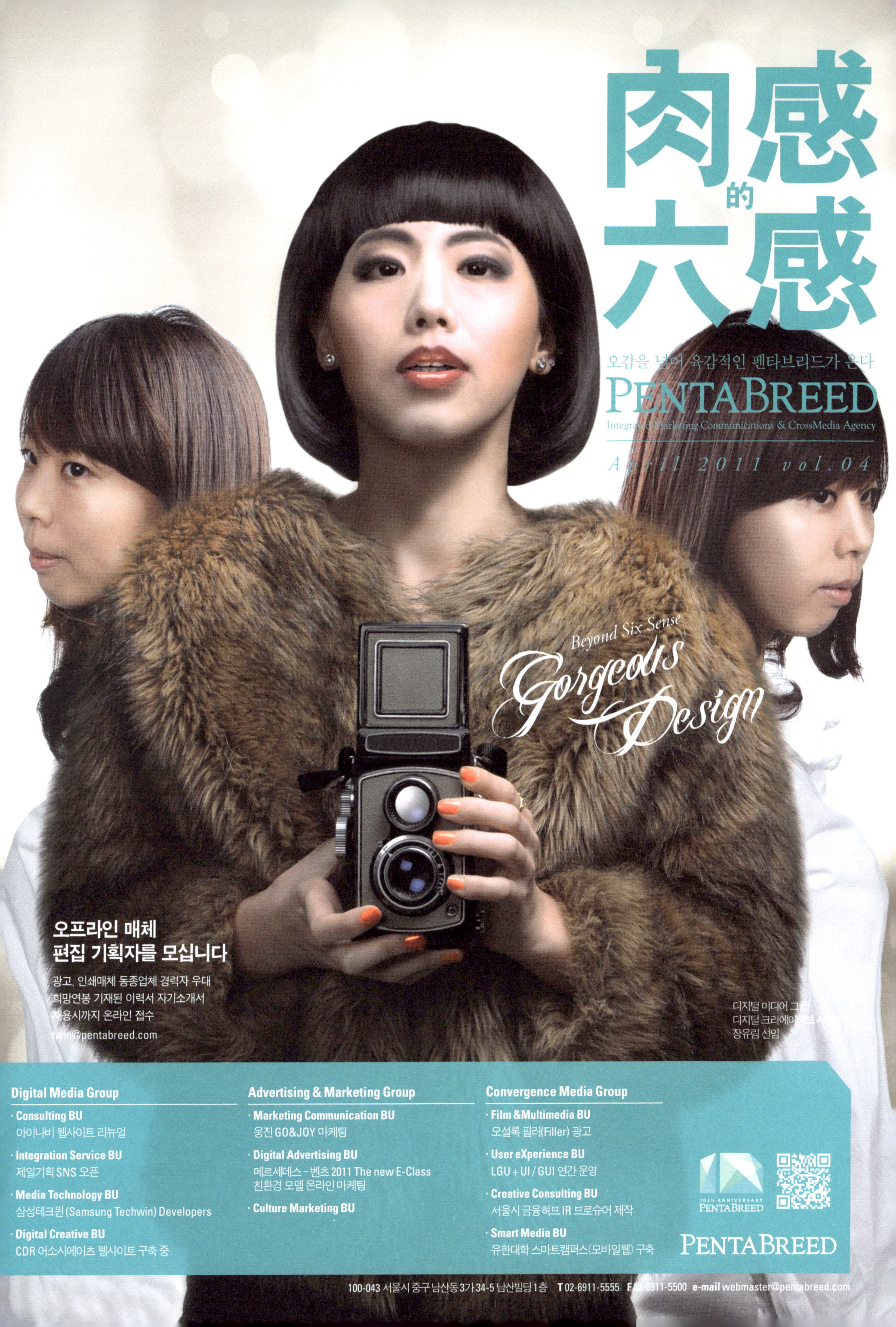

肉感_的六感

오감을 넘어 육감적인 펜타브리드가 온다

PENTABREED
Integrated Marketing Communications & CrossMedia Agency

April 2011 vol.04

Beyond Six Sense
Gorgeous Design

**오프라인 매체
편집 기획자를 모십니다**

광고, 인쇄매체 동종업체 경력자 우대
희망연봉 기재된 이력서 자기소개서
채용시까지 온라인 접수

twin@pentabreed.com

디지털 미디어 그룹
디지털 크리에이티브실
장유림 선임

Digital Media Group
- **Consulting BU**
  아이나비 웹사이트 리뉴얼
- **Integration Service BU**
  제일기획 SNS 오픈
- **Media Technology BU**
  삼성테크윈(Samsung Techwin) Developers
- **Digital Creative BU**
  CDR 어소시에이츠 웹사이트 구축 중

Advertising & Marketing Group
- **Marketing Communication BU**
  웅진 GO&JOY 마케팅
- **Digital Advertising BU**
  메르세데스 - 벤츠 2011 The new E-Class
  친환경 모델 온라인 마케팅
- **Culture Marketing BU**

Convergence Media Group
- **Film &Multimedia BU**
  오설록 필러(Filler) 광고
- **User eXperience BU**
  LGU + UI / GUI 연간 운영
- **Creative Consulting BU**
  서울시 금융허브 IR 브로슈어 제작
- **Smart Media BU**
  유한대학 스마트캠퍼스(모바일웹) 구축

PENTABREED

100-043 서울시 중구 남산동 3가 34-5 남산빌딩 1층 **T** 02-6911-5555 **F** 02-6911-5500 **e-mail** webmaster@pentabreed.com

암환자 생존율보다 낮은 창업 생존율!
대한민국은 지금, 창업의 재정의가 필요하다.

창업의 목표는 부업, 전업, 취업, 개업이 아니라 브랜드 런칭이다.

- 15년간 전업주부로 지내던 아내가 집을 담보로 대출을 받아 빵집을 하겠다고 선언했다! 당신이라면 과연 박수를 쳐 줄 것인가?
- 청년실업, 조기은퇴의 시대에 당신도 혹시 창업을 꿈꾸는가?
- 나이키, 아디다스, 이케아, 스타벅스, 레고, KFC 등 그 브랜드의 시작은 자영업이었다!

내일 당장 창업할 사람은 이 책을 덮어라!
최소 2년은 준비한 후 창업할 사람,
창업 후 20년 이상 자신의 가게나 회사를
브랜드로 운영할 사람을 위한
대한민국 최초의 브랜드 창업 매뉴얼!

권민 지음 / 값 15,500원

Unitas BRAND by MORAVIANUNITAS
서울시 강남구 역삼동 725-21 4층 문의 02-542-8508 www.unitasbrand.com

www.sampartners.co.kr

design beyond space   zain corporate identity

smart device for everyone   samsung smart tv brand guideline

for the global brand   adm corporate identity

Real branding is creating brand experience!

sam partners
creating brand experience

Sampartners inc. 609 - 25 yoeksamdong, gangnamgu, seoul, korea, zipcode 135-907, telephone 02 508 7871 facsimile 02 508 7651

유니타스브랜드 Vol.20
600만 자영업자를 위한 솔루션
브랜드 창업

브랜딩의 씨앗, 브랜드 창업
판타지 브랜드, 브랜드 뱀파이어, 고등브랜드, 휴먼브랜드, 브랜드 런칭, RAW, 브랜드와 컨셉, 호황의 개기일식, 디자인 경영, 온브랜딩, 슈퍼내추럴 코드, 브랜드 직관력, 브랜드 교육, 브랜드십, 브랜드 전략, 브랜드와 트렌드, 브랜드와 미래. 눈치 빠른 독자라면 이것이 무엇인지 금세 알 것이다. 바로 유니타스브랜드에서 시즌 I, II를 통해 발행한 특집의 주제들이다. 이 주제들은 브랜딩에 관한 이론과 법칙, 솔루션에 관한 것이다. 초반부터 유니타스브랜드가 지금까지 해왔던 것들을 얘기한 이유는 유니타스브랜드의 업적(?)을 논하기 위함은 결코 아니다. 바로, 이번 특집에서 다룬 브랜드들이 이러한 브랜딩 과정의 출발선에 선 브랜드들이기 때문이다. 우리는 '브랜드 창업'이라는 특집 주제를 선정하며 그간 유니타스브랜드에서 다루었던 브랜딩 솔루션의 씨앗을 지닌 브랜드들을 찾아 나섰다. 물론, 그 과정은 그리 쉽지는 않았다. 왜냐하면 씨앗이란 아직 어떤 열매가 열릴지, 혹은 몇 개의 열매가 열릴지 모르는 상태이기 때문에 우리에게는 보이지 않는 영역을 보는 특별한 혜안이 필요했기 때문이다. 그 혜안을 통해 발견한 브랜드는 총 18개다. 통계청 통계개발원에서 발표한 '2004~2009년 사업체 생멸(생성·소멸) 현황 분석'을 보면, 신규 사업체의 1년 생존율은 70% 안팎이며, 55% 안팎은 3년을 버티지 못한 채 문을 닫는다고 한다. 그런 의미에서 이 18개의 브랜드들은 '창업전선'이라 불리는 전쟁터에서 소위, '살아남는 방법'을 터득한 브랜드들이다. 이 18개의 브랜드를 만나면서 우리는 그들만의 살아남는 방법에는 일정한 패턴이 있다는 것을 발견했다. 그러한 패턴을 정리하여 총 10가지의 이른바 브랜드 창업의 법칙을 만들었다. Vol.20을 보는 방법은 바로 이 10가지 창업 법칙을 찾는 것에서부터 시작한다. 그런 후, 이 법칙이 18개의 브랜드에 어떻게 적용되었는지를 분석했다. 마지막으로 당신보다 먼저 브랜드 창업을 한 12명의 소위 선배 창업자들로부터 얻은 브랜드 창업에 대한 조언을 덧붙였다. 우리는 이러한 일련의 과정을 '브랜드 창업을 위한 10가지 Guidance – 18가지 References – 12가지 Advice'라고 명명했다. 그렇다면 다음의 가이드에 따라 이번 특집을 읽어보라.

- **I** 먼저 18가지 브랜드 사례를 다룬 References 섹션(p72~)을 읽어본다. 각각의 브랜드 사례에서 당신이 생각하는 브랜드 창업 법칙이 무엇인지 상상해보는 것이다.
- **II** 그런 후, 10가지 창업 법칙을 다룬 Guidance 섹션(p26~)을 읽어본다. 당신이 상상한 것과 어떤 것이 같고 다른지를 찾아보며 왜 유니타스브랜드에서 이 10가지 법칙을 선정했는지에 대한 의도를 파악해보는 것이다(혹, 당신이 발견한 새로운 법칙이 있다면 유니타스브랜드 편집부로 메일을 보내도 좋다).
- **III** 다시 18가지 브랜드 사례(p72~)를 읽어본다. 10가지 법칙이 브랜딩의 어떤 영역에서 적용되고 있는지 더욱 분명하게 보일 것이다.
- **IV** 마지막으로 선배들의 조언(p192~)을 읽어보라. 실제 경험에서부터 우러나온 조언들이 당신이 미처 생각하지 못했던 브랜드 창업의 비밀(?)들을 알려줄 것이다.

여기에서 **I** 의 순서를 생략하고 곧바로 **II** 로 넘어가도 좋다. 만약 이렇게 할 경우는 Guidance 섹션을 최소 두 번을 읽을 것을 권한다. 10가지 창업 법칙에 대해 충분히 숙지한 후, References 섹션을 읽는다면 18가지 브랜드 사례에서 보다 넓고, 깊은 시각으로 각각의 브랜드들의 창업 스토리를 보게 될 것이기 때문이다.
그러나 어떤 방법으로 읽든 중요한 것은 당신의 브랜드에 (이것은 당신이 창업을 준비하고 있거나 혹은, 창업을 막 시작했다는 전제 하에) 이 10가지 법칙을 어떻게 적용할 것인가 하는 것이다. 반드시 기억해야 할 것은, 이 10가지 법칙이 결국에는 브랜딩이라는 열매를 맺게 되는 씨앗이라는 것이다. 자 그럼, 당신이 만들 브랜드에 10가지 법칙을 적용해 본 후, 어떻게 달라졌는지 후기를 유니타스브랜드 트위터에 올려주어도 좋다.

18개 브랜드의 18가지 브랜드 창업 스토리

당신이 트위터에 올릴 후기에 도움(?)이 될지도 모를 18개의 브랜드 사례를 접할 때 다음의 질문을 반드시 자문해보길 바란다.
(다음의 설명에서 나오는 그 또는 그녀는 창업자를 말한다.)

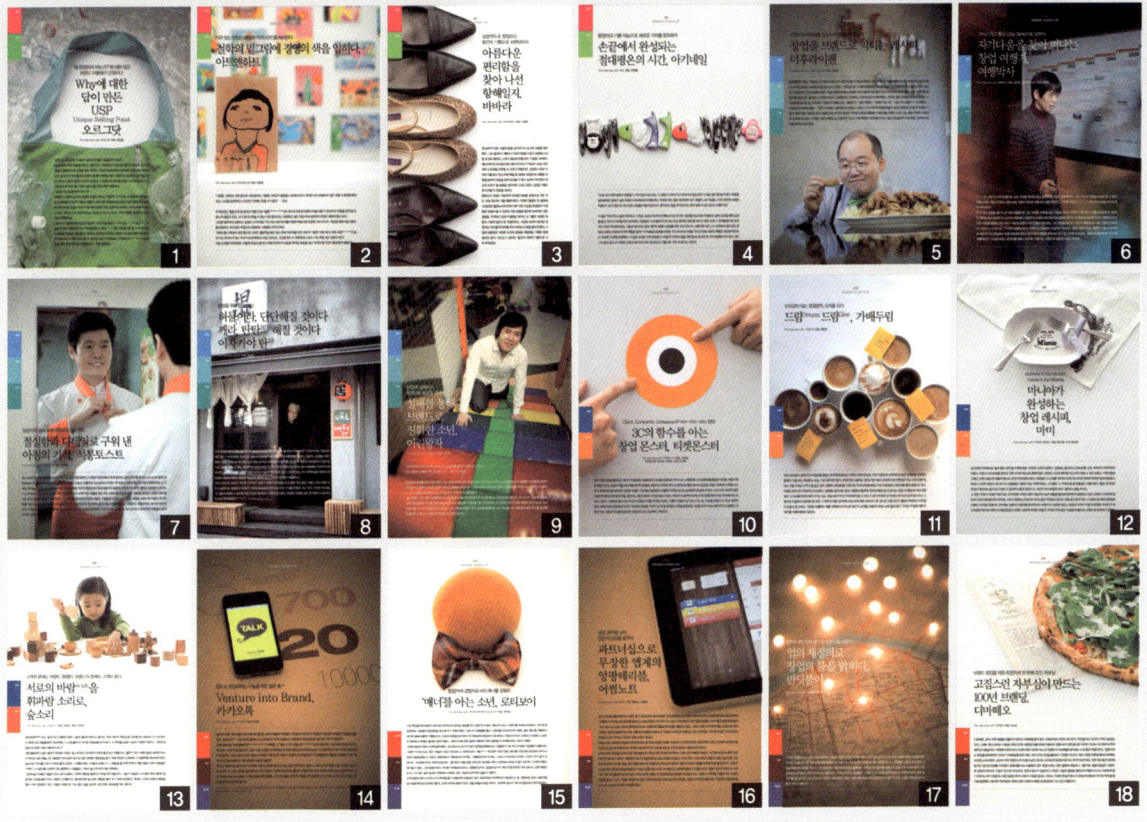

1. **오르그닷** 이들은 왜, 남들이 거들떠 보지도 않는 페트병과 같은 폐품에 눈독(?)을 들였을까?
2. **마음과그림** 평범한 미술전공자였던 그녀를 '창업'으로 이끌게 한 것은 무엇이었을까?
3. **바바라** 납작한 플랫슈즈를 볼 때마다 그가 다른 사람이 느끼지 못하는 독특한 기쁨을 느끼는 이유는 무엇일까?
4. **아기네일** 40차에 걸친 양산 테스트를 통해 아기네일을 발명한 그. 대체, 그로 하여금 수많은 도전을 하게 한 원천은 무엇이었을까?
5. **더후라이팬** '독특하다'라는 말이 절로 나올 정도로 특이한(?) 그는 어떤 모습의 브랜드를 창업했을까?
6. **여행박사** '여박스럽다'라고 표현되는 별스러운 조직문화를 만들어낸 여행박사의 창업자는 대체 어떤 사람일까?
7. **석봉토스트** 일명 거리의 토스트를 '브랜드'로 만든 그는 이 브랜드를 만들기 위해 과거의 자신을 버렸다고 한다. 그는 왜 자신까지 버려야 했을까?
8. **탄** 자기관리라고는 해본 적이 없었던 그가 '탄'을 창업하면서 자기관리의 대명사(?)로 바뀌었다. 브랜드의 성공과 창업자의 성숙은 어떤 상관관계를 가지고 있을까?
9. **어린왕자** 그는 어린왕자를 창업하기 전 몇 번의 참담한 실패를 겪었다. '실패는 성공의 어머니다'라는 오래된 격언이 과연, 브랜드에서도 통할까?
10. **티켓몬스터** 런칭한 지 1년도 되지 않는 티켓몬스터. 그들은 국내 소셜커머스의 새로운 역사를 쓰며 승승장구하고 있다. 어떻게 그들은 그야말로 창업의 몬스터가 되었을까?
11. **가배두림** 핸드드립 커피로 커피 문화의 새로운 장을 연 가배두림. 그들이 말하는 고객 서비스는 대체 무엇일까?
12. **마미** 프랑스 요리 전문점인 마미는 고객들이 마니아가 되기를 자처한다. 그들이 마니아를 만든 것일까, 마니아가 마미를 만든 것일까?
13. **숲소리** 수제완구 브랜드 숲소리는 엄마들 사이에서는 입소문이 자자하다. 엄마들의 입소문을 타게 한 그들만의 고객을 이끄는 비법은 무엇일까?
14. **카카오톡** 스마트폰 이용자라면 열에 아홉은 사용하고 있는 앱, 카카오톡. 카카오톡이 영속가능한 브랜드가 되기 위해서 반드시 넘어야 할 산은 무엇일까?
15. **로티보이** 번과 커피라는 새로운 커피문화를 만든 로티보이. 이러한 문화를 만든 그가 창업자가 반드시 가져야 할 자세로 꼽은 제 1의 자세는 무엇일까?
16. **어썸노트** 스마트폰에서 노트의 새로운 장을 펼친 어썸노트는 그들의 성공 요인을 파트너십이라고 얘기한다. 그들이 말하는 파트너십이란 무엇일까?
17. **반딧불이** 실내환경 서비스 브랜드인 반딧불이는 브랜드에 대한 자부심을 갖는 것이 브랜드 창업의 제 1 원칙이라고 얘기한다. 대체, 자부심이란 무엇일까?
18. **디마떼오** 올해로 꼬박 14년이 된 디마떼오. 대학로의 랜드마크가 된 나폴리 피자 전문점. 그들이 14년 동안 그 자리를 지킬 수 있었던 이유는 무엇일까?

Contents
Vol.20 SEASONⅡ 2011

SPECIAL ISSUE
600만 자영업자를 위한 솔루션
브랜드 창업

"장사나 해볼까?"

시작은 여기서부터였다. 폐점율 84.36%(2004~2008년 자영업자들의 연평균 폐점율)이란 실상의 근원을 파헤쳐 보니 말이다. 너무 쉽게 생각했던 창업은 훨씬 어려웠고, 실패한 자영업자에는 분명 우리의 가족, 친구, 그리고 과거 혹은 내일의 우리가 포함된다. 우리 모두를 위해 '그들은 왜 실패하는가, 창업하기 전 어떤 준비를 해야 했나, 창업 후에는 어떻게 경영해야 하는가'를 연구했다. 이미 창업한 600만 자영업자 혹은 현재 창업에 대해 고민하는 '모두'가 우리의 메시지를 받아들이지는 못해도, 그들 중 '깨어있는 0.17%(1만 명)'를 위한 솔루션을 제안한다. 새로운 시작은 여기서부터라 믿기 때문이다.

03 EDITOR'S LETTER | 편집장의 편지
10 QUICK SERVICE | Vol.20 브랜드 창업 미리보기
18 SELF CHECK LIST
20 INSIGHT | 브랜드 창업
22 브랜드 창업.zip "브랜드 창업이란 무엇입니까?"

10
Guidance
브랜드 창업자를 위한 10가지 창업 가이던스

대체 어떻게 하면 창업에 성공적일 수 있을까? 수익을 내는 창업을 넘어서 '브랜드 창업'이 되려면 무엇을 갖춰야 할까?
이 질문에 대한 답을 찾기 위해 20여 명의 창업자와 20여 명의 현장 전문가를 찾았다.
같은 듯 다르며, 다른 듯 같았던 그들의 이야기를 추려 10가지의 창업 가이던스(Guidance, 지침서)로 정리했다.

26 G1 창업, 이유가 있어야 하는 이유
32 G2 브랜드 창업을 위한 기쁨의 지각 지능
36 G3 '대체 불가능'한 브랜드 창업자의 '온리 진'
40 G4 인간 성숙의 창업 Story, 관성 깨기의 브랜드 History
44 G5 실패, 브랜드라는 과녁을 찾기 위한 영점조준
48 G6 관찰, 빙의, 창조가 만들어주는 고객을 위한 창업 계약서
52 G7 Good Sense of Mania, Good Sense of Branding
56 G8 창업자로 3개월, 경영자로 30년
60 G9 동반자적 파트너십, 지속가능한 브랜드를 위한 모태
64 G10 자부심은 미션으로, 미션은 브랜드로 완성된다

 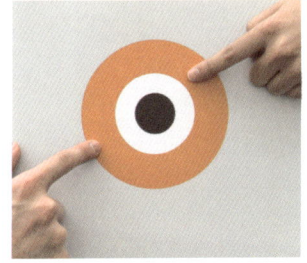  

18
References
브랜드 창업자를 위한 18개의 케이스 스터디

18개의 브랜드. 그간 유니타스브랜드가 한 호의 특집 주제를 위해 취재한 브랜드 개수 중 최대치다. 왜일까? 두려웠기 때문이다. 아직 창업 전이거나 이제 막 창업 한 당신에게 예닐곱 개의 성공적인 창업 스토리를 제시했을 때 그것만을 '진리'처럼 받아들일까봐서다. 그들은 아직 어떤 꽃과 열매를 맺을지 모르는 자기만의 씨앗을 자기만의 방법으로 키워나갔다. 어떤 씨앗은 선인장의 씨앗이기에 물을 적게 줘야 했고 또 어떤 씨앗은 수상식물이기에 늘 흥건히 적셔 줘야 했다. 이처럼 창업의 성공 요인은 저마다 다르다. 그래서 앞으로 소개할 사례는 정설이 아닌, 참고사항^{reference}로 이해했으면 한다. 단, 한 가지 불변의 공통점이 있다면 그들은 상품^{Commodity}가 아닌 아이덴티티^{Identity}를 만들고 있다는 점이다. 그것도 아주 절절한 진정성으로 말이다.

G1 G2

앞으로 소개할 4개의 브랜드는 가이던스^{Guidance} 1, 2로 소개했던 '창업에 이유가 있어야 하는 이유(G1)'와 '기쁨의 지각 지능(G2)'을 가장 잘 확인할 수 있는 케이스다. 왜 창업하려는지에 대한 명확한 이유^{Why}를 아는 것이 창업 혹은 창업 후 브랜드로 거듭나기 위한 필수 요소라면, '기쁨을 발견하는 능력'은 창업의 과정에서 겪는 어려움을 어떻게 견뎌낼 수 있을 것인가에 관한 노하우 이야기다. 4개의 브랜드들은 삶의 현장에서 어떤 문제들을 발견했고 그 문제를 해결하는 과정에서 어떻게 기쁨의 코드들을 발견했는지 확인해 보자.

72 Why에 대한 답이 만든 USP, 오르그닷

80 철학의 밑그림에 경영의 색을 입히다, 아트앤하트

88 아름다운 편리함을 찾아나선 항해일지, 바바라

94 손끝에서 완성되는 절대평온의 시간, 아기네일

G3 G4 G5

많은 브랜드들이 창업주의 오리진Origin을 해당 브랜드의 온리진Only Gene으로 전이시켜 브랜드를 개성 있는 인격체로 재탄생 시킨다. 이것이 우리가 발견한 '오리진의 온리진으로의 전이 현상(G3)'이다. 하지만 모든 창업자의 오리진이 대중에게 호응 받지는 못한다. 오리진이 게으르고 인색하다면 누가 좋아하겠는가. 따라서 창업을 준비하는 사람은 부지불식간에 창업주를 닮기 십상인 브랜드를 위해 자신의 '나쁜 관성은 버릴 수 있어야(G4)' 한다. 물론 그 과정 중 '당연히 실패할 수도 있다(G5).' 그러나 그 실패는 당신이 창업을 통해 그려내고자 하는 가치의 윤곽선을 점차 명확히 해줄 것이며 그 윤곽선은 브랜드의 밑그림이 될 것이다. 여기서 소개될 브랜드가 그 증거다.

102 창업을 브랜드로 익히는 레시피, 더후라이팬

110 자기다움을 찾아 떠나는 창업 여행기, 여행박사

116 절실함과 디테일로 구워낸 아침의 기적, 석봉토스트

122 허물어라, 단단해질 것이다
깨라, 탄탄彈彈해질 것이다, 이자카야 탄彈

126 실패를 통해 브랜드로 진화한 소년, 어린왕자

G6 G7

분명 누군가는 당신에게 손을 내밀 것이다. 당신의 창업 아이디어에 동조하고 격려하며, 때로는 쓰라리지만 충언으로 당신을 응원하기도 할 것이다. 그들이 창업 후 당신이 만나게 될 고마운 존재, 마니아다. 하지만 그들을 만날 때에도 조심해야 할 몇 가지가 있다. '마니아의 관계에서 지켜야 할 것들(G6)'에서 그 기준을 알아보자. 여기에 한 가지 더 추가하고픈 불변의 진리 하나가 있다면 당신은 그런 마니아뿐 아니라 모든 고객에게 '슈퍼 을Super 乙(G7)'이 되야 할 필요가 있다는 것이다. 그렇다고 이것이 '손님은 왕'이니까 그들의 비위를 극진히 맞춰야 한다는 의미는 아니다. 숨겨진 진짜 의미는 앞으로 소개될 브랜드에서 찾아보자.

132 3C의 함수를 풀어 낸 창업 몬스터, 티켓몬스터

140 드림Dream 드림Give, 가배두림

148 마니아가 완성하는 창업 레시피, 마미

156 서로의 바람wish을 휘파람 소리로, 숲소리

G8 G9 G10

왠지 혼자 하는 창업이 두려워 동업을 고려하고 있다면, 반드시 '파트너의 의미(G8)'를 제대로 알아야 한다. 진정한 파트너가 나누어야 할 것은 꿈과 비전이지 창업자금과 수익이 아니라는 것을 말이다. 물론, 나홀로 창업을 하는 사람에게도 파트너는 있다. 바로 창업과 동시에 등장할 직원들이다. 창업자는 창업과 동시에 경영자가 된다는 것을 인지해야만 '창업자에서 경영자로의 전이(G9)'가 왜 중요한지 이해할 수 있을 것이다. 이런 과제에서 성공할 때 비로소 가질 수 있는 것이 바로 자신의 업에 대한 '자부심(G10)'이다. 종전의 시장과 상식에 기반한 업의 기능에 대한 1차적 서술敍述이 아닌, 해당 브랜드의 아이덴티티가 녹아 든 자기외침적 기술記述과 같은 것 말이다.

164 Venture into Brand, 카카오톡

170 '매너'를 아는 소년, 로티보이

174 파트너십으로 무장한 앱계의 앙팡테리블, 어썸노트

180 업의 재정의로 창업의 불을 밝히다, 반딧불이

184 고집스런 자부심이 만드는 100년 브랜딩, 디마떼오

188 NEVERENDING STORY I 브랜드 런칭과 브랜드 창업

Brand Intuition
Branding & Communication Design

intuition
Advanced Branding Strategy

시장을 예측하고 직관하는
최고의 브랜드 감각
인투이션 ;

현대다이모스 CI Renewal

LG U+ 캔유 브랜드네임 및 디자인

보국전자 생활가전 네임 및 디자인

서울 마포구 서교동 394-77번지 Tel. 02-2263-9708 www.intuition.co.kr / 브랜딩플래너 모집

12
Advice
브랜드 창업자를 위해 선배들이 전하는 12개의 조언

부족한 창업자금, 너무 빨리 흘러버리는 시간, 점차 떨어지는 정신적 에너지…
이 모든 것을 아끼고 재충전할 수 있는 방법이 있다. 당신보다 먼저 창업을 경험한 현장 선배들로부터 진심어린 조언과 따뜻한 위로를 받는 것이다. 앞으로 소개할 선험자들의 지혜를 응축한 메시지를 당신의 것으로 만들기 위해서는 그 의미를 곱씹고 되뇌는 수고가 필요할 테지만, 이는 실패한 창업을 바로잡는 데 드는 노고보다는 훨씬 덜 할 것이다.

192 당신의 깃발은 사람들의 꿈과 맞닿아 있는가_박원순
194 내 몸에 딱 맞는 이름을 '준비'하라_김춘미
195 비타민 vitamin이 아니라 진통제 painkiller가 되라_정윤호
196 브랜드 창업의 성공을 위해서라면, 당신 인생의 칼자루, 당신이 쥐고 있어야 한다_김미선
197 일상의 관찰과 질문을 통해 창업의 이유를 찾으라_장종균
198 Do you know YOU?_송수용
199 49,195km보다 더 긴 브랜드 창업_한다윗
200 창업의 실패를 극복할 수 있는 내면의 힘을 기르라_조춘호
201 청산력, 창업엔 실패해도 인생엔 실패하지 말라_김중태
202 창업은 혼자 해도 경영은 함께 하라_민영삼
203 브랜드 창업, 다른 개념의 I·T·E·M에 집중하라_심상훈
204 앙트러프러너십, 창업의 본질을 바꾸다_장영화

206 당신의 창업을 성공으로 이끄는 7인의 북 셰르파 sherpa

Why BrandAcumen?

[əkjuːmən : 총명, 통찰력, 혜안]

바라본다, 기억한다, 사랑한다
누군가를 사랑할 때 거치는 과정.

바라본다, 기억한다, 사랑한다
누군가의 브랜드를 사랑할 때 거치는 과정.

바라보게 한다, 기억하게 한다, 사랑하게 한다
브랜드아큐멘이 브랜드를 성공시킬 때 쓰는 방법.

Look - Design
Memory - Name
Love - Strategy

Brilliant sharing for you

| Our Partner

(주)브랜드아큐멘　T. 02. 703. 3773　|　F 02. 703. 3773　|　www.brandacumen.com　|　blog.naver.com/brandacumen

BRAND START-UP

Self Check List

당신은 준비된 브랜드 창업자인가?

아래의 체크리스트는 이번 특집을 준비하면서 만난 여러 브랜드의 '창업 노하우' 중 타사에 귀감이 될 만한 독특한(때로는 놀라운) '사실'만을 모아 구성한 것이다. 물론 아래에 제시된 사례들이 창업을 성공으로 이끄는 '정답'은 아닐 수 있다. 각 개인이나 회사마다 처한 환경과 조직 구조가 다르기 때문이다. 하지만 창업 선배들의 경험과 지혜가 녹아있는 아래 사례들을 통해 창업을 위해 반드시 준비하거나 체크해볼 요소를 리스트업 하거나 스스로에게 질문을 던져보는 과정은 아주 실제적인 도움을 줄 수 있을 것이다. 아래의 질문을 하나씩 읽어 보며 현재의 '창업력'을 확인해 보고, 추후 브랜딩을 위해 고려할 사항을 재점검해 보기 바란다.

*우측에 표기된 페이지는 해당 기사의 시작 페이지를 의미합니다. 도대체 어떤 브랜드가 이러한 노하우를 가지고 있는지 궁금하다면 해당 페이지로 바로 이동해도 좋습니다.

No.	QUESTIONNAIRE	YES	NO	Page
1	내가 만든 브랜드는 창업자에서부터 말단의 직원에 이르기까지 누구에게라도 "왜 창업을 했느냐"라는 질문을 던지면 동일한 대답을 할 것이다.	☐	☐	132
2	나는 내가 하려는 비즈니스가 수익은 물론 세상에 이로운 가치를 전달할 수 있음을 믿고 있다.	☐	☐	72
3	나 자신에 대한 생각(자존감)이 달라지면 내 행동도 달라지기 시작할 것이다.	☐	☐	116
4	나는 창업 이후, 직원들과 끊임없이 우리가 하고 있는 일이 무엇인지에 대해 커뮤니케이션 하는 것이 얼마나 중요한 지를 잘 알고 있다.	☐	☐	80
5	나는 브랜드를 만들기 위해서 겪는 수많은 어려움을 기꺼이 '행운'이라고 생각할 수 있다.	☐	☐	110
6	나는 사회에서 바라보는 시각이니 기준에 상관없이, 심지어 보잘 것 없는 업종이라 할지라도 우리 브랜드가 가진 가치가 무엇인지 너무나 잘 알고 있다.	☐	☐	180
7	나는 기술 중심의 IT 벤처기업도 브랜드가 될 수 있음을 믿고 있다.	☐	☐	164
8	나는 창업자로서, 또 경영자로서 가져야 할 '매너'가 무엇인지 알고 있다.	☐	☐	170
9	나는 어떤 환경적 조건이나 제약이 와도 창업 때부터 세워 두었던 원칙을 반드시 지킨다.	☐	☐	184
10	나는 브랜드를 창업하기 위해서라면 계획된 실패를 3번 이상 할 각오가 되어 있다.	☐	☐	126
11	나는 '나답다'는 것이 무엇인지 잘 알고 있으며 그것이 내가 만드는 브랜드의 강점으로 사용되도록 노력한다.	☐	☐	102
12	내가 창업한 브랜드가 나보다 더 오래 살아남았으면 좋겠다는 생각으로 브랜드의 비전과 철학을 파트너 및 직원들과 수시로 공유한다.	☐	☐	174
13	나는 단순히 창업 아이디어를 어떻게 세상에 선보일 수 있을까도 중요하지만, 창업 이후 비즈니스의 지속성을 위한 수익구조 역시 아이디어 못지 않게 중요함을 잘 알고 있다.	☐	☐	164
14	나는 상품의 배송이 늦어질지 몰라 사과 인사를 드리기 위해 고객에게 전화를 했을 때, 오히려 고객으로부터 감사하다는 이야기를 들어본 적이 있다.	☐	☐	156

SELF CHECK LIST

No.	QUESTIONNAIRE	YES	NO	Page
15	나는 창업 후 10년이 되기 전 내가 만든 브랜드를 떠나려 한다. 물이 고이면 썩게 마련이고 내가 나가야 회사를 위해 공헌한 사람들이 브랜드를 물려받아 더 건강히 성장시킬 수 있음을 알기 때문이다.	☐	☐	170
16	나는 창업 과정의 가장 큰 어려움은 다른 이의 반대나 환경의 제약이 아니라 나 자신으로부터 온다고 생각한다.	☐	☐	116
17	나는 우리 브랜드의 마니아들은 우리가 새로운 지점을 낼 때마다 마치 성지순례를 하듯, 그 모든 지점에 방문할 정도로 우리 브랜드를 좋아해 줄 것이라 자신한다.	☐	☐	148
18	나는 내가 만드는 브랜드가 (사소하더라도) 사회의 작은 문제 하나를 해결해 줄 수 있을 것이라고 생각한다.	☐	☐	156
19	나는 창업하기 전에 '왜 이런 것이 없지?'라는 생각을 했고, 이 질문에 대해 나다운 해결책을 마련하여 창업을 시작했다.	☐	☐	110
20	나는 수익보다는 브랜드가 가진 철학에 대한 굳은 신념을 우선 순위에 놓는다. 그래서 가맹점주들에게 끊임없이 브랜드에 대한 자부심을 가지라고 말한다.	☐	☐	180
21	나는 직장생활 중에도 호기심과 몰입을 통해 일 그 자체가 가진 즐거움을 맛본 적이 있었다.	☐	☐	94
22	나는 브랜드를 위해서라면 남들이 어렵다고 하는 메뉴 개발을 위해 달걀 값에만 2억을 지불해도 아깝지 않다고 생각한다.	☐	☐	148
23	나는 내가 치킨 브랜드를 창업하더라도 에르메스 같은 명품 브랜드에서 배울 점이 있다고 생각하여 눈 여겨 본다.	☐	☐	102
24	나는 나태함과 같은 개인적인 습관을 창업의 과정을 거치면서 이겨낼 수 있어야 한다고 생각한다.	☐	☐	122
25	나는 내가 왜 창업을 해야 하는가에 대한 명확한 이유를 알고 있다. 그 이유를 실현시킬 방법론은 앞으로 내가 시장에서 펼칠 전략이 될 것이며, 그 결과물이 내가 선보일 상품이다.	☐	☐	72
26	나는 고객이 두 그룹(혹은 그 이상)이라는 것을 확실히 알고 있다. 내부 고객인 직원과 외부 고객인 소비자 말이다. 그래서 이 두 명의 고객을 어떻게 섬겨야 하는 지에 대한 나름의 전략이 있다.	☐	☐	132
27	나는 같은 업종의 브랜드가 있음에도 불구하고 고객들이 이제껏 경험해보지 못한 것들을 경험하게 해 줄 수 있는 컨텐츠가 있다.	☐	☐	140
28	나는 창업한 지 얼마 되지 않았음에도 불구하고 우리 브랜드가 100년 동안 갈 브랜드라고 확신한다. 그래서 100년간 브랜드가 지속되기 위해서는 무엇이 필요한지 알고 있으며, 그것을 계획하고 실천한다.	☐	☐	184
29	나는 새로운 시장을 개척하기 위한 도전정신만큼이나 때를 기다릴 줄 아는 인내심이 중요하다고 생각한다.	☐	☐	88
30	나는 실패는 끝이 아니라 성공을 위한 영점조준이라고 생각하며 다음 과녁을 향해 방아쇠를 당길 준비를 늘 하고 있다.	☐	☐	126
31	나는 브랜드의 몸집을 불리는 전략은 없다. 그러나 창업할 때 생각했던 미션을 끝까지 완수하기 위한 전략은 있다.	☐	☐	140
32	나는 창업의 성공은 지극한 노력 외에는 다른 길이 없다고 믿으며, 나의 성숙이 곧 브랜드의 성장과 직결된다고 생각한다.	☐	☐	122
33	내가 창업하려는 이유는 현실에서의 문제들을 개선하고 싶기 때문이다.	☐	☐	80
34	내가 만든 조직에서 스타는 키우지 않는다(당연히 창업자인 나 자신도 스타가 될 수 없다).	☐	☐	174
35	나는 남들이 보지 못한, 아직 열리지 않은 시장에 대한 확신을 가지고 있다.	☐	☐	88
36	나는 단순히 돈을 벌기 위해서가 아니라 새로운 가치를 사람들에게 전하고 싶다. 그러한 보람과 행복감이 창업의 어려움을 이겨내도록 도울 것이라 믿기 때문이다.	☐	☐	94

브랜드 창업

'왜 창업을 하냐고 물으면 그냥 웃지요.'
'왜 폐업을 했냐고 물으면 그냥 울지요.'

'자영업을 위한 브랜딩'. 이 특집 주제는 초반 기획 과정에 있어 예전보다 훨씬 더 많은 회의를 필요로 했다. 말 그대로 회의를 위한 회의를 할 때도 있었다. 그랬던 이유를 곰곰이 생각해 보니 '이래도 창업을 할 것인가!'와 '이렇게 창업을 하자!'라는 메시지 중 어떤 것에 힘을 실을 것인가를 두고 편집 방향이 서로 달랐기 때문이다.

'이래도 창업을 할 것인가!'를 주장했던 팀의 생각은 너무나 창업이 난발되는 상황에서 창업이 얼마나 무서운 결과를 초래하는가를 제대로 보여주자는 것이 요지였다. 반면 '이렇게 창업을 하자!'를 알려주자고 주장하는 팀에서는 창업에 실패하는 이유는 창업에 관한 제대로 된 지식이 없기 때문이므로, 창업 성공 방정식을 보여주자고 제안했다. 과연 어떤 방향이 현재 600만 자영업자와 미래 700만 은퇴자를 위한 책이 될 것인가를 고민했다. 항상 이런 첨예한 대립은 중도와 균형이라는 이름아래 적당하고 적절한(?) 타협점을 찾게 된다.

'실패의 이유를 분석해서 성공의 원칙을 발견하자!'라는 표현은 얼핏 보면 마치 실패 백신을 개발하고 성공 항체를 양성하겠다는 논리와 닮아 보인다. 하지만 이것은 매우 기형적인 조합이다. 과연 실패의 뒷면에 성공의 앞면이 있는 것일까? 성실하지 못한 점이 실패의 원인이라고 했을 때 성실한 사람들의 실패를 무엇이라고 말할 것인가? 이렇게 처음에는 숨겨진 창업의 성공 비밀을 찾으려고 애를 썼다. 그러나 실패한 30명의 이야기가 모두 다르고, 성공한 30명의 이야기가 모두 달랐다. 모두들 더 정확한 표현을 한다면 모두 비슷했고 모두 달랐다. 지극히 주관적인 관점에서 감정의 통점痛點에 따라서 같은 것을 조금씩 다르게 말했다. 편집회의는 다시 그렇게, 원점으로 돌아갔다.

다시 자료를 조사하고 인터뷰를 하면서 우리가 간과했던 부분을 찾게 되었다. 우리는 그동안 창업의 시작점에서 실패와 성공의 비밀을 찾으려고 했지만 창업의 시작은 거기가 아니었다. 실패한 사람과 성공한 사람들에게서 공통적으로 발견된 것은, 그들 대부분 자신이 하고 있는 것(혹은 했던 것)이 결국 브랜드를 구축하고 있었음을 뒤늦게 깨달았다는 점이다. 즉 창업을 전업, 취업, 부업 그리고 임시직업으로 생각했을 뿐, 자신이 하는 일이 브랜드를 런칭하는 일이라고 생각하지 않았던 것이다.

창업은 아이템item을 결정하는 것이 아니라 자신의 아이덴티티Identity를 찾는 것에서 시작한다. 예를 들어 스타벅스의 하워드 슐츠 회장이 '내가 이 작은 커피 한잔을 통해서 세상에 무엇을 말하려고 하는 것이지?'라는 질문과 자신의 비즈니스를 커피 비즈니스가 아니라 피플 비즈니스라고 아이덴티티를 정립함으로 브랜드를 구축하는 것과 같다.

창업은 또 다른 취업이 아니라 말 그대로 자신의 아이덴티티를 발견하고 그것을 재창조함으로써 자신이 만들 상품에 의미를 부여하고 자신이 하는 일에 가치를 느끼는 것이다. 그것을 소비자가 알아차릴 때 많은 경영서가 혁신이라

고 칭송하는 '고객가치'가 거기서 창조되기 때문이다. 피터 드러커가 말한 '마케팅은 결국 브랜드를 구축하는 것이다'의 연장선에서 '창업은 결국 브랜드를 런칭하는 것이다'라고 말할 수 있다.

이제부터 그동안 남발되어서 이제는 그 의미가 희석되어버린 '창업'이라는 단어를 더 이상 쓰지 말자. 그 대신에 창업의 궁극적인 목적이 브랜드 구축이므로 브랜드 런칭 혹은 브랜드 창업이라는 단어로 바꾸면 마음 자세가 달라질 것이다.

'브랜드 창업' 혹은 '브랜드 런칭'이라고 했을 때 그 시작점은 상권분석에서 자아분석, 아이템 선정에서 아이덴티티 구축으로 바뀌어지게 된다. 따라서 성공한 브랜드 창업의 공통점이 아니라 브랜드 구축의 원칙을 발견하게 된다.

우리가 이번 특집에서 제안하는 브랜드 창업을 위한 브랜딩 법칙은 다음과 같다. '창업의 이유를 통한 브랜드 가치 발견' '창업자의 원형으로 브랜딩' '창업자가 아닌 브랜드 경영자 되기' '브랜드 마니아와 함께 신규 브랜드를 구축' '브랜드십으로 자기관성 깨기' '실패를 통한 브랜딩 재점검' '고객 섬김을 통한 완성' '가치 지향적인 자부심의 브랜드' '영속가능을 위한 동반자 경영' 그리고 '브랜딩을 위한 기쁨의 코드' 등 독자는 아마도 유니타스브랜드가 Vol.1~19호까지 다루었던 내용과 일맥상통한 점을 발견할 것이다.

그럴 수밖에 없는 것이, 그동안 유니타스브랜드에서 다루었던 리딩 브랜드들의 특징이 나무의 열매였다면, 이번 특집에서 보여주는 기본적인 법칙들은 씨앗에 해당하기 때문이다. 사과씨 안에 사과 나무의 뿌리와 잎 그리고 열매가 있는 것은 아니다. 사과 씨앗은 소량의 탄수화물, 지방, 녹말 따위가 응축되어 있지만 거기에는 적절한 환경이 되면 씨앗이 나무로 자라는 놀라운 '성장 프로그래밍'이 숨겨져 있다. 유니타스브랜드 Vol.20에서 소개하는 10개의 키워드는 강력한 브랜드 구축을 위한 브랜딩 DNA로서 브랜드의 씨앗 물질에 해당한다.

이제부터 소개될 자영업을 위한 브랜딩 법칙을 살펴보면 수백 개의 사과열매를 가진 사과나무처럼 매우 인상적이거나 탐스럽게 보이지는 않을 것이다. 아마도 상식적이며, 기본적이고, 많이 들어보았으며 익히 알고 있는 그런 내용들이 대부분일 것이다. 그러나 사과나무의 사과를 셀 수 있지만 사과 씨앗 안에 있는 사과를 셀 수 없는 것처럼, 그 내용들 안에는 글로벌 브랜드들이 모두 가지고 있는 궁극의 브랜드 법칙인 브랜드니스^{BrandNess}, 브랜드싱크^{BrandSync}, 브랜드뷰, 브랜드십 등이 압축되어 있다(이에 대해서는 유니타스브랜드 Vol.14와 16에서 자세히 확인할 수 있다).

대부분의 사람들에게 왜 창업을 하냐고 물어보면 그냥 (비)웃는다. 먹고 살기 바쁜데 시답지 않은 질문을 했기 때문이다. 그들은 자신의 삶^{Life}이 생계^{Living}가 되어버린 창업자다. 실패한 창업주들에게 그 이유를 물어보면 한숨만 쉰다. 그 이유는 몰라서가 아니라 실패하니까 성공의 이유를 분명히 알게 되었고, 그것이 자신의 무관심과 무지의 소치라는 것을 깨달았기 때문이다. 창업의 목적은 먹고 살기 위함이 아니라 자신을 브랜드로 창조하는 것이다. UB

브랜드 창업.ZIP
"브랜드 창업이란 무엇입니까?"

브랜드 창업을 주제로 만날 인터뷰이가 결정되었을 때, 우리는 그들에게 이 한가지 질문만은 꼭 던지기로 했다. "브랜드 창업이란 도대체, 무엇입니까?" 우리의 질문 안에는 도를 알고 싶어 목마른 자가 마침내 도를 깨친 자를 만나게 되었을 때 쏟아내는 절절함 같은 것들이 들어 있었다. 그리고 그들이 해준 답 역시 앞뒤를 떼고 보면, "산은 산이고 물은 물이로다" 같은 도인들의 대답처럼 들릴 법 했다. 취재 과정에서 알게 된 글로벌 브랜드들의 창립자, 그리고 명사들의 생각도 마찬가지였다. 그렇지만 이들의 정의는 그간 창업을 하면서 경험했던 모든 것들을 단 몇 마디로 응축해 낸 에센스(?) 아니겠는가. 이들의 말을 자꾸 곱씹다보면, 이것이 왜 '브랜드 창업'이라는 이름을 단 컴퓨터 압축 파일(.zip)같은지 알게 될 것이다. 그리고 먼 훗날 당신이 브랜드 창업을 경험하게 되어 '아! 이 말이 그 말이었구나!'하고 무릎을 치게 될 때서야 비로소 이 압축파일 속 숨겨진 수많은 의미와 가치들이 내 것으로 후루룩, 풀리는 것을 느끼게 될 것이다.

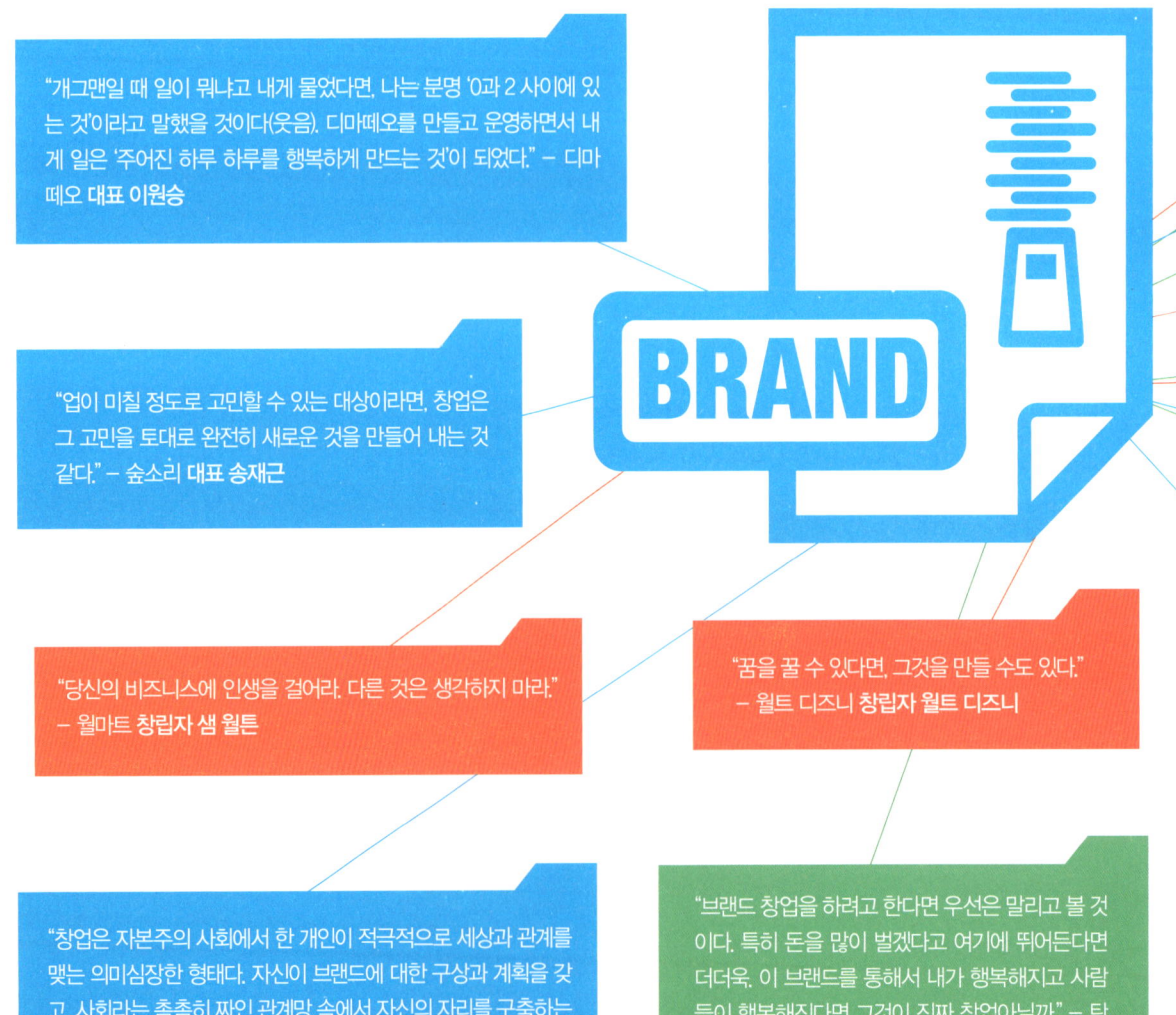

"개그맨일 때 일이 뭐냐고 내게 물었다면, 나는 분명 '0과 2 사이에 있는 것'이라고 말했을 것이다(웃음). 디마떼오를 만들고 운영하면서 내게 일은 '주어진 하루 하루를 행복하게 만드는 것'이 되었다." – 디마떼오 대표 이원승

"업이 미칠 정도로 고민할 수 있는 대상이라면, 창업은 그 고민을 토대로 완전히 새로운 것을 만들어 내는 것 같다." – 숲소리 대표 송재근

"당신의 비즈니스에 인생을 걸어라. 다른 것은 생각하지 마라." – 월마트 창립자 샘 월튼

"꿈을 꿀 수 있다면, 그것을 만들 수도 있다." – 월트 디즈니 창립자 월트 디즈니

"창업은 자본주의 사회에서 한 개인이 적극적으로 세상과 관계를 맺는 의미심장한 형태다. 자신이 브랜드에 대한 구상과 계획을 갖고, 사회라는 촘촘히 짜인 관계망 속에서 자신의 자리를 구축하는 것이다." – 오르그닷 대표 김진화

"브랜드 창업을 하려고 한다면 우선은 말리고 볼 것이다. 특히 돈을 많이 벌겠다고 여기에 뛰어든다면 더더욱. 이 브랜드를 통해서 내가 행복해지고 사람들이 행복해진다면 그것이 진짜 창업아닐까." – 탄 대표 류재춘

"일이 즐거움이라면 인생은 극락이다. 괴로움이라면 그것은 지옥이다." – 러시아 **작가 고리키**

"정말 감으로만 브랜드 창업을 한다고 한다면 백전백패다. 창업을 한다면서 사업계획서도 없고, 자기가 어떤 방향으로 가야할 지도 모르고, 공부도 안하면 어떻게 브랜드를 만들겠다는 것인가? 도대체 얼마나 사업수완이 좋아야 이렇게 시작해도 성공할 수 있다는 것인지 모르겠다." – 로티보이 **대표 권주일**

"브랜드 창업은 제대로 하면 창업자 자신의 인생이 바뀐다. 그리고 그것을 통해서 좋은 일을 많이 한다면 다른 사람의 인생도 바꿀 수 있다고 생각한다. 생명만큼 귀한 것이 없는데, 브랜드가 생명으로 하여금 서로 나누게 하고, 희망을 주고, 좋은 영향력을 끼치게 하는 것이다." – 석봉토스트 **대표 김석봉**

"브랜드 창업은 고통스럽고 힘든데 그 와중에 차이를 만드는 이것이다. 내가 브랜드와 사랑에 빠지느냐, 그렇지 않느냐. 사랑에 빠졌다면 남이 모르는 어떤 매력을 그 속에서 발견하고 혼자 즐거워할 수 있다. 그러나 사랑에 빠지지 않았다면 그 생활은 지옥이다." – 더후라이팬 **대표 이정규**

"인간은 그가 항상 종사하고 있는 노동 속에서 그의 세계관의 기초를 구해야 한다." – 스위스 **교육자 및 사상가 페스탈로치**

"어떤 사람은 브랜드 창업을 적절한 타이밍에 가게를 열고, 잘 되면 프랜차이즈로 만들어 가맹비를 받아 수익을 내는 사업을 계획해 돈을 버는 것이라 생각한다. 나는 그런 식의 접근이 아니라 이것이 나의 일이며, 나의 꿈이 담겨 있는 '꿈의 일터'를 만드는 일이라 생각하고 브랜드 창업을 시작해야 한다고 생각한다." – 가배두림 **대표 이동진**

"비즈니스는 창조하는 것이다. 그것은 그림을 그리는 것과 같다. 시작은 텅 빈 캔버스다. 그 위에는 무엇이든 그릴 수 있다. 그것이 바로 첫 번째 과제다. 훌륭한 그림을 완성하려면 그 전에 붓을 꺾어버리고 싶을 정도로 끔찍한 그림들을 무수히 그려야 한다. 겁이 난다고? 아마 그럴 것이다." – 버진Virgin **창립자 리처드 브랜슨**

"돈을 벌기 위해서가 아니라 내가 '미칠만한 어떤 것'을 발견하면 행복하고, 그게 업이 되면 행복한 거 아닌가? 그런 것을 만드는 게 창업이지." – 여행박사 **대표 신창연**

"브랜드 창업은 내 밥벌이뿐만 아니라 남의 밥벌이까지 책임지는 일이다. 아트앤하트가 브랜드로서 미술로 심리 치료를 하고, 사람들의 인생을 바꾸는 것만큼이나 좋은 일터를 만들어 남의 밥벌이를 책임진다는 생각은 중요한 것 같다. 그처럼 숭고한 일이 세상에 또 어디 있겠는가?" – 아트앤하트 **대표 이동영**

"브랜드 창업이란 정말, 전혀 다른 세계를 여는 일인 것 같다. 이상한 나라의 앨리스가 다른 세상의 문을 여는 것처럼 말이다." – 마미 **대표 권수영**

26	G1 창업, 이유가 있어야 하는 이유
32	G2 브랜드 창업을 위한, 기쁨의 지각 지능
36	G3 '대체불가능'한 브랜드 창업자의 '온리 진'
40	G4 인간 성숙의 창업 Story, 관성 깨기의 브랜드 History
44	G5 실패, 브랜드라는 과녁을 찾기 위한 영점조준
48	G6 관찰, 빙의, 창조가 만들어주는 고객을 위한 창업 계약서
52	G7 Good Sense of Mania, Good Sense of Branding
56	G8 창업자로 3개월, 경영자로 30년
60	G9 동반자적 파트너십, 지속가능한 브랜드를 위한 모태
64	G10 자부심은 미션으로, 미션은 브랜드로 완성된다

10
Guidance
브랜드 창업자를 위한 10가지 가이던스

대체 어떻게 하면 창업에 성공적일 수 있을까? 수익을 내는 창업을 넘어서 '브랜드 창업'이 되려면 무엇을 갖춰야 할까? 이 질문에 대한 답을 찾기 위해 20여 명의 창업자와 20여 명의 현장 전문가를 찾았다. 같은 듯 다르며, 다른 듯 같았던 그들의 이야기를 추려 10가지의 창업 가이던스(Guidance, 지침서)로 정리했다.

G1
G2
G3
G4
G5
G6
G7
G8
G9
G10

숨은 Why 찾기
창업, 이유가 있어야 하는 이유

"왜 창업하려 하시나요? 왜 이 아이템이죠?"
사실 그렇다. 당장 생계를 걱정해야 하는 사람에게 위와 같은 질문, 혹은 문제 제기는 외람된 질문일 수 있다. 특히 우리나라처럼 고용기회가 있음에도 자발적으로 자기 사업을 위해 창업하는 '기회형 창업'보다 어쩔 수 없이 생계를 위해 떠밀린 '생계형 창업'의 비율이 현저히 높은 상황에서는 더욱 그렇다. 실제 미국 뱁슨대학과 영국 런던비즈니스스쿨이 조사해 발표하는 GEM(글로벌기업가정신연구) 리포트에 따르면 2009년 대한민국은 전 세계 혁신 주도형 국가 중 생계형 창업 활동 분야에서 1위에 랭크됐다. 창업의 질이 점차 나빠지고 있다는 전문가들의 분석이다. 그래서일까? 대한민국은 창업자 10명 중 2명도 제대로 살아남지 못하는 현실이다. 삶의 목적을 찾은 자와 찾지 못한 자의 삶의 질과 결과는 판이하게 다르듯, 존재의 이유를 찾은 창업과 그렇지 못한 창업은 경영의 질도, 지속성도 다르다.
감히 제안하건대, 오히려 생계형 창업인 경우(취미 삼아 하는 창업이 아니지 않은가!) 그 생계를 지속시키고 영속적인 브랜드로 거듭나기 위해서는 Why, 즉 창업을 하려는 '구체적인 이유'에 대한 진지한 고민이 선행되어야 할 것이다.

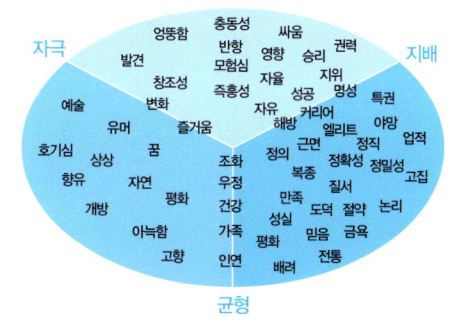

Why 창업의 이유를 찾은 자가 얻게 될 네 가지 보상

'대체 왜 창업 준비(아이템과 점포 선정, 그에 앞서 자금 확보)하기에도 바쁜 사람에게 창업의 이유를 묻는 거지?'라며 귀찮아할 예비 창업자도 있을 것이다. '그런 질문은 배부른 사람들이나 할 수 있는 고민 아니냐'며 '난 당장 먹고살 돈이 필요할 뿐'이라며 말이다. 물론 뾰족한 창업의 이유를 갖지 않고서라도 창업은 가능하다. 가능한 정도가 아니라 오히려 쉽다. 골치 아프게 이것 저것 고민할 것도 없이 가게를 오픈하고 그럭저럭 운영하면 된다. 하지만 그런 창업은 '개업'이 쉬운 만큼 '폐업'도 쉽다는 점을 잊지 말았으면 한다.

그럼에도 불구하고 마음도, 몸도 바쁘다는 당신을 위해 결론부터 이야기해 보자. 창업에 대한 구체적인 이유를 찾게 되면 그토록 어려울 것만 같던 창업과 창업 후의 브랜드 경영이 '쉬워진다.' 여기서 쉬워진다는 것은 경영을 지속할 수 있도록 높은 수익도 기대할 확률이 높다는 것, 내부 조직원들을 용이하게 한 방향으로 나아가게 할 수 있다는 것, 험난한 경영의 길을 계속 걸어가야 할 창업자의 내적 에너지도 갖게 된다는 것을 의미한다. 게다가 시장의 틈새를 찾아 획기적인 아이템을 찾게 될 확률도 높아진다. 그렇다면 이제 창업의 이유를 찾은 후 당신이 얻게 될 네 가지 보상에 대해 하나씩 구체적으로 살펴보자.

1. 수익 : 당신의 Why는 고객이 '행동(구매)'을 취하는 데 결정적인 역할을 한다

인간의 행동에 대한 이야기라면 '뇌'를 잠시간이라도 들춰 볼 수밖에 없다. 이성과 감성, 옳고 그름에 관한 생각으로 복잡다단한 뇌에서 과연 모든 결정을 관장하는 최고 사령부는 어디일까? 그 최고 권력기관만 알 수 있다면 인간의 행동을 이해하고 특정 행동(우선 간단히 '구매'라 해두자)을 유발하는 것이 한결 수월해질 것이다. 요즘처럼 뇌에 대한 지식이 상식인 시대에 사는 당신은 (동물이 아닌 인간일지라도) 감성이 이성을 지배한다는 명제에 쉽게 수긍이 갈 것이다. 때문에 인간의 구매 행동 역시 감성을 관할하는 뇌의 영역을 활성화시키면 될 것이란 점도 (특히 마케터, 브랜더인 당신이라면) 이미 알고 있을 것이다. 감성마케팅을 필두로 오감마케팅, 무의식마케팅 등의 단어에 익숙한 우리 아니던가.

"잠깐… 그런데 Why? Why라는 단어가 주는 어감은 왠지 '논리적 이유나 명분'처럼 느껴지고, 이것은 감성보다는 '이성'적인 뉘앙스인데, 어째서 Why가 소비자의 구매를 결정짓는다는 것인가?"라고 반문하는 독자가 있을지도 모르겠다. 그렇다면, 독일 태생의 뇌 신경과학자 한스-게오르크 호이젤의 이야기에 귀를 기울일 필요가 있다. "감성과 이성은 대립관계에 있는 것이 아니며 이를 관장하는 것 역시 '한 곳'이다."

그가 '한 곳'으로 지목한 곳은 인간의 무의식을 관장하는 림빅 시스템(변연계)이라는 영역으로 '자극, 지배, 균형'이라는 이른바 ❶ Big 3의 욕구를 관장하며 우리가 찾던, '의사결정의 수뇌부'에 해당한다.

---

❶ Big 3 욕구와 림빅 맵(Limbic Map)

이것이 이른바 '림빅 맵'이며, Big 3 욕구인 '자극' '지배' '균형'의 욕구에서 기인한 인간의 행동들을 보여 준다. 뿐만 아니라 Big 3 욕구 중 하나의 욕구로는 설명하기 힘든 여러 욕구들은 세 가지의 거대 욕구의 교집합 영역에서 발견되기도 한다. 동물적 욕구로만 가득할 것 같은 인간의 무의식에는 그림에서 보는 것처럼 성실, 도덕, 근면, 금욕, 믿음 등과 같은 고차원적(?) 욕구들 또한 존재한다. 이를 통해 우리가 학습해야 할 포인트는 이런 Big 3 욕구와 그 욕구들의 중첩으로 생긴 여러 욕구들을 해결해 줄 만한 Why를 찾아야 한다는 것, 그래야 창업이 성공적일 수 있다. 그것이 인간의 행동을 '결정(구매)'하기 때문이다. 출처 : 한스-게오르크 호이젤의 《승자의 뇌구조(2009, 갈매나무)》

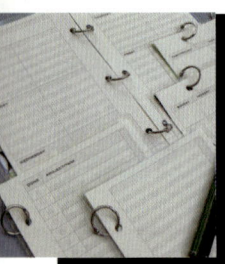

이해를 돕기 위해 우리가 모두 알 만한 브랜드들을 이에 대입해 보자.
① '균형'의 Why를 가진 브랜드
"우리는 환경의 이슈(균형)에 대한 이야기를 하고 있어요." - 바디샵
"우리의 최우선 목표는 당신의 건강(삶의 균형)을 찾아 주는 일이죠." - 켈로그 스페셜 K
"우리는 신발이 없는 아이들에게 신발을 나눠 주려(부의 균형) 해요." - 탐스슈즈
② '지배'의 Why를 가진 브랜드
"당신의 시간은 당신이 컨트롤할 수 있어야 하죠." - 프랭클린 플래너
"승리… 당신의 것 아니던가요?" - 나이키
"당신의 명성을 말합니다." - 몽블랑
③ '자극'의 Why를 가진 브랜드
"당신은 본디 자유인입니다. 당신에게 자유를 선사합니다." - 할리데이비슨
"우리는 다르게 생각합니다. 혁신적으로 세상을 바꿔요! 고루한 IBM에서 벗어납시다!"- 애플
"세상에 불가능한 것은 없다죠?" - 아디다스

이처럼 당신의 창업 이유가 '(당장은) 숭고한 그 무엇'일 필요는 없다. 다만, 당신의 그 Why가 인간의 의사결정 및 행동을 유발하는 뇌의 특정 부위에 다다를 수 있어야 한다는 것과 그 Why로 꾸준히 대내외적 커뮤니케이션을 진행해야 한다는 것만은 명백하다.

2. 브랜딩 :
당신의 Why는 브랜딩의 초석인 '미션'이 된다

앞서 간단히 언급했듯, 창업자의 Why는 기업(거창할 것 없이, 자신과 함께 일할 직원을 뽑는 순간, 당신의 가게는 기업이 된다, p56 참조)의 미션이 된다. 한 기업의 미션의 중요성을 설명하는 것은 이제 잉크와 종이 낭비에 가깝지만 '미션이 없는 기업은 나침반 없이 험난한 바다를 항해하는 난파선에 가깝다' 정도의 한 줄 정리는 필요할 것 같다.

이처럼 목적(미션)이 이끄는 기업이 될 때 비로소 그간 유니타스브랜드가 3년여에 걸쳐 주장한 '미션-비전-전략-전술의 얼라인먼트alignment'가 가능하다. 이는 전략과 전술 같은 외부 브랜딩의 필수 요소일 뿐 아니라, 내부 고객(직원)들이 자신이 하는 일에 의미를 부여하고 가치를 찾도록 돕는다. 이런 것이 가능해질 때만이 한 기업의 '제품과 서비스는 우리들의 철학을 세상에 알리기 위한 도구'이며 '디자인은 철학을 시각화하는 수단(유니타스브랜드 Vol.10 '디자인 경영' 참조)'이고, '전략은 우리의 철학을 가장 효과적으로 보여 줄 방법을 찾는 일(유니타스브랜드 Vol.17 '철학의 전략화' 참조)'임을 전 직원이 깨닫게 될 것이다. 이것이 당신의 창업이 브랜드를 양태하는 일이 되려면 Why가 필요하다는 두 번째 이유다.

3. 블루오션 혹은 퍼플오션 :
당신의 Why는 '새로운 틈새'를 발견케 한다

Why를 찾게 된 자가 누릴 수 있는 세 번째 보상은 바로 블루오션, 퍼플오션(치열한 경쟁 시장인 레드오션과 경쟁자가 없는 시장인 블루오션의 조합어)과 관련이 깊다. Why를 찾기 위한 노력은 자연스레 문제 의식을 자극하게 되는데 그 문제 의식의 결과물로 보여질 '해결책'이 블루 혹은 퍼플오션을 찾게 하는 경우가 많기 때문이다.

그 해결책이 기술 혁신이 되었든, 구조 혁신이 되었든, 가치 혁신이 되었든, 그간 세상에 없던 새로움을 열게 하는 창업이 되는 데 도움이 될 것이다. 기존에 있던 여러 불합리한 것들, 그래서 소비자들이 가려워하던 부분이거나 애타게 찾던 대안적 모델을 그려내는 것이기에 성공 가능성은 그만큼 높아지지 않을까?

4. 자가 에너지 :
당신의 Why는 힘든 창업의 길을 걷게 하는 '원동력'이 된다

외롭고 힘들다는 CEO, 그 고난의 길을 스스로 여는 창업자. 그들은 무엇으로부터 힘을 얻어야 할까? 여러 에너지원이 있지만 그중 적지 않은 것이 바로 Why에 대한 신념이다. Why에 대한 믿음과 신념이 험난한 창업과 경영의 길에서 그들을 지켜주는 생명수가 되기 때문이다. 이는 세계적인 경영자들에게서는 물론, 한국의 많은 리더들, 그리고 이번 Vol.20을 위해 만난 많은 창업자(이제는 CEO)들이 입을 모은 공통적인 고백이었다. 그들은 스스로 에너지를 얻기 위한 방법 중 하나로, 힘들 때마다 다시금 Why를 상기하는 것을 꼽았다. 때로는 여기서 기인한 일종의 (사회와 직원에 대한) 책임감이 리더로 하여금 쓰러지거나 뒤로 물러날 수 없도록 하는 버팀목이 되는 것 역시 확인할 수 있었다. 심리미술 전문 교육 브랜드 아트앤하트의 이동영 대표는 "이제 이 일은 나의 업이자, 사명이다. 힘들다가도, 또 내 아이들과 많은 시간을 보내지 못하는 것이 섭섭할 때도 '우리나라 아이들의 전체 행복지수가 5점씩만 올라간다면 모든 것을 감내할 수 있겠다'는 힘이 생긴다" 면서 자신의 존재 이유를 명확히 아는 것에서 생기는 에너지에 대해 설명했다. 이처럼 창업자의 Why는 힘겨운 창업의 난관(p44 참조)을 이겨낼 수 있는 정신적 축이 된다. 좋다. 이제 창업자가 찾아야 할 Why가 주는 효익에 대해서는 충분히 알 것 같다. 그렇다면 이런 Why, 어떻게 찾을 수 있을까?

솔루션! 숨은 Why 찾기

모두가 다 그렇게 Why를 가슴에 품고 시작할 수만 있다면 얼마나 좋겠는가마는 대부분의 창업자들은 그렇지 못한 것이 현실이다. 하지만 모두가 그럴 수 없기에 찾을수만 있다면 그만큼 기회도 크고, 갖게 되었을 때의 경쟁력도 상당할 수 있으니 한 번 도전해 보자. "왜 없지?" "이것이 ~라면 좋을 텐데"로 시작해 보는 것도 방법이다.

"솔직히 처음에는 새로운 비즈니스 모델을 찾으면서 여러 아이템을 고민하다가 자그맣게 멕시칸 음식점을 하려 했다. 그런데 막상 시나리오를 짜 보니 런칭 후의 홍보 방법이 막막하더라. 우리나라의 영세업자들은 홍보나 광고에 지금 투자할 만큼 넉넉지 못하다. 나 역시 막막했는데 가만 보니 이것이 사업 아이템이 될 수 있을 것 같아 도전했다. 오히려 사업을 하면서 우리의 정체성이 무엇인지 점점 명확해졌다. 우리는 자영업자와 세상을 연결해주는 건강한 커뮤니케이션 채널이 되어야겠다는 생각이 들었고, 그것이 이제 우리의 사명이 됐다."

국내 최초의 소셜커머스 비즈니스 모델을 선보이며 2011년 가장 기대되는 CEO로 꼽힌 티켓몬스터의 신현성 대표가 자신의 Why를 찾게 된 과정을 설명하면서 한 말이다. 비단 신 대표뿐만 아니라 이번 Vol.20의 인터뷰이들 역시 (처음부터 Why를 찾은 경우도 있었지만) 창업 이후 스스로의 정체성을 고민하면서 Why를 찾게 된 경우가 많았다. Why의 필요성에 대해 알았다면 이제 구체적으로 이것을 찾아보자.

다음 문장을 완성하시오

"나는 ①○○○에게 ②○○○라는 가치를 제공하는 ③○○○가 되기 위해 창업한다."
이런 질문에 답하는 것이 너무 급작스럽고 어렵다면 우선 내가 지금 왜 창업을 하고 싶은지부터 쭉 적어 보자. 그런 다음 그것을 다시 반으로 축약하고 몇 번의 축약 과정을 거쳐 마지막으로 한 문장을 얻어내는 것도 좋다. 단, 이때 주의할 것은 당신이 처한 외부적 환경에 대한 불만들(상사와의 갈등, 업무 스트레스, 연봉 등)을 중심으로 종이를 채우면 곤란하다는 점이다. 그런 불만들은 굳이 창업을 하지 않아도 당신의 태도와 마음가짐을 가다듬거나, 취미를 갖는 것으로도 해결될 수 있을 테니 말이다. 이 창업을 통해 고객들이 얻게 될 혜택(가치)이 무엇이 될지에 대해 많이 고민해 봐야 끝이 좋다.

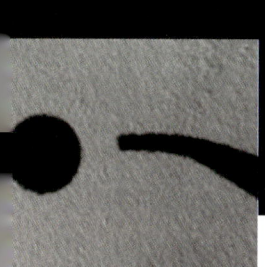

필요하다면 이번 Vol.20을 위해 만난 여러 브랜드의 사례를 보며 생각을 가다듬어 보자. 이제 차차 브랜드로 성장 중인 그들의 Why는 아직은 미흡해 보일지 모르나 분명한 것은 그들은 자신들의 존재 이유를 찾았고, 그것을 굳건히 믿고 있다는 점이다.

"우리는 아이들에게 제대로 된 심리미술교육을 제공하는 교육 회사다." - 아트앤하트
"우리는 한국 사람들에게 정통 나폴리 피자를 맛볼 수 있게 돕는 피자 전문점이다." - 디마떼오
"우리는 디자이너와 소비자가 합리적으로 만날 수 있는 장을 마련하는 패션 브랜드다." - 오르그닷
"우리는 한국 도심에 반딧불이가 다시 살 수 있도록 돕는 환경지킴이다." - 반딧불이
"우리는 어려운 사람은 물론 누구나 여행을 통한 행복감을 느끼도록 돕는 여행사다." - 여행박사

"나는 ①○○○에게 ②○○○라는 가치를 제공하는 ③○○○가 되기 위해 창업한다"라는 명제의 빈 칸을 다 채웠는가? 눈치챘겠지만, 이 한 문장 안에는 핵심 고객(①), 핵심 가치(②), 그리고 자신의 정체성(③)이 모두 함축되어 있다. 이 문장을 완성할 수 있다면 꽤나 성공 가능성이 있는 창업이라고 말할 수 있다. 하지만 진짜 성공 가능성이 있는 '브랜드 창업'이라면 '③○○○가 되기 위해'라는 부분에 한 가지 추가할 단어가 있다. 바로 '유일한'이다. 즉, '유일한 ③○○○가 되기 위해'라는 문구를 완성할 수 있다면 고객의 인식 속에서 독점을 차지하는(대체제가 없는) 브랜드로 거듭날 수 있을 것이다. 이 문장을 완성하는 것은 분명 쉽지 않다. 그리고 모든 창업이 곧바로 성공으로 이어지는 것이 아니듯, 위의 문장을 완성했다고 해서 당장 브랜드가 된다는 보장도 없다. 하지만 분명한 것은 브랜드가 될 '확률'은 훨씬 높아진다는 것, 즉 첫 단추를 제대로 끼울 수 있다는 것은 보장할 수 있다.
여기까지 해서, Why를 설명하는 문장을 완성했다면 그 다음에는 그것을 어떻게(How) 구체적으로 실현할 수 있을지, 그 방법을 통해 보여질 결과물(What)은 무엇이 될지를 고민하는 것이 ✚ 다음 단계다.

✚ 나의 창업에서 Why-How-What 찾기(Why wheel)

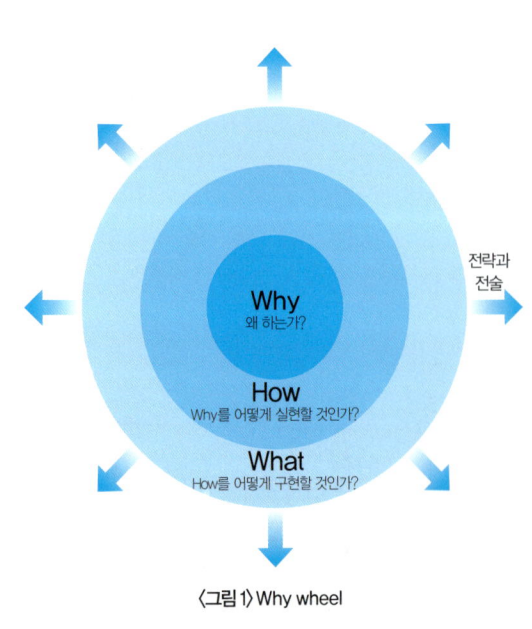

〈그림 1〉 Why wheel

1) Why : 당신이 창업을 하려는 이유
그것은 새로운 문제의식에서 출발한 것일 수도, 기존의 것에 대안이 되는 것일 수도, 아니면 오로지 당신의 신념에 관한 것일 수도 있다. 단, 그것이 앞서 설명한 인간의 욕구 Big 3에 기반한 욕구를 해결할 수 있는가를 점검해 보기 바란다.

2) How : 그 이유를 실현시킬 수 있는 방법론
구체적인 방법론에 관한 내용이다. 만약 오늘의 환경 문제에 대해 문제 의식을 가졌다면 그것을 어떻게 해결할 수 있을까?, 기존의 떡볶이나 빵에 변화가 필요하다면 그것은 어떻게 바꿔 나갈 수 있을까? 가치사슬 value chain의 문제인가, 인식의 문제인가? 등의 '어떻게'를 고민해 보자.

3) What : How의 결과물
이 What이 바로 당신의 '아이템'이 된다. 하지만 대부분의 사람들이 Why에서 출발하는 것이 아니라 이 What(아이템)부터 고민하고 창업한다. 아쉽게도 말이다.
이제 당신의 '창업의 이유 한 줄'과 'Why 휠'을 작성해 볼 차례다.

Why First!

우리나라는 물론 세계적으로도 사회적 기업이나 대안 기업처럼 명확한 Why를 필두로 새로운 비즈니스 모델을 제시하는 '창업의 세대 교체'가 이미 시작되었다. 그들만의 뚜렷한 존재 이유와 그것에 대한 사회적 공감으로 세상을 변화시키려는 그들의 움직임은 Why의 중요성을 더욱 명확히 한다. 이미 창업 한 상태지만, Why가 없다고 낙담할 필요는 없다. 이제부터라도 찾으면 될 테고, 앞으로의 경영에 관한 모든 의사결정에서 Why First!, 즉 의사결정의 최우선 기준으로 Why를 둘 수 있는 마음가짐이 훨씬 더 중요하기 때문이다.

Why의 진정성

이쯤 되면 "그래? 그렇다면, '가공'이 필요한 게로군?!"이라며 검은 속내를 비치는 창업자, 혹은 경영자들도 있을지 모르겠다. 그럴듯한 Why의 문장을 들먹이며 말이다. 물론 그렇게 '조작한 Why'로도 초반에는 엇비슷한 효과를 낼 수 있다. 사실 한 브랜드의 사명이 진짜인지 가짜인지 구분해 내기란 쉽지 않으며, 진위 여부는 창업자 스스로 자문할 때 그 스스로만 알 수 있기 때문이다. 하지만 그런 꾸며진 Why는 기민한 내부 직원이, 그리고 냉철한 외부 고객에 의해 오래가지 않아 들통날 것이고 창업자는 비겁한 변명으로 얼룩진 가짜 Why를 들고 퇴출당할 것이 뻔하다. 절박함, 그리고 그 진정성 있는 Why만이 내·외부 고객에게, 그리고 사회에 큰 울림을 줄 것이다.

Why를 중심으로 하는 브랜딩의 완성

"대체, 내가 왜 이것을 사야 하나요?"
당신 창업의 Why에 대해 스스로 묻고 답하지 않는다면, 소비자가 당신에게 위와 같이 물을 것이다. 물론 이런 질문을 받았다는 것 자체가 당신의 브랜드는 이미 상당히 심각한 문제에 봉착해 있음을 의미한다. 남과 다른 특별한 가치도, 아이덴티티도, 철학도 없음을 뜻하기 때문이다. 창업자의 '창업 이유^{Why}'와 소비자의 '구매 이유^{Why}'가 같을 때, 그때 브랜딩은 완성점에 다다를 수 있다. 그것은 그 브랜드의 존재 이유를 고객으로부터 검증 받았다는 증거이기 때문이다. UB

창업의 고통을 이겨 낼
기쁨의 지능을 발견하라

브랜드 창업을 위한, 기쁨의 지각 지능

"자신이 만든 제품을 안고 잘 만큼 자신이 만든 제품에 애정을 갖고 자신의 일에 집중하지 않는 한 일의 참 맛을 알지 못한다. 자신의 능력으로는 터무니없는 일이라며 지레 포기하는 한, 땀이 얼마나 소중한지 알지 못한다. 그런 사람은 결코 그 일을 이루어 냈을 때의 마음속 깊은 곳에서 우러나오는 기쁨을 맛볼 수 없다." 일본에서 가장 존경 받는 기업 중 하나인 교세라의 창업자인 이나모리 가즈오가 《왜 일하는가》라는 책을 통해 자신의 일에 대한 열정과 애정을 표현한 말이다. 이 글을 읽는 사람들의 마음은 복잡하다. 어렴풋이 이해한다고 말할 수는 있어도 전적으로 공감하기는 힘들기 때문이다. 금요일을 기다리며 일의 시작을 알리는 월요일을 두려워하는 직장인들에게는 '일을 통한 기쁨'이라는 표현 자체가 생소할 수도 있다. 하지만 창업을 준비하고 경험하는 이들에게는 이 기쁨이 8,000m 이상의 고봉을 오르는 데 필요한 산소와도 같음을 잊어서는 안 된다. 어디서 눈사태가 일어날지, 어떤 협곡의 얼음이 갈라져 발밑이 무너질지 알 수 없는 것이 창업이다. 그렇다면 궁금해진다. 이처럼 반드시 필요한 기쁨이라면 그 기쁨은 어떻게 발견할 수 있는 것일까? 그러한 기쁨은 창업에서 브랜딩으로 이어지는 과정에서 왜 중요하고 얼마나 중요한 것인가? 다음 글은 이러한 질문에 대한 대답이다.

창업의 필요충분조건, 기쁨

"인간은 누구나 창조력을 타고 난다고 믿는다. 우리는 어떤 식으로든 무언가를 창조할 수 있으며, 실제로 대부분이 창조 행위를 한다. 우리는 아무리 하찮고 초라한 것이라도 무언가를 창조하는 순간에 가장 큰 행복을 느낀다."

셰익스피어에서 월트 디즈니까지 혁신적인 업적을 남긴 17인의 예술가를 집중 조명한 폴 존슨은 창조성에 관한 자신의 견해를 《창조자들》이라는 저서의 서문을 통해 이렇게 밝힌 바 있다. 걸음도 제대로 떼지 못하는 아이들이 레고 블럭을 가지고 무언가를 만들어 놓고 기뻐하는 모습을 한 번쯤 보았을 것이다. 이처럼 인간은 누구나 무언가를 새롭게 창조하려는 본능을 가지고 태어난다. 티파니의 창업자 찰스 루이스 티파니 역시 "하나님은 우리에게 다른 사람의 재능을 베끼는 재능이 아니라 우리 자신의 두뇌와 상상력을 이용하는 재능을 주셨다"고 말한 바 있다. 이러한 인간의 창조성이 비즈니스의 현장에서 발현되는 것이 바로 '창업'이다. 창업을 통해서 새로운 제품과 서비스가 창조되고 새로운 일자리를 통해 수많은 이들에게 창조의 기회가 주어진다는 관점에서 창업은 명백한 '창조 행위'라고 볼 수 있다. 그러나 모든 인간이 자신의 삶과 일에서 창조적 요소를 발견할 수 있는 것은 아니다. 하지만 그것을 발견할 수 있는 사람은 그렇지 않은 사람보다 더 행복할 수 있다.

분명한 것은 세상에 쉬운 창조 행위란 없다는 것이다. 우리에게 천재로 알려진 모차르트마저도 작곡의 과정은 매우 힘든 일이었다. 모차르트는 보통의 작곡가는 상상도 할 수 없을 정도의 속도로 작곡을 했고, 한 곡에서 배운 점을 다음 곡에 적용하는 방식을 통해 지칠 줄 모르는 창작열을 불태웠다. 하지만 실제 그의 악보나 자필 원고를 보면 그가 얼마나 열심히, 그리고 고통스럽게 일했는지가 분명하게 드러난다. 화가 커샛은 시력에 문제가 생겨 2년 동안 손을 놓았다가 1913년에 다시 그림을 시작하면서 이렇게 썼다. "그림만큼 사람의 진을 빼놓는 것도 없다. 멀리 볼 것도 없이 내 주위만 봐도 폐인이 된 드가도 그렇고, 르누아르나 모네도 마찬가지다." 오늘날의 창업자들 역시 마찬가지다. 그들의 창업 역시 하나의 창조 행위라는 관점에서 볼 때 그들의 고통 역시 모차르트나 커샛보다 결코 덜하지 않았다.

"손님이 다 빠지고 설거지를 마치고 나면 발바닥이 아파서 걷지 못한다. 그래서 두 손과 두 발로 엉금엉금 기었다. 정말 너무 힘들어서 조그만 모포 하나 뒤집어쓰고 울었다. 내가 왜 이렇게 살아야 하는지 정말 힘들더라. 죽을 생각도 해봤다." - 탄 대표 류재춘

창업은 어렵다. 무엇보다 5년을 지속하는 창업 성공률이 20% 대에 그친다는 사실이 이를 극명하게 증명해 준다. 고심 끝에 아이템을 정하고, 치밀하게 시장조사를 마치고, 새벽부터 밤늦게까지 혼신의 힘을 다한다 해도 수많은 창업자들이 '개점 휴업' 상태의 지옥 같은 하루하루를 보내다 간판을 내려야 하는 것이 현실이다. 그렇다면 휴일은 고사하고 눈 뜨고 있는 모든 순간을 일에 전념할 수밖에 없는 극악의 업무 환경을 그들은 과연 어떻게 이겨 내고 있을까? 재미있는 점은 이번 특집을 통해 만난 창업자들이 정도의 차이가 있기는 해도 숨겨진 창업의 기쁨을 조금씩 고백했다는 사실이다. 혀를 내두르고 손사래를 치며 다른 이들의 창업을 말릴 정도로 그간의 고통을 호소했지만 한편으로는 그 일이 주는 성취감과 충만한 기쁨을 어떤 식으로든 표현했다. 창업의 과정은 이처럼 고통과 기쁨이 혼재해 있는 듯했다.

그렇다면 그들은 고통 속에 숨은 기쁨을 어떻게 발견할까? 과연 어떤 기쁨이 그들을 일에 쫓기며 불안 속에서 하루를 마감하고 또 다른 하루를 맞는 일반 직장인들의 삶과 구분되게 하는 것일까? 그러나 이러한 질문에 답하기 전에 한 가지 짚고 넘어가야 할 전제가 있다. 그들이 말하는 기쁨이란 결코 단순한 'joy'가 아니라는 것이다. 오히려 그 기쁨은 '그러지 않고서는 견딜 수 없는' 절박함 가운데서 나온 것이다. 그들은 '기쁘지 않으면 생존할 수 없기 때문에' 기쁘기를 작정하고 각오하는 것이다. 또한 그들은 기쁨을 수동적으로 느끼는 피상적인 감정이 아닌 적극적으로 발견하고 누려야 할 구체적인 대상으로 인식하고 있었다. 즉 보통 사람들은 쉽게 알아차리기 힘든 기쁨의 '지각 지능'을 갖고 있었던 것이다.

창업자들은 이 지능을 통해 창업의 어려움을 감내하는 데서 그치지 않고 그 속에서 이를 이겨 낼 수 있는 기쁨들을 발견하고 있었다. 그리고 이번 특집에 소개된 창업자들의 인터뷰를 통해 기쁨의 발견에 관한 다음의 두 가지 코드를 찾아낼 수 있었다. 그것은 다름 아닌 '관찰력'과 '상상력'이다.

기쁨을 발견하는 지각 지능, 관찰력과 상상력

미국의 심리학자 깁슨에 의하면 '지각 학습'은 주변에 있는 물체를 적극적으로 탐색하고 그 대상의 차별적인 세부 특징을 탐지할 때 가능하다고 한다. 즉 대상에 대한 관심과 열정이 세밀한 차이까지 구분할 수 있는 일종의 '지각 지능'을 발달시킨다는 것이다. 생물학자 저레드 다이아몬드의 경험은 이러한 관찰의 힘을 보여 주는 아주 좋은 사례다.

"뉴기니의 밀림은 너무 빽빽해서 새를 볼 수가 없다. 단지 귀로 새

소리를 들을 수 있을 뿐이다. 오직 소리에만 의지해서 새를 식별해야 한다. 다행히 나는 음악을 좋아해서인지 몰라도 새소리를 잘 구분할 수 있는 밝은 귀를 가지고 있다. 어느 날 아침 열대 우림으로 들어가서 다음날 아침이 되기 전에 그곳을 빠져나왔는데, 아침 7시 30분까지 나는 총 57종의 새소리를 듣고 무슨 새인지 알아냈다. 눈으로는 한 마리도 보지 못했다."

그가 이처럼 눈에 보이지 않는 새소리만으로도 정확하게 새의 종류를 구분할 수 있었던 것은 어떤 이유에서였을까? 그건 생물학자로서 새들을 향한 무한한 애정과 관찰의 힘에서 나온 것이다. 찰스 다윈 역시 "내가 보통 사람들과 다른 것이 있다면 사람들이 쉽게 지나치는 것들을 주의 깊게 관찰한다는 것과 그것에 지루함을 느끼지 않는 것뿐이다"고 말한 바 있다. 중요한 것은 수많은 창조자들, 그리고 창업의 최전선에서 자신의 업을 새롭게 개척해 가는 이들에게서도 이와 동일한 발견의 기쁨들을 찾아볼 수 있다는 것이다.

"혼자 출장을 다니다가 홍콩에 있는 매장에서 보석 같은 제품을 발

창조의 기쁨이 창업의 과정을 넘어 브랜드 구축의 단계로 가는 데 있어서도 아주 중요한 역할을 한다는 것이다.

견한 적이 있다. 그걸 사서 숙소로 돌아왔는데 너무 기뻐서 잠을 이룰 수 없었다. '우리나라 시장 이제 다 죽었다!'며 혼자서 속으로 웃었다." – 바바라앤코 대표 이재정

이처럼 창업자들은 자신의 업에 대한 무한한 애정이 낳은 관찰력으로 다른 이들이 미처 보지 못한 상품을 발견해 내고 때로는 그 업 자체를 새롭게 정의하기도 한다. 이것이 단순히 또 하나의 가게를 추가하는 '개업'을 넘어 세상에 새로운 상품과 가치, 비즈니스 모델을 선보이는 진정한 '창업'이 되는 차별점이다. 그렇다면 창업의 고통을 이겨 낼 수 있는 기쁨은 단지 이러한 발견과 재해석을 가능케 하는 관찰 지능에서만 나오는 것일까?

이탈리아의 고딕 양식을 완성한 천재 건축가 브루넬레스키는 건축 도중에 이미 "나는 벌써 완성된 돔의 모습을 눈으로 그려 볼 수 있다"고 말했다. 그 때문에 수십 년에 걸친, 누구도 성공을 장담하지 못하던 불가능의 역사를 이뤄 낼 수 있었던 것이다. 즉 창조자들의 한결같은 기쁨 중 하나는 아직 이루어지지 않았으나 언젠가는 이뤄질 것이라는 압도적인 '상상력'에 기인한다. 그들은 창조와 창업의 과정을 길게 바라본다. 그래서 한두 번의 실패를 이겨 낼 수 있는 내성을 갖

고 있다. 그들은 미래의 성공을 생생하게 그려 볼 수 있는 상상력을 갖고 있다. 이 상상력이 아직 이뤄지지 않은 것에서 기쁨을 찾아 현실로 가져오게 한다.

"나는 옹색한 형편에 놓이더라도 직원들이 회사가 마련해 준 집에서 행복해하는 모습을 보면 정말 기쁘다. 그런 집이 한 채가 되고 두 채가 되고, 네 채, 여섯 채로 늘어나는 걸 보면서 그들의 미래를 함께 만들어 가고 있다는 사실 때문에 더욱 기쁜 것이다." – 디마떼오 대표 이원승

창조의 기쁨에서 브랜딩의 희열로

혹자는 이들의 이런 기쁨을 '워커홀릭'이라고 폄하할지도 모른다. 그러나 단순히 일에 대한 '중독'이랄 수 있는 워커홀릭과 '창조의 기쁨'은 여러 가지 면에서 구분된다. 무엇보다 이 둘은 그 목적부터 다르다. 워커홀릭이 단순히 일을 끝내는 과정을 통한 자기 만족의 과정이라면 '창조의 기쁨'은 자기 자신의 내면에서 나오는 기쁨은 물론, 업에 대한 자부심, 다른 사람과 그 기쁨과 행복을 나누려는 목적을 가지고 있다는 점에서 뚜렷이 구분된다. 또한 워커홀릭이 단순히 '결과'에 초점을 맞추고 그 과정을 희생하는 반면 창조의 기쁨은 그 과정에서도 무한한 기쁨을 누린다는 사실에서 그 차이는 더욱 분명해진다.

"일은 내 생명과도 같다. 살아 있다는 걸 증명한다. 꿈이나 목표가 없는 삶은 죽은 삶이라고 얘기하는데 나도 마찬가지다. 뭔가 일을 하고 있지 않으면 내가 살아 있다는 걸 느낄 수가 없다. 무언가 열심히 하는 모습이 아름답고 내가 뭔가 하고 있으면 행복해진다." – KHL 대표 공병열

그러나 가장 큰 차이점은 이 창조의 기쁨이 창업의 과정을 넘어 브랜드 구축의 단계로 가는 데 있어서도 아주 중요한 역할을 한다는 것이다. 창업이 창조 과정의 일환이라는 전제에서 보았을 때 우리는 아주 쉽게 상품과 서비스, 비즈니스 모델이나 일자리 창출과 같은 물리적인 창조의 과정을 떠올려볼 수 있다. 그러나 진정한 의미의 창조는 그러한 일시적인 유형의 것만을 생산해 내는 것은 아니다. 수많은 문학 작품이나 음악, 역사적 창조물들의 위대함은 그것들이 가진 시대적인 의미와 가치 때문이다. 브랜드 역시 마찬가지다. 브랜드의 궁극적인 목표는 '보이지 않는 것을 보이게 하고, 보이는 것을 보이지 않게 하는 것'이다. 이 말은 브랜드가 단순한 상품의 유용함과 서비스의 편의를 제공하는 수준을 넘어서 보이지 않는 인간의 숨겨진 욕구인 '가치'를 볼 수 있게 해준다는 의미를 내포하고 있다. 여기서 우리는 단순한 '개업'에서 브랜드의 발아를 가능케 하는 진정한 '창업'의 시작점을 발견할 수 있다. 모든 브랜드는 처음부터 '브랜드답게' 태어나지 않는다. 그러나 창업자의 아이디어와 철학이 압축되어 '가치'로 변환되고 성장해갈 때 비로소 '브랜딩'의 과정이 시작되며, 그들이 만든 상품과 서비스에 그들만의 철학이 덧입혀질 때 드디어 브랜드로서의 가치를 소유하게 되는 것이다.

"이제 내 일을 좋아하는 정도가 아니라 즐기고 있다. 고객을 만나는 게 너무 재미있어서 아침이 기다려진다. 그러면서 '야! 인생 너무 재미있다'를 느끼는 거다. 고객의 감동을 위해 아침마다 매일 새로운 걸 드리겠다고 결심하고 실천했더니 오히려 고객들이 나한테 감동을 주는 거다. 이 기쁨은 이루 말할 수 없다." – 석봉토스트 대표 김석봉

토스트를 파는 석봉토스트는 단순히 아침의 배고픔을 달래 주는 먹거리에서 고객에게 '감동'을 주는 '가치'를 만들어 냈다. 가난한 이들을 돕겠다는 선한 목표로 시작해 고객의 기쁨을 만들어 내고 이를 위해 스스로를 연단하고 차원이 다른 품질과 서비스를 추구하면서 석봉토스트는 보이는 '토스트'에서 보이지 않는 '아침의 기적'을 만들어 낸 것이다. 수익이 기업의 본능이듯이 가치는 브랜드의 본질이라고 할 수 있다. 만약 생존이 최고의 목표인 창업의 단계를 지나 전에 없던 상품이 아닌, 전혀 새로운 '가치'를 창출할 수 있다면 아무리 미약한 창업이라도 수백 년을 이어 영속하는 브랜드의 자리로 나아갈 수 있다. 그리고 이를 가능케 하는 숨은 에너지원은 다름 아닌 새로운 가치를 발견하고 만들어 내게 하는 '기쁨의 지각 지능'이다. UB

G3

뭔가 다른 브랜드를 만들
자신의 내부를 돌아보라

'대체 불가능'한 브랜드 창업자의 '온리 진'

애초에 유니타스브랜드가 Vol.4 '휴먼브랜드'에서 사람도 브랜드가 될 수 있고, 그래서 그 이름 앞에 감히 영어의 정관사(해처럼 세계에서 오직 하나일 때만 붙는다는) 'the'를 붙일 수 있다고 한 것은, 인간만큼 세상에 태어나 남과 다르게 유일무이한 존재로 살아가는 것이 없다고 생각했기 때문이었다. 사람은 누구나 다르게 태어나고 다르게 살아간다. 60억 인구 중 누구도 자신과 모든 것이 똑같은 사람을 찾기 어렵다. 저마다 여러 강점과 약점, 성향과 성격 등이 독특하게 결합되어 차별성을 가진다.

그리고 이런 사람들 중 누군가가 창업을 하고 브랜드를 만든다.

그런데 새삼스럽게 창업자가 굳이 자신이 어떤 사람인지, 자신의 내부를 스스로 살펴야 하는 까닭은 무엇일까? 그 이유는 이미 독보적인 차별성을 가진 존재임에도 불구하고 많은 창업자들이 브랜드를 '다르게' 만들기 위해 그 차별성을 자신이 아닌 외부에서만 찾으려 노력하고, 그도 부족했던지 자신답지 않은 것들마저 억지로 내 것으로 만들려 애쓰기 때문이다. 이제 나를 먼저 돌아보라. 나의 내부에서 바로 내 브랜드의 온리 진(Only Gene, 유일무이한 유전자)이 탄생할 것이다.

휴먼브랜드의 시작 origin과 함께 태어난 브랜드

브랜드와 창립자의 관계에 대해 이야기할 때 자주 등장하는 버진Virgin 그룹의 창립자 리처드 브랜슨. 그는 어느 날 CBS 이브닝뉴스의 앵커 밥 시퍼Bob Schieffer와의 인터뷰 도중, 자신이 이제껏 '비즈니스에 종사하는 데는 전혀 관심이 없는 사람'이었음을 깨달았다고 한다. 이게 갑자기 무슨 말일까? 리처드 브랜슨은 알다시피 도전정신과 즐거움이란 가치로 무장하고 버진을 지금까지 키워 놓은 창립자가 아닌가. 그런데 그 인터뷰에서 리처드 브랜슨이 깨달은 것은 자신이 비즈니스에 관심이 있었던 것이 아니라 '무언가를 창조하는 데' 관심이 있던 사람이라는 사실이었다. 이렇듯 자신이 어떤 사람인지 깨닫는 일은 갑작스럽게 이뤄지기도 한다. 남들이 보기엔 새삼스럽기까지 한 그의 깨달음은 이후 버진을 경영하는 그의 확고한 비즈니스 '신조信條'가 된다.

깨닫는 것은 갑작스럽게 이뤄졌지만, 리처드 브랜슨은 평소 자신이 어떤 사람인지에 대해 끊임없이 되물었다. 자서전 격인 《비즈니스 발가벗기기》에서 그는 자신이 어떤 사람인지에 대해 자주 언급하는데, 요컨대 "나는 재밌고 즐거운 게 좋다" "나를 매일 아침 침대에서 일어나게 하는 것은 도전이다" 등이다. 주목해야 할 것은 그다음이다. 그는 자신이 이렇게 생각했기 때문에, 즉 '그래서' 사람들이 그를 보면 즐거움을 연상하게 되었고 그에게 즐거운 요소들이 '달라붙기' 시작했다고 생각한다는 것이다. 덕분에 그는 즐거움과 유쾌함, 도전을 상징하는 명확한 휴먼브랜드이자 그와 비슷한 이미지를 가진 버진이라는 독특한 브랜드의 창립자가 되었다. 리더 못지않게 버진은 독특하고 창의적인 발상과 즐거운 서비스로 재미와 도전과 같은 가치의 상징으로 자리 잡고 있다.

또 한 명의 휴먼브랜드인 스티브 잡스가 과거 선禪 사상에 빠져 지냈다는 사실은 꽤 유명하다. 일각에선 그 이유가 그의 독립적이고 고집 센 성격이 스승 없이도 자신을 들여다보게 만드는 선 사상과 잘 맞았기 때문이라고 해석한다. 여하튼 이렇게 스스로 내면을 돌아보면서 강화된 스티브 잡스의 '그다움'은 그대로 애플에서 나타나고 있다. 우리는 애플을 통해 개인적으로 잘 알지도 못하던 스티브 잡스라는 사람의 특징을 발견한다. 군더더기 없고 실용적인 것에 높은 가치를 두며 항상 혁신적이고 새로운 것에 주목하는 그의 성향과 꼭 닮은 애플이 창조된 것이다.

그 사람들은 그냥 독특했다?

이렇듯 창업자는 어떻게든 브랜드와 자신의 유전자를 공유하게 되어 있다. 창업자는 말 그대로 브랜드를 창조한다. 이런 창조자의 오리진(creator's origin, 여러 가지 해석이 가능하나 창조자를 한 마디로 압축한다면 마지막으로 남을 단어, 창조자의 기질적, 성향적 근원에 가까운 의미)은 피조물의 곳곳에서 발견된다. 성경은 조물주가 인간을 '자신의 형상대로' 지었다고 기록하며, 많은 문학 작품과 미술 작품 등에서는 어김없이 예술가의 오리진이 발견된다. 물론 그 둘이 쌍둥이처럼 똑같지는 않지만 이 두 주체는 장점이나 특성을 공유함으로써 인정받고 WIN-WIN한다.

여기까지 읽고 나면 자칫 책을 덮어 버리고 싶은 충동(?)을 느낄지도 모르겠다. 혹은 "지금 나더러 예술가나 리처드 브랜슨, 스티브 잡스 같은 사람이 되라고 하는 거냐"며, 그들은 타고난 천재성과 특별한 자질들을 갖추고 있기 때문에 성공했다고 반박할 것이다. 하지만 하버드대학 교육대학원 교수이자 다중지능 이론의 창시자인 하워드 가드너는 다르게 생각한다. 그는 "특출한 자질만이 브랜드를 만들지 않으며, 심지어 '특별함 없음' 또는 '우매함'까지도 특별함이 될 수 있다"고 밝혔다. 한 개인이 60억 인구 중 누구와도 완전히 똑같지 않다는 것은 남과 다른 무엇인가가 자신 속에 도사리고 있다는 뜻이다. 따라서 같은 맥락으로 하워드 가드너가 '브랜드가 되기 위해 꼭 필요한 요소로 언급했던 것이 바로 '자신만의 독특한 사고와 행동의 조화'였다(유니타스브랜드 Vol.4 p46 참조). 리처드 브랜슨과 스티브 잡스가 휴먼브랜드가 된 것은 타고난 천재성이나 특별한 자질 때문이라기보다는 자신이 어떤 사람인지 깨닫기 위해 끊임없이 내면을 들여다보았고, 그 속에서 자신이 타인과 구별될 수 있는 '무엇'인가를 가지고 있는 사람이라는 것을 알았기 때문이다. 그들은 스스로를 돌아보는 데 탁월했다. 그리고 자신의 그 '무엇'을 끊임없이 행동으로 발산하며 스스로 강화시켜 나갔다.

> "나는 인생을 살아가는 데도 편견이나 아집은 없다. 거의 끌어안는 쪽이다. 하다못해 그런 악플러, 찌질이, 막장들까지도(웃음)."
> – 소설가 이외수

> "내 삶의 키워드는 변화다. 줄곧 혁명사에 관심이 많았고, IBM에서도 경영혁신 부서에서 일하면서 항상 변화를 꿈꿨다. 이것은 일종의 '끌림'이다." – 변화경영연구소 소장 구본형

어떤 기업을 만든 것은 아니지만 유니타스브랜드가 만난 휴먼브랜드 소설가 이외수와 구본형 소장도 자신의 내면을 들여다보는 데 많은 시간을 쏟고 있었다. 그리고 무엇이 자신을 '브랜드'로서 남과 다르게 만드는지에 대해 잘 알고 있었다. 알고 나서 그에 부합하게 행동했음은 물론이다. 과연 이런 사람들이 브랜드를 만든다면 어떤 브랜드가 탄생할까? 이들이 무엇을 가지고 비즈니스를 시작하는지 이들의 남과 다름은 브랜드와 영향을 주고 받을 것이다.

이번 특집 주제를 위해 만난 브랜드의 창립자들이 특히 그랬다. 이를

브랜드 온리 진으로서의 창업자의 오리진

더 중요한 것은, 자신의 오리진을 아는 데 그치는 것이 아니라 일관성 있게 선언하고 행동을 이에 부합시키는 것이다. 데이비드 맥낼리와 칼 스피크도 같은 맥락으로 《너 자신이 브랜드가 되라》에서 사람이 브랜드가 되기 위해서는 무엇보다 일관성 있는 실행이 중요하다고 강조한다. 리처드 브랜슨은 자신이 재미있는 것을 좋아하는 사람이라고 선언했고 재미와 도전의 상징이 되기 위해 CEO는 차마 입을 수 없을 것이라 생각되는 웨딩드레스(그는 남자다!), 인도 왕자옷 등 수많은 코스튬들을 입고 거리에 모습을 드러냈다. 심지어 아직도 패러글라이딩으로 바다를 횡단하는 등의 뉴스로 계속 주목을 끌고 있다. 그는 자서전에서 이런 행동이 단순히 자신을 위한 것이 아니라 브랜드의 가치관에 부합하는 일로 자신을 던져 넣기 위함이라고 말하고 있다. 휴먼브랜드로서가 아니라 브랜드의 온리 진으로서의 면모가 돋보이는 부분이다.

휴먼브랜드가 되려는 목표를 가진 다른 사람들과는 달리 브랜드 창업자가 잊지 말아야 할 것은 이 모든 것이 자신이 브랜드가 되기 위해서가 아니라, 브랜드를 남과 다른 브랜드로 성장시키기 위해서라는 점이다. 창업자가 자신의 오리진을 찾으면 자신이 만들 브랜드가 어떤 유전자를 가지고 태어날 아기일지를 명확히 그려낼 수 있다. 창업자의 오리진은 이제 막 태어나고 자라나게 될 브랜드의 멘토가 되기도 하고, 브랜드가 어떤 차별성을 가지게 되었을 때 이를 세상에 더 강력하게 보여 주고 증명하는 모델로서의 창업자가 될 수 있게 해 준다. 반면 창업자가 자신의 오리진을 찾고 보여 주는 데만 급급하여 이것을 브랜드와 제대로 소통시키지 못하고, 자신의 오리진과 브랜드의 시너지는커녕 오리진이 자신을 수면 위로 밀어 올리는 부력(浮力) 역할만 하게 한다면 자신은 떠올라도 브랜드라는 배는 가라앉히는 형편없는 선장 노릇을 하게 될지 모른다. 창업자가 브랜드와 함께 도달하려던 목표, '영속하는 브랜드' 근처에는 가 보지도 못하고 말이다. 많은 훌륭한 브랜드들이 그래 온 것처럼 브랜드가 창립자보다 오래 살아남아 그 가치를 계속 지켜 가기 위해서는 결국 시간이 지나면 사람이 아니라 브랜드가 그 기업의 대표이자 주인으로 차별성을 가지고 살 수 있게 해주어야 한다(유니타스브랜드 Vol.16 참조). 그래야 브랜드를 만든 사람은 뒤안길로 사라지더라도 오리진을 공유한 브랜드는 계속 역사에 남을 수 있을 것이다.

당신이 만들 브랜드가 다른 브랜드와 달리 가지게 될 온리 진은 무엇이었으면 좋겠다고 생각하는가? 그에 앞서 당신이 가진 오리진, 유일무이한 온리 진은 무엇인가? 그리고 그것이 어떤 차별성이 되어 브랜드에서 빛을 발하게 될까? 지금 그 고민을 시작하라. 하루 앞서 시작하면 브랜드와 당신의 온리 진을 공유할 시간을 하루 더 벌게 될 것이다. UB

알아보기 위해 "당신을 한 단어로 표현한다면 무엇이라고 생각하는가?"라는 질문을 던졌을 때 이들은 곧 이렇게 답해주었다.

"나를 표현하는 많은 단어들을 제하고 나면 '나만의 새로운 재치와 공감', 이것만 남을 것이다. 나는 재미있고 흥미로운 것을 찾아 나서길 좋아한다. 덕분에 상상만으로도 꽤 먼 곳까지 다녀올 수 있다."
– 더후라이팬 대표 이정규

"나는 자유롭고 즉흥적이다. 변덕스럽기도 하다. 하지만 그래서 융통성 있게 무엇인가를 해내는 데 천재적이다."
– 여행박사 대표 신창연

"통계학과를 나왔지만, 나는 남들보다 성격이 급하고 빠른 것을 좋아했고, 자유로웠다. 그게 바바라라는 다양한 플랫슈즈를 만드는 데 중요했다고 생각한다." – 바바라앤코 대표 이재정

이 대표들이 만든 브랜드는 창립자의 오리진에 영향을 받아 기존의 치킨 전문점과 전혀 다른 재미있는 컨셉의 더후라이팬, 여행사로서는 파격적인 제안들을 서슴지 않는 여행박사, 매달 새로운 디자인의 플랫슈즈를 빠르게 선보이는 바바라 등이다. 이 창립자들은 브랜드의 차별성을 굳이 외부에서 찾을 필요가 없었다. 그 차별성은 이미 자신의 내부에 존재함을 알기 때문이다. 이런 사례만 봐도 창업하기 전에, 혹은 창업을 하고 나서라도 내가 만들어 갈 브랜드에 대해서 고민할 때 꼭 자신을 돌아보는 것이 중요하다. 바로 창업자 자체가 브랜드의 시작이기에, 그 자신이 브랜드가 어떤 모습으로 어떤 아이덴티티를 가지고 자라게 될지 점칠 수 있는 브랜드의 유일한 유전자이기 때문이다.

브랜드 온리 진을 위한 나의 오리진 찾기

그렇다면 우리는 브랜드의 온리 진이 될 나의 오리진을 어떻게 찾을 수 있을까? 방법은 여러 가지가 있겠으나 가장 쉬운 방법 중 하나는 유니타스브랜드가 Vol.4에서 휴먼브랜드의 분석툴로 제공했던 '브랜드 트리'에 자신을 대입해 보는 것이다. 아래 그림은 휴먼브랜드 이외수의 브랜드 트리다. 이를 참고하여 나의 브랜드 트리를 그려 보자.

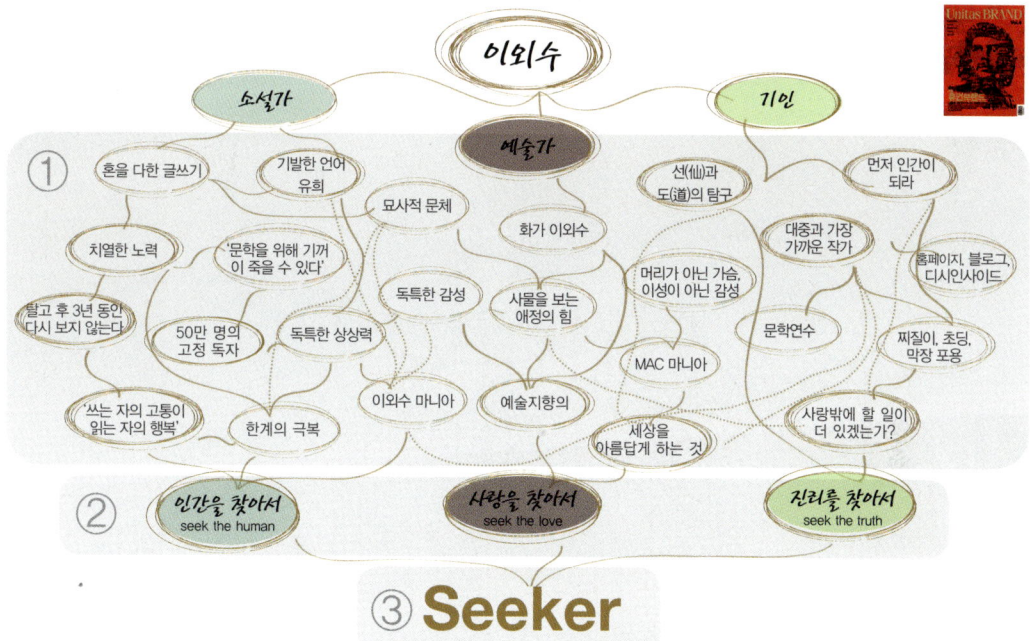

1) 제일 먼저 색이 없는 원 안에 들어가 있는 ①자신의 키워드를 종이에 두서 없이 써 내려간다. 처음부터 이것들을 비슷한 것끼리 묶기는 어려우므로 생각나는 대로 최대한 많이 써 본다. 이 키워드는 내가 생각하는 나의 최대 강점, 남들이 보는 나의 최대 강점, 내가 인생에서 추구하는 것들, 단순히 나를 표현할 만한 단어들(형용사), 내 인생에 중요한 나침반이 되어 주는 격언, 내 인생을 바꾼 경험, 내가 생각하는 나의 직업, 내가 자주 사용하는 말 등이 될 수 있다.

2) 다 썼다면 이 단어들을 최대한 오래, 훑어본다. 그 이유는 단어가 가지는 한계 때문이다. 이 단어들이 품고 있는 내재된 가치들, 이 단어들이 각각 어느 방향을 바라보고 있는지 최대한 깊이 고민하고 생각해 보아야 한다. 브랜드 트리 그리기의 가장 어려운 단계로, 누구도 대신해 줄 수 없는 것이다. 숭고한 잠언을 돌에 새겨 가듯 최대한 오래, 오래 고민하라.

3) 고민이 끝나면 비슷한 방향을 가리키는 단어끼리 모아 분류하라. 그리고 ②그 단어를 아우를 만한 단어를 생각해 보라. 이외수를 예로 들면, 우리는 그와의 인터뷰에서 그의 치열한 노력과 감성, 동시에 세상을 흡수하고 다 껴안아 버리려는 구도자적인 면모를 발견했다. 따라서 모든 단어들이 인간과 사랑, 진리에 대한 탐구와 고뇌로 분류되었다. ③그의 오리진은 가치를 깨달으려 하는 '구도'와 가깝고, 그는 이것에 사람을 뜻하는 '-er'을 붙여도 될 만한 사람, 즉 구도자 seeker였다.

《영혼이 있는 승부》에서 안철수 의장도 자신이 자신을 발견한 경험들을 기록하며 "자기의 감춰진 영역을 알아 가려는 노력이 중요하다"고 말했다. 이번 취재에서 더후라이팬의 이정규 대표의 경우 우리가 사전에 질문지를 보냈을 때 그간 고민하던 자신에 관한 것들을 한 장의 종이에 기록해 보았다며 세 번째 인터뷰 때 그 종이를 보여 주었다. 실제로 기록은 많은 CEO들이 자신이 가진 특수성을 발견하는 방법으로 사용하고 있다.

브랜드 트리를 그릴 때 열린 마음으로 자신을 가장 잘 알 만한 주변인의 이야기를 들어 보는 것도 좋다. 일례로 우리가 여행박사 신창연 대표에 대해서 알아보려 했을 때, 대표에게 한 것과 마찬가지로 그와 오랜 시간을 함께 일한 직원에게 신 대표를 한마디로 표현해 달라는 질문을 해보기도 했다. 자신이 아는 나와 남이 아는 나를 비교해 보는 작업은 오리진을 찾는 데 매우 중요하다.

오리진을 찾았는가? 그럼 이제부터가 당신의 몫이다. 나의 오리진은 어떻게 브랜드의 온리 진이 될 것인가?

BRAND START-UP

G4

생명력으로 충만한 브랜딩을 위해
관성을 깨라

인간 성숙의 창업 Story, 관성 깨기의 브랜드 History

연어는 새로운 생명을 탄생시키기 위해 거친 물살을 가르며 강물을 거슬러 오른다. 그것은 자신의 종족을 번성시키기 위한 본능 때문이다. 그래서 연어들은 다른 동물들의 먹이가 되거나 지쳐 죽는 한이 있어도 그 여정을 결코 멈추지 않는다. 껍질을 깨고 나오는 새끼 새의 몸부림이나 땅을 뚫고 새싹을 틔우는 식물들의 고된 과정에는 모두 이 같은 절박하고도 고귀한 생명력이 숨어 있다. 사람이나 기업의 세계도 이와 크게 다르지 않다. 한 사람의 인격적인 성숙 뒤에는 언제나 눈물겨운 인고의 스토리가 숨어 있게 마련이며, 거의 모든 창업의 스토리에서도 고난과 역경을 이겨내는 순간들을 만날 수 있다. 그렇다면 창업의 과정은 어떤가? 수많은 사람들이 '이 길이 아니면 안되는 절박함'에서 창업을 시작하곤 한다. 그러나 그 중의 몇몇 사람들은 이처럼 힘들고 어려운 과정을 불평과 불만 보다는 자기 나름의 인내와 지혜로 해결해갔다. 무엇보다 자신의 발목을 잡는 과거의 습관, '관성'을 거슬러 헤엄치며, 동시에 업*을 통해 한 사람의 인간으로 새롭게 태어나는 성숙의 과정을 거쳤다. 그리고 그 과정에서 지켜낸 창업자들의 기준들은 이후 브랜드로 거듭나는 과정에서 '자기다움'의 정체성을 지켜낼 수 있는 핵심 가치로 자리잡을 수 있었다. 관성을 깨고 태어난 브랜드들에서 펄떡이는 생명력을 느낄 수 있는 이유는 바로 이 때문이다.

타성을 깨는 자기 극복, 관성을 깨는 창업

관성이란 '물체가 외부의 힘을 받지 않는 한 정지 또는 운동의 상태를 지속하려는 성질'을 말한다. 즉 자연 상태의 물체는 현재의 상태를 유지하려는 힘을 갖고 있다는 말이다. 이러한 관성의 법칙은 특별한 과학자가 아닌 일반인들에게도 오늘날 상식처럼 여겨지고 있다. 급정거하는 버스나 기차를 굳이 예로 들어 설명하지 않더라도 관성은 너무나도 당연한 자연법칙 중 하나이며, 이를 바꾸기 위해서는 관성의 저항을 극복할 수 있는 더 큰 에너지의 투하가 필요하다는 것 역시 새로운 지식이 아니다.

그런데 관성은 사람이나 비즈니스의 영역에서도 동일하게 적용해볼 수 있다. 우리는 자신의 나쁜 습관이나 생활방식에 젖어 발전이 없는 사람을 보고 '타성에 젖어 있다'라는 표현을 쓰곤 한다. 고민이나 노력 없이 제자리에 머물러 있거나 늘 하던 방식대로만 하려는 사람들을 일컫는 말이다. 그렇다면 타성에 빠진 사람이 창업을 한다면 어떤 일이 벌어질까? 과연 그 사람은 창업이라는 어렵고 힘든 과정을 견뎌 낼 수 있을까? 과거보다 더 나은, 혹은 전혀 새로운 방식으로 소비자들을 만족시킬 수 있을까? 이전과는 다른 제품이나 서비스를 통해 새로운 가치를 만들어 내는 브랜딩의 단계까지 나아갈 수 있을까? 석봉토스트의 김석봉 대표는 창업을 위해서 한 개인이 얼마만큼의 노력을 기울여야 하는지를 보여 주는 좋은 사례다(참고로 관성이라는 말은 라틴어 'inner'로부터 나왔다. 이 말의 뜻은 다름 아닌 '일하지 않는' 혹은 '게으른'이라는 뜻이다).

"맨 처음 일을 시작했을 때 가장 힘들었던 점이 잠, 게으름, 그리고 얻어먹는 습관이었다. 일찍 일어나는 게 제일 괴로웠고 습관적으로 게을렀다. 얻어먹는 게 편하니까 하던 일도 빨리 포기했다. 왜? 또 얻어 먹으면 되니까. 이 세 가지가 나를 틀에 묶어버려 옴짝달싹할 수가 없었다. 그래서 석봉토스트를 시작하면서 잠을 줄였다. 5시간 자면서 습관 바꾸기 20일에 도전했다. 이 과정을 습관처럼 반복했다. 그렇게 석달이 가고 3년이 지나니 나한테도 기적이 일어나기 시작했다." – 석봉토스트 대표 김석봉

토스트를 팔기 위해서는 누구보다도 일찍 일어나 재료를 준비하고 가게를 열어 출근길의 손님을 맞아야 한다. 따라서 늦잠을 잔다는 것은 상상도 할 수 없는 일이다. 하루 전 신선한 야채와 달걀, 빵을 준비해야 하는 토스트 가게 주인에게 게으름이란 곧 가게의 실패를 뜻한다. 무엇보다 누군가의 도움을 바라는 순간 부끄러움을 무릅 쓰고 시작한 이 일을 끝까지 해내기란 사실상 불가능하다.

창업이란 그 자체로 하나의 타성을 깨는 것이다. 60억의 사람들이 살고 있는 지구상에 전에 없던 새로운 기업으로 태어나 이전과는 다른 방식으로 시장에 적응해 가는 과정이다. 따라서 창업의 주체인 창업자는 모든 것을 자신의 의지대로 할 수 있는 자유를 얻음과 동시에 기업의 운영에 필요한 모든 프레임과 룰을 새롭게 정의하고 지키고 실천할 것을 요구 받게 된다. 무엇보다 (직장인, 전업주부 혹은 학생과 같은) 이전의 라이프스타일과는 완전히 다른 삶을 살아야 한다. 아무도 창업자에게 일찍 출근하라거나 밤늦게까지 일하라고 강요하지 않는다. 그러나 거의 모든 창업자들은 한 조직의 구성원으로 있을 때보다 훨씬 더 큰 의무감과 책임, 노력을 요구 받는다. 바로 '생존'의 문제와 직결되기 때문이다. 그렇다면 이 같은 타성(관성) 깨기는 구체적으로 창업 과정에 어떤 도움을 줄까?

관성 깨기를 통해 얻을 수 있는 세 가지 유익

우선 창업자는 자신과의 치열한 싸움에서 오는 작은 승리를 통해 가장 큰 자산이랄 수 있는 '자신감'을 얻을 수 있다. 세상에서 가장 힘든 싸움이 자기 자신과의 싸움이기 때문이다. 오죽하면 담배를 끊은 사람

과는 절대로 친구가 되지 말라는 우스갯 소리가 있겠는가. 처음부터 자신이 하는 일을 통해 크게 성공할 수 있는 사람은 많지 않다(이러한 성공은 위험하기까지 하다). 오히려 작은 성공들이 켜켜이 쌓여 농익은 경험으로 축적될 때 진정한 성공의 단계로 나아갈 수 있다. 따라서 당신이 창업을 결심했다면 이전의 모든 라이프스타일과 결별할 수 있어야 한다. 많은 창업자들에게 주말이란 (일하는) 평일의 연속일 뿐이다. 게으름과 안일함은 최고의 적이다. 매일의 싸움에서 소소한 승리를 거두며 죽음과도 같은 관성의 영향력에서 빠져 나오지 않는 한 창업은 이미 시작부터 진 싸움임을 명심해야 한다. 그러나 이 싸움에서 이길 수 있다면 이후의 모든 싸움은 창업을 지나 본격적으로 닥치는 경영의 과정에서 반드시 필요한 체력이 되고 자양분이 되고 근육이 되어 줄 것이다.

"길에서 노점을 할 때 토스트를 굽다가 누군가 심하게 방해하면 그냥 집으로 갔다. 그리고 그 다음날 새벽같이 나왔다. 그건 다른 누군가와 싸우는 것이 아니라 나 자신과의 싸움이었다. 누군가가 방해한다 해도 내가 포기하지 않는 한 나는 갈 수 있다고 생각했다. 그러한 상황의 절박함이 지혜를 구하게 했고 나만의 방식으로 대응하는 방법 아닌 방법을 찾게 했다. 그때 깨달았다. '나를 이기면 그 무엇이든 가능하겠다'는 자신감을 그때 처음 느꼈다." – 석봉토스트 대표 김석봉

둘째, 창업자가 자신의 관성을 깨고 성공한 이야기는 이후 브랜딩을 위한 강력한 스토리로 활용될 수 있다. 우리가 알고 있는 기의 모든 브랜드들이 나름의 고난과 역경의 창업 스토리를 가지고 있다. 그런데 이것만큼 사람들의 마음을 움직이는 감동적인 도구가 없다. 흔히 소설이나 드라마의 작가들은 시청자의 몰입을 유도하기 위해 주인공에게 크나큰 시련을 안겨주곤 한다. 이러한 시련과 갈등을 극복하는 캐릭터와 교감하면서 사람들은 스토리 속으로 빠져들기 때문이다. 그것은 제품이나 서비스 자체가 가진 경쟁력만큼이나 그 브랜드의 진정성을 알리는 데 크나큰 영향력을 발휘한다. 만약 창업자가 상대적으로 더 큰 자기 극복과 어려운 환경을 이겨 낸 스토리를 가지고 있다면, 이는 이후 브랜드의 정체성을 소비자들에게 알리는 데 큰 도움이 될 것이 분명하다. 그런 의미에서 석봉토스트의 김석봉 대표가 아직도 자신의 사무실에 '자랑스럽게' 걸어 놓은 낡은 모자는 상징적인 것, 그 이상의 의미를 가지고 있다.

"나를 바꿔 가기 전, 너무 창피해서 내 얼굴을 가리던 모자다. 너무 힘들어서 고민고민하다가 그만둘까도 결심했다. 그런데 저 모자를 푹 눌러쓰고 보니 창피함을 넘어서 속칭 쪽팔리다는 생각까지 들었다. 고민을 거듭하다가 숙제를 풀었다. 쪽팔릴 거 확실히 팔자. 그래서 저 모자를 벗어 던지고 지금의 이 복장으로 갈아입었다." – 석봉토스트 대표 김석봉

마지막으로 창업자 개인이 가진 관성 깨기의 경험들이 직원들이나 조직에 전이되었을 때 이는 그 기업이 불황을 만나거나 자기혁신을 필요로 할 때마다 강력한 에너지원으로 작용할 수 있다. 창업자에서 비롯된 한 기업의 핵심가치는 과연 어떤 식으로 전파될 수 있을까? 국내 최초로 나폴리 피자를 원형 그대로 들여와 개그맨에 이은 두 번째 인생을 살고 있는 디마떼오의 이원승 대표는 자신의 하루하루를 기록하는 마

음으로 산다고 했다. 만약 변화 없이 무료한 하루를 보낸다면 아무것도 기록할 수 없을 거란 자기와의 싸움과 이를 통해 얻은 승리의 경험은 이제 그와 함께한 직원들에게까지 이어지고 있었다.

"레스토랑에 오는 고객이 매일 다른데 어제의 방법으로 똑같이 한다? 안 될 말이다. 어제와 다른 오늘, 오늘과 다른 내일이 있기 때문에 설렐 수밖에 없다. 그로 인해 나의 미래에 대한 확신을 갖게 된다. 혼자만의 미래가 아닌 우리 직원들과 함께하는 미래 말이다. 인생의 어둠 속에서 지도를 가지고 있는 나를 믿고 따라와 주는 직원들과 함께 가는 거다." - 디마떼오 이원승 대표

한 마리의 반딧불이가 불을 밝히면 수만 마리가 따라서 불을 밝히는 것을 '동조'라고 부른다. 사람 역시 재채기나 하품을 하기 시작하면 주변 사람들이 따라 하게 되는 것처럼 이 같은 동조 현상은 사람들 간에도 자주 발견된다. 만약 창업자의 건강한 습관이나 성공의 경험이 기업의 조직 문화로 체화될 수 있다면, 이는 자연스럽게 그들이 만들어 내는 제품과 서비스, 브랜드에 녹아들게 되고 이를 사용하는 소비자 역시 이를 감지하게 되는 것이다. 이러한 과정을 통해 창업자 개인의 Story는 기업과 브랜드의 History로 승화될 수 있다. 그러나 잊지 말기를. 거대한 기업의 위대해 보이는 비전들 역시 처음에는 아주 작은 관성 깨기의 경험에서 시작되었다는 사실을 말이다.

영속하는 브랜드를 위해 DOs & DON'Ts를 준비하라

창업을 통해 자신의 관성을 깨어 본 사람들은 누구나 자신만의 기준, 즉 DOs & DON'Ts를 가지고 있다. 그것은 항상 '새벽 5시에 일어나는 것'과 같이 단순하지만 구체적인 것일 수도 있고 '절대로 정직해야 한다'와 같은 추상적인 가치일 수도 있다. 하지만 창업의 과정을 통해 자신의 기준을 지켜 가며 이를 자신의 몸에 체화한 사람들의 경험은 이후 그들이 만든 제품과 서비스가 브랜드로 거듭날 때는 핵심 가치로 전이될 수 있다. 즉 개인의 성숙이 영속하는 브랜드의 완성으로 이어질 수 있다는 것이다.

그렇다면 이러한 관성 깨기를 창업 전이나 혹은 창업 초기에 미리 경험하고 훈련할 수 있는 방법은 없을까? 훌륭한 브랜드들은 자기 나름의 DOs & DON'Ts의 리스트를 (명문화된 것이든 아니든) 저마다 가지고 있다. 이러한 DOs & DON'Ts는 앞서 말한 브랜드의 핵심가치들을 지켜 가기 위한 것이다. 따라서 자신이 만들어 가고 싶은 브랜드의 DOs & DON'Ts를 미리 만들어 이를 창업자가 스스로 지켜 보는 연습을 해본다면 이는 미래의 브랜드와 자신의 삶을 싱크sync시켜 가는 훈련의 한 방법이 될 수 있다. 브랜드의 진정성은 결국 창업자가 가진 생각이 아닌 실천에서 나온다. 따라서 이 같은 훈련은 3개월의 창업을 지나 30년, 혹은 백 년을 지나 영속하는 브랜드로 성장해 가는 데 있어서 가장 강력한 자양분이 될 것이다. 물론 단순한 수익을 바라는 창업이라면 손익계산서나 대차대조표를 만드는 법을 배우는 것이 더 유익할 수 있다. 하지만 브랜드 창업은 소비자들에게 자신만이 만들어낼 수 있는 가치를 생산하고 이를 오랫동안 고객들에게 전파하기 원한다는 점에서 그 출발점은 반드시 구분되어야 한다(p26 참조). 그리고 이러한 가치는 창업자가 처음 품은 초심에서 비롯되며 이를 지키기 위한 숱한 관성 깨기의 역사history에서 비롯된다는 사실을 우리는 알고 있다. 그리고 이러한 과정을 통해 한 인간이 성장해가며 결국엔 존경 받는 브랜드로 함께 완성된다는 사실 역시 잘 알고 있다. 창업자 한 사람의 성장과 성숙은 (일반적인 기업이 아닌) 브랜드의 완성과 결코 떼어서 생각할 수 없는 이유가 바로 여기에 있다. UB

G5

**창업자여, 실패를 예측하고
성공을 향해 방아쇠를 당겨라!**

실패, 브랜드라는 과녁을 찾기 위한 영점조준

"한 번도 실패하지 않았다는 건 새로운 일을 전혀 시도하고 있지 않다는 신호다."
- 우디 앨런

창업을 준비하는 혹은 이미 막 시작한 사람들에게 '실패'라는 단어는 생각해서도 안 되고, 입 밖으로 내뱉어서도 안 되는 '금기' 같은 것일지도 모른다. 온통 '긍정의 힘'으로 무장한 채 '진격 앞으로!'도 모자란 상황이기 때문이다. 하지만 유니타스브랜드의 Vol.20은 창업을 준비하면서 실패를 생각해야 한다고 이야기하고 있다. 왜일까? 그것은 당신이 먹고사는 문제를 해결하기 위해 창업하는 것을 넘어서서, 지속가능한 브랜드를 만들고자 하는 고귀한 꿈을 가진 사람이기 때문이다.

지금, 왜 실패를 이야기해야 하는가?

《좋은 기업을 넘어 위대한 기업으로》의 저자 짐 콜린스는 얼마 전 펴낸 《위대한 기업은 다 어디로 갔을까?》에서 기업의 평균 수명을 13년이라고 밝힌 바 있다. 창업한 지 30년이 지나면 기업의 80%가 사라지는 세상에서 영속하는 브랜드를 꿈꾸는 창업은 그 자체로 존중받아야 마땅한 일이 아닐 수 없다. 유니타스브랜드는 창업자의 꿈이 한 번의 실패로 좌절되어 백일몽으로 끝나는 것이 아니라, 긴 호흡을 가지고 장기적인 관점에서 마라톤을 뛰는 사람의 심정으로 창업과 브랜딩을 하길 원한다. 이 과정에서 혹여 크고 작은 실패를 경험하더라도 이는 브랜드를 구축해 나가는 과정이자 하나의 의미있는 시도[try]라는 것을 깨닫게 되길 바란다. 좀 더 구체적으로 이야기한다면, 선택과 집중을 통해 시도했던 창업자의 전략이 설사 실패로 돌아갈지라도 그것은 단순한 실패가 아니라 계획된 실패이며 성공을 향한 영점조준의 과정이라는 것을 말이다.

실패, 브랜드의 성공을 위한 영점조준

그렇다면 왜 창업에서의 실패가 브랜드를 구축하기 위한 영점조준이라는 것일까? 군대에서는 총을 쏠 때 영점조준이라는 것을 하게 된다. 특히 군인들이 총을 처음 받거나 혹은 다른 총으로 바꿀 경우에는 반드시 이 과정을 거쳐야 한다. 이는 개인마다 각자 다른 신체 구조와 얼굴 형태를 가지고 있기 때문에 총을 쏘는 사수인 자신에게 가장 잘 맞게 가늠좌와 가늠쇠의 위치를 조정하는 작업이 필요한 것이다. 이때 통상 세 번 이상의 총을 쏴서 조준점과 탄착점이 일치하도록 조정하는데 이를 영점조준이라고 부른다.

창업자는 전장에 나서기 전 새로운 총을 처음 받은 군인이나 다름없다. 자신의 진짜 고객이 누구인지, 어떤 전략이 효과적일지, 어떤 상품을 서비스해야 하는지 아직 미지수다. 브랜드라는 과녁에 제대로 명중시키기 위해서는 영점조준을 통해 새로 받은 총을 자신에게 가장 잘 맞도록 조절해야만 한다. 그러기 위해서는 세 발 이상의 총을 쏴 보고 난 후에야만 자신의 창업 전략을 제대로 파악하여 과녁에 명중시키고 자신만의 브랜드를 만들 수 있는 것이다(물론 첫발에 명중할 수도 있지만 이는 아주 운이 좋은 경우다). 영점조준을 위해 쏜 세 발의 총은 대부분 과녁을 빗나간다. 그렇다면 생각해 볼 필요가 있다. 이때의 빗나간 총알을 과연 실패라고 부를 수 있을까? 아니다. 자신에게 가장 잘 맞는 총을 만들어 과녁에 제대로 쏘기 위한 영점조준이기에 의도된, 계획된 실패다. 성공을 위한 실패인 것이다. 이는 창업에서도 동일하게 적용된다. 이번 호를 준비하며 만난 유앤피파트너스의 조춘호 대표는 이러한 영점조준의 과정을 자칭 '3·3·3 법칙'이라고 불렀다. 이 법칙은 통계학적으로 증명된 사실은 아니지만, 창업 이후 안정기에 들어서기까지는 창업 초 자신이 예상한 것보다 3배의 시간, 3배의 돈, 그리고 3배의 어려움이 있다는 뜻이다. 여기서 3·3·3이라는 숫자가 중요한 것은 아니다. 그보다는 그만큼 창업에 어려움과 실패가 있을 수 있다는 예상을 하고 계획하라는, 일종의 태도와 마음가짐에 방점을 찍어야 한다.

우리는 실패를 통해 진화되었다

그럼에도 불구하고 실패는 쓰디쓴 독배처럼 받아들이기 힘든 어려운 제안이다. 그것이 사격에서 자신에게 가장 잘 맞는 총으로 준비하기 위해 쏘았던 영점조준의 준비된 실패든 혹은 전혀 예상하지 못한 의외의 실패든 마찬가지일 것이다.

그러나 브랜드 창업에서 (그것이 예상했든 혹은 전혀 예상하지 못했든) 실패는 독배가 아니라 입에 쓴, 그러나 몸에는 매우 좋은 약으로 작용했고 결국에는 실제로 브랜드의 성공을 향한 영점조준의 과정이었다는 것을 Vol.20을 준비하면서 만난 창업자들의 인터뷰를 통해 확인할 수 있었다.

"처음에 오픈했을 때 우리 매장은 2층이었는데도 불구하고 손님들이 줄을 설 정도로 장사가 잘 되었다.

그만큼 맛에는 자신 있었다. 그런데 어느 순간 손님이 줄더니 문까지 닫게 되었다. 내가 주방에서만 일을 하다 보니 홀에서 손님들이 불편한 걸 몰랐던 것이다. 음식만 맛있게 만들어서 제공하면 일본처럼 자리가 좁아도 앉아서 먹지 않을까 했는데 그게 아니었다. 이는 고객을 감동시키는 서비스를 해야겠다고 결심하는 계기가 되었다. 예를 들어 손님이 '김치 좀 더 갖다 주세요' 그러면 '네 알겠습니다, 김치 갖다 드리겠습니다' 하고 복명복창한다. 왜냐면 손님이 뭘 갖다 달라 그랬는데 '예' 하고 가 버리면 종업원이 내 말 알아들었나, 시끄럽고 바쁜데 까먹은 거 아닌가 생각할 수 있다. 이런 작은 것도 손님에게는 스트레스가 될 수 있기 때문이다." – 탄 대표 류재춘

실패는 자신이 기존에 가지고 있었던 선입관을 뒤흔들어 각성하게 하는 강력한 힘이 있었다. 요식업도 맛으로만 승부해서는 제대로 된 브랜드를 만들 수 없다는 사실을 알게 된 것이다. 탄의 류재춘 대표는 그렇게 실패를 통해 자신의 사업을 객관적으로 바라보고 제대로 된 서비스를 제공하는 발판을 마련했다. 이는 끊임없이 고객과의 주파수를 맞추는 일종의 튜닝 과정일 수 있으며 이것이 제대로 맞아떨어졌을 때 브랜드도 자리를 잡게 되고, 사업은 그야말로 성공으로 가게 되는 것이다.

영점조준으로 브랜드의 Why를 재정립하다

여기서, 한가지가 더 있다. 브랜드 창업에서의 실패는 창업자로 하여금 다시금 업의 가치를 재조명하게 하고, 창업의 Why를 되돌아보는 계기를 만들어 준다는 것이다. 나아가서 브랜드의 미션과 비전을 더욱 공고하게 해주는 역할을 하기도 한다. 총알이 브랜드라는 궁극의 과녁으로 날아갈 수 있도록 도와주는 것이다. 어린이를 좋아하는 레크리에이션 강사로 시작해 지금은 '키즈카페'라는 새로운 시장을 개척한 어린왕자의 김상한 대표는 한창 잘나가던 시기에 전국적으로 신종플루 열풍이 불어 적게는 매출의 30%, 많게는 50%가 떨어지는 위기를 맞은 적이 있다.

"갑자기 프랜차이즈 매장들의 매출이 일괄적으로 떨어지니까 아득했다. 아이들이 노는 공간인데 SAS 뿐 아니라 신종플루 등 바이러스성 유행이 번질 때마다 이런 실패를 맛봐야 한다면 누가 키즈카페를 하겠는가? 그런데 이 과정이 친환경 놀이카페로 거듭나게 하는 고마운 계기가 되었다. 우리는 현재 풀무원 푸드머스와 제휴해서 공기의 질을 관리하는 서비스를 받고 있다. 또한 전 매장에서 하루에 5차례 자외선으로 카페 전체를 살균하는 시스템을 갖추고 있다. 엄마들의 신뢰를 얻은 것은 물론이고 이게 우리의 경쟁력이 되었다. 또한 아이들을 위한 친환경 카페라는 브랜드의 가치까지 얻게 되었다. 우리 키즈카페는 그렇게 진화했다." – 어린왕자 대표 김상한

비교적 창업의 미션이 명확했던 사회적 기업 오르그닷도 한 번의 실패를 계기로 새로운 수익 모델을 만들고 나아가서 이를 브랜드의 비전과 한 방향으로 정렬시키는 방법을 찾게 되었다.

"초기에 오르그닷에서 공정무역 제품이나 친환경 상품, 윤리적 디자인 제품 등을 파는 컨셉 숍을 압구정에서 운영하다가 회사가 아예 문을 닫을 뻔했다. 제2의 창업을 하는 마음으로 다시 시작하자고 의지를 다졌고 그때 나온 해결책이 안정적인 수익구조를 만들기 위해서 B2B를 강화해야 한다는 것이었다. 그래서 SK와이번스의 유니폼, 다음, 씨티은행 등의 단체 티셔츠 제작 등을 했고 다행히 성과가 좋았다. 이 작업을 통해 친환경 소재를 다양하게 실험하며 자체 제작 노하우도 쌓고 봉제공장들과 네트워크도 확보했다. 새로운 수익 모델이 우리가 지향하는 창업 철학과 연결되는 쾌거를 얻은 것이다." – 오르그닷 대표 김진화

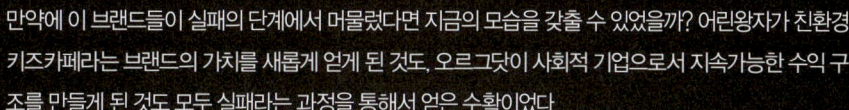

만약에 이 브랜드들이 실패의 단계에서 머물렀다면 지금의 모습을 갖출 수 있었을까? 어린왕자가 친환경 키즈카페라는 브랜드의 가치를 새롭게 얻게 된 것도, 오르그닷이 사회적 기업으로서 지속가능한 수익 구조를 만들게 된 것도 모두 실패라는 과정을 통해서 얻은 수확이었다.

그런데 이쯤에서 우려되는 바가 한 가지 있다. 브랜드 창업에서 실패는 이처럼 값진 것이며 브랜드가 되기 위한 필요조건이니 각오하고 받아들이라는 글이, 새로운 사업을 준비하는 창업자들에게 어떤 면에서는 용기나 격려가 아닌 실패에 대한 두려움으로 다가올지도 모른다는 사실이다. 아무리 자신만의 브랜드를 만들고 싶어 하는 창업자일지라도 나는 실패해도 무방하다고 큰 소리칠 수 있는 배포 있는 사람은 많지 않을 것이다. 많은 사람들이 새로운 일을 시작하면서 알 수 없는 미래에 대해 불안감을 떨치지 못할 것이기 때문이다. 창업 후 성공적인 결과를 내고 있는 리더에게도 이러한 두려움은 예외일 수 없다. 그렇다면 창업자들에게 실패에 대한 두려움을 예방하고 '브랜딩을 위한 마라톤의 경주'를 뛰는 데 도움이 되는 백신은 없을까?

올인 금지, 다시 쓸 총알을 남겨두어라

대부분의 사람들은 첫 창업에서 자신이 가진 모든 것을 걸게 된다. 자신의 시간, 돈, 열정 등 모든 자원을 올인한다. 그래야 성공한다고 믿는다. 하지만 브랜드를 만들기 위한 마라톤의 관점에서 보면 이 발상은 자칫 위험할 수 있다. 혹여 실패하게 되면 자신의 사업뿐 아니라 가정과 인생까지도 잃어버릴 수 있기 때문이다. 그렇다면 창업에 있어서 올인하란 말인가, 하지 말란 말인가? 결론은, 브랜드를 위한 창업에서는 과정 가운데 실패를 경험했더라도 다시 재창업할 수 있는 힘을 남겨 두어야 한다는 것이다.

등반가 한왕용 씨는 1995년 에베레스트 1차 등반 때 정상까지 겨우 100m를 남겨 두고 하산했다. 몇 걸음만 더 디디면 바로 정상이었지만 그는 매몰차게 돌아섰다. 이후 13년 뒤인 2003년에 세계 산악계에서 열한번 째로 히말라야 8,000m급 14좌를 완등한 등반인으로 기록되었다. 그의 장기적 꿈은 에베레스트 등반이 아니라 히말라야 8,000m급 14좌의 완등에 있었기에 에베레스트 정상의 100m앞에서도 되돌아올 수 있었던 것이다. 하지만 영국 산악인 데이비드 샤프는 2006년에 에베레스트를 정복하고 하산하던 중 산소통이 부족해서 사망하고 말았다. 산소통 잔여 분량을 생각했더라면 그는 정상을 포기했어야 했고, 그러면 이후에도 자신이 꿈꾸던 산을 계속 오르는 행복을 누렸을 것이다.

즉 단기적 과정에서 실패했다고 판단되면 과감하게 하산하는 결단이 창업자에게는 중요하다. 왜일까? 브랜드를 위한 창업은 기나긴 여정의 과정이기 때문이다. 창업자는 에베레스트 하나가 아닌, 히말라야 14좌를 모두 완등해야 하는 사람인 것이다. 긴 호흡으로 더 큰 폐활량을 키우며 한 과정, 한 과정을 걸어야 하며 단기적 실패도 성공을 위한 의도된 과정으로 여기라는 것이다. 영점조준을 위해서 가지고 있는 총알을 다 사용하게 된다면 정작 결정적 시기에 과녁의 정중앙을 향해 방아쇠를 당길 총알이 없지 않겠는가.

결국 예비창업자들은 실패에 대한 예의(?)를 갖추고 시작하는 것이 중요하다. 브랜드 창업에서 실패란 발전을 위한 좋은 시도이며 성공을 위한 영점조준의 과정이지, 궁극의 실패가 아니라는 것을 알아야 한다. 또한 이것은 훗날 후배나 후손들에게 줄 수 있는 브랜드의 값진 유산으로 승화될 것이라는 것도 말이다. UB

슈퍼갑이 되기 위해 슈퍼을이 되라
관찰, 빙의, 창조가 만들어주는, 고객을 위한 창업 계약서

만약, 당신이 CEO라면 '고객'에 대한 정의를 어떻게 내리겠는가? 당장 대답하지 않아도 좋다. 당신이 브랜드 창업을 준비하고 있다면, 혹은 브랜드 창업을 지금 막 시작한 사람이라면 고객에 대한 분명하고 명확한 정의를 내릴 수 있어야 한다. 그 이유는 잘 알고 있듯, 결국 브랜딩은 '고객'에 의해 완성되기 때문이다. 게다가 인터넷을 기반으로 구축되는 ON-Branding(유니타스브랜드 Vol.11 참조) 시대에 고객은 이전과는 전혀 다른 위치에서 브랜딩의 과정에 (그것도 적극적으로) 참여하고 있다는 것을 생각한다면 '고객'이 단순히 상품을 사는 '소비자'라는 생각은 이제 어불성설이다. 그렇기에 사실 '고객'은 브랜딩의 전 과정에서 항상 중요하게 다루어야 할 부분이다. 그럼에도 불구하고 (굳이) 창업을 함에 있어서 '고객'이라는 화두를 꺼내야 하는 이유는 이것이다.

"기업이 아무리 좋은 의도를 말한다 해서 소비자들은 무조건 믿어 주지 않는다. 또한 소비자들이 기업의 사명 선언이나 고객 만족 프로그램에 대해 알고 있다 할지라도 세상이 바뀐 것처럼 보지도 않는다. 소비자들은 당신의(브랜드의) 의도에 대해서는 관심이 없다. 그들은 당신이 (고객에게) 지금 당장 하려고 하는 것에만 관심을 가질 뿐이다." – 애덤 모건

갓 태어난 당신의 브랜드가 가진 사명 혹은 비전에 대해서 고객이 알기까지 얼마의 시간이 걸릴 거라고 생각하는가? 정확한 통계 자료는 없지만, 어쨌든 수일(사실 수십 년도 각오해야 한다)이 걸리리라는 것은 너무나 분명하다. 그러나 낙심할 필요는 없다. 애덤 모건이 '분명하게' 고객이 관심을 가지는 부분에 대해서 설명해주었으니까. 바로, '당신이 지금 당장 (고객에게) 하려고 하는 것', 다시 말해 '고객 서비스라고 통칭되어 불리는 그 모든 것' 말이다. 대부분의 창업자는 기본적으로 고객에 대한 '섬김'의 마음이 있다. 다만, 그 섬김의 깊이와 넓이가 다를 뿐이다. 그렇다면 지금부터 고민해야 하는 것은 깊고, 넓게 섬기는 방법에 관한 것이다. 모건의 말을 더 들어 보자. "'적당주의 철학'으로 성공한 예는 없다. 이는 (브랜딩을 위해서는) 경영진과 조직의 과도한 헌신을 요구한다는 말이다."

방법은 '과도한' 헌신이다. 정도가 지나칠 정도로 헌신적인 섬김이야말로 지금 당신이 당장 해야 할 것이다(사실, 당신은 지금 어떤 형편을 고려할 상황이 아니지 않나). 우리는 이 과도한 헌신을 '슈퍼을'이라고 명명하기로 한다.

슈퍼을이 되는 3 Step

계약서를 작성할 때 갑과 을의 역할은 너무나 분명하다. 갑은 권한을 가지고 있지만 을은 대부분 책임만 있다. 갑은 자신에게 생길지도 모를 불이익에 대해 정확한 보호책을 마련해 놓지만 을은 갑이 불이익을 입지 않도록 노력하겠다는 다짐이 강조될 뿐이다. 이렇게 보면 갑을 위해서는 '최상'의 계약서지만 을을 위해서는 '최소(한)'의 계약서다. 그렇다면 '슈퍼을'은 이것에서 얼마나 더 '최소'를 만들어야 할까. 우리가 만난 브랜드들의 창업자는 최소한이 아니라 '최선'의 슈퍼을이 될 것을 명한다. 앞으로 소개할 3 Step이 바로 슈퍼을을 위한 최선의 계약서다.

Step 1. 관찰

《생각의 탄생》에서 로버트 루트번스타인은 '관찰'에 대해 이렇게 정의했다. "관찰은 '수동적 보기'가 아니라 '적극적 보기'다." 적극적 보기란 그저 눈으로 보는 것을 말하는 것이 아니다. 코, 입, 귀 등의 오감을 사용하여 남들이 보지 못하는 것들을 보는 것이 바로 관찰이다.

"고객들이 올 때마다 아주 예민하게 관찰했다. 왜 저 고객은 저런 표정을 지을까, 저 고객은 왜 저런 말을 하지 등 그냥 지나쳐도 될 만한 것들까지 살피고는 이 모든 것을 꼼꼼하게 적어 놓았다." – 석봉토스트 대표 김석봉

김석봉 대표는 그저 음식이 맛있냐는 수준이 아니라 그들의 표정, 그들이 사용하는 단어 하나까지도 모두 관찰했다. 결국 이러한 관찰은 시쳇말로, 길거리의 토스트를 브랜드로 성장시키는 발판이 되었다고 그는 고백한다. "위대한 통찰은 '세속적인 것의 장엄함 sublimity of the mundane', 즉 모든 사물에 깃들어 있는 매우 놀랍고도 의미심장한 아름다움을 감지할 줄 아는 사람에게만 찾아온다"고 말한 루트번스타인의 또 다른 말은 '관찰'이 브랜드 창업자가 고객을 보는 제3의 눈임을 얘기하고 있다.

Step 2. 빙의

"우리 가게는 여성이 주요 고객이다. 하이힐을 신어 보지 않고는 여성 고객들을 이해하기란 불가능하다. 그래서 나는 하이힐을 직접 신어 봤다. 하이힐을 신어 보면서 직접 여자가 되어 본 거다. 여성의 입장에서 생각해 보며 매장의 인테리어를 어떻게 해야 하는지 등을 상상해 보는 것이다." – 더후아이팬 대표 이정규

스페인의 철학자 그라시안은 "'예'라는 대답을 얻기 위해서는 상대방의 뒤에 서서 진실된 감정에 호소해야 한다"고 말했다. '이해하다'라는 뜻의 'understand'라는 단어를 해체해 보면 '아래에 서다'라는 뜻인 것처럼 창업자가 고객이 당신의 브랜드에서 느끼는 세세한 감정에서부터 그들의 욕구와 필요까지 알기 위해서는 창업자가 직접 고객이 되어야 한다. 그러나 이것은 단지 '고객이라면 어떨까?'라는 생각에서 멈추는 것이 아니라, 고객에게 소위 '빙의'가 되어 그들의 생각, 그들의 행동, 심지어 그들의 습관까지도 모두 경험해 보았을 때만이 속 깊은(너무 깊어 그 속내를 알 수 없는) 고객의 속을 들여다 볼 수 있는 것이다. 그런 의미에서 탄의 류재춘 대표의 빙의법은 가히 슈퍼을의 최고봉이다.

"고객이 음식을 남기고 가면 나는 직접 고객의 자리에 앉는다. 그리고 고객이 먹던 젓가락으로 그 음식을 먹어 본다. 10분 정도 그 자리에 앉아 고객의 시선이 어디로 향하고 있었고, 테이블에 음식의 배치가 고객의 동선에 어떻게 영향을 주었는지 등을 직접 고객이 되어 체험해본다." – 탄 대표 류재춘

관찰이 없으면 빙의도 있을 수 없다. 제3의 눈을 통해 고객을 '제대로' 본 사람만이 '진짜' 고객이 되어 볼 수 있는 것이다. 이처럼 슈퍼을은 고객이 불편하지 않을 정도로 비위를 맞추고, 고객이 화를 내지 않을 정도로 친절을 베푸는 것이 아니다. 고객이 보여 주지 않는 것까지 수고로움을 기꺼이 감수하며 찾아냈을 때, 진정으로 그들에게 필요한 것(고객 자신도 몰랐던 것)을 고객에게 찾아 주는 기적을 발

휘하게 된다. 바로 Step 3가 그 기적의 실체다.

Step 3. 창조

"커피를 마시면 심장이 울렁거린다는 사람들이 있다. 나는 그 사람들을 위한 커피를 만드는데, 그들에게만큼은 커피가 치료제가 되고 약이 될 수 있도록 만들고 싶다." – 가배두림 대표 이동진

뱅앤올룹슨의 수석디자이너 데이비드 루이스가 "소비자는 그들이 원하는 것을 알지 못한다고 확신한다"고 말한 것처럼 어쩌면 소비자들은 자신이 진정 원하는 것이 무엇인지 모를지도 모른다. 그렇다고 그들이 우매하거나, 무식하다는 것은 결단코 아니다. 다만, 그것이 무엇인지에 대해 명확하게 표현하지 못할 뿐이다(대부분 원하는 것은 무의식의 영역에 저장되어 있기 때문에). 그런 의미에서 슈퍼을이 되는 세 번째 스텝은 소비자의 보이지 않는 필요를 보이게 만들어 주는 마법과도 같은 것이다. 실제로 가배두림의 이동진 대표는 관찰과 문의를 통해 커피를 마시지 못하는 소비자들(싫어하는 것이 아닌 체질적으로 먹지 못하는)의 진심은 '커피를 마셔 보고 싶다'는 것을 알았다. 그래서 그는 원두의 종류에서부터 로스팅하는 방법까지 그들만을 위한 맞춤 커피를 만드는 프로젝트(?)를 실시한 것이다.

《쿨 마케팅》에서는 과거부터 현재까지의 시장 변천(?) 과정을 이렇게 세 가지로 얘기하고 있다. 과거에는 기업들이 제품을 만들면 팔리면 'Make & Sell' 시장이었다. 그 후 기업들 간의 경쟁이 시작되면서 기업들은 소비자 조사를 하게 되었고 그에 맞는 적절한 상품을 만드는 'Sense & Make'의 시장이 펼쳐지기 시작한다. 이때부터 과학적인 마케팅 기법들이 등장하면서 기업들은 소비자의 필요를 정확히 분석하는 것에 집중한다. 그러나 경쟁 시장이 글로벌로 확장되면서 이것 또한 어려워지기 시작한다. 점점 비슷해져 가는 브랜드들 속에서 소비자들은 보다 특별한 무언가를 원하기 시작한 것이다. 그러나 중요한 것은 소비자들 또한 그 '특별한' 것이 무엇인지 명확히 모른다는 데 있다. 그러면서 'Imagine and Surprise' 시장이 탄생한다. 이 시장은 소비자들조차 상상할 수 없었던 새로운 욕구를 만들어 소비자를 놀라게 만드는 것이다. 이제는 소비자의 욕구를 '분석'하는 것이 아니라 '상상'해야 하는 시대가 펼쳐진 것이다. 그런 의미에서 슈퍼을은 'Imagine and Surprise' 시장에 가장 적합한 브랜딩 방법이라 할 수 있다.

그러나 사실 이제부터가 본론이다. 이 얘기를 하기에 앞서, 한 가지 브랜드를 소개하고자 한다. 어떻게 슈퍼을이 되는 마법을 부릴 수 있는지 이 브랜드의 사례만큼 적절한 예가 없기 때문이다. 아마도 이 브랜드의 이야기가 끝날 무렵, 당신은 글의 초반에 던졌던 질문에 대한 답을 말할 수 있을지도 모르겠다.

To 고객 or From 고객

일본 도쿄에 위치한 이세탄백화점은 125년이라는 역사가 말해 주듯 명실상부 일본을 대표하는 백화점이다. 한 세기를 훌쩍 넘기면서까지 그 명성을 유지할 수 있는 비결은 대체 무엇일까.《마케팅은 짧고 서비스는 길다》에서 일본의 경영 컨설턴트인 쿠니토모 류이치는 그것에 대해 이렇게 말하고 있다.

"이세탄백화점의 가장 큰 특징은 '고객기점孤客起点'이라고 하는 서비스 전략이다. 고객기점은 결코 고객 응대의 다른 말이 아니다. 이것은 고객이 기점, 즉 그곳이 기준점이 됨을 뜻하는 것으로 고객에게서 모든 것이 시작됨을 말한다."

이세탄백화점은 백화점 내에서 사용되는 고객 서비스에 관한 모든 용어를 '고객기점'이라는 말로 통일하고 그것에 입각하여 고객 부문에 대한 모든 전략을 계획, 실행한다. 이러한 고객기점 전략은 '매장'을 지칭하는 용어에서도 극명하게 나타나는데, 바로 '고객의 입장에 서다'라는 뜻의 '오카이바お買場'가 그것이다. '매장'이라는 말이 고객에게 판매를 촉진시키는 말로 여겨질 수 있다는 판단 아래, 과감히 매장이라는 용어를 오카이바로 바꾼 것이다. 다시 한 번 고객이 '기점'이라는 것을 스스로에게 다짐하는 일종의 자기암시다.

'고객기점'은 그저 단어 하나를 바꾼 것이 아니다. "기점이라는 말은 아주 명쾌하고 알기 쉬운 말이다. 무엇을 기준으로 서비스를 입안하고 실행해야 하는지 그 핵심을 분명하게 제시하기 때문이다. 누구든지 서비스의 본질이 무엇인지 정확하게 알 수 있다"라는 류이치의 설명처럼 이세탄백화점이 바라보는 '고객'에 대한 명확한 기준을 제시

해 준 것이다. 즉, '고객'이 종착지가 아니라 '출발점'이라는 것 말이다. 대부분의 창업자들은 고객이 마지막 종착점이라고 생각한다. 열심과 정성으로 제품을 준비한 후, 최후의 만찬을 즐기듯 고객은 그것을 누리는 것이라고 생각한다면 그것은 착각이다. 제품을 준비하고, 인테리어를 하고, 심지어 메뉴판을 만드는 모든 과정에서 고객이 '기점'이 된다면, 즉 그곳에서부터 출발한다면 아마도 전혀 다른 결과물이 나타날 것이다. 바로 다음과 같은 연애편지를 받게 될지도 모른다.

"이세탄이야, 이세탄! 그 순간 온몸이 기쁨과 그리움에 젖어 혈관 속 아드레날린이 춤추기 시작했다. 그리고 너무 흥분한 나머지 눈시울이 붉어지고 말았다."

이것은 다름 아닌 일본 도쿄에 위치한 이세탄백화점을 방문한 한 여성이 자신의 블로그에 올린 소위 후기다(이 여성은 도쿄에 살다가 나고야로 이사갔다. 이 글은 오랜만에 도쿄를 방문한 그녀가 이세탄백화점을 방문하며 적은 것이다). 자, 이것이 바로 결론이다. 당신이 고객에게 충성을 다해 슈퍼을의 역할을 했다면, 고객은 이러한 열광

> 슈퍼을은 단지 고객감동, 고객만족의 수단이 아니라는 것이다. 그것은 당신을 슈퍼갑으로 변신시켜줄 마법의 도구다.

과 사랑으로 당신에게 화답한다는 것이다. 그러나 이것은 단지 열렬한 환호를 보내는 것에만 머무르는 것이 아니다. 당신의 브랜드를 절대 떠나지 못하는 강력한 족쇄(?)로 변한다. 이것이 슈퍼갑이 아니고 뭐겠는가!

"대접받고 싶은 대로 대접하라"는 황금률의 법칙이 있다. 세기를 넘나들며 이것은 관계의 법칙 중의 황금률이 되었다. 그런데 이 말은 이제 이렇게 수정해야 할 듯 싶다. 마케팅 전술과 리더십 부문의 레버리지 전략에 관한 세계적인 권위자 토니 알렉산드라 박사는 백금률의 법칙을 제안한다. 백금률의 법칙은 '(당신이) 님에게 내접 받고자 하는 방법'이 아닌 '(상대방이) 님에게(로부터) 대접을 받고자 하는 방법'으로 남을 대하라는 것이다. 당신은 지금, 어느 편에 서 있는가? UB

창업 초기, 브랜드 마니아들에 대한
분별력을 가져라

Good Sense of Mania, Good Sense of Branding

할리데이비슨이나 애플 등의 사례 덕분에 브랜드 마니아와 이들이 모여 하나의 세계를 건설하고 문화를 만드는 '브랜드 부족'에 대한 관심이 높아졌다. 마니아는 분명 브랜딩 과정에 꼭 필요한 파트너이자 창업자의 동반자다. 그리고 그 과정에서 심각한 문제에 대한 상상도 못할 해결책을 내놓기도 하고, 기업이 생각했던 것보다 몇 배는 빠른 속도로 브랜드를 주목 받게 해주기도 한다. 그렇다면 창업자는 어떻게 초기에 이런 마니아를 만들 수 있을까?

그런데 당신이 고쳐야 할 생각이 있다. 창업자가 초기에 고민해야 할 것은 '마니아를 어떻게 만들 것인가?'가 아니라는 것이다. 오히려 당신의 고민은 '마니아와 어떻게 소통하고, 그들을 어떻게 현명하게 분별할 것인가?'가 되어야 한다. 당신의 성공한 창업 선배들이, 왜 이것이 더 중요한지를 말해 주고 있다.

용감한 마니아, 그리고 창업자의 고민

철학에는 '양식good sense'이라는 단어가 있다. 데카르트가 사용한 이 단어는 '분별력'과 동의어로 '진실과 허위를 식별할 수 있는 능력'이란 뜻이다. 데카르트는 모든 사람이 이 양식을 가지고 있지만, 올바르게 사용할 수 있는 사람은 극소수에 불과하다고 했다. 데카르트가 만약 브랜더로 살았다면 아마 이 양식을 여러 곳에 적용해 보았을 텐데, 그 중 하나가 바로 브랜드 마니아에 대한 양식이다. 우리는 어떻게 브랜드 마니아에 대한 양식을 가지고 분별할 수 있을까?

우선은 마니아가 '창업자들이 분별해야 할 대상'이라는 생각에서부터 의문이 들지도 모르겠다. 오해 없기를 바란다. 마니아를 분별해야 한다는 이야기를 하면서 마니아가 중요하지 않다는 이야기를 하려는 것은 아니다. 알다시피 마니아는 브랜드에게 '언제나' 중요한 존재다. 유니타스브랜드는 이들이 특정 브랜드에 대해 갖는 기이한(?) 사랑과 애착, 동경과 믿음을 이미 Vol.12 '슈퍼내추럴 코드'에서 확인한 바 있다. 이 시대의 마니아는 이미 브랜딩 과정에서 기업과 함께 브랜드를 올바르게 성장시키고 강화하는 '주체'로서의 삶을 산다. 게다가 대기업들처럼 막대한 자본을 가지고 시작한 것이 아니라 아주 작게 '내 가게'로부터 브랜드를 다져 나가는 창업자라면 초기에 자신의 브랜드를 사랑해 주는 이 '마니아'들이 어떤 성향을 가진, 얼마나 대단한 존재인지에 대해 더 명확히 알 필요가 있다.

마니아 집단에 대한 탁월한 분석력을 보여 준 컨설턴트 알렉스 위퍼퍼스는 《브랜드 하이재킹》에서 틈새 브랜드(기존 제품의 연장이 아닌 전혀 새로운 도약을 이루는 브랜드, 창업을 통해 혁신적인 브랜드가 나타났다면 이와 같을 것이다)에 대해서 말하면서 마니아들을 다음과 같이 표현했다. "틈새 브랜드는 너무 새롭고 과격하여 처음에는 주류 시장을 깜짝 놀라게 만든다. 따라서 '용감하고 새로운 것을 즐기는 소비자'만이 이들을 선택할 것이다. 이것은 틈새 브랜드들이 사람들에게 행동과 견해를 크게 바꾸라고 요구하기 때문이기도 하다." 시장에 이미 존재하는 브랜드들과는 크게 차별화되어 주류 시장을 놀라게 만드는 새로운 브랜드. '브랜드 창업'은 브랜드의 크기에 상관없이 이러한 특성을 가지고 있을 것이다. 이런 브랜드가 태어난 초기에 과감히 이것을 선택하는 소비자는 알렉스 위퍼퍼스의 말처럼 매우 용감하고 새로운 것을 즐기는 사람이다. 당신이 어떤 물건을 구입할 때를 생각해 보라. 처음 보는 어떤 기업의 제품을 원래 쓰던 것을 버리면서까지 선택하기는 쉽지 않다. 아직 시간이 검증하지 못한 어떤 제품이나 서비스를 선택하는 소비자들, 그리고 그것이 좋다고 말할 수 있는 마니아들은 대부분 정말 용기 있는 브랜드 개척자적 성향을 가지고 있다. 이런 성향을 가진 마니아들은 자신의 주변은 물론이고 다른 소비자와 시장에 리더로서 굉장한 영향력을 행사한다. 따라서 이런 초기 마니아들은 브랜드에게 정말 중요한 존재다.

그럼에도 불구하고 요점은 여기에 있다. 이렇게 마니아가 중요하다 해도 당신이 창업 초기에 '애를 써서' 만들 수 있는 마니아의 수는 한정적이란 사실이다. 정확히는, 마니아는 의도적인 마케팅과 커뮤니케이션의 결과로 만들어지는 것이 아니다. 오늘날의 소비자는 누구보다 기업의 마케팅 수단에 밝고, 거짓 멘트에 예민하다. 대부분의 영향력 있는 브랜드 마니아는 제품과 철학, 창업자의 헌신으로 인한 자연스러운 결과로 만들어진다. 그러므로 이것이 철저히 준비되었다면 당신이 고민해야 할 것은 마니아를 어떻게 '더' 만드느냐가 '아니다'. 소수라도 마니아들 중 누구와 어떻게 소통하고 그들의 의견을 얼마나, 어떻게 받아들일 것인지를 더 고민해야 한다. 즉 창업자로서 마니아에 대한 올바른 양식을 갖도록 자신을 살펴야 한다.

당신에 대한 마니아의 기준과 마니아에 대한 당신의 기준

"고객은 왕이라기보단 친구 같다. 고객도 주인도 서로 누가 왕이다라는 생각보다는 각자의 포지션에서 브랜드를 즐기는 게 좋다고 생각한다." – 마미 대표 권수영

"규모가 커지면 사실 고객과 친구 같은 관계를 맺기가 어렵다. 그래서 사업 초기가 이런 관계 맺기에 적기라고 생각한다." – 숲소리 대표 송재근

"더후라이팬은 그냥 여자분들의 친구라고 생각한다. 물론 누군가의 친구가 된다는 게 그리 쉬운 일은 아니다. 그러나 우리를 만난 시점을 기준으로 전보다 그 후가 더 행복했으면 좋겠다." – 더후라이팬 대표 이정규

한때 기업들 사이에서 '고객을 친구처럼'이라는 캐치 프레이즈가 유행처럼 퍼져 나간 시기가 있었다. 그런데 이에 대한 부작용이 꽤 심각했던지 고객은 친구가 아니라는 경고가 경영이나 마케팅 서적 여기저기서 쏟아져 나왔다. 고객이 친구가 아니라고? 이것은 아마도 기업이 고객을 마냥 친구로만 생각하다 보니 "친구라면 친구의 결점을 참고 견뎌야 한다"는 셰익스피어의 격언만 마음에 새겨서 생긴 부작용일 것이다. 작은 가게라고 해서 초기에 창업자가 무작정 고객과 친구처럼 친해져 놓고 나면 관계가 진전될수록, 즉 마니아가 되면 이 친구 같은 마니아가 우리 제품의 질이나 서비스가 엉망인 것도 참고 견뎌주리라고(?) 은연 중에 생각한다는 것이다. 그러나 너무 친해서 '나만의' 친구라고 생각했던 마니아에게는 사실 놀랍게도(?) 다른 누구와도 쉽게 친구가 될 수 있는 자유가 있다. 그리고 이렇게 마니아가 돌아설 때는 일반 고객이 돌아설 때보다 더 차가운 바람이 분다.

위의 창업자와 브랜드들은 고객을 친구처럼 생각한다고 말한다. 그

러나 이들은 친구 같은 고객, 마니아들에 대한 양식을 분명히 가지고 있다. 만약 창업 초기에 창업자가 마니아에 대한, 그리고 자신의 제품과 서비스에 대한 확실한 기준과 태도를 갖지 못하면 생각지도 못한 문제가 발생할 수 있다.

그렇다면 당신은 마니아와 어떻게 소통하고, 이들을 어떻게 분별할 것인가?

가장 먼저, 브랜드 창업 초기에는 마니아가 생겼다고 모두가 브랜드에 '좋은' 마니아가 아님을 알아야 한다. 창업자가 간과하는 것 중 하나는 애초에 자신이 브랜드를 만들었을 때 생각했던 브랜드의 목적과 가치, 그리고 방향성과 전혀 상관없이, 내가 생각지도 못한 아주 작고 사소한 이유들로 인해 그 브랜드의 마니아가 되는 사람들이 초기에는 존재한다는 것이다(그리고 종종 이들은 시간이 지나 브랜딩이 확실히 될수록 쉽게 돌아선다). 물론 브랜드가 시장에서 전술적으로 사용할 브랜딩 방법론의 경우는 초기에 좋은 마니아들의 피드백으로 많이 변화할 수 있다. 창업자가 계획하던 것과는 다르지만 마니아들이 브랜드를 더 브랜드답게 만들 보다 좋은 방법을 찾을 수도 있기 때문이다. 그것이 마니아가 브랜드에 끼치는 아주 긍정적인 영향 중 하나이기도 하다. 하지만 만약 마니아들 중 브랜드의 철학과 목적까지 어지럽게 만드는 잘못된 피드백을 계속해서 주는 사람들이 있다면? 혹은 그 분야의 전문가가 아닌데도 자신을 전문가로 여기고 잘못된 생각을 알려 주는 마니아가 있다면? 이것은 때론 브랜드에 아주 큰 문제가 되기도 한다.

> "요즘 많은 이들이 파워 블로거의 영향력을 무시하지 못한다는 것을 알고 있을 것이다. 그런데 정말 고수인 분들도 있지만 기본 지식도 없는데 파워블로거다, 마니아다, 하며 찾아오는 분들이 있다. 과연 무형 버터와 치즈도 제대로 구분하지 못하는 사람들의 피드백을 우리가 어떻게 생각해야 할까? 우리를 좋아하는 고객이라고 해서 무조건 믿어야 할 필요는 없다고 생각한다." – 마미 대표 권수영

> "가끔 우리의 목적과 상관없는 제품을 만들기를 원하는 고객들도 있다. 그럴 때만큼은 "우리는 할 수 없다"고 말한다. 그런데 사실 진정한 숲소리 마니아라면 그런 말을 하지는 않을 것이다." – 숲소리 대표 송재근

창업 초기에 극소수의 마니아가 생겼을 때, 이들이 브랜드에 주는 피드백이 장기적으로 보았을 때 브랜드가 꼭 지켜야 할 중요한 가치를 놓쳤을 가능성은 분명히 존재한다. 그렇기 때문에 고객과 마니아가 중요하다고, 친구 같다고 무작정 줏대 없이 그들만 따랐다가는 브

하지만 만약 마니아들 중 브랜드의 철학과 목적까지 어지럽게 만드는 잘못된 피드백을 계속해서 주는 사람들이 있다면?

랜드의 철학과 목적, 방향성뿐만 아니라 아주 중요한 제품 및 서비스의 강점까지 훼손할 수 있다. 따라서 마니아들의 피드백을 반영하는 것이 브랜드의 방향에 올바른 결과를 가져다 줄 것인지는 심각하게 고민해 볼 문제다. 창업자는 따라서 어떤 마니아들을 만나더라도 브랜드가 끝까지 지켜야 할 핵심가치와 목적만은 분명히 해서 흔들리지 말아야 한다. 알렉스 위퍼러스의 말처럼 "브랜드의 영혼을 지켜야 한다"는 것이다. 브랜드가 어떤 제품이나 서비스를 제공하느냐에 따라 다르지만 반드시 세상의 모든 사람들이 내 브랜드의 소비자가 되어야 하는 것은 아니다. 더후라이팬의 이정규 대표는 더후라이팬이 나아갈 방향을 정확히 알고 있기 때문에, 매장을 더후라이팬의 방향에 부합하지 않는 분위기를 만드는 손님들이 장악하지 않도록 일부러라도 심리적인 장애물을 만든다. 여성 고객에게 맞는 방향으로 집중하고 컨셉이 모든 사람에게 맞도록 '물을 타지 않는다'는 것이다. 이 대표는 더후라이팬이 모든 사람들이 원하는 것에 무조건 맞추려 해서는 안 된다고 생각한다. 그 기준이 이제껏 더후라이팬으로 하여금 차별성을 지키게 해주었다.

어떻게 보면 이 양식은 브랜드의 DOs & DON'Ts나 브랜드의 철학과 연관성이 매우 높다. 철학만 확실하다면 마니아의 어떤 피드백도 두려울 필요가 없고, 마니아가 브랜드를 어떤 식으로 소화(?)하더라도 여유롭게 대처할 수 있다. '바비'라는 브랜드는 자신들이 만든 이 인형들을 모아 디자인을 새롭게 하여 전시회까지 열어 준 열성 마니아를 고소해 법원으로부터 "유머가 부족하다"는 지적을 받은 적도 있다. 이는 많은 바비 마니아를 실망하게 만든 사건이었다. 만약 바비가 철학으로 철저히 무장하고 그에 맞는 행동을 하되, 마니아들이 브랜드를 즐기는 것에 좀 더 여유 있는 태도를 보였다면 아마 그같이 참담한 실수는 하지 않았을 것이다.

철학으로 DOs & DON'Ts를 확실히 했다면 그 다음은 마니아들과 '진심으로 친구처럼' 공감하는 것이다. 《이제는 작은 것이 큰 것이다》에서 세스 고딘은 많은 기업이 일명 '오타쿠(마니아) 마케팅'에 실패하는 이유에 대해 다음과 같이 말한다. "당신이 자신들(오타쿠들)과 같은 족속이 아니라는 사실을 보여 실망시키거나, 그들로 하여금 주변인이라는 기분이 들게 하거나, 최소한 자신들이 맛보는 기쁨을 당신(브랜드)에게 납득시키는 데 실패했다고 느끼게 만들었기 때문이다." 고객이 어떤 브랜드의 마니아로 변하는 이유는 그것이 자신과 통하는 부분이 있다고 생각하기 때문이다. 같은 가치를 중요하게 생각하거나, 같은 관심사를 갖고 있거나, 어떤 것에 비슷한 값어치를 책정하고 있다는 것이다. 따라서 이들과 진심으로 같은 것에 열광하고 커뮤니케이션 하도록 노력해야 한다. 마니아와 친구 관계를 맺는다는 것은

그들에게 이해를 구하기 위해 필요한 것이 아니라, 그들을 이해하고 소통하기 위해 필요하다. 그 훌륭한 예를 우리는 Vol.12 '슈퍼내추럴 코드' 때 닥터마틴이라는 브랜드에서 만난 바 있다. 닥터마틴에어웨어 코리아의 민재용 차장은 브랜드의 직원이라기보다는 닥터마틴의 마니아에 가까웠다. 유니폼이 아니었음에도 불구하고 닥터마틴을 사서 신고, 닥터마틴 로고가 새겨진 가방을 들고 다니고, 사비를 들여 닥터마틴 기념품을 만들어 나눠 주던 그는 진심으로 마니아와 공감하는 것이 무엇인지를 몸소 보여 주었다. 닥터마틴 온라인 카페를 운영하기도 하는 그는 매번 마니아들이 모이는 자리를 마련하고, 그들과 같은 신발에 열광하며, 어떤 행사와 제품이 그들에게 더 필요할지를 듣고 함께 고민한다. 무조건적인 의견의 흡수가 아니라 정확한 기준을 가지고 이들을 대함은 물론이다. 이런 이유에서였는지 아무 보상도 없는 인터뷰 자리에도 생각지 못한 많은 마니아들이 모습을 드러냈다. 그리고 인터뷰 자리에서 민 차장이 아니라 오히려 마니아들이 그를 "친구 같다"고 말했다.

또 하나의 창립자, 마니아

장 노엘 캐퍼러는 《뉴 패러다임 브랜드 매니지먼트》에서 "브랜드가 출시되자마자 그 반사작용은 브랜드에 열중하는 골수 지지자들을 창출하는 것이어야 한다"며, 1954년 런칭 당시 작은 화장품 회사에 불과하던 클라란스Clarins의 예를 든다. 이들은 일대일 마케팅이나 CRM이 부각되기 전부터 제품에 제안 엽서를 넣어 고객의 의견이 창립자 자크 쿠르텡에게 직접 전달될 수 있도록 했다고 한다. 에스티 로더나 로레알 같은 큰 기업들 사이에서 초기에는 큰 주목을 받지 못한 클라란스는 초기 마니아들과의 꾸준한 커뮤니케이션을 통해 현재 유럽 판매 1위의 스킨 케어 브랜드가 되었다.

제품과 서비스, 그리고 (진짜와 가짜)브랜드가 넘치는 세계에서 기업이 고객과 브랜드 주도권을 두고 싸우는 것은 무의미하다. 어찌되었건 브랜드는 두 주체가 함께 만들어 가는 것이기 때문이다. 그리고 브랜드가 오래 살아남았다는 것은 주도권을 이 두 주체가 아니라 이들 중 누구라도 브랜드를 더 많이 사랑하고 아끼는 사람이 갖게 되었다는 의미다. 그런 의미에서 초기 마니아들의 역할은 무엇보다도 중요하다. 이들이 브랜드의 방향성과 세부적인 디테일에 미칠 영향이 크고, 시장을 넓히거나 축소할 때, 브랜드의 고유 문화를 만들 때, 브랜드 부족이 만들어질 때 그 중심에 있을 가능성이 크기 때문이다. 또한 브랜드 확산에 있어서 창립자 못지않은 애정을 과시하며 생각지 못한 도움(p146, p152 참조)을 주기도 한다. 다만 이들이 계속 힘을 발휘하기 위해서는 이들을 잘 분별하여 받아들이고 올바른 마니아 집단이 확장될 수 있도록 지원을 아끼지 않는 브랜드 내부의 누군가가 꼭 필요하다. 창업 초기 실질적인 영향력이 가장 클 창업자가 이런 사람이 되면 더 좋을 것이다. 브랜드를 만든 사람이 담은 그 가치를 시작부터 알아 본 누군가(마니아)가 있다면, 그들은 이미 같은 생각을 가지고 서로 '통하는' 친구가 될 가능성이 매우 높기 때문이다. UB

친구는 제 2의 자신이다. 아리스토텔레스

'창업자에서 경영자로의 진화', 생각하고 있는가?

창업자로 3개월, 경영자로 30년

"창업자와 경영자의 DNA가 다르다"라는 주장은 꽤 타당하게 들린다. '창업자'에게 주로 혁신과 창조적 성향이, '경영자'에게는 관리, 운용의 성향이 기대 되기 때문이다. 그래서 '전문경영인'이란 직종도 그 타당성을 인정받는 것 아닐까?
그런데 정말 창업자와 경영자는 구분되어야 할까? 이는 비단 우리들만의 궁금증은 아니었다. 오하이오 주립대학교 루디어 파랜브라크 교수가 미국의 2,300개 대기업을 조사해 보니, 창업자가 직접 경영하는 기업은 2,300개 중 11%였으며 1992년부터 2002년까지 이들의 주가 상승률은 그렇지 않은 기업보다 연평균 8%가 높았다고 한다. 미국의 경우이고, 또 기업 선정 기준과 기업별 특색이 많이 고려되지 않은 자료라 이 연구 결과만을 두고 창업자와 경영자의 분리 여부가 어떤 장단점을 갖는지 논하기는 어렵다. 그러나 분명히 말해 두고 싶은 창업하려는 사람은 창업과 경영이 어떻게 다른지는 알아야 한다는 것이다. 아는 것을 넘어, 미리 준비해야 한다. 엄마가 되는 것, 또 아빠가 되는 것이 어떤 의미를 갖고 어떤 역할을 해야 하는 지를 알고 준비한 부모와 그렇지 못한 부모는 아이가 태어난 후의 상황에 대처하는 자세가 다를 것이기 때문이다. 남자로, 여자로 살던 때보다 아빠, 엄마로 살아야 할 때는 (어림잡아) 100배의 to do list가 더 생긴다. 결혼보다는 결혼생활이, 창업보다는 경영이 더 험난(?)하다.

수영과 경영의 기본 기술

무더운 여름, 바다로 뛰어드는 일이 '창업'이라면 수영을 하는 것이 '경영'이다. 즉 누구나 바다에 뛰어들어 창업할 수는 있지만 파도가 이는 검은 바다에서 수영을 해서 계속 살아남기 위해서는 경영을 알아야 한다. 물론 인간의 몸이 가진 기본 부력에 힘입어 당분간은 수면 위를 허우적거리면서라도 호흡을 유지할 수는 있지만, 그리 오랫동안은 아니다.

자유영, 배영, 평영, 접영, 심지어 개 헤엄 등 수영을 하는 방식이 여러 가지인 것처럼 경영 방식 또한 여러 가지일 수 있다. 하지만 어떤 수영이든 그 기본 기술은 손과 발을 움직여 동력을 확보하는 동시에 호흡을 유지하는 것이다.

경영에도 그런 기본 기술이 있다. 간결한 논조와 치우침 없는 시각으로 경영의 전반을 소개한 책, 《경영이란 무엇인가》의 저자인 조안 마그레타는 경영의 기본 4요소로 조직, 전략, 수익, 가치 창조를 꼽는다. 문제는 이러한 경영의 기본 기술(!)을 염두에 두지 않고 우선 창업부터 결심하는 사람들이 많다는 것이다. 창업 후 직원을 뽑는 순간 경영자가 된다는 사실을 망각하는 것은 수영을 할 줄 모르면서도 날씨가 덥다고 우선 바다에 풍덩 뛰어드는 것과 같다.

리더를 포함한 '조직(브랜드를 위한 손과 발)'을 움직여 '전략'을 실행해(동력 확보) 비즈니스 모델을 구축하며 생존을 위한 '수익'을 만들고(호흡 유지), 이런 생존의 차원을 넘어 존재의 목적을 실현할 수 있도록 끊임없이 가치(원하는 지점)를 창조하는 일, 그것이 경영(수영)이다.

그런데 창업과 관련된 얇은(?) 책들은 수영하는 법(경영)에 대해서는 그리 많이 논하지 않는 것 같다. 대게 어느 지역(입지, 상권)에 어떤 수영복(디자인, 인테리어)을 입고 뛰어들어야 그나마 덜 깊은 바닷물에서 물장구를 칠 수 있다는 식이다. 술렁이는 파도와 언제 바뀔지 모르는 해류를 모두 이겨 낼 수 있는 방법은 오로지 '제대로 된 수영 기술'이다. 그래야 수영장에서건, 강물에서건, 바다에서건 살아남을 수 있다.

3개월 후 당신은 '브랜드 경영자'라니까요!

"전 그냥 슈퍼마켓이나 하나 할 건데 경영이 필요할까요?"라고 답변한다면 독일 태생의 대단한 슈퍼마켓 브랜드, 알디ALDI에 대해 조금 더 알아볼 필요가 있다. 제빵사였던 아버지의 가게를 물려받은 형제는 현재 전 세계 20개국에 9,400여 개 점포를 차렸다. 그리고 알디의 창업주 카를 알브레히트의 자산은 235억 달러(약 27조 3,300억 원)로 독일에서는 1위, 세계에서는 열 번째 부호다. 그러니 슈퍼마켓이라고 경영이 필요없을 것이란 생각은 접자. 혹시 "전 절대로, 하나만 할 건데요?"라고 말한다면 혹자의 이런 명언을 전하고 싶다. "언제 포기해야 하는지를 계산해 놓은 것이라면, 그것은 이미 도전이 아니다." 만약 포기할 시점을 정해 둔 창업자라면 현재 하고 있는 일에 충실하라. 아직 구직활동 중이라면 창업을 하기에 앞서 해당 분야의 현장에서 먼저 일해보는 것, 즉 직원이 되는 것이 현명하다.

'브랜드'를 구축하는 창업, 그리고 경영

매 순간, 그것도 아주 중요한 의사결정자의 역할을 떠맡아야 하는 외롭고 고독한 자리가 바로 경영자의 자리다. 또한 성공적인 창업기를 거쳐 규모가 커지는 것은 아주 감사한 일이지만 그와 동시에 어떻게 지속적으로 새로움을 선사하며 고객과의 약속을 지켜 낼 수 있을지, 어떻게 더 효과적으로 우리 회사를 어필할 수 있을지, 그래서 결국 지속적으로 수익을 창출해 낼 수 있을지를 고민해야 하는 자리다. 마지막으로 이 모든 것을 함께 해 나갈 사람들을 어떻게 하면 유기적으로 융합시킬 것인가에 관한 고민도 짊어져야 한다. 그래야 3개월, 혹은 길어야 1년을 버티다가 문을 닫는 창업자가 되지 않고 일관된 가치를 제공하는 브랜드로 거듭날 수 있다. ⊕ 이를 위해 필요한 것이 바로 (우선 리더부터) 브랜드 관점을 갖는 것(BrandView), 우리다움을 찾는 것(BrandNess), 리더가 아닌 브랜드가 리더십을 갖는 것(BrandShip), 이 세 가지 씨앗을 마련하고 그것을 정성스레 키워 나가는 일이다.

✤ 창업한 '가게'가 경영할 '브랜드'로 거듭나기 위한 조건 : 브랜드뷰, 브랜드니스, 브랜드십

1. 브랜드 관점을 갖는 것, BrandView

창업을 하기 전 '브랜드란 무엇인가'를 아는 것이 브랜드 창업의 시발점이자 기본 지식이 된다. 그렇다면 이때의 브랜드란 무엇일까? 소위 말하는 상표일까? 값을 비싸게 받을 수 있는 겉치레를 말하는 것일까? 브랜드를 정의하는 명제는 수백 가지가 넘지만 간결하게 정의하자면 '목적이 이끄는 기업'이다. 여기서 분명히 해야 할 점은 '목표'와 '목적'의 구분이다. 일반적으로 목표는 기업의 매출 달성 수치나 단기간(1~2년) 내에 도달해야 하는 지점이며 이는 회사의 '비전'으로 공유되는 경우가 많다. 반면, 목적이란 그 기업의 사명, 즉 미션을 의미한다. 우리 회사가 존재해야 하는 이유, 내가 내일 아침에 일어나 회사에서 심혈을 다해 근무해야 하는 이유 말이다(p26 참조). 비전도 이러한 미션을 달성하기 위해 설정하는 단기 목표인 격이다. 얼핏 보기엔 비전과 미션 모두 창업자나 직원에게 동기부여를 한다는 측면에서 크게 달라 보이지 않지만 다음과 같은 질문 하나면 창업자 당신에게 미션이 있는지 없는지를 금세 확인할 수 있다. "만약 올해 수익이 없더라도 이 일을 계속하실 건가요?" 미션 없이 비전만 있는 창업자라면 "아니오"라고 답할 확률이 높다. 왜냐하면 목적이 있는 기업만이 가질 수 있는 '장기적 관점'을 아직 갖추지 못했기 때문이다. 단적으로 브랜드뷰를 가진 리더들은 매출과 성장의 상한선을 긋는 기이한(?) 행보를 보이기도 한다.

2. 우리다움을 정의하는 것, BrandNess

물론 창업 때(창업 전, 그리고 창업 후 얼마간) 더 많이 고민해야 하는 것은 '나다움'이다(p36 참조). 하지만 창업 후의 경영을 생각한다면 나다움이 전이된 '우리(브랜드)다움'이 무엇인지에 대한 진지한 고민이 필요하다. 왜냐하면 이제는 더 이상 혼자 진군하는 싸움이 아닌, (직원을 1명이라도 뽑는 순간) 우리가 함께하는 행진이기 때문이다. 그리고 이때의 '우리다움'은 가급적 독특한 정체성을 강조하는 것이어야 한다. 현재 시장을 리딩하는 브랜드라면 소속감을 강조하는 것이 방법이겠지만 시장 진입을 목표로 하는 창업의 경우라면 독특한 정체성을 강조하는 것이 새로움을 찾는 얼리어답터들의 촉각을 자극할 것이기 때문이다.

뿐만 아니라 이것이 정립되었을 때 이를 지켜 내기 위한 브랜드 수칙(DOs & DON'Ts)이 정리되며, 브랜드 아바타(우리 브랜드답게 행동하는 직원)의 조짐을 보이는, '조직이 믿는 것을 믿는 직원'을 뽑게 될 확률이 높다. 창업자 당신은 어제 뽑힌 신입사원이 "우리의 브랜드다움이 무엇인가요?"라고 묻는다면 이 질문에 뭐라 답할 텐가? 나다움을 고민한 창업자는 경영자로 변모하기 위해 '우리다움'에 대한 고민 또한 준비해야 하는 것이다.

3. 리더가 아닌 브랜드가 리더십을 갖는 것, BrandShip

조금 먼 이야기 같겠지만 브랜드십을 강조하고 싶은 이유는, 창업자는 브랜드의 씨앗을 심는 사람이기 때문이다. 브랜드십이란 리더인 창업자가 우리다움을 기준으로 자신부터 브랜드의 핵심가치를 믿고 따르며 브랜드에게 리더십을 이양하는 것을 말한다. 즉 모든 것의 기준을 '우리다움'에 두고 자신을 낮춰 브랜드를 높이는 일이다. 이것은 유한한 창업자(리더)의 삶을 인정하고 자신의 부재 상황에서도(부재의 이유는 다양하다) 브랜드가 손상되지 않고 조직 전체를 이끌어 갈 수 있게 하는 힘을 갖는 일이다. 또한 현실적인 어려움 때문에 객관성을 지키지 못하고 독단적으로 브랜드의 정체성을 해치는 것을 미연에 방지하는 역할을 하기도 한다. 어찌 보면 리더에게는 다소 불편한 리더십의 이양 역시 창업과 동시에 브랜드의 발아를 꿈꾸는 리더에게는 필요한 용기이자 지혜다.

창업자에서 경영자로의 진화

창업자 화석이 되느냐, 아니면 계속해서 진화해 살아남는 경영자가 되느냐는 앞서 소개한 브랜드뷰, 브랜드니스, 브랜드십 외에, '+α'에 달렸다. 그것이 바로 '혁신과 진화'의 코드다. 《1등 브랜드와 싸워 이기는 법》의 저자 애덤 모건 역시 도전자 브랜드(창업만큼 기존 시장에 도전하는 브랜드가 또 있을까)의 조건으로 '혁신과 진화된 사고'를 강조하며, 이를 위한 에너지의 원천으로 '아이디어와 신념, 그리고 신뢰'를 꼽는다. 그래서 조직 문화 자체도 소비자에 의한 인사이트를 발전시키는 것보다 직원들의 아이디어를 더 높이 사는 문화로 바뀌어야 할 것을 강조한다.

이것이 중요한 또 하나의 이유는 소비자에게 이끌리는 브랜드가 아닌, 소비자를 이끄는 브랜드가 되기 위함이다. 혁신은 거창한 그 무엇이 아니다. 현재의 문제를 해결하려는 진중한 고민에서 시작된다. 이것이 받쳐 주지 못하는 브랜딩은 그야말로, 허상이다.

외줄 타기, 관건은 장대의 균형점 찾기

기어이 창업자와 경영자를 구분하려는 것은 아니다. 치열하고 어려운 시장에서 난관을 헤쳐 나가야 하는 리더에게는 어쩔 수 없이 '창업자의 뜨거운 기업가 정신'과 '경영자의 냉철한 매니지먼트 능력'이 동시에 요구되기 때문이다. 다만 중요한 것은 균형점을 찾는 것이다. 허공에 매달린 위태로운 외줄을 타는 사람에게는 긴 장대 하나가 쥐어진다. 줄에서 떨어지지 않고 균형을 잡도록 하기 위함이다. 그들이 찾아야 하는 균형점은 다음과 같은 것들이 있다.

이슈 메이커와 이슈 컨트롤러

열정적인 에너지로 세상에 새로운 씨앗을 뿌리는 창업자는 '이슈 메이커'에, 그리고 그 씨앗을 잘 받아 물을 주고 빛을 쬐며 가꿔 나가는 경영자는 '이슈 컨트롤러'에 가깝다. 경영에 있어 실제 어떤 것이 더 도움이 되는가는 쉽게 말하기 힘들다. 다만 적재적소에 필요한 에너지를 쏟고, 그에 맞는 역할로 자신을 포지셔닝 해야 할 필요가 있다. 전문경영인이란 직분도, 창업자와 경영자를 분리하는 전문경영인 시대라는 말도 괜히 생긴 것이 아니다. 즉 창업자 자신은 경영의 핵심 에너지원인 아이디어로 끊임없이 컨텐츠contents를 생산하는 역할로 자리 잡고, 이것이 잘 커 나가도록 컨텍스트context를 조성해 줄 수 있는 전문경영인과 파트너십(p56 참조)을 이룰 수도 있다.

과거와 현재

2010년 신설 법인 설립자 중 40~50대 이상의 인구는 작년 대비 13.5% 상승했다. 앞으로 더욱 심해질 베이비부머들의 '창업으로의 전환'을 고려하면 오히려 너무 적은 수치가 아닐까 하는 생각이 든다. 젊은 사람들에 비해 이들이 특히나 신경 써야 할 점은 바로 과거(소위 잘나가던)와 현재의 균형점을 찾는 것이다. 직장생활에서 꽤나 높은 직급까지 오른 중장년의 고학력자(현재는 신입 창업자일 뿐인

> 곧 경영자가 될 것임을 염두에 둔 고민은 몇이나 되는가? 당신은 창업 후 3개월을 고민하는가, 30년을 고민하는가?

데)나 지난날 창업으로 꽤나 재미를 본 사람들도 마찬가지다. 창업은 늘 판이 바뀌는 곳임에도 불구하고 과거의 성공 경험을 그대로 적용하려는 사람이 적지 않다. 과거의 성공을 잊거나 혹은 부인할 줄 아는, 즉 과거와 현재의 자신 사이에서 균형점을 찾아야 한다는 것이다. 성공을 만든 실제 코드는 기억하되 현재 처한 상황에 알맞게 진화해야 한다. 강한 자보다 적응하는 자가 살아남는다고 하지 않던가.

그런데, 경영이라는 힘겨운 외줄 타기를 하고 있는 리더에게, 그 '장대' 역할을 하는 것은 무엇일까? 그것이 바로 브랜드다. 좀 더 정확히 말하자면 '우리 브랜드다움'이다. 이를 기준으로 창업자와 경영자는 자신의 입장을 조율해 나가야 한다(비록 같은 사람일지라도 말이다). 우리다움으로 조직을 총괄해서 봐야 하고 경영상 어려움에 봉착하더라도 모든 의사결정은 우리다움을 기준으로 해야 한다. 이것이 창업한 경영자든, 창업자와 함께하는 경영자든 반드시 갖춰야 할 브랜드 마인드다.

창업에 대한 고민을 끝마쳤는가? 혹시 그 고민 중, 곧 경영자가 될 것임을 염두에 둔 고민은 몇이나 되는가? 당신은 창업 후 3개월을 고민하는가, 30년을 고민하는가? 그에 따라서 창업 거품에 묻혀 사라지는 창업자가 되느냐, 드넓은 바다를 수영해 나만의 섬(브랜드)까지 도착하느냐가 달렸다. UB

창업을 성공으로 이끄는 충분조건, 파트너십

동반자적 파트너십, 지속가능한 브랜드를 위한 모태

그대, 창업을 준비하고 있는가? 그렇다면 다음의 말을 한 번쯤 들어봤을 것이다.
"절대 친구와 동업하지 말라!"
왜 이런 말이 나왔을까? 아마도 많은 동업자들이 사업을 하는 고정에서 사업 초기에 맺은 관계의 설정이 변질되면서 친구도 잃고 사업도 잃는 경우를 많이 보았기 때문일 것이다.
창업을 할 때 혼자서 하든, 혹은 동업을 하든 그것은 전적으로 당신의 선택이다. 그러나 막연한 동업이 아닌, 이른바 준비된 파트너십은 초기 사업 성패를 가르는 중요한 요소가 될 수 있다. 창업 초, 자본과 인력 등 모든 것이 부족한 상황에서 창업자와 동일한 열정으로, 창업자의 강점을 강화하고, 약점을 보완해 줄 동업자가 있다면 그야말로 사업에서 환상적인 플레이를 할 수 있지 않겠는가. 그리고 창업의 파트너십에는 마지막 비밀이 숨겨져 있다. 동업과 동역을 넘어선 동반자적 파트너십이야말로 당신의 창업이 영속하는 브랜드로 갈 수 있는 길을 제시할 것이다. 즉 창업 초기의 정신이 영구히 살아서 창업자 개인이 아닌, 파트너와 조직원 모두가 브랜드의 가치를 따르며 브랜드가 조직을 이끄는 브랜드십 조직의 모태가 될 수 있다는 사실이다.

"맨체스터에서 런던까지 가장 빨리 가는 방법은 무엇인가?"
한번은 영국의 모 잡지에서 위와 같은 내용으로 현상공모를 한 적이 있다. 물론 적지 않은 상금도 걸었다. 이 공모에는 일반인들은 물론이거니와 수학자와 교통학자들까지 응모를 했다. 비행기, 기차, 자동차 등 다양한 탈것들이 등장하고, 지도상의 지름길을 측정해서 각각의 교통수단을 적절하게 혼합하는 방법도 나왔다. 그렇다면 과연 1등을 한 답변은 무엇이었을까?
놀랍게도 "좋은 친구와 함께 가는 것"이었다.

그렇다면 과연 창업은 어떨까? 많은 사람들이 창업에 대한 한 가지 속설로 절대 동업하지 말라는 이야기를 하곤 한다. 파트너도 잃고 사업도 잃기 때문이라는 것이다. 그럼에도 불구하고 이번에 Vol.20을 준비하면서 취재한 브랜드들 중에는 파트너와 함께 창업해서 파트너십을 발휘해 성공한 브랜드들이 있었다.
그런데 왜 유니타스브랜드는 창업을 이야기하면서 파트너십을 언급하는 것일까? 창업의 성공을 위해서 파트너십이 반드시 필요하다는 말은 아니다. 그것은 전적으로 당신의 선택이다. 그러나 훗날 당신의 회사가 창업자 중심의 리더십이 아닌, 조직원이 브랜드의 철학과 가치에 따라 움직이는, 브랜드십(유니타스브랜드 Vol.16 참조)으로 운영되는 회사로 커 나가길 원한다면 당신은 특별히 파트너십에 관심을 가져야 한다. 파트너는 혹시라도 창업자의 초심이 변질되어 브랜드에 부정적인 영향을 미칠 때 이를 막아 주는 견제 세력으로 작용할 것이며 또한 서로가 창업초기에 나누었던 브랜드의 철학이 자연스럽게 조직원들에게 공유되는 첫 시발점이 될 것이기 때문이다. 그러므로 당신이 브랜드 창업을 원하거나, 브랜드십에 관심이 있다면 파트너십에 관심을 가질 만하며, 이 글을 통해 창업의 파트너를 선택하는 기준을 새롭게 세워야 할 것이다.

브랜드 창업을 위한 파트너십은 무엇인가? Vol.14에서도 이미 소개한 바 있지만 파트너십의 형태는 동업, 동역, 그리고 동반으로 나눌 수 있다. 동업의 파트너십은 사업상의 이익을 위해 함께 일하는 형태를 말한다. 동업의 핵심은 나의 강점을 극대화하고 약점은 상대방의 강점을 통해 최소화해 강점으로 회사를 경영한다는 이른바 '강점 경영'이다. 이에 비해 동역은 돈이 아닌 가치와 의미, 그리고 꿈을 위해 함께 일하는 형태다. 마지막으로 동반의 의미는 혹여 파트너가 실력이 부족하거나 꿈이 변하더라도 곁을 떠나지 않으며 마치 가족처럼 관계 자체가 목적과 완성이 되는 운명 공동체 형식을 띠게 된다.

그렇다면 브랜드 창업를 위한 파트너십은 어떤 특징과 모습을 가질까? 먼저, 이들은 가족이나 친구라는 형태로 만났어도 동업의 파트너십에 있어서 철저한 원칙을 통해 창업의 기초를 다졌다.

"망해도 도망가지 않을 사람을 생각하다 보니 언니를 창업의 파트너로 선택하게 되었다. 하지만 자매가 함께 일한다고 해서 서로 봐주거나 그냥 넘어가는 것은 하나도 없다. 휴가서부터 일의 역할 분담, 하다못해 매장에서 서로 돌아가며 쉬는 시간을 정하는 것까지 세세하게 원칙을 만들어 지킨다. 그래야 문제가 생기지 않는다는 것을 알고 있다." - 마미 대표 권수영

그런데 그 철저한 원칙이라는 것은 파트너에 따라 각기 다른 모양으로 나타날 수 있다. 예를 들면 마미처럼 어떤 브랜드에서는 모든 사항을 구체적인 문서로 작성해 단 하나의 오해라도 남기지 않도록 하는 방법을 쓰는가 하면, 어떤 곳은 각자의 영역에는 절대 간섭하지 않는다는 무간섭의 원칙을 고수하는 것이다. 이 모두가 서로가 합의한 원칙을 따르는 것이었고 그것이 동업의 기초가 되었다.

"10년째 동업으로 경영하는 우리에겐 원칙 아닌 원칙이 있는데 그것은 불문율 같은 거다. 서로가 서로의 영역에 절대 간섭하지 않는다는 것이다. 한 사람은 영업 분야, 저는 경영과 재무 분야를 맡는데 우리는 하다못해 서로가 법인카드를 얼마까지 쓸 수 있는지도 정해져 있지 않다. 다른 회사에서는 깜짝 놀라겠지만 우리는 서로를 믿고 맡긴다. 10년 째 그렇게 해왔다." - 더디엔에이 대표 민영삼

대부분의 창업은 동업 차원에서도 훌륭한 결과를 만들 수 있다. 서로의 약점을 보완하고 강점을 강화시키며 서로가 세운 원칙을 고수해서 성과와 경영을 잘 이끌어 나가면 말이다. 그러나 거기에만 머문다면 유니타스브랜드의 이번 Vol.20에 소개되는 진정한 의미가 없을 것이다.

그렇다면 브랜드 창업의 파트너십에는 어떤 특별한 비밀이 숨겨져 있을까? 이번 Vol.20을 준비하며 새롭게 알게 된 사실은, 성공한 브랜드들의 파트너십은 이익을 위해 뭉친 동업, 꿈과 가치를 공유하는 동역, 운명 공동체의 동반의 형태가 조화롭게 섞여 있었고, 설사 초기에는 동업의 형태로 만났어도 궁극적으로는 동반의 형태로 관계가 진화한다는 사실이었다.
사실 Vol.14에서 소개한, 양손잡이 리더십의 '동반자적 파트너십'이 과연 현실에서 존재할까 하는 의문을 가진 사람들이 많았을 것이다. 그런데 놀라운 것은 이번 취재를 통해 파트너십으로 시작해서 성공한 브랜드들 중에 상당수가 실제로 동반자적 파트너십으로 회사를 운영하고 있다는 사실이었다. 이들은 철저하게 이익 추구를 위한 동

업자 관계로 만났든 혹은 가족이나 친구 등 외형상의 동반자 형태로 만났든 세월이 흐르면서 어느새 진정한 동반자적 파트너십, 다시 말해 브랜드의 가치와 꿈을 공유하며 운명 공동체의 형태로 서로에게 인내하고 헌신하는 단계로 진화되어 있었다.

"동업자 4명인 우리 팀은 내 평생을 통틀어 만들어 낸 최고의 캐스팅이다. 나는 이 사람들과 오랫동안 함께 일하며 무언가를 만들며 놀고 싶다는 생각이 컸던 것 같다. 더후라이팬도 그중 하나다. 영원한 대학처럼 창조적으로 의미있는 일을 하면서 이들과 함께 가고 싶다. 저 친구들이 설사 6개월간 회사에 무단결근을 해도, 힘들어서 못 오겠다고 해도 죽을 때까지 기다릴 수 있다. 애당초 상대가 무엇을 줘야 나도 준다는 그런 관계를 넘어섰다."
– 더후라이팬 대표 이정규

"우리는 자매라 망해도 끝까지 함께 가리라는 것은 서로 믿어 의심치 않는다. 처음에는 동생이 하자고 해서 막연하게 시작했지만, 이제는 늘 함께 마미의 미래를 이야기한다. 우리는 프랑스 가정식 레스토랑을 넘어서서 한국에 새로운 다이닝 문화를 선보일 비전을 갖고 있다." – 마미 대표 권수영

"나는 파트너를 고를 때 10년 이상 옆에 두고 보아 온 사람들을 선택한다. 지금의 이사가 그 사람이다. 선택했으면 100% 믿는다. 혹여 파트너가 잘못을 한다면, 그것은 궁극적으로 내 잘못이라고 생각한다. 그가 못하는 일이라면 이 세상에 그 누구도 못할 것이라고 믿는다. 실제로도 그렇다. 우리는 그렇게 우리 회사의 비전을 위해 함께

"나는 파트너를 고를 때 10년 이상 옆에 두고 보아 온 사람들을 선택한다. 선택했으면 100% 믿는다."

간다." – 로티보이 대표 권주일

이는 바로, 아리스토텔레스가 이야기한 '두 육체에 깃들인 하나의 영혼'의 동반자적 개념과 일치하는 바였다. 동반자적 파트너십의 궁극적인 목표는 말 그대로 함께하는 사람이 되는 것이며 혹여라도 사업에 성과가 나오지 않고 꿈의 성취가 어려워지는 시간이 있을지라도 '함께'하는 동반의 정신으로 기다려 주는 것이다. 궁극적으로 동반자적 파트너십으로 진화하는 관계야말로 브랜드 창업에서 핵심이 되는 파트너십의 형태이며, 이미 파트너십으로 창업을 하고 성공적으로 경영의 단계에 들어간 많은 브랜드들이 보여 주는 공통적인 모습이었다.

동반자적 파트너십, 리더의 변질을 막다

그렇다면 왜 동반자적 파트너십이 브랜드십의 모태가 된다는 말일까?
브랜드십이란 창업자 개인이나 리더 한 사람이 아니라, 브랜드 자체가 리더십을 갖는다는 의미다. 이 의미는 더 나아가서 브랜드의 가치를 따르고 공유하는 전 직원이 리더십을 갖게 된다는 것을 뜻한다. 브랜드십이 필요한 이유는 왜일까? 바로 영속가능한 브랜드를 만들기 위해서다. 브랜드십을 가진 브랜드라면 리더 개인의 부재나 변심이 브랜드에게 치명타를 끼치지 않고 생명을 유지하게 만들기 때문이다.
최근 애플의 스티브 잡스가 다시 건강의 악화로 휴가에 들어갔을 때 애플의 주가는 곤두박질치고 경쟁사의 주가가 치솟았다. 이것이야

말로 잡스 없는 애플은 상상도 할 수 없다는 반증이 아닐까? 애플은 과연 브랜드십이 있는 브랜드일까? 리더가 쓰러질 때 브랜드도 함께 쓰러진다면 브랜드의 영속성에는 빨간불이 켜진 셈이다.

브랜드십이야말로 지속가능한 브랜드를 위한 필요충분조건이며, 이 브랜드십은 창업 초기 함께 브랜드의 철학과 가치를 공유하며 창업한 동반자적 파트너십에서부터 시작될 수 있다. 동반자적 파트너십은 브랜드십의 모태가 될 수 있는 것이다. 그 이유는 무엇일까?

창업자는 런칭 이후, 바로 경영자의 길에 들어서게 된다. 수많은 의사결정이 그를 기다리고 있다. 이 때 경영자로서의 성공은 무엇보다 창업 초기에 가진 비전과 철학을 일관성 있게 유지하는 동시에 직원들과 그것을 공유할 수 있는가에 달렸다. 그렇다면 실패하는 이유는 브랜드를 탄생시킨 리더가 변질되어 자신의 비전과 철학을 스스로 오염시키고 소멸시킬 수 있기 때문이다. 이때 브랜드의 철학과 가치를 함께 공유하며(동역), 서로에게 헌신하고 기다려 주는 운명공동체(동반)야말로 브랜드의 영속을 위해서 서로가 서로에게 선한 견제 세력으로 작용할 수 있다.

나아가 브랜드십은 초기의 창업자에게서 모든 조직원들에게로 전이되는 과정에서 구축된다. 즉 브랜드십이 있는 브랜드는 더 이상 한 명의 리더에게 브랜드의 운명을 맡기지 않고 리더십을 공유한 모든 팔로어들이 운명 공동체가 되는 것이다. 따라서 스스로 의사결정을 할 수 있도록 만드는 혁신구조를 이루며, 결국 모든 팔로어가 리더가 되는 브랜드십의 구조 안에서 브랜드는 영속가능한 운명을 가지게 된다.

결국, 왜 브랜드 창업에서 동반자적 파트너십이 중요한가? 그것은 먹고살기 위한 창업에서 머무는 것이 아니라 브랜드를 만들고 그것을 영속시키고자 하는 창업의 궁극적인 목표에서 비롯되는 것이다.

더후라이팬의 4명의 동업자가, 마미의 자매가 그리고 로티보이의 대표와 이사가 운명을 함께한 동반자적 파트너십으로 서로가 서로에게 초심을 잃지 않고 경영할 수 있도록 돕는 선한 견제 세력의 역할을 계속한다면, 나아가서 이들 동반자들이 가지고 있던 정신이 자연스럽게 조직원에게 전파되어 브랜드의 창업정신을 공유해서 브랜드가 이끄는 조직으로 만들어져 간다면, 이들은 영속가능한 브랜드로 가는 첫발을 이미 내디딘 것이다. UB

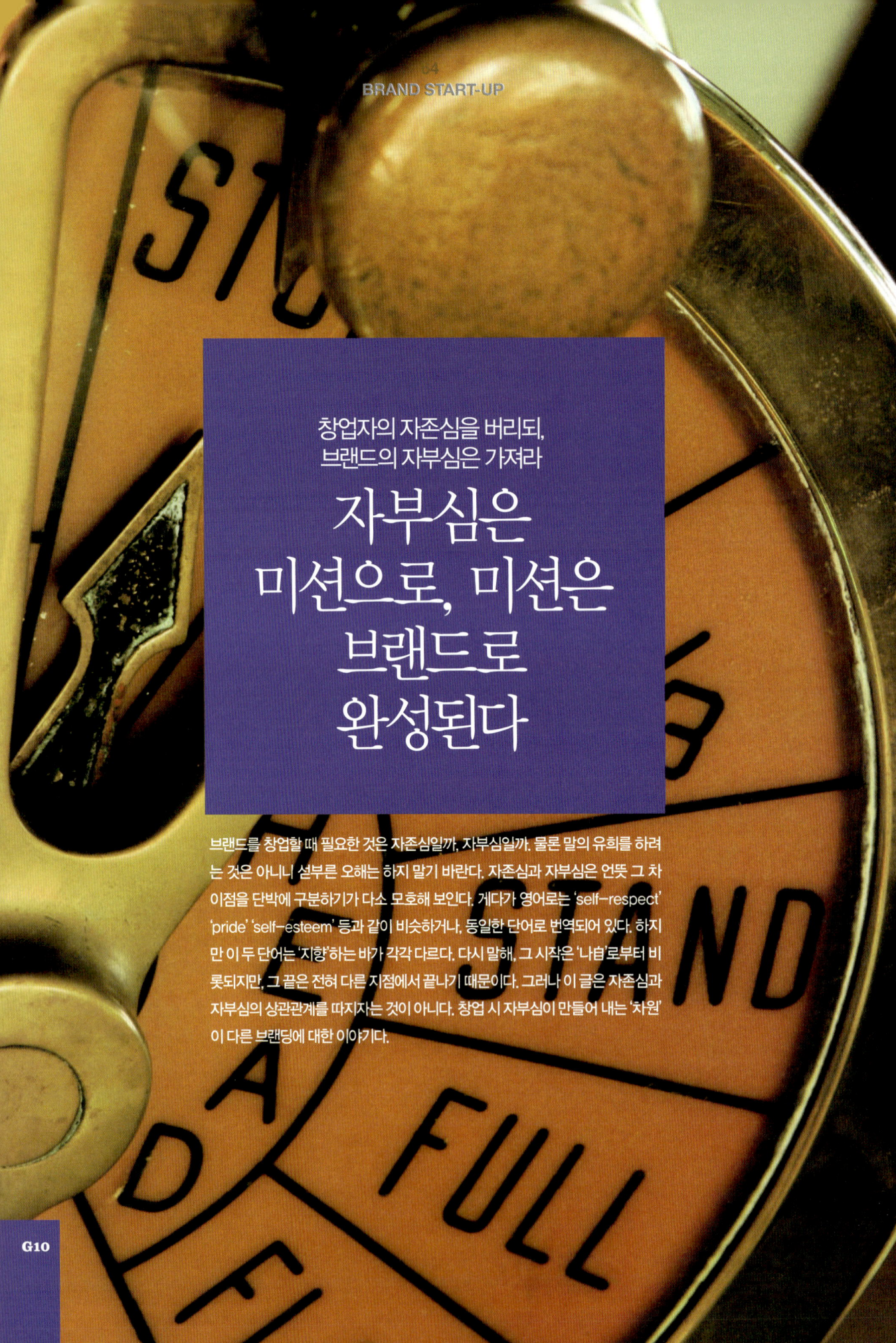

BRAND START-UP

창업자의 자존심을 버리되,
브랜드의 자부심은 가져라

자부심은 미션으로, 미션은 브랜드로 완성된다

브랜드를 창업할 때 필요한 것은 자존심일까, 자부심일까. 물론 말의 유희를 하려는 것은 아니니 섣부른 오해는 하지 말기 바란다. 자존심과 자부심은 언뜻 그 차이점을 단박에 구분하기가 다소 모호해 보인다. 게다가 영어로는 'self-respect' 'pride' 'self-esteem' 등과 같이 비슷하거나, 동일한 단어로 번역되어 있다. 하지만 이 두 단어는 '지향'하는 바가 각각 다르다. 다시 말해, 그 시작은 '나님'로부터 비롯되지만, 그 끝은 전혀 다른 지점에서 끝나기 때문이다. 그러나 이 글은 자존심과 자부심의 상관관계를 따지자는 것이 아니다. 창업 시 자부심이 만들어 내는 '차원'이 다른 브랜딩에 대한 이야기다.

자존심 vs. 자부심

"자존심은 집에 두고 와라."
만약 브랜드 창업을 앞두고 있는 독자라면(혹은 이미 창업을 한 독자라면) 누군가로부터 조언을 들을 때 이 말을 한 번쯤 들었을 것이다. 브랜드를 창업할 때는 예측할 수 없는 수많은 일들이 발생하기 때문에, 자존심을 챙기려다 보면 오히려 더 큰 상실, 아픔, 고통을 맛볼 수 있다. 그렇기에 자존심은 애초부터 창업장 밖에 존재하는 것이었는지도 모른다. 그렇다면 혹자는 '자존심'도 없이 그 힘겨운 창업의 길을 대체 무엇으로 헤쳐나갈 수 있느냐고 반문할지도 모른다. 왜냐면 자존심이야말로 흡사 전쟁터와 같은 창업전선에서 '나'를 지켜 주는 최소한의 보호막이라는 '본능적인' 생각 때문이다. 이 질문에 대한 대답이 바로 '자부심'이다.

자존심[自尊心] : 남에게 굽히지 아니하고 자신의 품위를 스스로 지키는 마음
자부심[自負心] : 자기 자신 또는 자기와 관련되어 있는 것에 대하여 스스로 그 가치나 능력을 믿고 당당히 여기는 마음

국어사전에 등재되어 있는 자존심과 자부심에 대한 정의다. 묘한 교집합을 이루고 있는 듯 보이지만 분명 다른 뜻을 지녔다. 이 단어들이 정확하게 한데 포개지지 않는 이유는 바로 '나'가 향하는 지점 때문이다. 자존심의 경우 '스스로'라는 단어가 말해 주듯 종결점이 결국 '나'로 되돌아오는 반면, '자부심'은 '가치'나 '능력'에 대한 '신뢰'로 뻗어나간다. 다시 말해, 자존심은 자기 '자신'에 대한 존중이라면, 자부심은 자기 자신이 가진 무언가의 '가치'에 대한 존중이다. 이쯤 되면 아마도 그리 특별해 보이지 않는 두 단어에 대해 왜 이렇게 민감한(?) 반응을 보일까, 의아하게 생각할 수도 있을 것이다. 일상생활에서는 이 두 단어가 가지는 '차이'가 그리 영향력을 갖지 않지만(그래서 동의어처럼 사용되지만), 그것이 브랜드의 영역으로 들어왔을 때 상황은 '전혀' 달라지기 때문이다.

자존심을 가진 창업자 vs. 자부심을 가진 창업자

자존심을 가진 창업자 : 남에게 굽히지 아니하고 창업자의 품위를 스스로 지키는 마음을 가진 창업자
자부심을 가진 창업자 : 자신과 관련되어 있는 것에 대하여 스스로 그 가치나 능력을 믿고 당당히 여기는 마음을 가진 창업자

혹, 이 두 사람이 브랜드 창업을 할 때 어떤 점이 다를 것이라고 생각하는가? 보는 시각에 따라 수많은 답이 나올 수 있겠지만, 아마도 그 답들은 '리더십의 유형'에 관한 것일 테다. 각각의 창업자에 대한 특징을 세 가지씩만 생각해 본다면, 그들이 가진 리더십의 유형을 가늠해볼 수 있지 않을까. 그 첫 시작은 앞서 살펴본 자존심과 자부심에 대한 정의에서 출발한다.

자존심을 가진 창업자 : 1. 자기 자신에게 의미를 부여한다.
자부심을 가진 창업자 : 1. 브랜드에게 의미를 부여한다.

자존심은 자기 자신에 대한 존중이라고 했다. 그렇기에 창업자는 자기 자신에게 스스로 '의미'를 부여하기 시작한다. 때로는 숭고한, 때로는 묵직한, 때로는 뜨거운 의미를 스스로에게 부여함으로써, 결국 그는 스스로를 브랜드를 창업함에 있어서 절대 없어서는 안 될 존재라고 확신하게 되고, 이것은 맹목적인(?) 책임감으로 나타난다. 이것이 두 번째 특징이다.

자존심을 가진 창업자 : 2. 브랜드에 대한 맹목적인(?) 책임감이 생긴다.

반면, 자부심을 가진 창업자가 주목하는 것은 자신이 아닌 자신이 가진 가치와 능력에 대한 굳은 신뢰다. 그렇기에 그는 브랜드 속에 자신의 생각과 철학을 심기 시작하며, 결국 이것은 브랜드에 대한 비전으로 확장된다. 자부심을 가진 창업자의 두 번째 특징은 그래서 이것이다.

자부심을 가진 창업자 : 2. 브랜드에 대한 목적의식이 생긴다.

맹목적인 책임감을 부여 받은 창업자와 목적의식이 생긴 창업자의 마지막 행보(?)는 어떤 것이라고 생각하는가? 결국 맹목적인 책임감은 창업자에게 막중한 권한 부여로 이어져 그는 자신을 무엇이든지 할 수 있는, 아니 해야만 하는 슈퍼맨으로 생각하기에 이른다. 그래서 자존심 있는 창업자는 자신이 만든 브랜드에게 애정을 너머 집착을 가지게 되며, 브랜드에 대한 소유권을 갖는 '오너십 ownership'의 모습으로 안착하게 된다. 그런가 하면 목적의식을 갖은 창업자는 그것이 그 목적을 다 이룰 수 있도록 아낌없는 지원을 하게 된다. 물론 이 지원은 무조건적인 지원은 아니다. 당근과 채찍의 테크닉을 발휘하며 브랜드가 어린아이에서 성인이 되어 결혼식을 치를 때까지 건강하게 잘 자랄 수 있는 지원자가 되어 주는 것이다. 그렇기에 자부심을 가진 창업자는 흡사 부모와 같은 페어런트십 Parentship으로 나타난다.

자존심을 가진 창업자 : 3. 브랜드에 대한 오너십을 갖는다
자부심을 가진 창업자 : 3. 브랜드에 대한 페어런트십을 갖는다.

이것이 바로 자존심이 아니라 자부심을 가져야 하는 '진짜' 이유다. 바로, 브랜드십의 씨앗이 자부심 안에서 자라고 있기 때문이다.

오너십 vs. 페어런트십

"브랜드십이란 리더가 없어도 브랜드를 '영속가능'하게 만드는 것이다." 유니타스브랜드는 Vol.16에서 브랜드가 단순히(?) 지속가능이 아닌, '영속가능'하기 위한 해법으로 '브랜드십'을 제안했다(Vol.16 p20 참조). 브랜드십이 탄생할 수밖에 없는 이유는 리더가 어쩔 수 없이 가변적인 '사람'이기 때문이다. 그로 인해 리더는 브랜드가 가진 철학과 가치를 자의든, 타의든 훼손시키거나 변질시킬 수 있는 태생적 한계를 지니고 있다. 그렇기에 리더는 자신이 가진 리더십을 브랜드에 양도함으로써 브랜드에게 권한을 부여, 궁극적으로 브랜드의 영생을 위한 초석을 마련하는 것이다.
다시 자존심과 자부심으로 돌아가 보자. 창업자가 자존심을 가진 오너십의 리더십을 발휘하는 경우, 브랜드는 리더에게 의존하게 될 가능성이 높다. 왜냐하면 나만이 이 브랜드를 만들 수 있다는 자존심으로 브랜딩을 해온 리더는 그의 리더십을 어느 누구에게도 양도할 수 없을뿐더러, 양도한다 해도 좀처럼 마음이 편해지지 않기 때문이다. 게다가 더 큰 문제는 (어떤 이유에서든) 그가 사라져야 할 시점이 왔을 때 그의 오너십만큼이나 동일한 오너십을 가진 리더가 나타나지 않을 때다. 그때부터는 정말 비극이 시작된다. 반면, 창업자가 자부심을 가진 페어런트십을 발휘하는 경우, 그는 자녀(브랜드)가 자신 없이도 잘 자랄 수 있는 기반을 마련한다. 이것이 바로, Vol.16 브랜드십에서 말한 페어런트십과 일맥상통하는 것이다. 실제로 이번에 만난 브랜드 중에 브랜드의 '생명'을 위해 자신의 리더십을 브랜드십으로 전이시킨 사례를 만날 수 있었다.

> "창업을 하면서 가장 힘든 부분 중의 하나는 나와 회사가 분리가 되지 않는다는 거였다. 그래서 문제가 생길 때면 상상할 수 없을 정도로 고통스럽고 힘들었다. 그런데 얼마 후, 전체(브랜드)를 위해서는 이건 아니다, 라는 것을 깨달았다. 나와 회사를 분리해야 된다는 것을 알게 된 것이다." – 아트앤하트 대표 이동영

이동영 대표는 자신과 회사가 '동일시'되는 것이 창업에서 심각한 걸림돌이 되었다고 말했다. 그러니까 자존심으로 브랜드 창업을 하는 것이 독이었음을 고백한 것이다. 그녀의 다음 이야기를 좀 더 들어보자.

> 당신이 브랜드에 대해 갖는 자부심이야말로 당신을 움직이게 하는 목적이 되며, 방향성을 알려 주는 북극성이 되는 것이다.

> "그래서 결심했다. 나는 우리 브랜드의 경영 철학을 떠올렸다. 나의 감정이 아니라 브랜드가 가지고 있는 이 철학을 기준으로 모든 것을 결정해야겠다고 말이다."

그녀는 결국 브랜드가 가지고 있는 철학에 자신의 리더십을 양도하며 브랜드십으로 모드 전환을 한 것이다. 물론 그녀는 창업한 지 얼마 되지 않아 (놀랍게도) 몸으로 이것을 알아챘다. 더 이상 자신의 리더십이 아닌 브랜드가 가진 철학으로 경영을 해야 한다는 것을 말이다. 그러나 모든 창업자가 그녀만큼 빠른 시간 내에 이것을 알 수 있을까. 단언하건대 열에 아홉은 아니다(그런 의미에서 이동영 대표는 너무나 행운아다). 창업 초기에는 리더십을 브랜드십으로 양도하는 것은 쉬운 일이 아니다. 결정적인 이유는 이제 막 창업한 브랜드는 '브랜드'라고 명명하기조차 턱없이 부족한 상태이기 때문이다. 그러나 방법은 있다. 앞서 말했듯 브랜드십의 씨앗인 자부심을 관리하는 것이다. 결국 결론은 다시 맨 처음으로 돌아간다. 자존심은 집에 두되, 자부심은 가지고 올 것.

업의 사전적 정의 vs. 업의 재정의

"우리 브랜드는 지구를 살리는 지구수비대다."
"우리 브랜드는 사람들에게 모닝 미라클Morning Miracle을 선물한다."
"우리 브랜드는 나폴리 피자의 역사를 새롭게 쓰는 역사가다."
이 이야기의 주인공이 어떤 브랜드인지 단박에 알아맞힌다면 이 브랜드들은 브랜드십으로 브랜드를 잘 경영하고 있다고 해도 좋겠다. 물론, 알아맞히는 이가 없다 할지라도 브랜드십의 씨앗을 잘 가꾸고 있는 것만은 분명하다. 제아무리 좋은 씨앗이라도, 정원사가 물을 주고 햇볕을 쏘이고 비바람을 견뎌내도록 바람막이를 쳐 주지 않으면 그 씨앗은 제대로 자랄 수 없다(중간에 뿌리 째 뽑혀 사라질지도 모른다). 그런 의미에서 적어도 위 세 브랜드의 정원사는 합격점이다. (합격점을 받았기에) 자랑스럽게 이 브랜드들을 소개하면 위로부터 반딧불이, 석봉토스트, 디마떼오다. 뭔가 이상한 것 같은가. 대체 실내청소회사인 반딧불이가 어떻게 지구수비대가 될 수 있으며, 토스트 전문점인 석봉토스트는 아침의 기적을 어떻게 만든단 말이며, 그리고 피자 전문점인 디마떼오에게 역사가라는 고상한 이름이 어울리냐, 하고 되물을 수도 있겠다.
그렇다면 이것은 어떤가. 스타벅스는 "우리는 커피를 팔지 않고 안식처를 제공한다"고 말하며, 애플은 "우리는 휴대폰을 팔지 않고 미래와 혁신을 판다"고 할 뿐만 아니라, 메드트로닉은 "우리는 의료용품

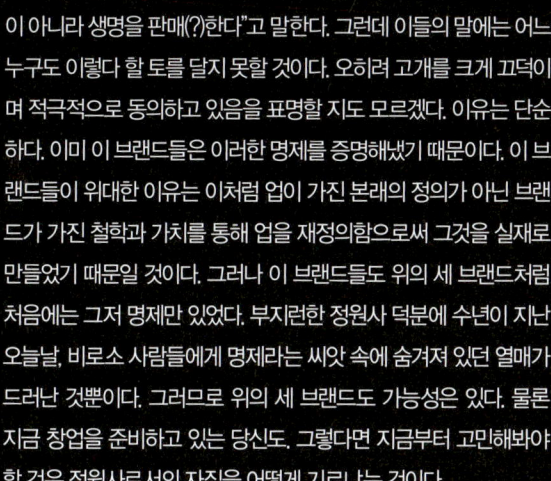

이 아니라 생명을 판매(?)한다"고 말한다. 그런데 이들의 말에는 어느 누구도 이렇다 할 토를 달지 못할 것이다. 오히려 고개를 크게 끄덕이며 적극적으로 동의하고 있음을 표명할 지도 모르겠다. 이유는 단순하다. 이미 이 브랜드들은 이러한 명제를 증명해냈기 때문이다. 이 브랜드들이 위대한 이유는 이처럼 업이 가진 본래의 정의가 아닌 브랜드가 가진 철학과 가치를 통해 업을 재정의함으로써 그것을 실재로 만들었기 때문일 것이다. 그러나 이 브랜드들도 위의 세 브랜드처럼 처음에는 그저 명제만 있었다. 부지런한 정원사 덕분에 수년이 지난 오늘날, 비로소 사람들에게 명제라는 씨앗 속에 숨겨져 있던 열매가 드러난 것뿐이다. 그러므로 위의 세 브랜드도 가능성은 있다. 물론 지금 창업을 준비하고 있는 당신도. 그렇다면 지금부터 고민해봐야 할 것은 정원사로서의 자질을 어떻게 기르느냐는 것이다.

게리 하멜은 그의 저서 《경영의 미래》에서 이렇게 말한다. "신앙은 우리에게 탄력성의 가치를 가르쳐 준다. 신앙을 통해 사람들은 의미를 추구하는 삶을 깨닫기 때문이다. 혼란스러운 시대를 살려면 개인은 더 탄력적이어야 하는데 어떤 운명적인 것에 대한 믿음이 있어야 사람들은 더 탄력적으로 살아갈 수 있다. 그 운명이란 신앙은 우리를 움직이게 하는 목적, 우리를 둘러싸고 있는 모든 것이 변화할 때 방향을 알려 주는 북극성이다. '의미'를 만들어 내는 신앙이 없다면 우리는 지침도 없고 열의도 없을 것이다." 그러면서 하멜은 이렇게 덧붙인다. "그렇기 때문에 의미는 적응력 많은 기업을 만들어 내는 중요한 계획 중의 하나가 되어야 한다." 자부심은 창업자에게 있어서 '신앙'이다. 생각해 보라. 태어난 지 얼마 안 된 당신의 브랜드를 알아주는 이는 드물며, 당신 브랜드가 가진 가치가 어떤 것인지 당신 외에는 아는 사람이 없다. 그렇기에 당신이 브랜드에 대해 갖는 자부심이야말로 당신을 움직이게 하는 목적이 되며, 방향성을 알려 주는 북극성이 되는 것이다. 게리 하멜은 결국 '의미'는 변화를 불러오

는 기제가 되는 것이라고 말하며, 그러한 의미를 만들어내는 몇 가지 질문을 던진다. 바로 이것이 창업자가 '자부심'이라는 씨앗을 관리할 수 있는 자질을 키우는 질문법이다.

1. 우리(당신의 브랜드)는 이 세상을 어떻게 바꾸고 싶은가?
2. 회사(브랜드)의 목표는 개인의 위험을 감수할 만한 가치가 있는가?
3. 어떤 일을 하고 어떤 성과를 올릴 때 하루에 10시간씩 근무하고 주말에도 쉬지 못해도 아무런 문제가 없다고 여길 수 있을까?
4. 열심히 근무하여 주주를 부자로 만드는 것 외에 나는 매일 무슨 일을 한다고 가족들에게 말할 수 있을까?

만약, 이 네 가지 질문에 대해 대답할 수 있다면 당신은 이미 자부심을 브랜드십으로 잘 키워 나가고 있는 중이다. 그러나 이렇다 할 대답을 할 수 없더라도 '아직은' 괜찮다. 그러나 시간이 흐를수록, 이 질문에 대한 대답을 하지 못하는 횟수가 많아질수록 당신의 브랜드는 브랜드십이 아닌, 당신의 유한한 한계를 고스란히 드러내는 리더십으로 성장할 가능성이 크다는 것을 염두에 두길 바란다. 끊임없이 이 질문에 대한 답을 한다면, 그리고 그 답이 창업을 하는 데 공급원이 된다면, 당신은 이미 자존심을 버렸다는 것을 확증해주는 증표가 되어줄 것이다. 무엇보다 브랜드십이 당신의 브랜드 안에서 잘 자라나고 있음을 알려주는 싸인이 될 것이다. "자존심은 집에 두고 와라"에는 이 말이 생략되어 있다는 것을 명심하라. "단, 자부심은 반드시 가져와라."

18 References
브랜드 창업자를 위한 18개의 케이스 스터디

18개의 브랜드. 그간 유니타스브랜드가 한 호의 특집 주제를 위해 취재한 브랜드 개수 중 최대치다. 왜일까? 두려웠기 때문이다. 아직 창업 전이거나 이제 막 창업 한 당신에게 예닐곱 개의 성공적인 창업 스토리를 제시했을 때 그것만을 '진리'처럼 받아들일까봐서다. 그들은 아직 어떤 꽃과 열매를 맺을지 모르는 자기만의 씨앗을 자기만의 방법으로 키워나갔다. 어떤 씨앗은 선인장의 씨앗이기에 물을 적게 줘야 했고 또 어떤 씨앗은 수상식물이기에 늘 흥건히 적셔 줘야 했다. 이처럼 창업의 성공 요인은 저마다 다르다. 그래서 앞으로 소개할 사례는 정설이 아닌, 참고사항reference로 이해했으면 한다. 단, 한 가지 불변의 공통점이 있다면 그들은 상품Commodity이 아닌 아이덴티티Identity를 만들고 있다는 점이다. 그것도 아주 절절한 진정성으로 말이다.

***Deeper Reference** '이유 있는 창업', 그리고 '브랜드 창조의 기쁨'을 발견한 또 다른 브랜드들의 모습은 유니타스브랜드 Vol.3 '고등브랜드', Vol.6. '런칭', Vol.17 '브랜드 전략'에서 확인할 수 있으며 그와 더불어 브랜딩에 대한 한 단계 진화된 심화학습이 가능하다.

References for G1·G2

앞으로 소개할 4개의 브랜드는 가이던스^{Guidance} 1, 2로 소개했던 '창업에 이유가 있어야 하는 이유(G1)'와 '기쁨의 지각 지능(G2)'을 가장 잘 확인할 수 있는 케이스다. 왜 창업하려는지에 대한 명확한 이유^{Why}를 아는 것이 창업 혹은 창업 후 브랜드로 거듭나기 위한 필수 요소라면, '기쁨을 발견하는 능력'은 창업의 과정에서 겪는 어려움을 어떻게 견뎌낼 수 있을 것인가에 관한 노하우 이야기다. 4개의 브랜드들은 삶의 현장에서 어떤 문제들을 발견했고 그 문제를 해결하는 과정에서 어떻게 기쁨의 코드들을 발견했는지 확인해 보자.

72	Why에 대한 답이 만든 USP, 오르그닷
80	철학의 밑그림에 경영의 색을 입히다, 아트앤하트
88	아름다운 편리함을 찾아나선 항해일지, 바바라
94	손끝에서 완성되는 절대평온의 시간, 아기네일

G1
G2

"왜 창업하려 하는가?"에 대한 답은
브랜드 차별화의 근원지다

Why에 대한 답이 만든 USP
Unique Selling Point
오르그닷

The interview with 오르그닷 대표 김진화

《탈무드》 가라사대, "더 좋은 질문은 더 좋은 해답을 얻어 낸다." 히브리어로 연구, 배움을 뜻하는 '탈무드'는 유대인들의 (종교를 넘어선) 종교적, 도덕적, 법률적 생활에 관한 교훈을 엮은 책이다. 기원전 300년경부터 전해진, 어찌 보면 케케묵은 이 고서의 한 문구를 최신 트렌드를 찾아 헤매는 예비 창업자인 당신에게 굳이 들이미는 이유는 다음의 질문이 당신의 창업과, 그 창업으로 발아될 브랜드의 씨앗을 좀 더 건강한 것으로 추려 내는 것에 도움이 될 것이란 확신 때문이다.

"당신은 왜 창업을 하려 하는가?"

어째서 이 질문이 당신의 창업에 도움이 된다는 것일까? 그 이유는 이 질문에 대한 답이 곧 소비자들이 당신이 내놓은 제품과 서비스를 선택해야 할 이유가 되기 때문이다. 달리 말하면 이러한 창업의 이유Why에 대한 답변은 모든 경영자와 마케터, 그리고 브랜더가 찾고 있는, 비즈니스의 USP(Unique Selling Proposition, 고유 차별화 포인트)의 근원지이기 때문이다.

그러니 이 질문에 대한 당신의 답변이 "지금 하는 일은 ○○이 싫고, ○○이 싫고, ○○이 싫어서"라면 처음부터 다시 시작할 필요가 있다. "△△라는 가치를 제안할 수 있어서"라는 뾰족한 답변이 나올 때까지 말이다. 만약 어디서부터 어떻게 시작해야 할지 막막하다면 지금부터 소개할 오르그닷의 김진화 대표가 제안하는 가치제안서Value Proposition의 빈 칸을 채워 가며 창업을 구체화해 보는 것도 방법이다.

"여러분은 '잘 입고' 계십니까?, 잘 입는다는 건 대체 무얼 말하는 걸까요?"

누군가 '잘 입다'란 표현의 정의를 다시금 묻고 있다. 분명 종전의 정의에 '변화를 주려는 시도다.

"기업가는 언제나 변화를 탐색하고, 그것에 대응하고, 그것을 하나의 기회로 활용한다. 그리고 이것이야말로 기업가와 기업가 정신의 정의이기도 하다."

두말할 나위 없는 경영학의 그루, 피터 드러커가 《기업가 정신》을 통해 밝힌 기업가, 기업가 정신에 대한 정의다. 그 정의의 중심에는 '변화change'라는 핵심 키워드가 있다. 뭔가 변화를 꿈꾼다는 것, 현상에 대한 의문을 갖는다는 것, 그것은 지혜의 시작이고 그 지혜의 시작은 곧 새롭고 신선한 아이디어의 모태가 된다. 이번에 소개할 오르그닷의 김진화 대표가 그랬듯 말이다.

"당신을 한마디로 정의하면 무엇인가?"라는 질문에 그는 별 머뭇거림도 없이 이렇게 답했다. "Change Maker"라고. 어째서 그는 스스로를 그렇게 인식하고 있는 것일까?

Change Maker

김진화(이하 '김') 과거부터 현재까지, 내 삶의 맥락이 그랬다. 단대 학생회장을 하며 주장하던 이슈들, 졸업 당시 우리나라 변화의 소용돌이 중심에 있던 다음Daum이란 IT회사에서 일한 것. 거기에서 아고라를 탄생시킨 것 모두가 변화와 밀접한 관계가 있다. 다음의 미션도 '즐겁게 세상을 바꾸자' 아닌가. 다음을 나와서는 친구와 함께 돌연 패션 브랜드, 반달리스트를 런칭한 것도 개인적인 삶에 있어서는 상당한 선회다. 그리고 지금은 미약하나마 세상 사람들의 인식을, 패션 산업의 구조를 바꿔 보고자 오르그닷을 시작했다. 우리 사회가 바뀌면 좀 더 많은 사람들이 행복해질 수 있다는 믿음이 있다. 충분히 그럴 만한 과학과 기술의 발전으로 물질적인 토대는 마련됐고 인류가 이것을 잘 활용하기만 한다면 가능한 일이라 생각한다. 그런 변화에 기여하고 싶다.

여러 '변화'를 통해 사회와 관계를 맺어 가는 그가 현재 런칭한 오르그닷을 간결하게 표현하자면 '보다 친환경적인 소재와 기법으로써 제품을, 노동에 대한 공정한 대가를 지불함으로써 의류 생산 공정을, 나아가 패션 산업의 밸류체인 전반의 프로세스를 혁신하려는 사회적 기업'이다. 그리고는 이런 일을 해나갈 자신들의 이름을 '오르그닷orgdot'이라 칭했다. 유기체, 즉 어떤 물질이 스스로 활동하거나 주변 환경에 의해 변할 수 있는 조직이 되는 것이 이제는 그들의 사명社名이자 사명mission이다. 거대 담론보다는 삶에서의 작은 실천들을 원하며 그것이 확산되는 것을 즐긴다는 그들은 앞서 소개한 단 하나의 질문에서 시작됐다.

"우리는 잘 입고 있는가?" 그 의미를 이미 짐작했겠지만,

오르그닷

'유기체'의 영어표현 organization에서 org만을 추려 축약한 org.을 소리 나는 대로 읽고 표기는 Orgdot으로 한다. 2009년 런칭한 그들은 기존 브랜드에 대항하는 것이 아닌, 패션을 생각하는 우리들의 인식과 경쟁한다. 봉제 장인과 창의적인 디자이너들의 만남을 위한 플랫폼을 마련하며 작지만 개성이 뚜렷한 레이블들의 집합적 네트워크가 되기를 꿈꾼다. 일반 소비자를 위한 재활용 및 친환경 제품도 눈에 띄지만 사회연대은행, MBC환경재단, 서울YMCA와 유한킴벌리의 합작 캠페인, 삼성, 희망제작소 등 기업과 협업을 많이 하고 있으며 최근 Vol.18(p74)에서 소개한 SK와이번스의 야구단 유니폼과 어린이 야구단 관련 제품을 플라스틱 재활용 소재로 만들어 눈길을 끈 바 있다.

여기서 '잘 입는다는 것'은 시즌별 트렌드를 반영한 새로운 제품을 나름의 코디로 스타일리시하게 연출한다는 것을 의미하지 않는다. 한 사람당 한 해 구매하는 의류 55kg, 버려지는 의류 30kg, 이로 인해 패션의 지속가능성을 넘어 지구의 지속가능성을 위협하는 현 소비 행태에 대한 경종을 울리는 '제대로 소비하고 있는가?'를 의미한다.

결국 현 상황에 대한 안타까움을 동반한 의문에서 시작된 '질문 하나'가 새로운 비즈니스 모델을 탄생시킨 것이다. 즉 'Why'라는 문제의식은 그들로 하여금 그것을 해결해 나갈 How(방법론)을 고민케 했고 결국 그것에 대안이 되는 What(제품과 서비스)을 만들도록 한 것이다. 이는 미국의 강연가 @사이먼 시넥Simon Sinek의 골든서클과도 상당한 연계성을 갖는다.

"대안적 가치를 제안합니다"

아래와 같은 사이먼 시넥의 주장은 김 대표가 사회적 기업은 물론 일반 브랜드 런칭을 준비하는 사람들을 위한 강연에서 주로 사용하는 @가치제안서Value Proposition와도 많은 부분 그 맥락을 같이한다.

김 테드 강연을 보기 전에도 개인적으로 가치제안서라는 것을 늘 강조해 왔다. 자신이 '왜 이 일을 하려는지' A4용지 반 장 정도로 말할 수 있어야 한다. 자신이 제안하려는 가치는 그만큼 간단 명료하고 탄탄해야 한다는 의미다.

굉장히 단순해 보이고 몇 시간 안에 찾을 수 있을 것처럼 쉬워 보이지만 막상 해보면 생각만큼 잘 그려지지 않는다. 가

⊕ 사이먼 시넥의 골든서클

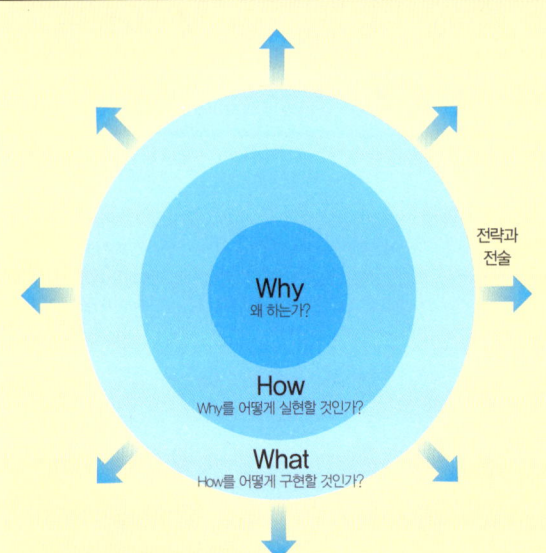

최초의 맥킨토시 광고

이것에 주목할 필요가 있는 또 다른 이유는, 사람은 뇌 구조상(p26 참조) '공감할 만한 이유나 신념, 가치관'에 의해 고무되고, 또 행동의 변화를 보이기 때문이다. 그가 사례로 소개한 애플의 경우, 'think different'라는 그들만의 외골수적인 신념(Why)은 그것을 실현할 수 있는 방법론(How)을 찾게 했는데 그것이 바로 '디자인 중심'과 '친사용자주의User friendly'다. 이런 How는 최종적으로 이를 반영한 제품(즉 What으로서, 아이팟, 아이폰, 아이티비 등)과 서비스(아이튠즈)를 탄생시킨다. 뿐만 아니라 커뮤니케이션 방식에 있어서도 What(제품이 지닌 기능적 속성)이 아닌, 그들이 '왜 이런 제품을 만들고 있는지', 나아가 '왜 다르게 생각하려 하는지(Why)'를 지속적으로 커뮤니케이션 했다는 점도 중요한 포인트다. 그들이 1984년에 선보인 최초의 맥킨토시 광고(망치로 빅브라더를 깨부수는 장면) 역시 Why를 천명하는 커뮤니케이션이었다. Why 즉, 창업자가 제안하려는 가치만 변하지 않는다면 그 후단의 How나 What은 얼마든지 다양하게 파생될 수 있는데, 이는 애플뿐만 아니라 버진, P&G 등 자신의 사명을 중심으로 영역을 확대해 나가는 무수한 브랜드 사례에서 증명된다. 또한 순서가 반드시 Why→How→What이어야 하는 것은 아니다. 다만 가급적 Why는 먼저 오는 것이 좋고(특히나 사회적 기업의 경우), How와 What은 시행착오를 거치며 서로 영향을 끼친다. 이는 추상(Why)과 구체(What) 사이를 오가며 더욱 강력한 How를 만드는 방법이 되기도 한다.

영감을 주는 리더를 위한 코칭, 변화를 고무하는 강연으로 유명한 미국의 연설가이자 《Start with Why》의 저자인 사이먼 시넥은 위와 같은 골든서클을 제안한다. 이 골든서클은 그가 세상을 바꾼, 대중을 고무시킨 여러 리더들을 연구하며 발견한 일종의 법칙 같은 것인데 그의 강연은 창업을 하려는 사람, 또 브랜드를 통해 세상과 커뮤니케이션하려는 사람에게 상당한 도움이 된다(www.ted.com에서 Simon Sinek으로 검색해 꼭 한번 시청하길 권한다). 브랜드 역시 자신이 전달하려는 메시지를 상품과 서비스를 통해 세상에 외치는, 일종의 캠페인과도 같기 때문이다.

가치제안서

Step 1. 가치제안
가치제안은 준비하고 있는 프로젝트(혹은 창업)와 그것을 통해 제공하려는 가치에 대한 간결하고 핵심적인 서술이다. ①타깃 고객 및 수혜자가 누구인지, ②다른 대안을 제쳐두고 왜 당신의 제품 또는 서비스를 이용할지를 핵심가치와 연관지어 설명할 수 있어야 한다.

Step 2. 목표시장 정의 및 세분화
가치제안 단계에서 찾은 프로젝트(혹은 창업)의 수혜자가 누구인지, 규모는 얼마나, 특징은 무엇인지를 묘사하는 단계다. ①전체 시장 규모, 즉 당신이 창업하려는 제품 및 서비스를 이용할 가능성이 있는 모든 수혜자들의 규모를 파악 후, ②그중에서 당신이 현재 목표로 하고 있고 대응이 가능한 시장을 정의, 그 규모를 추산해 본다. ③고객(수혜자)의 특성을 정의해 시장 세분화를 위한 표를 작성하는 것으로 2단계에 해당한다.

Step 3. 비즈니스 모델 선정
당신의 프로젝트(혹은 창업)의 주된 수입과 비용을 예상해 보는 것으로, 수입·비용 구조에 근거해 재무적 지속성을 위한 (기대되는) 성공요소를 서술하는 것이다. 이 단계를 거치면 문제의식(Why)을 갖게 한 현상과 그것을 해결할 수 있는 방법(How), 그리고 그 방법을 적용했을 때 진행 할 사업의 유형(What)을 한 번에 살펴볼 수 있는 임팩트 밸류 체인(Impact Value Chain, 김 대표가 제안하는 도구로서 비즈니스를 시작하게 된 '이슈 issue'부터 브랜드의 미션이라 할 수 있는 '목적 goal'까지 정렬된 도표)을 작성해 보자. 아래는 김 대표가 밝힌 오르그닷의 임팩트 밸류 체인이다.

Issue	Stakeholder	Status	Inputs	Outputs	Outcomes	Goal
근로조건 빈곤	봉제노동자	낮은 임금 장시간 노동 불안정한 고용	윤리적 패션 플랫폼 & 에코 시스템	임금 증가 안정적인 일감	빈곤 감소 고용 안정 만족감 증대	지구와 사람을 행복하게 하는 패션 윤리적 라이프스타일 확산
청년실업	인디 디자이너	실업 낮은 임금 창업 장벽		창업 기회 증가 수입 증대	청년실업 감소 만족감 증대 디자인 경쟁력 강화	
환경오염	한국 사회	염색 폐수 원단 낭비		친환경 의류 대중화	환경오염의 감소	
봉제/패션산업 공동화	한국 사회	전통 산업인 봉제업 단절 위기		영세 봉제업계 및 의류업 활성화	의류/패션 산업 혁신	

치제안서만 잘 되어 있으면 어떤 시장에서 어떤 고객을 대상으로 어떤 제품을 통해 이윤을 낼 것인지가 보인다. 여기까지가 일반 기업의 과제라면 사회적 비즈니스는 이것이 사회적으로 어떤 효과를 창출하고 그 효과의 수혜자는 누구이며 그 사람들이 왜 우리를 선택할 수밖에 없는지에 관한 것까지 명확해질 수 있다.

하지만 가장 중요한 것은 Why에 해당하는 가치 제안에서부터 What에 해당하는 비즈니스 모델을 풀어 내는 방법, 그리고 그것을 실행하는 'What to do' 까지가 한 맥락으로 정렬alignment되어야 한다는 점이다.

특히 오르그닷 같은 사회적 기업인 경우는 Why 없이는 존립 자체가 흔들릴 수밖에 없다. 대규모 자본을 투자하는 것도 아니고, 또 투자한다고 제대로 되는 것도 아니기 때문에 대부분 열악한 근무환경과 저조한 사회인식 속에서 자발적인 문제의식을 근간으로 하는 '지력智力자본(?)'과 체력자본(?)'에 의존할 수밖에 없는 실정이다. 그래서 Why가 굳건히 공유되지 못하면 고객은 물론, 스스로도 설득할 수가 없게 되고 결국 쉽사리 무너지게 마련이다.

그렇다면 이쯤에서 궁금해지는 것은 '구체적으로 오르그닷은 세상에 어떤 대안적 가치를 제안하고 있으며 그것은 얼마나 튼튼할까?'다.

"우리는 패션을 해체하고 재창조한다"

이것이 오르그닷의 사명선언서 중 맨 처음에 씌어진 문구다. 기존의 패션과 패션 산업의 밸류체인을 해체하고 윤리적으로 재구성한다는 의미다.

김 *카탈리스트 코드를 중심으로 '플랫폼 비즈니스 모델'을 진행 중이다. 우리나라에는 젊고 유능한 독립 디자이너independent designer들이 많은데, 자본과 유통의 어려움 때문에 자기의 뜻을 제대로 펼

치지 못하는 실정이다. 이들을 숨은 봉제 인력과 연결해 주려 한다. 뿐만 아니라 패션과 지구의 지속가능성을 위해 친환경, 재활용 소재로 패션 상품을 만들고 있고, 그 비율을 점차 높일 계획이다. 이런 움직임을 인터넷을 매개로 계속 확장시켜 나갈 것이다. 우리 같은 사회적 기업의 최우선 목표는 이윤이 아닌, 사회적 파급력 Social Impact이다. 따라서 우리는 SPA 형태의 브랜드처럼 브랜드 자체를 소유하고 리테일링을 중심으로 대형 브랜드가 되려는 것이 아닌, 작더라도 효과적인 결과를 만들어 내는 것이 제1목표다.

그들의 이런 비즈니스 모델이 계속 발전해 건강해질 경우 우리 사회에 미칠 긍정적 파급력은 상당할 것이라 본다. 5자(디자이너, 봉제인력, 소비자, 지구, 오르그닷) 수혜 구조가 가능할 것이기 때문이다. 독립 디자이너들은 자신의 디자인 욕구를 해소하고 안정적인 수입을 얻어 지속적인 디자인 활동을 해 나갈 수 있으며, 봉제 인력의 고용 문제 또한 해결될 가능성이 높다. 소비자 입장에서는 다양하면서도 독특한 제품을 합리적인 가격에 구매할 수 있게 되고 친환경 소재와 재활용이 가능한 폐기물을 많이 활용함에 따라 환경오염이 줄어들 확률이 높다. 또한 다품종 소량생산의 형태상 재

*카탈리스트 코드
김 대표는 데이빗 에번스David S. Evans와 리처드 슈말렌지Richard Schmalensee가 공저한 《카탈리스트 코드》를 흥미롭게 읽었다고 한다. 카탈리스트란 '둘 이상의 다른 대상 사이에 반응을 일으키거나 촉진하는 물질, 즉 촉매(觸媒)'란 뜻인데 비즈니스 관점에서는 '플랫폼 비즈니스'나 《수익지대》에서 말하는 '스위치보드 수익 모델'을 떠올리면 이해가 쉽다. 신용카드가 구매자와 판매자 사이에서 신사업을 창출한 것도, 이베이, 구글, 네이버 등의 비즈니스 모델도 크게보면 마찬가지다. 뿐만 아니라 지난해 유통과 광고 시장의 판도를 뒤 흔들며 등장한 티켓몬스터, 위메이크프라이스 같은 소셜커머스 역시 카탈리스트 코드 관점에서 설명될 수 있다.

을 준비 중이다.

고가(이것은 오르그닷이 패션산업에서 상당히 큰 문제로 지적하고 있는 부분이기도 하다) 확연히 줄어 창고 및 물류 유통비 또한 절감할 수 있고 이는 곧 석유에너지 절약에 도움이 될 것이다. 이런 움직임이 활발히 진행된다면 오르그닷 역시 연속성 있는 비즈니스를 위한 수익을 창출해 내 바람직한 선순환 구조를 실현할 수 있게 된다. 이른바 선한 브랜드가 만들어 낼 선한 경제인 셈이다. 꿈만 같은 이런 생태계를 위해 현재 오르그닷은 다음과 같은 액션플랜

상생을 위한 '프로듀싱 허브Producing hub' 프로젝트

사실 이 프로젝트를 듣기 전까지는 이 글을 적는 에디터 역시 계속 미심쩍은 부분이 있었다. 오르그닷이 표방하는 친환경, 재활용 소재를 사용하는 브랜드로서는 더 이상 새로울 것이 없었으며, 독립 디자이너들의 제품을 유통해 주는 것 역시 이미 여러 편집매장에서 해오던 일 아니던가. 게다가 플랫폼 비즈니스 모델은 이미 등장한 지 수천 년이 지났을 것이다. 무언가 '중개meditation'하는 것을 업으로 삼은 그 누군가가 등장했을 그 시점 말이다(보부상은 언제 등장했을까?). 하지만 그가 추진하려는 프로젝트는 사뭇 달랐다.

김 오르그닷이 꿈꾸는 것을 실현하기 위해서는 독립 디자이너들이 멤버십을 갖고 마음껏 이용할 수 있는 제품개발 센터를 갖는 것이 핵심이라 본다. 그 센터에는 패터너, 재단사, 샘플사, 봉제사, 소제기획자, 모델리스트 등 수준 높은 전문가들이 디자이너를 돕는 시스템이 마련될 것이며 디자이너 20명에게는 작업실도 제공된다. 독립 디자이너 각각이 그런 시스템을 소유할 수는 없겠지만 공유할 수는 있지 않겠나. 오르그닷의 경쟁력이 싹틀 꿈의 공간이다. 동시에 진행될 것은, 웹을 통한 소비자 참여와 확산의 툴이다. 일종의 메이킹 필름 making film도 소개하고 기획단계에서부터 디자인, 생산까지의 과정을 공유하여 디자이너들의 스케치에 투표를 함으로써 생산에 직·간접적으로 참여할 수도 있다. 그렇게 뽑혀 샘플로 제작된 후 실 제품으로 생산되면 구매할 수도 있고, 재고 없는 패션 비즈니스를 만들겠다는 우리의 목적에 걸맞게 (예를 들어) '100개 한정' 등의 프로모션을 진행하면 고객들에게 전할 수 있는 여러 파생적 가치들이 생길 것이다.

이것이 빛을 발한다면 메이킹 필름 자체가 오르그닷의 제품 뒤에 있는 '비하인드 Why'를 더 잘 알리고 소통할 수 있는 문화적 필름이 될 것으로 기대한다. 이처럼 온·오프라인으로 동시에 선보일 이 플랫폼은 '레인보우 인디패션 플랫폼'이란 이름으로 올해 8월 경 오픈할 예정이다. 크라우드소싱과 소셜커머스가 조합된, 매우 새로운 서비스로 느껴질 것이다.

이것이 흥미로운 것은 단지 그럴듯한 시도이기 때문은 아니다. 오르그닷이 브랜드화되는 데 중추적인 역할을 할 것 같아서다. 소비자 참여 기회가 높아질 것은 물론, 온라인을 통한 확산도 기대될뿐더러 수십, 수백, 수천 명의 신진 디자이너들이 선보일 다양한 디자인 작품 역시 앞으로 오르그닷의 브랜딩 행보를 지켜볼 때 중요한 관전 포인트다.

그렇다면 오르그닷에서 창업을 준비하는, 그리고 마케터 혹은 브랜더인 당신이 집어 낼 학습 포인트는 무엇일까? 글의 시작에서부터 현재까지 소개한 그들이 지닌 여러 장점들, 제공하려는 가치들, 그것이 빚어 낼 브랜딩 전략들…. 그것이 바로 오르그닷의 USP가 된다는 것이다. 잊지 말아야 할 것은 그 USP는 다름이 아닌 '자신들의 Why와 그 Why를 해결해 낼 How를 진정성 있게 고민한 결과'라는 점이다. 정리하자면, "Why는 USP의 시작점이다. 남과 근본적으로 다르길 원한다면 Why에서 시작하라!"

오르그닷의 대표적인 프로젝트, 재생

하지만 이것은 어디까지나 이제 런칭 3년 남짓 된 오르그닷이 앞으로도 자신의 Why를 잊지 않고, 또 조직 깊숙이 뿌리내리도록 부단히 노력했을 때를 전제로 하는 청사진이다. 그렇다면 '영속하는 브랜드'로의 기준으로 보자면 이제 막 첫발을 내디딘 그들에게 필요한 것은 무엇일까? 아마도 전 직원이 자신들의 핵심가치를 명확히 이해하고 공유하는, 즉 브랜드 교육이 필요할 것이다. 뿐만 아니라 김 대표 역시 좋은 의도를 지닌 창업자를 넘어서 좋은 의도가 지속성을 가질 수 있도록 스스로 경영자 모드로 진화하는 것일 테다.

브랜딩을 위한 진화, Change maker^{창업자}에서 Enabler^{경영자}로

창업자는 곧 경영자가 된다(p56 참조). 많은 사회적기업의 런칭 멘토링 경험과 두 번의 창업을 통해 체감해서였는지 이 이슈를 꺼냈을 때 김 대표 역시 창업자와 경영자의 역할을 어느 정도 구분해 설명했는데, 그 설명 속에 자주 등장한 단어는 enabler(enable + er, 가능하게 하는 사람)였다. 즉 일을 벌렸으면 일이 되게 하는 사람으로 모드 전환이 되어야 한다는 의미일 것이다. 그것과 동시에 그가 강조한 것은 이런 밸런싱 역시 'Why를 중심으로 해야 할 것'이었다.

위험한 enabler

그런데 혹시 enabler를 사전에서 찾아본 적이 있는가. 우리는 관념상 '~을 할 수 있게 하다'란 동사인 'enable'에 사람을 표현하는 'er'을 붙여 '~을 할 수 있게 하는 사람'이란 의미로 enabler를 쓰곤 한다. 이따금씩 리더를 두고 enabler라 칭하는 것도 그 때문이다.

하지만 사전에는 전혀 다른 의미를 말하고 있다. '남을 도와주고 있다고 본인은 생각하지만 실제로는 남을 망치고 있는 사람.' 만약 리더가 이러한 의미에 꼭 맞는 모습을 보인다면 분명 리더십 바이러스(유니타스브랜드 Vol.9 p142 참조)에 걸린 것이 틀림없고 결국 직원들은 물론, 본인, 그리고 브랜드까지 파멸의 길로 이끌 것이다. 그렇다면 예방책은 없을까? 갑자기 리더십 이야기를 하려는 것은 아니다. 다만 창업 후 자신의 독단과 독재로 이제 겨우 옹알이를 시작하려는 브랜드의 숨통을 조이지 않으려면 최대한 빨리, 자신이 리더십 바이러스에 걸리더라도 브랜드는 살아남을 수 있도록 직원들을 대상으로 브랜드 교육을 실시해야함을 일러두려는 것이다. 그래야 리더는 '남을 도와주고 있다고 본인은 생각하지만 실제로는 남을 망치고 있는 사람'이 되지 않는다.

김 사실 예상치 못했던 어려움을 겪었다. 사회적기업이기 때문에 직원들 역시 같은 뜻을 품고 온 경우가 많아서 내가 미션과 핵심가치를 강조하지 않아도 될 줄 알았는데 오히려 훨씬 어려웠다. 영리회사는 미션이 조금은 불분명해도 매출 목표가 있어서 다잡기 쉽지만 우리처럼 매출보다 지켜야 할 가치가 우선인 경우엔 직원마다 그 가치에 대한 의미 부여 정도와 조바심을 내는 정도가 다르더라. 어떤 직원은 나보다 더 급진적이고 단호한 반면, 또 어떤 직원은 생각보다 미약하다. 그래서 매출에 대한 이야기보다 훨씬 어렵고 오랜 논의가 필요하다. 사회적기업이 가치에 대해 오히려 더 많이 대화해야 하더라. 또 한 가지 중요한 것은 Why 때문에 뭉친 사람들이지만 Why 때문에 힘들어지는 경우도 있다는 점이다. 삶은 상당히 다층적이다. 때문에 Why가 중요하다고 해서 Why만 외치는 경영자와 회사는 외면 받을 가능성이 높다. 삶에서 느낄 수 있는 디테일한 부분을 함께 공유해야 하고, 더 중요한 것은 '즐거움'이 조직 내에 흘러야 한다는 점이다. 즐거움 없이 Why만 추구하는 것은 사실상 종교 집단이랑 다를 바가 없는, 이념적 집단이다. Why와 더불어 즐거움, 복지 같은 것이 수반되어야 한다. 재정난을 겪는 사회적기업에게는 당연히 어려운 이야기다. 그래서 '즐거움의 코드'를 권한다. 가장 손쉽게, 적은 비용으로도 얼마든지 만들 수 있고 문화로 정착되기도 쉽다.

위와 같은 문제는 본사 직원들뿐 아니라 공장에서 일하는 봉제 근로자들에게서도 나타난다. 그래서 김 대표는 의미 있는 연간 보고서^{Annual Report}를 준비 중이다. 이 리포트는 일반적인 그것처럼 재무적 성과 측면을 주로 다루는 것이 아닌, 소셜 ROI^{Social Return On Investment}라는 독특한 항목이 있다. 즉 오르그닷이 사회적기업으로서 또, 브랜드로서 세상에 전한 메시지가 얼마나 메아리로 돌아오고 있는지를 조직 구성원 및 이해관계자들이 실감할 수 있도록 사회 속에서 조명된 오르그닷의 소식을 모아 보여 주는 방식으로 제공된다.

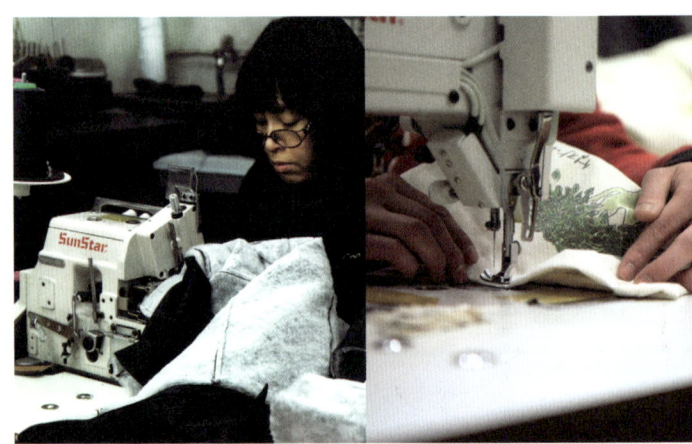

김 소셜 ROI는 오르그닷의 현주소를 객관적인 시각에서 정리하는 데 도움이 된다. 우리의 메시지는 어떤 결과를 내고 있는가, 어떤 점이 좋았는가, 개선할 점은 무엇이고, 문제의 근원은 무엇인가 등을 고민해 볼 수 있기 때문이다. 뿐만 아니라 현실의 논리 때문에 힘들어지는 우리에게 재생 에너지원이 되기도 할 것이다.

> Why에서 How와 What을 찾아야 한다. Why야말로 영리기업이 간절히 원하는 USP의 시작이자 끝이다.

브랜드의 핵심가치를 전달하는 오르그닷의 자체적인 노력은 여기에서 그치지 않는다. 자신들이 왜 이 일을 시작하게 됐는지를 잊지 않기 위해, 어려운 상황에서도 자부심을 갖고 이겨 내기 위해, 세상을 변화시키기 위해 직원들과 끊임없이 대화하고 생각을 공유한다. 전 직원이 함께 쓰는 회사 블로그도 자신이 하고 있는 일에 대한 믿음과 확신을 세상에 알리는 동시에 자신도 다시 한 번 그 의미를 일깨우기 위한 것이다. 본사 사무실 직원뿐 아니라 공장에서 봉제를 담당하는 직원들과도 마찬가지다. 대부분 그간 비정규직으로 일해 오던 직원들이라 처음에는 주 5일 근무와 4대 보험에 대한 이해를 위해서도 적잖은 노력이 필요했다. 오히려 세금을 더 많이 내는 것 같다는 그들의 생각을 변화시키고 이렇게 하는 것이 당신들만의 혜택이 아니라 업계의 문화를 변화시키는 데도 큰 역할을 하고 있음을 알리는 중이다.

그런데 혹시 여기까지 읽은 독자들은 "이런 것은 사회적 기업이나 NGO 단체에서나 필요한 것 아닌가?" 하며 의아해 할 수도 있겠다. 결론부터 이야기하자면, 그렇지 않다. 김 대표의 표현을 잠시 빌리자면, "그렇게 생각하기 때문에 영리기업들도 100억을 벌 아이디어로 10억밖에 벌지 못하는 것"이다.

비영리단체가 영리기업에게 전하는 '메시지 2.0'

오늘 우리에게 익숙한 '미션' '비전' 등의 단어들은 원래 비영리단체의 것을 영리기업이 배워 온 것임을 잘 알 것이다. 그것이 비영리 단체들이 전한 메시지 1.0이었다면, 이번에는 비영리기업을 많이 닮은 영리기업, 즉 사회적기업의 모습을 통해 우리에게 메시지 2.0을 전하고 있다. 그것이 바로 좀 더 명확한 Why를 가지라는 것, 거기에서 How와 What을 파생시키라는 것, Why야말로 영리기업이 간절히 원하는 USP의 시작이자 끝이라는 것이다. 그래서 이쯤에서 다시 한 번 묻고 싶다.

"당신은 왜^{Why} 창업을 하려 하는가?"

답을 찾기 전에 시작한 창업은 단기간의 '아이디어 영업'으로 끝날지 모른다. 물론 아직은 손에 잡히는, 명확한 단어로 정리되지 않은 '가설' 수준의 것이어도 좋다. 그 가설은 당신의 창업과 경영의 과정을 통해 점차 명확해질 것이기 때문이다. 중요한 것은 그것을 찾아내기 위해 끊임없이 노력하는 태도, 믿고 있는 것을 구현해 내려는 자세를 지녔는가에 관한 것이다. 그 태도가 결국에는 세상에 존재하지 않던 새로운 브랜드를 만들어 낼 것이기 때문이다. UB

김진화 연세대학교 영문학과를 졸업 후 다음커뮤니케이션의 미디어프로젝트 PL, CEO Staff 등으로 활동했다. 2006년 돌연 패션계로 뛰어들어 친구와 함께 ㈜반달앤컴퍼니를 런칭했고, 사회적 기업으로의 전향을 꿈꾸며 지인과 ㈜참신나는옷을 공동설립해 부사장을 지냈다. 2009년 노동부장관상을 수상, Global Social Venture Competition 아시아 파이널리스트로 선정된 바 있다.

이유 있는 창업은 경영의 가이드라인을 제시한다
철학의 밑그림에 경영의 색을 입히다, 아트앤하트

The interview with ㈜마음과그림 대표 이동영

"그림을 그린다는 것은 참으로 고된 일이다. 그림을 그리다가 절망을 느낄 때가 있다. 하지만 나는 표현하고 싶은 것을 다 표현할 때까지는, 그것을 표현하려고 시도하기 전에는 죽을 수가 없다." - 모네

우리에게는 '해돋이'로 잘 알려진 작품 〈인상·일출Impression, Sunrise〉로 자신과 비슷한 화풍의 미술가들이 '인상파'란 이름을 갖게 한 프랑스의 예술가 모네. 그가 쉽사리 죽을 수 없는 이유 중 하나는 '표현하고 싶은 것을 아직 표현하지 못했기 때문'이었나 보다.
그만큼 절박하게 표현하고 싶었던 '그 무엇'을 가진 자는 비단 모네를 비롯한 예술가에 국한된 것이 아니다. 세상을 변화시킬 브랜드를 런칭하고 자식 같은 마음으로 경영하는 사람들도 마찬가지다.
"브랜드를 구축하다 보면 참으로 고되고 절망적일 때도 있다. 특히 우리처럼 작은 규모의 기업은 '바로 여기, 바로 지금here & now'이 늘 위기다. 하지만 우리는 우리가 왜 존재하는지 알고 있으며, 그것을 반드시 구현해내고 싶다. 나는 목숨 걸고 일하고 있다."
오늘 소개할 아트앤하트, 이동영 대표의 말이다. 대체 무엇이 이 대표로 하여금 목숨을 걸고 지켜야 할 무언가를 만들게 했을까?

붓을 들다

보통 '붓을 들다'란 표현은 문필 활동을 포함해, 무엇인가를 새로 시작할 때 사용되는 관용어구다. 현재 200여 개의 가맹원(지사 및 교육원 포함)을 가진 ㈜마음과그림의 심리미술교육브랜드 '아트앤하트art&heart'의 이동영 대표는 무엇 때문에 '경영'이란 새로운 붓을 들게 되었을까? 비즈니스와는 다소 거리가 있어 보이는 서양미술을 전공한 그녀가 경영자로서의 삶을 살게 된 '이유Why'는 그녀가 현장에서 느낀 여러 '문제'들 때문이었다.

이동영(이하 '이') 우리나라에서 미술을 전공하면 대학 때 으레 하게 되는 아르바이트가 '미술학원 선생님'이다. 나 역시 그랬는데 현장에 나가 보니 '미술'과 '미술 교육'은 차원이 다른 이야기임을 여실히 느꼈다. 내가 현장에서 느낀 문제는 크게 두 가지였다.
한 가지는 아이들의 문제였다. 그 나이 또래(5세~초등학생) 대부분이 그렇듯, 산만하고 장난치기 좋아하는 아이들은 한 시간 내내 떠들고 장난치느라 수업 자체가 안 됐다. 아이들의 그런 '심리 행동적 문제'가 해결되지 않는 한 교육은 고사하고 미술 자체가 무용지물이 되는 상황이었다. 개인적인 답답함에 아동학과 전공 수업도 들어 보았지만 그 학문 관점에서의 미술은 여러 교육 수단 중 하나로 다뤄질 뿐, 미술 자체의 목적까지 집어줄 수 있는 것은 아니었다.
또 한 가지는 '선생님들의 자질 문제'였다. 당시는 공교육, 사교육 시장의 아동미술 교육을 오로지 미술 전공 선생님들이 담당했다. 그런데 그들은 미술은 배웠지만 '아동'과 '교육'에 대한 지식은 부족한 것이 사실이었고, 그렇다 보니 교과부에서 내려오는 미술교육 커리큘럼은 큰 문제가 없어도 그것이 실제 현장에서 실행되기란 쉽지 않았다.
그러던 중 1999년 우리나라에 처음으로 미술치료 석사과정이 생겼다. 내가 느낀 문제들을 거기서는 해결할 수 있겠다 싶어, 그리고 나부터 전문가가 돼야겠다는 생각으로 당장에 등록했다.

문제의식이란 단순히 현상에서 발견되는 문제점을 '인식'하는 것이 아니다. '문제점을 찾아서 그에 적극적으로 대처하려는 태도'라는 사전적 정의에서 알 수 있듯, 적극적인 '실행'의 의미를 동반한다. "말이 안 되는 것을 잘 못 참는 성격"으로 자신을 묘사했던 이 대표는 그렇게 실행을 시작했고, 그 결과물이 현재 심리미술 교육 브랜드, 아트앤하트다. 문제의식에서 비롯된 실행의 역사가 켜켜이 쌓여 이루어지는 것이 Why(창업의 이유, p26 참조)를 가진 브랜드들에서 공통적으로 발견되는 면모다.

한편, 미술치료사 석사과정을 마친 후 전업 미술치료사로 활동하던 이 대표는 아이들과 만나는 현장에서 다시금 문제점들과 직면한다. 어떻게 하면 수업 중에 아이들의 심리 문제를 잘 조절하면서 최대한 효율적으로 미술 수업을 할 수 있는지는 알게 됐지만, 문제는 이를 실제로 실행해 줘야 하는 선생님들을 어떻게 양성해 내는가였다. 그리고 심리치료사로 활동하면서 선천적인 장애가 아니라 후천적으로 정서적 장애가 생긴 아이들의 경우, 사전에 충분한 지지와 자기표현을 위한 미술 교육만 해주어도 여기까지는 안 왔어도 될 아이들이 대부분이라는 것을 알게 되었다.
다시 한 번 강조하지만 혁신은 단순히 문제의식을 갖는 것이 아니라 그것을 해결하기 위한 적극적인 '태도'에서 발아한다. 《마켓리더의 조건》의 제러드 텔리스Gerard J. Tellis 또한 지속적인 성공의 근원은 종전에 갖춘 '능력'이 아닌 일관성 있게 혁신에 전념하고 부단히 '추구하기로 결정하는 것'이라 밝히지 않았던가. 결국 이 대표는 아동미술교육분야에서 최종적으로 그려내고 싶은 자신만의 그림을 '그려보기로(추구하기로) 결정'하고 창업이란 도구를 통해 밑그림을 그려 가기 시작했다.

밑그림을 그리다

이 대표가 화폭을 앞에 두고 채우기로 한 그림의 밑그림은 크게 두 가지였다. 아이들의 안정된 심리를 위한 '미술교육 컨텐츠'와 그 컨텐츠를 현장에서 풀어 낼 '미술교사 양성소'를 만드는 것이다.

이 옛날에 드라마 〈허준〉에서 허준이 자기 의술의 완성을 위해 약초도 찾으러 다니고 새로운 실험을 하는 것을 보고 이런 생각이 들어, 씩씩거린 적이 있다. 90점짜리 의원에서 99점, 100점짜리 의원이 되기 위해 노력하고 연구하는 것도 좋지만, 그 시간에 50점짜리 다른 의원을 위해 교육을 했다면 모두를 85점짜리 의원으로 성장시켰을 수도 있었을 것 아닌가. 1명의 100점짜리 의원과 50점짜리 99명 보다는 85점짜리 의원 100명이 훨씬 많은 사람들이 건강해지는 세상을 위해서는 더 맞는 이야기라고 생각했다. 그래서 나 역시 부족한 사람인 줄 알지만 미술치료사 양성 교육 커리큘럼을 구축하기로 마음먹었다.

물론 90점짜리 개인이 100점짜리 의원이 될 것인가, 아니면 그럴 시간과 에너지로 다른 의원을 도와 가며 다함께 90점짜리 의원이 되기 위해 노력할 것인가는 개인의 선택에 관한 것이다. 그래서 어떤 것이 옳고 그른가의 문제는 아닐 수 있다. 하지만 이 대표는 후자의 길을 택했다. 그녀가 본 대한민국, 그리고 대한민국의 아이들의 행복지수를 높이기 위해서는 그게 더 옳은 일이며, 아트앤하트의 사명을 지켜 내기 위해서라도 선생님을 양성하는 것이 결과적으로는 그녀가 그리고픈 그림의 완성을 위해 '시간을 아끼는 법'이라 판단했기 때문이다.

이 대한민국 아이들의 행복지수는 OECD 가입국 중 꼴찌이고, 1위 네덜란드(2010년 기준, 94.2점)와는 무려 40점 이상 차이가 난다. 우리나라 아이들이 더 행복해졌으면 한다. 누군가 먼저 투자하고 연구해서 좋은 미술교육 컨텐츠를 만들고 공유하면 동네의 조그만 미술 학원에서도 아이들의 행복지수를 높일 수 있다고 생각했다. 우리는 합리적인 가격에 좋은 커리큘럼을 제공하고, 원한다면 교육까지 해줘서 동네 미술 학원들이 우리와 같은 사명을 갖는다면 금세 실현될 꿈이라 믿었다. 이런 과정을 통해 정서발달이 잘 되야 인지발달도 튼튼해지는 것인데, 우리나라 부모들은 자꾸만 거꾸로 가고 있다. 잘못된 탑을 쌓고 있는 많은 부모들에게 바른 길을 제시할 수도 있겠다 싶었다. 우리는 단지 미술교육을 하는 것이 아니라 우리 아이들의 행복지수를 높이는 일을 하고 있다고 믿는다.

그 시작은 단출했다. 이 대표의 말을 빌리자면 이렇다. "얼마 전 그 당시 끄적이던 아이디어 노트를 발견했다. 얼마나 무모했냐면, '필요한 자금 : 노트북 300만 원, 홈페이지 구축 200만 원, 합계 500만 원' 이렇게 적어 놓았더라. 잘 몰라서 용감했던 것 같다."

그러나 이는 비단 이 대표만의 이야기는 아닐 것이다. 지금은 거대 규모의 기업이 되었지만 우리가 잘 알고 있는 브랜드의 시작은 단출했던 경우가 많다. 가죽으로 된 말 안장을 만들던 '가게'가 오늘의 에르메스가 되었고, 소규모로 만년필을 만들어 팔던 '문구점'이 몽블랑의 모태다. 연하게 그려진 밑그림만으로는 그것이 세기의 작품이 될지, 한 개인의 습작이 될지는 아무도 모른다. 다만 그 그림을 그리는 자의 (공감 받을 만한) 철학과 진정성이 작품과 습작을 구분 짓는 핵심일 것이다.

순간의 깨달음이나 인사이트를 의미하는 '아하' 체험(Aha Experience)을 독려하는 아트앤하트는 자신의 이름을 줄여 '아하'로 부르기도 한다.

혼자 그리는 밑그림, 함께 입히는 컬러링

밑그림을 그렸다면 이제 색을 칠할 차례다. 하지만 중요한 것은 창업을 했다는 것, 그리고 그 창업을 통해 제대로 된 브랜드를 경영한다는 것은 더 이상 혼자 그리는 그림이 아니라는 점이다(p56 참조). 몇몇 동역자들과 함께 구상하던 그림을 혼자 그려 나가기 시작한 이 대표는 창업자 이동영과 경영자 이동영의 차이점에 대해 다음과 같이 설명한다.

이 창업자가 브랜드가 지속적으로 가져갈 불멸의 유전자를 만드는 역할을 한다면 경영자는 그 유전자를 지닌 한 개체가 환경에 따라 진화해 가면서 살아남도록 하는 역할을 하는 것 같다.

창업자와 경영자의 차이를 깨닫게 된 이 대표가 제일 먼저 한 일은 자신의 생각을 다른 사람(내부 직원과 외부 고객)과 공유할 수 있는 단어들로 정리하는 일이었다. 핵심가치를 정리하고 그것을 표현하는 여러 홍보물을 가다듬는 등 아트앤하트만의 DNA를 표현하는 대화법을 가다듬는 것이 그것이었다. 이로써 창업자로서의 역할은 어느 정도 마무리되었지

아트앤하트의 '불멸의 유전자', 골든룰 Golden Rule

- 미소 띤 얼굴
- 긍정적인 말과 행동
- 구체적인 칭찬
- 공감하고 편 들어주기
- 합의된 규칙 만들기
- 규칙에 따른 예외 없는 집행 또는 새로운 합의

Warm & Firm

아트앤하트

Second Wind
- 한계점에서의 한번 더 격려하기
- 한계점을 이겨 내기 위한 적극적인 지지

심리미술 교육 브랜드로서 그들이 반드시 지켜야 할 불멸의 유전자는 두 가지다. 바로 그들의 골든룰, 즉 'Warm 따뜻함 & Firm 확고함' 그리고 'Second Wind 2차 성장'다. 이 두 가지 핵심가치는 불가분의 관계에 있는데, 'Warm & Firm'은 '따뜻하면서도 원칙을 잃지 않는 태도'를 말한다. 미소 띤 얼굴로 긍정적이며 구체적인 칭찬을 아끼지 않되, 합의된 규칙과 그 규칙에는 예외를 두지 않는, 따뜻하지만 때로는 엄격한 교육자의 모습이다.
이것이 필요한 이유는 Second Wind와 관계가 깊다. 원래 Second Wind란 '운동하는 중에 고통이 줄어들고 운동을 계속하고 싶은 의욕이 생기는 상태'를 말하는데 힘들어서 더는 못할 것 같은 한계점에서 아이들이 포기하지 않도록 지지하고 격려해 전에 없던 새로운 에너지를 얻도록 하는 것이다. 달리 말하면 아이들의 학습 지구력을 높이고 참을성의 역치값을 올려 주는 것이다. 이는 아이들로 하여금 한계점을 이겨 낸 경험을 갖게 하고 이로써 자신감, 집중력, 창의력, 사회성 등 정서지능 발달에 도움을 주게 된다. 이러한 골든룰은 아트앤하트의 브랜드 정체성을 지키는 방법인 동시에 자연스럽게 단순한 놀이미술과 구분 짓는 중요한 차별화 포인트가 되기도 한다.

만(변하지 않을 미션, 비전, 그리고 핵심가치를 정의 내리는 것) 경영자로서 그것을 확산시키고 조직이 체화하도록 하는 데는 여전히 고민이 많다는 것이 이 대표의 고백이다.

함께 그리는 자들과의 컬러 조율

제아무리 훌륭한 유전인자(기업의 DNA인 핵심가치)를 지녔다 하더라도 그것이 개체(브랜드)의 세포 하나하나에 전달되어 제대로 구현되지 않는다면 무용지물이다. 결국 '교육'하는 수밖에 없다. 여기서의 교육이라 함은 브랜드의 핵심가치에 대한 끊임 없는 커뮤니케이션(브랜드 교육, 유니타스브랜드 Vol.14 참조)을 의미한다.

이 우리가 앞으로 더 잘하기 위해서는 무얼 해야 할지 끊임없이 고민하다 보면 결국 교육이 종착지임을 느낀다. 가맹원 원장님들과 선생님 교육, 그리고 아직 아트앤하트가 왜 존재하는지, 왜 인지발달보다 정서교육이 중요한지, 왜 아이들의 행복에 관심을 가져야 하는지를 모르는 학부모들에 대한 교육이 필요하다. 우리가 아무리 그것이 '답'이라고 생각해도 끊임없이 커뮤니케이션하지 않으면 금세 교육의 힘이 약해진다. 그래서 최대한 가깝고 빈번하게 소통하기 위해 오프라인 교육 외에도 온라인 교육에 힘을 쏟는다.

대상에 따라 교육이 차등 적용되는데 지사와 지국의 경우 본사에서 진행되는 오프라인 입문교육을 약 6일간(68시간), 방문교사의 경우 약 8일간(76시간) 받아야 하며 연간 이수해야 하는 정기교육은 별도로 진행된다. 이는 제주지점도 예외가 아니다. 이외에 독특한 것은 지사장 교육이다. 아트앤하트는 지역별로 지사장을 세우고 그를 중심으로 그 지역 원장들과 선생님들이 정기적인 모임을 갖도록 한다.

이 전국 모임을 지역 단위로 묶어서 일주일에 한 번씩 만나볼 것을 권장하고 적어도 한 달에 한두 번이라도 꼭 만나게 한다. 본사에서 전달할 교육 내용들을 알리고 지역별 독특한 시장 환경에 대한 정보를 공유하기 위함이다. 보통 프랜차이즈를 운영하는 본사에서는 가맹점주의 모임을 싫어한다. 자연스럽게 뒷얘기도 나오고 불만을 공유하기 때문이다. 하지만 우리는 적극 권장한다. 오히려 지역 모임에 나가지 않으면 재계약을 하지 않는 경우도 있다.

그래도 부족했던지 온라인 커뮤니티에서 교육은 계속 진행되며 현재는 KT와 함께 직원 교육용 애플리케이션을 제작 중이다. 모바일 디바이스를 통해 언제 어디서든 본사 교육 컨텐츠에 대한 접근을 용이하게 돕기 위함이다. 뿐만 아니라 매월 다음 달 교육 프로그램 자료가 가맹원에 전달된다. 여기에는 어떤 재료를 써야 하는지, 그 재료는 어디서 가장 저렴하게 구매할 수 있는지, 그리고 직접 해본 사람만이 알 수 있는 교육상의 노하우가 꼼꼼히 적혀있다. 여기에 "안녕, 애들아 잘 지냈니? 오늘은~" 등의 시나리오 스크립트까지 첨가된 디테일을 보인다.

이 어찌 보면 이건 정말 무식한 개발이다. 시간도, 자금도, 에너지도 무지 많이 들기 때문이다. 하지만 이것이 우리다움을 지키는 데 중심이 된다면 무조건 해야 한다고 믿는다. 또한 이처럼 '인정할 수밖에 없을 정도의 컨텐츠'만이 우리들의 경쟁력이 될 것임을 알고 있다. 개인적인 욕심에는 이런 자료도 아직 창피하다.

철학의 밑그림은 경영의 가이드라인이 된다

현재 아트앤하트는 2년마다 재계약비 없는 재계약을 한다. 아트앤하트다움과 교육 환경의 퀄리티를 지키지 않는 가맹점, 그리고 본사 교육에 열정적이지 못한 가맹점들을 가려내기 위함이다. 지난 6년여 동안 '아트앤하트다움의 공유'가 무엇보다 중요하다는 것을 절감했기 때문이다. 이것은 단순히 기업의 운영 차원을 넘어, 정체성의 문제에 관한 것이기에 더욱 그렇다.

이 우리가 처음부터 현재의 프랜차이즈 비즈니스 형태를 가졌던 것은 아니다. 원래는 매달 일정금액을 받고 양질의 교육 컨텐츠를 제공하며 선생님들을 교육해 주는 모습이었다. 그러면 그것을 각

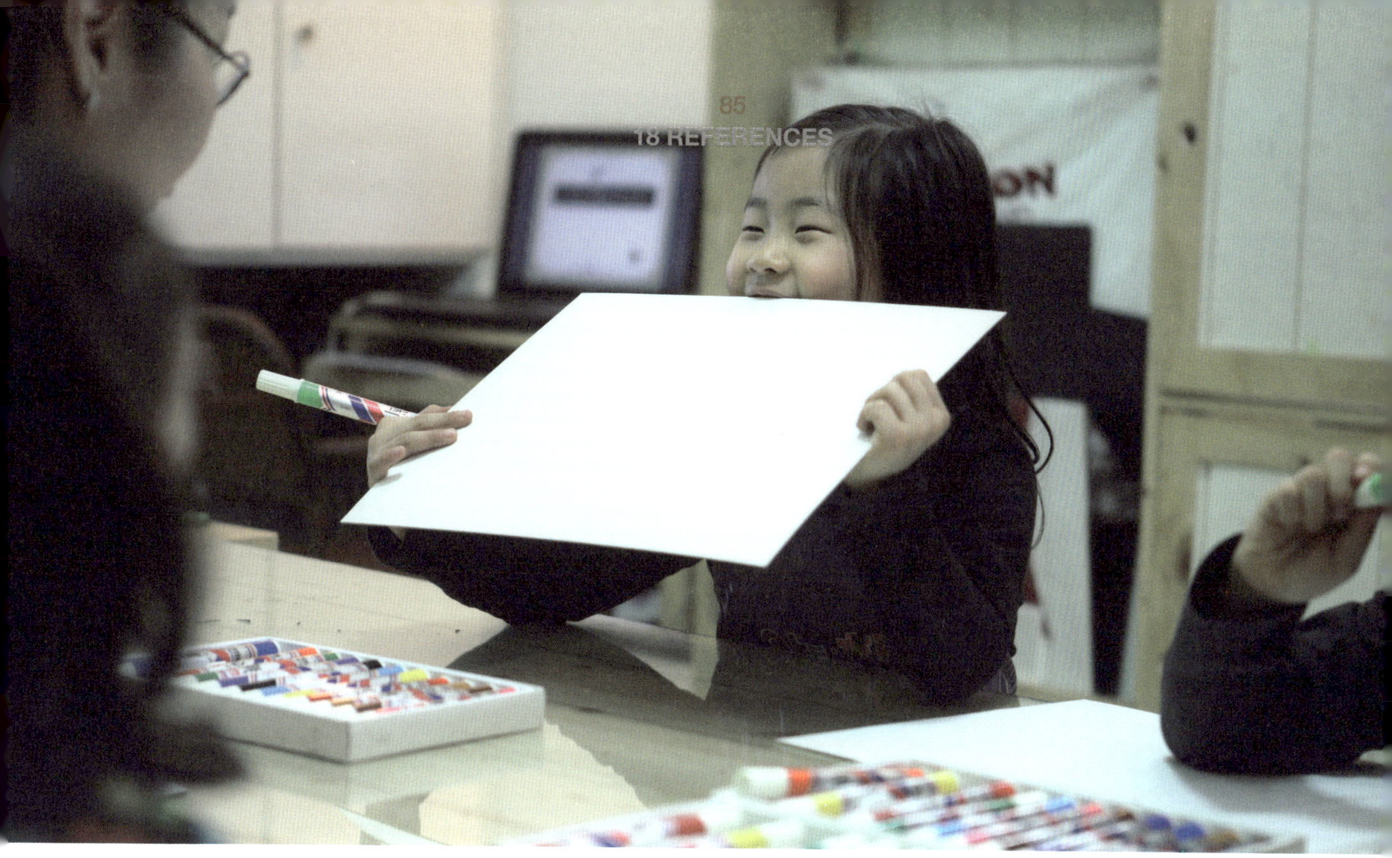

자 자기 미술학원에서 실행하는 것이었다. 가맹원들의 이름에 대해서는 자율이었다. 해님 미술학원이든, 새싹 미술학원이든 우리가 옳다고 생각하는 교육 내용이 잘 전달되고 현장에서 잘 쓰이면 우리의 몫을 다한 것이라 생각했기 때문이다.
그런데 1년 반쯤 지나 실상을 확인해 보곤 너무 속상했다. 우리가 그토록 열심히 만든, 철학을 담은 컨텐츠들이 단순 참고용, 혹은 그중 몇몇만 골라서 시행되더라. 이유를 물었더니, "내 생각에 이것은 별로여서, 재료비가 너무 많이 들어서, 귀찮아서"라고 했다. 순간, 경영이 쉽지 않다는 원장님들의 말을 들을 때면 우리 돈으로 홍보물도 찍어서 배포해 드리고 인테리어가 이상하면 이것 저것 컨설팅도 해드리고, 정 안 되면 우리 직원이라도 보내서 페인트칠도 해드리고 했던 일들이 너무 허무해졌다. 허무한 것은 둘째치고, 그것은 우리의 자존감에 관한 문제였다. 아무리 좋아도 현장에서 쓰이지 않는다면 우리가 그토록 고생하며 하는 일은 그야말로 멍청한 짓이 되는 것 같은 느낌이 들더라. 우리의 존재 필요성을 의심해야 하는 상황까지 치달았다.

이 같은 정체성의 문제는 이윽고 그들의 비즈니스 모델을 변화시켰다. 그러한 비즈니스 모델로는 처음에 그린 밑그림과 전혀 다른 형태로 변질된 그림이 그려질 것이 뻔했기 때

온라인 커뮤니티를 통한 간접 교육

1학년 남자아이 도와주세요 도와주세요!

아산지사(ahaasan)

전 주에 그린 빗속의 사람입니다.

주제를 듣자 마자 또 막 떠들면서 신나서 회오리에 쓰나미에 번개.

그리면서 자기가 하는것을 모두 큰소리로 이야기해요. "와우 쓰나미~~!!회오리~~다 불타불타 ㅋㅋㅋ"

나무,우산,사람 머리에 번개맞아 불타는 그림을 그렸구요.

한사람은 회오리 바람에 옷이 모두 날아가서 고추가 보인다며 낄낄거리면서 좋아했어요.

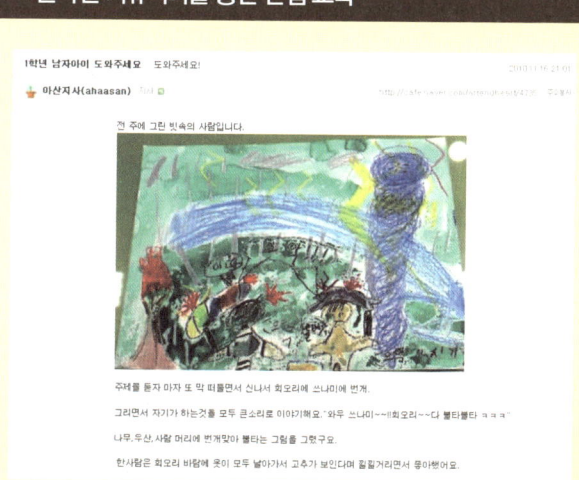

아트앤하트의 온라인 커뮤니티, '도와주세요' 게시판.

오프라인의 매 교육이 아트앤하트의 사명(미술로 아이들이 행복한 세상을 만드는 것)과 교육 컨텐츠의 굵직한 방향성에 관한 교육이라면, 컨텐츠 실습과 그 컨텐츠를 가장 잘 구현할 수 있는 실전 노하우, 그리고 각 지점에서 활용할 수 있는 공동 마케팅 컨텐츠가 오프라인을 통해 전달된다. 이런 커뮤니케이션 채널을 통해 전국 가맹 원장과 선생님들은 지속적으로 커뮤니케이션할 수 있고 개인적으로 해결되지 않는 문제나 고민들을 나누며 해결점을 찾고 있다. 또 이 대표 역시 그 공간을 통해 여러 어려움을 진솔하게 털어놓으며 위로 받는가 하면 여러 선생님들의 고민을 듣고 선배로서 상담해 주곤 한다. 혹시나 있을 수 있는 심정적인 문제들에 대해서는 끊임없이 논의한다.

문이다. 이처럼 철학으로 잘 그려진 밑그림은 경영의 가이드라인과 DOs&DON'Ts를 숙명적으로 제안하기도 한다. 이것이 서두에 말한, 이 대표가 목숨 걸고 지키는 그 무엇이다.

이 대표의 선택은 월정액비 시스템에서 가입비를 내야 하는 프랜차이즈로 전환하는 것이었다. 물론 간판과 인테리어는 물론, 교육 프로그램도 본사에서 전달된 것이 100% 구현돼야 한다는 조건도 달았다. 당시로서는 결코 쉬운 결정이 아니었을 것이다. 가입 조건이 까다로워질수록, 비용이 더 발생될수록 가입율은 떨어지게 마련이기 때문이다.

이 당장에는 회사가 어려워질 것은 알고 있었다. 하지만 아트앤하트가 태어난 이유 자체가 왜곡될 바에야 아예 사업을 접어야겠다는 생각을 했던 우리에게 오히려 그 결정은 쉬웠다. 우리 교육 프로그램이라면 정말로 우리 아이들의 행복지수가 높아질 것이라 '믿었고', 그런 아이들을 교육하는 미술학원이라면 아이를 보내지 않을 부모가 없을 것이라는 확신이 있었기에, 스스로 굳게 '믿기로 했다'.

강력한 믿음 혹은 신념은 자신은 물론 주변인의 행동에 얼마나 큰 영향을 미치는지 모른다. 요즘같이 트위터도, 휴대폰도, 그 흔한 웹사이트도 없던 상황에서 초대 우편도 없이 25만 명의 인파를 한 날 한 시, 한 곳에 모이게 한 자가 있으니, 그가 바로 마틴 루터 킹이다. 그의 연설에서 빠지지 않는 표현이 있다면 "I believe, I believe, I believe…"였

다. 믿음과 신념에 대한 한 사람의 진정성은 주변 사람들을 그 믿음에 동조하게 만든다. 마틴 루터 킹이 그의 일생을 통해 그것을 증명해 보였다. "I have a plan!"보다 "I have a Dream!"의 커뮤니케이션 방식이 더 효과적임을 그는 삶을 통해 체감했는지도 모른다. 이 대표 역시 자신의 믿음에 대한 진정성이 가져오는 효과에 대해 알고 있었던 것일까?

이 예상했던 것처럼 처음 몇 달은 매우 힘들었다. 하지만 결국 우리에게는 우리가 믿는 것을 함께 믿는 든든한 동지들(가맹 원장들)도 생겼고, 진정성을 인정받으면서 정상 궤도를 다시 찾았다. 요즘도 규정이 점점 까다로워진다는 평을 받기는 하지만 나는 더 까다로워져야 한다고 생각한다.

잘 그린 그림과 좋은 그림, 잘 된 경영과 좋은 경영

이 대표는, 그리고 아트앤하트는 '잘 그린 그림'과 '좋은 그림'을 구분하는 기준을 가지고 있었다. 그 기준은 스스로 그린 그림 안에 '자신이 들어 있는가'의 여부다. 기교가 좋고 표현 기술이 뛰어난 그림이 그냥 '잘 그린 그림'이라면 표현은 다소 서툴고 거칠어도 자신의 감정이나 스토리가 들어간 그림은 '좋은 그림'이라는 것이다. 물론 좋은 그림을 잘 그린다면 (자신의 이야기를 좋은 표현력을 갖춰 그려낸다면) 금상첨화지만 무엇보다, 화폭에 내가 드러나는 것이 중요하다.

아트앤하트의 고유한 커리큘럼(자화상 등) 다양한 외부 활동

화폭에 나다움이 녹아나 있는가

그렇다면 '잘 된' 경영과 '좋은' 경영은 무엇일까? 그 기준도 '자기가 드러나는 것의 여부' 아닐까? 넉넉한 자본력에 효율적인 시스템을 갖추고 평탄한 길을 걷는 것은 '잘 된 (기업) 경영'일 수 있다. 하지만 아직은 규모도 작고 시스템도 불안정하더라도 그 안에 자기다움이 드러나는 브랜드라면 '좋은 (브랜드) 경영'을 한다고 말할 수 있을 것이다. 이 또한 두 가지 모두 충족된다면 더할 나위 없이 훌륭하겠지만 말이다.

한 가지 오해하지 말아야 할 것은 여기서 '자기다움'이란 리더가 아닌, 브랜드의 자기다움을 말한다(물론 리더의 자기다움과 브랜드의 자기다움이 일치할 수는 있다).

경영 자체에 자기다움을 녹여내고 조직의 문화로 정착시키는 것이 중요한 또 다른 이유는 이것이 브랜드십(리더가 아닌 브랜드가 조직의 리더십을 갖는 것, p58 참조)의 씨앗이 되기 때문이다.

이 나 역시 부모로서 아이를 키울 때도, 리더로서 직원들과 가맹점주들을 대할 때도 항상 아트앤하트의 골든룰을 잘 지키고 있는지 끊임없이 자기 검열을 한다. 개인적으로 '착한 아이 컴플렉스(?)'도 있고(웃음). (관계에 있어서 까지) 완벽주의 성향도 있어서 Firm하거나 Second Wind를 위한 행동을 취하기가 쉽지 않다. 하지만 최대한 이동영이라는 개인과 아트앤하트의 리더 이동영 대표를 구분하기 위해서, 또 이 브랜드와 나를 분리해 내기 위해서 노력한다. 처음에 아트앤하트를 만드는 과정에서 나의 DNA가 전이됐다는 것을 부인할 수 없지만, 내가 없어도 앞으로 지속될 아트앤하트가 되기 위해서는 당연히, 분리되어야 한다고 본다.

그림을 그린다는 것과 브랜드를 경영한다는 것

"그림을 그린다는 것은 비가시적인 것을 가시화시키는 것이고, 이미 가시적인 것은 지워 버리는 것이다. 그림을 그리기 전 화폭은 빈 공간이 아니다. 이미 그려진 수많은 진부한 상투적인 이미지들을 지우고 새로운 이미지를 그려 내는 것이다." – 들뢰즈

정말 모든 학문의 끝과 끝은 만나게 되어 있는 것일까? 철학은 물론 문학, 과학, 예술까지 두루 섭렵한 프랑스의 대표 지성인 들뢰즈가 정의한 '그림을 그린다는 것'은 '브랜드를 경영하는 것'에 대한 유니타스브랜드의 정의를 떠올리게 한다.

"브랜드를 경영하는 것은 비가시적인 것을 가시화시키는 것이고, 이미 가시적인 것은 지워 버리는 것이다. 브랜드를 런칭하기 전 시장은 빈 공간이 아니다. 이미 그려진 수많은 진부한 상투적인 이미지들을 지우고 새로운 이미지를 브랜드를 통해 그려 내는 것이다."

우연인지 필연인지, 이 대표는 그림을 그리는 사람이자 브랜드를 경영하는 사람이다. 핵심적인 지혜가 참으로 닮은 두 영역(그림과 경영)을 넘나드는 그의 숙제는 '좋은 그림'을 완성하기 위해 처음에 그린 밑그림(초심)을 들춰보며 직원들과 함께 채색하는 것이다. 그 그림 속에 보여져야 할 '나'는 그가 아닌 '아트앤하트'여야 함을 잊지 않은 채 말이다. UB

이동영 서울여대 서양학과를 졸업하고 대구대 재활과학대학원 미술치료 전공 석사, 동 대학 대학원에서 상담 및 임상심리를 전공으로 박사과정을 밟고 있다. 한국아동미술학회 이사, 경남미술치료 교육센터 소장을 역임한 바 있으며 현재는 한국미술치료학회 공인 미술치료사(KATR)이자 ㈜마음과그림 대표로 활동 중이다.

상상력으로 창업하고
발견의 기쁨으로 브랜딩하라

아름다운 편리함을 찾아 나선 항해일지, 바바라

The interview with ㈜바바라앤코 대표 이재정

한 농부가 다른 사람의 밭을 갈아주다가 숨겨진 보물을 발견했다. 그는 뛸 듯이 기뻤으나 이내 마음을 다잡고 보물을 다시 땅 속 깊이 묻었다. 그리고 열심히 돈을 모아 그 밭을 사버렸다. 왜냐하면 당시의 법으로는 밭의 주인이 거기에서 나오는 모든 것의 소유권을 주장할 수 있었기 때문이다. 성경에 나오는 이 이야기를 듣고 있노라면 매일 밤 설레는 마음으로 보물을 떠올릴 농부의 모습을 쉽게 상상할 수 있다. 농부는 머지않아 자신의 소유가 될 보물을 생각하며 고되고 힘든 노동을 기쁨으로 이겨낼 수 있었을 것이다.

플랫슈즈 브랜드 바바라의 이재정 대표를 창업으로 이끈 것도 이와 유사한 기쁨 때문이었다. 우연히 홍콩의 한 골목에서 발견한 플랫슈즈에 반해 이후 15년 이상을 한결같이 수제화만 만들어 올 수 있었던 것은 보물을 발견한 농부와도 같은 설렘을 기억하고 있었기 때문일 것이다. 이 기쁨은 새로운 제품과 시장의 발견으로 연결되었고, 지금은 보이지 않지만 언젠가는 다다를 목적지를 미리 내다보고 돛을 올리게 했다. 그들의 브랜딩은 이러한 도전과 탐험을 매일매일 기록한 항해일지와 같다. 그리고 그 일지는 '발견과 개척의 기쁨'으로 가득 차 있었다.

새로운 시장을 향한 항해의 시작

"과수원 네 곳 가운데 단 한 그루의 사과나무(후지)가 일곱 송이 꽃을 피웠다. 그 중 다섯 개는 잎말이나방이 먹어버려 나는 두 개의 사과를 거둘 수 있었다. 보통 그렇게 작은 사과는 맛이 없어 먹을 수 없지만 그 두 개는 달랐다. 단맛의 극치라 할 만했다."

일본의 농부 하나가 스물아홉의 나이에 무농약, 무비료 사과 재배에 도전한다. 그러나 현실은 냉정했다. 매년마다 한 여름에 죽어가는 880여 그루의 사과나무를 붙잡고 고군분투를 거듭하지만 극심한 생활고로 밑바닥 생활을 전전하다가 결국 자살을 시도하기도 한다. 그러나 재배를 시작한 지 10년 째 되던 해, 사과나무는 꽃을 피우고 단 두 개지만 결국 사과 열매를 맺는다. '기적의 사과'로 불리는 기무라 아키노리의 이야기다. 지금은 판매 3분 만에 매진되고, 1년 전 예약이 마감되는 기적의 사과 수프의 주인공이 되었지만 여전히 의문은 남는다. 그는 과연 사과나무가 농약 없이 땅의 힘만으로도 열매를 맺을 수 있으리라 처음부터 확신하고 있었을까? 그러한 시도가 현실로 이뤄지기까지 10년이라는 시간이 걸릴 줄 짐작이나 하고 있었을까? 창업의 과정 역시 이와 크게 다르지 않다. 그 누구도 성공을 보장해주지 않는 망망대해에 배를 띄우는 것과 다를 바 없는 것이 바로 창업이다.

바바라의 이재정 대표 역시 비슷한 과정을 거쳤다. 1990년대 초, 이 대표는 대학에서 통계학을 전공한 후 졸업도 하기 전에 태평양에 입사해서 2년 여를 다녔다. 그러다 우연찮은 기회에 구두공장에 들를 일이 있었고 그곳에서 성미 급한 자신의 기질에 딱 맞는 일을 발견하게 된다. 보통 다른 제품들이 준비해서 완성되기까지 오랜 시간이 걸리는데 비해 구두는 일주일 만에 상품이 되어 나오는 것을 보고 이에 반해버린 것이다. 과장, 부장을 거치는 직장생활을 통해서는 자신의 미래를 발견할 수 없다고 생각한 그는 결국 창업을 결심한다. 끝을 장담할 수 없는 항해가 시작된 것이다. 3년 넘게 4시간 이상을 자본 기억이 없을 정도로 바쁜 날들이 지나갔다. 외국어가 전혀 안되는 그였지만 해외 출장을 다니면서 시장조사와 디자인을 직접 해나갔다. 이러한 무모한 항해를 계속할 수 있게 한 것은 다름아닌 아주 예쁜 플랫슈즈 한 켤레였다.

이재정(이하 '이') 창업 초기엔 디자인을 내가 직접 했기 때문에 혼자 출장을 다니곤 했는데 어느 날 보석 같은 신발 하나를 홍콩매장에서 발견했다. 그걸 사서 숙소인 호텔로 돌아왔는데 너무 기뻐서

이 대표는 거의 매일 같이 새로운 디자인의 다양한 슈즈들이 선을 보이는 요즘에도 플랫슈즈를 처음 만났던 창업 초기의 설레임을 결코 잊지 못한다.

잠이 오지 않았다. 그때만 해도 플랫슈즈라는 용어 자체가 국내에 없었다. 하지만 처음 봤음에도 불구하고 너무 예뻤다. '우리 나라 시장 이제 다 죽었다!'고 하며 혼자서 속으로 웃었다.

하지만 당시 국내에는 플랫슈즈를 만드는 곳이 없었기 때문에 결국 모든 것을 새로 만들어야 했다. 그래서 플랫슈즈를 한국으로 들여와 똑같이 만드는데 거의 두 달 이상이 걸렸다. 굽이 있는 보통 신발들과는 접근 방법 자체가 전혀 달랐기 때문이다. 무엇보다 처음부터 끝까지 모두 손으로 만들어야 하는 수제화의 특성상 인력관리가 특히 힘들었다. 구두 만드는 기술자들의 경우 20년에서 40년 가까운 경력을 가진 분들이라 아무리 얘기해도 자신들의 고집을 꺾지 않는 경우가 대부분이었기 때문이다. 때문에 클라이언트와의 약속을 지키기 위해 그 모든 작업을 혼자 해야 하는 경우도 있었다. 더 큰 문제는 따로 있었다. 확신에 찬 노력으로 막상 상품을 만들어 매장에 내어 놓으니 이제는 아무도 사가는 사람이 없었다는 것이다.

이 하도 팔리지 않아 양로원에 무료로 드리고 왔던 적도 여러 번이다. 결국 개발을 포기했다가 잠을 자는데 도저히 안되겠는 거다. 그래서 또 다시 하게 됐다. 같이 일하던 직원이 "사장님 돌았습니까?

이거 안돼요"라고 말하길래 "한번만 더 해 보자"라고 말했는데, 결국 십년이 훌쩍 넘어 버렸다.

하지만 그가 이렇게 10년 이상 계속된 어려움을 견디며 포기하지 않을 수 있던 힘의 원천은 무엇이었을까? 기적의 사과를 일군 기무라씨나 바바라의 이 대표처럼 꿈 혹은 비전으로 대변되는 상상력은 끝을 알 수 없는 여행자들에게 있어 필수적인 요소다. 이 대표 역시 낯선 도시의 매장 한 귀퉁이에서 발견한 새로운 제품의 발견에서 얻은 기쁨을 10년 후에 만개할 플랫 슈즈의 가능성으로 이어갔다. 그 발견의 기쁨과 상상력이 기나긴 항해를 시작할 수 있게 했던 용기와 도전정신의 원천이었던 셈이다.

보이지 않는 플랫슈즈의 미래를 보다, 상상력

우리가 만일 이러한 도전 정신을 일종의 '개척정신'으로 부를 수 있다면 우리는 1492년 팔로스항에서 돛을 올리던 90명의 선원과 낯선 사내 한 사람의 얼굴을 떠올릴 수 있다. 그의 이름은 다름아닌 크리스토퍼 콜럼버스다. 실제로 그의 발견은 당시의 사람들이 알고 있던 세계를 한꺼번에 두 배나 늘려놓았다. 아시아 대륙의 발견이라는 꿈과 확신이 있었기

> 일을 즐기고 그 과정에서 기쁨을 발견할 수 있는 능력은 이러한 기나긴 항해를 지속할 수 있는 에너지의 원천이기도 하다.

에 그는 남들이 보기에 무모해 보이는 도전과 탐험에 뛰어들 수 있었다. 이 대표의 경우도 예외는 아니었다.

이 일종의 개척정신이라 해야 되나? 성향이 원래 겁이나 망설임이 없는 편이다. 예를 들면 혼자 비행기를 타고 낯선 타지에 가서 아무렇지도 않게 거리를 활보하고 식당에서 밥을 먹을 수 있다. 또한 세상에 안 되는 건 없다고 생각하는 편이다. 하늘에 있는 별도 마음만 먹으면 딸 수 있다고 생각한다. 남들이 보면 시쳇말로 무대포, 탱크가 아니냐고 말하지만 직원들이 말려도 내가 옳다고 하면 가곤 한다.

15세기 초에서 17세기까지 유럽의 배들이 전세계를 돌아다니며 항로를 개척하고 탐험과 무역을 하던 시기를 이른바 '대항해시대 The Age of Discovery'라고 부른다. 당시의 유럽인들은 세계의 끝이며 죽음의 바다라 불리던, 적도 이하의 바다를 절대로 항해하려 들지 않았다. 하지만 콜럼버스와 같은 발견자들은 상식과 관습으로 굳어버린 편견을 극복하고 자칫 무모해 보이는 항해를 시작하곤 했다. 이러한 도전이 가능했던 건 남들이 보지 못하는 신대륙을 마음의 눈으로 이미 볼 수 있는 '상상력'을 갖고 있었기 때문이다. 바바라 역시 새로운 시장에 눈을 떴지만 아직 열리지 않은 시장을 개척해가는 것은 쉽지 않은 여정이었다.

이 없는 시장을 만들어가야 한다는 것이 가장 힘들었다. 날마다 생존을 위해 항상 벼랑의 끝에서 끝으로 옮겨다녀야 했다. 하지만 플랫슈즈 시장이 언젠가는 열리게 될 것이라 생각했다. 플랫슈즈는 사용자가 스스로를 배려하는 상품이다. 집에서 양치하다가 친구가 커피 한잔 먹자고 할 때 아무렇게나 신고 나갈 수 있는 신발이다. 크든 작든 남보다는 내가 편하고 내 눈에 예뻐 보이면 만족한다는 면에서 나를 배려하는 신발이 아닐까 생각한다. 그때만해도 GNP가 만불 초반 때였는데 2만 불을 넘어서면서 결국 이 시장이 만들어졌던 것 같다.

20세기 경제 호황의 역사 역시 대항해시대와 탐험의 대상만 다를 뿐 새로운 기술의 발명과 발견, 비즈니스 모델 개척의 역사이기도 했다. 새로운 컴퓨터 백신의 개발과 창업을 통해 우리나라 벤처 기업의 부흥에 가장 큰 영향을 주었던 안철수 교수 역시 '다양한 위험에도 불구하고 신념을 갖고 새로운 것을 만드는 활동과 노력'이 다름아닌 기업가 정신이라고 말한

바바라의 모든 제품은 숙련된 장인들에 의해 일일이 수작업으로 제작된다.

이제 바바라의 매장에서는 플랫슈즈 외에도 다양한 디자인의 옴므와 웨지힐 등을 함께 만나볼 수 있다.

다. 현실을 직시하면서도 아직 도래하지 않는 미래의 꿈을 미리 볼 수 있는 상상력이 기나긴 창업의 항해를 지속할 수 있는 가장 강력한 힘이라는 것이다. 그리고 이러한 상상력의 원천이 되는 것은 바로 창업자의 일을 대하는 자세에서 나온다. 일을 즐기고 그 과정에서 기쁨을 발견할 수 있는 능력은 이러한 기나긴 항해를 지속할 수 있는 에너지의 원천이기도 하다.

이 직장에서의 기쁨과 창업을 통해 느끼는 기쁨은 그 깊이가 다르다고 생각한다. 일은 신나고 즐거워야 한다. 만약 스스로에게 질문했을 때 노는 게 더 신난다면 일은 그렇지 않다는 얘기가 되지 않는가? 그러면 시간이 남으면 당연히 노는 데 마음이 가 있을 거고, 그래서는 시장에서 살아남을 수 없다. 하루 종일 신나게 일해야 거기서 경쟁력이 나오지 않겠나. 나는 정말로 일하는게 신나고 즐겁고 재미있다.

기다리는 자에게는 복이 있나니, 인내심

그러나 이 과정에서 창업자는 그들의 '인내심'을 시험받는다. 이것은 창업자가 경영자로 변신하는 과정에서 반드시 거쳐야 하는 일종의 테스트 중 하나라고 말할 수 있다. 창업자의 시간은 짧지만 불꽃 같은 창업 과정을 보내고 나면 이후 경영자로서 한 기업의 미래를 내다볼 수 있는 적절한 용기와 강한 정신력을 요구받는다. 이 과정에서 다른 무엇보다 내일의 약속에 대한 '과도할' 정도의 믿음을 갖는 것이 중요해진다. 바바라 역시 기다림 끝에 다가온 때를 놓치지 않고 새로운 플랫 슈즈의 시장을 열었다. 누군가에게는 우연처럼 여겨졌겠지만 바바라에겐 미리 본 시장의 필연을 확인하는 순간이었다.

이 비어있는 시장에 제일 먼저 들어갔던 게 주효했다고 생각한다. 플랫슈즈라는, 당시에는 없던 시장이었지만 광활한 시장에 바바라가 제일 먼저 들어간 것이 오늘의 성공(?)을 만든 가장 큰 힘이라 생각한다. 물론 처음에는 힐도 만들고 펌퍼스도 만들었다. 하지만 어느 날 마음을 고쳐먹었다. '송곳처럼 못되게 강해지자! 내가 제일 잘하는 걸로 이기자!' 해서 다 포기하고 플랫 슈즈에 매달리기 시작한 것이다. 그 때문에 수익도 낼 수 있었고 세간의 주목도 받을 수 있었다. 그래서 역시 플랫슈즈는 바바라가 제일 잘하는 것 같다라는 인식을 소비자들에게 심을 수 있었다.

하지만 제품 자체의 차별화만으로는 바바라라는 브랜드의 영속성을 기대할 수 없었다. 창업 이후 어느 정도 제품이 시장에 안착되던 무렵, 이 대표는 상품을 파는 것보다 브랜드를 파는 게 장기적으로 필요하다는 깨달음을 얻게 된다.

창업자가 아닌 경영자로써 '브랜딩'의 필요성에 대해 눈뜨기 시작한 것이다. 여기서 브랜딩이란 그 기업에 대한 신뢰와 신용이 소비자들에게 깊이 인식되어 그 관계를 지속적으로 이어갈 수 있게 되는 과정을 말한다. 바바라는 이름없는 물건은 생명이 짧다는 사실을, 경험을 통해 누구보다도 잘 알고 있었다.

이 약 40여 년 전, 최고의 기업 중 하나였던 한 제지 회사는 지금 우리의 기억에서조차 그 이름이 완전히 사라졌다. 이렇듯 브랜드란 생명체와 같아서 내가 관심있게 감싸안고 보듬어 주어야 자라갈 수 있는 것 아닐까? 조금만 고개를 돌려도 그냥 무너져 내리니까 말이다. 이처럼 확실한 생명체가 브랜드 말고 또 있을까 싶다. 씨앗을 심고 싹을 틔우고 땅을 다지고 기다릴 수 있어야 한다. 처음 '바바라'라는 브랜드명으로 런칭했을 때는 아무도 쳐다봐 주지 않았다. 만약 내가 3번 정도 실패했을 때 그만 두었더라면 우리나라의 플랫슈즈 시장이 어떻게 되었을까 하는 생각을 해보곤 한다.

물론 바바라는 백화점이 주도하는 우리나라 시장 유통 구조의 현실 역시 잘 알고 있었다. 만약 백화점에 입점하지 않는다면 브랜드로써의 위상이 없다고 여기는 소비자들이 여전히 존재하고 있었기 때문이다. 이 같은 시장 상황에서 전문 플랫슈즈 브랜드로써 10년 이상의 생명력을 이어올 수 있었던 것은 이처럼 시장과 브랜드에 대한 확신을 가지고 기다릴 수 있었던 '인내심' 때문이었다.

발견과 기쁨의 항해는 아직 끝나지 않았다

그러나 이 모든 노력에도 불구하고 하나의 신생 브랜드가 3년 넘게 200억 넘는 규모로 성장한다는 것은(바바라가 해낸 일이긴 하지만) 거의 기적에 가까운 일이다. 그 과정은 농약을 치지 않고 10년 된 사과나무에서 꽃이 피고 열매를 맺을 확률보다 쉬운 일이라 결코 말할 수 없다. 인터뷰 중간, 이 대표가 가장 많이 쓴 표현 중의 하나도 바로 '우연찮게도'와 '운'이라는 말이었다. 그러나 바바라의 성공은 '우연'이 아니며, 그가 말하는 '운' 조차도 너무나 명확한 그의 꿈이 만들어 낸 결과라는 점을 잊어선 안된다. 마틴 셀리그만은 그의 책 《학습된 낙관주의》에서 낙관적인 태도의 핵심이 '상황을 해석하는 전략'이라고 말하고 있다. 즉 좋지 않은 일이 생길 때 자신의 무능력을 탓하며 스스로 의욕을 꺾고 모든 노력을 중단하든가. 아니면 그것을 밑거름으로 새로운 노력을 기울일 기회로 해석하느냐의 차이라는 것이다. 어쩌면 이러한 어려움을 대하는 자세의 차이가 바바라에게 '운'이라는 신의 선물을 받을 수 있게 한 것은 아니었을까?

이 카피 브랜드가 나타나면 솔직히 속이 좀 상하긴 하지만 자본주

전국 각지에서 만날 수 있는 바바라의 매장들.

의 사회란게 혼자 먹고 살면 끝나는게 아니지 않은가. 조금 길게 보면 이런 분들 때문에 경쟁력이 생겨난다고 생각한다. 엄청난 경쟁을 거쳐 국내에서 최고가 된다면 해외에서의 싸움은 오히려 더 쉬울 수 있다고 생각한다. 사실 이만한 경쟁자들이 해외에는 아직 존재하지 않는다. 먼 미래를 봤을 때 오히려 나에게 도움을 주는 사람들이라고 스스로 위안을 삼는다. 물론 어려움이 없지 않았지만 그 정도는 당연히 겪어야 하는 통과의례일 뿐이다.

> 바바라에겐 아직도 도달하지 못한 꿈이 있다. 해외에 국내 브랜드를 수출하는 대표적인 패션 기업이 되는 것이다.

이 여전히 성장 가능한 시장이 많다고 생각한다. 국내도 그렇고 해외 시장도 아직 개척의 여지가 많다. 자동차나 핸드폰의 경우는 세계적으로 그 경쟁력을 인정받고 있고 1등 하는 품목들이 점점 늘어나고 있지만 패션의 경우는 아직 1등 하는 브랜드가 없다. 그래서 나는 물론이고 직원들도 한달에 한번 정도는 출장을 보낸다. 가능하다면 가장 먼저 유럽 시장에 진출하고 싶다. 꿈에 그칠지도 모르겠지만 나는 그 꿈을 매일 꾸고 있다.

일단 창업의 길에 들어서면 순간순간 중요한 의사결정을 내려야 하고, 없는 시장을 만들어내야 하며, 누구보다도 부지런해야 하며 항상 창의적으로 생각할 수 있어야 한다. 왜 그렇게 해야만 하냐고? 그렇지 않으면 생존 자체가 불가능하기 때문이다. 오랫동안 영원히 월요일만 반복되는 것 같은 암담한 기분을 창업자라면 모두 다 알고 있다. 창업자는 처음부터 자신의 의지로 시작했든 떠밀려 시작했든 그만 두고 싶어도 그만 둘 수 없는 상황이 온다는 것을 역시 잘 알고 있다. 바바라는 그러한 어려움 속에서 기쁨을 발견해가며 15년 이상의 긴 항해를 계속해올 수 있었던 것이다.

그러나 바바라에겐 아직도 도달하지 못한 꿈이 있다. 해외에 국내 브랜드를 수출하는 대표적인 패션 기업이 되는 것이다. 이를 위해 바바라는 플랫슈즈에서 쌓은 노하우를 바탕으로 옴므와 웨지힐, 뷰티 제품으로 시장을 확대해가고 있다. 최근 들어 바바라의 웹사이트는 전면적인 개편 작업을 완료하고, 온라인을 통한 판매 계획을 구체화하고 있는 중이다.

이 꿈을 이루기 위한 바바라의 긴 항해는 아직도 닻을 내리지 않은채 오늘날까지 이어지고 있다. 또한 그 와중에 얻은 발견과 도전의 기쁨은 오늘도 여전히 바바라라는 브랜드를 시장에서 차별화시키며 차원이 다른 디테일을 만들어내고 있다. 브랜딩이란 이처럼 남이 보지 못하는 시장을 발견할 수 있는 상상력과 이러한 시장의 만개를 기다릴 수 있는 인내심으로 완성되는 기나긴 작업이다. 이 둘 중 어느 한 가지만으로는 절대로 지속 가능한 브랜드를 만들어낼 수 없다. 그리고 이러한 상상력과 인내심의 에너지원은 다름 아닌 '발견의 기쁨'이다. 이 발견의 기쁨이 가시지 않는 한 바바라는 결국 그들의 비전인 해외에 수출하는 대표적인 내셔널 패션 브랜드가 되는 꿈을 머지 않아 이룰 수 있을 것이다. UB

이재정 경기대학교 응용통계학과를 졸업했다. 1991년 GINNIE 대표를 거쳐 2003년 바바라 대표, 2010년부터는 (주)바바라앤코의 대표로 재직중이다.

94
BRAND START-UP

창업자의 기쁨 지능으로 새로운 가치를 창조하라

손끝에서 완성되는
절대평온의 시간, 아기네일

The interview with KHL 대표 공병열

"만일 내가 어떤 일에서 감동을 느끼지 않는다면, 또는 그 감동이 사라지거나 오래가지 않는다면 그 일은 활기를 잃게 된다. 애정을 잃어버리면 일하고 싶은 마음이 사라져버리기 때문이다. 억지로 하는 일은 창의적이 되기 힘들다. 호기심을 느끼지 못하면 새로운 작품이 나오지 않는다. 왜냐하면 사람들이 불가능하다고 생각하는 일을 하게 만드는 것이 바로 이 호기심이기 때문이다."

이 글은 역사가인 나탈리 데이비스가 창조 과정의 마지막 단계에서 자신의 연구 결과를 보고서로 작성하는 일만 남았을 때의 심경을 옮긴 것이다. 이처럼 모든 창의적인 사람들이 가장 일반적으로 갖고 있는 중요한 성향 중 하나는 창조 과정 그 자체를 즐기는 능력이다. 무언가에 쏟아붓는 그들의 에너지는 결코 개인의 명예나 권위를 위한 것이 아니다. 그렇다면 비즈니스 세계에서 창조성은 창업과 브랜딩 과정에서 어떤 역할을 할까? 아기네일의 공병열 대표는 자신의 아이디어를 가지고 전혀 새로운 제품을 세상에 제안하는 '무모한' 도전을 감행했다. 이 같은 도전은 과연 성공할 수 있을까? 미래의 일을 예단할 순 없지만 한 가지 분명한 것이 있다. 이미 그의 삶이 길고 긴 브랜딩 과정의 에너지가 되어 줄 창조의 기쁨으로 가득 차 있다는 것이다.

사라진 창업가 정신의 시대

1990년대 말 닷컴 버블 이후 벤처나 창업가 정신이라는 말은 한동안 우리의 의식 속에서 거의 사장되다시피 한 단어가 되어 버렸다. 피터 드러커가 그의 책 《넥스트 소사이어티》를 통해 기업가 정신을 가장 잘 실천하고 있는 나라로 한국을 꼽은 것이 무색해지게 우리는 '한강의 기적'을 일구던 왕성한 창업가 정신이 실종된 시대를 살아가고 있다. 최근 한국씨티은행이 영국의 경제주간지 〈이코노미스트〉의 경제연구소에 의뢰해 실시한 '아시아 5개국 중소기업인 조사'에 의하면 우리나라 중소기업의 29%가 향후 자신의 기업을 매각하고 싶다고 밝혔다고 한다. 이 수치는 조사 대상 국가 중에서 가장 높은 수치다. 그런데 이와 아주 비슷한 상황을 담은 시대를 묘사한 글이 하나 있다.

"이 시기를 통틀어 어떤 중요한 것이 개발되지도 않았고 그렇다고 쇠퇴하지도 않았다. 800년대에 수차가, 1100년대에 풍차가 도입된 것을 제외하면 눈에 띄는 발명품은 하나도 없다. 놀랄만한 새로운 아이디어도 없었고, 유럽 밖의 새로운 땅이 탐험되지도 않았다. 모든 게 옛날 그대로였다."

바로 윌리엄 맨체스터가 그의 책 《불로만 밝혀지는 세상》에 쓴 중세시대의 모습이다. 혹자는 다소 비약이라고 말할지도 모른다. 최근 국내 대기업들의 왕성한 해외 진출과 세계 1위 제품들의 등극을 자찬하는 기사들을 많이 접했다면 더욱 그럴 수 있다. 그러나 분명 암울하던 중세시대만큼은 아닐지라도 창업가의 도전정신을 통해 자신의 꿈을 실현하려는 사람들의 수는 갈수록 줄어들고 있다. 게다가 발명을 창업으로 연계한 사례는 아기네일의 공병열 대표가 이번 특집에서 유일한 경우였다. 그래서 더욱 궁금했다. 사라진 창업가 정신의 시대에 그 누구도 감히 도전할 생각조차 않는 이른바 '발명 창업'을 결심하게 된 이유가 무엇일까? 안정된 직장을 박차고 나와 혈혈단신으로 이전 세상에 없던 전혀 새로운 제품을 개발하게 만든 그 힘의 원천은 무엇일까?

《창조자들》의 저자 폴 존슨은 "모든 인간은 창조적 본능을 가지고 태어나며 무언가를 창조하는 순간 가장 큰 행복을 느낀다"고 말한 바 있다. 하지만 분명한 것은 세상에 쉬운 창조 행위란 없다는 사실이다. 다작에다 주제와 장면을 전개하는 눈부신 속도로 작품 하나하나에 그의 내면을 온전하게 쏟아붓던 작가 찰스 디킨스 역시 그 작업은 엄청나게 고되고 헌신적인 것이었다. 《데이비드 코퍼필드》를 창작하던 그는 심지어 자신이 '미쳤다'고 말했을 정도로 집필의 어려움을 호소하기도 했다. 그러나 그들이 타오르는 호기심과 발견을 통한 경탄, 뜻밖의 해결책과 마주하는 과정을 통해 한없는 기쁨을 누린 것도 사실이다. 관심의 대상, 혹은 그 과정 자체가 가져다주는 기쁨은 이 모든 고통을 상쇄하고도 남음이 있는 것이다.

그러나 모든 이들이 이러한 과정의 기쁨을 누릴 수 있는 것은 아니다. 그래서 폴 존슨은 "어떤 경우든 창조는 경이로운 작업이며, 최고 수준의 창작 활동을 하는 사람은 비록 그 과정이 험하고 고될지언정 특혜 받는 삶을 영위한다"고 말할 수 있었던 것이다. 그렇다면 이렇게 생각해보는 건 어떨까? 공 대표가 발명을 통한 창업을 결심하고 그 과정의 어려움과 고통을 이겨낼 수 있었던 것 역시 바로 창조의 과정 자체를 즐길 줄 아는 남다른 능력 때문이 아니었을까 라는 가정을 해보는 것이다. 우리는 이 같은 기쁨의 발견 능력을 일종의 '지능'으로 접근해 보기로 했다.

창업의 고통을 이겨 내는 기쁨 지능의 발견

세상에 태어나 처음으로 토끼와 고양이를 본 3세의 아이들은 크기가 비슷하고 털이 난 이 두 동물을 처음엔 잘 구별하지 못하지만 점차 세부적인 특징이 있음을 '발견'하게 된다. 미국의 심리학자 깁슨은 이처럼 대상의 차별적인 세부 특징을 탐지할 수 있는 능력이 '지각학습에 의해 발달될 수 있음을 실험을 통해 증명한 바 있다 (유니타스브랜드 Vol.12 p91 참조).

기쁨도 이와 마찬가지다. 기쁨의 발견 능력이 뛰어난 사람(마틴 셀리그만은 이를 학습된 낙관이라 불렀다)은 동일한 위기의 상황이라 해도 새롭게 도전할 수 있는 새 힘을 더 쉽게 얻는다. 만약 이러한 능력을 '기쁨 지능'이라고 부를 수 있다면 아기네일의 공 대표 역시 어느 누구보다 이 지능이 발달한 사람이라고 할 수 있다. 그가 창업을 결심하고, 그 과정의 온갖 어려움을 이겨 내며, 하나의 편리한 제품을 넘어 '안전하고 편안한 시간'을 사람들과 나누고 싶어 하는 가치를 창출하는 모든 과정 중에서 이러한 기쁨을 발견할 수 있었기 때문이다. 그렇다면 그는 어떤 과정과 방법을 통해 이처럼 남다른 기쁨을 누릴 수 있었던 것일까? 그 비밀은 다름 아닌 몰입의 능력에 있었다.

워커홀릭을 넘어 몰입의 순간을 훈련하다

공병열(이하 '공') 보통 사람이 일하는 것보다 2배 정도는 더 일했던 것 같다. 어떤 해는 365일 중에 10일만 쉬고 일한 적도 있다. 오죽하면 내 별명이 이불맨이었겠나. 연구소에서 먹고 자고 하다 보니 결

국 연구실에 이불까지 가지고 들어가게 됐다. 타사에서 새로운 모델이 나올 때면 한 달이든 두 달이든 그 회사로 출근해서 모든 노하우를 다 배워 오곤 했다.

1996년, 휴대전화와 MP3P를 제조하는 중견 기업에 입사한 그는 이후 10년 넘게 이어지는 연구원 생활을 하면서 새벽 2시 퇴근이 일상이 될 정도로 열심히 일했다. 그 결과 회사 최초의 모델은 물론 이후의 모델 중 90%에 달하는 서른 개 이상의 제품을 직접 개발했다. 자연스럽게 미국의 경제학자 W. 오츠가 동명의 그의 저서를 통해 처음으로 사용한 '워커홀릭'이라는 단어가 떠오른다. 이 말에는 당시 만연하던 업무제일주의자에 대한 일종의 풍자가 담겨 있다. 하지만 보상과 중독이라는 말로 그의 열심을 설명할 수 있을까? 무엇보다 그가 일을 대하는 자세를 보면서 결과에 대한 압박감 보다는 일하는 그 과정 자체를 즐기고 있음을 발견할 수 있었다.

공 쉬고 있을 때보다 일하고 있을 때가 더 재미있었다. 오른쪽 마우스를 너무 많이 쓰는 바람에 손의 근육이 검게 변해 버린 적도 있다. MP3P를 처음 개발할 때는 식사 시간과 화장실 갈 때를 제외하고 한 달 내내 앉아 있었던 적도 있다. 그렇게 7~8년을 일하다 보니 머리 아래쪽에서부터 어깨까지 마비가 오기도 했다.

> 몰입의 과정으로 이끄는 데는 일종의 뇌관이 필요하다. 그것은 바로 일상적이고 평범한 것들에 의문을 품는 '호기심'이다.

대부분의 창조자들 역시 그 과정에서 다른 사람들보다 더 자주 '몰입'을 경험하곤 한다. 그리고 이러한 몰입은 당사자들에게 더할 수 없는 기쁨을 느끼게 한다. 공 대표가 손과 어깨의 근육에 심각한 무리가 올 때까지 일할 수 있었던 건 다른 어떤 이보다 일에 대한 몰입, 그리고 그 과정에서 느낄 수 있는 기쁨을 알고 있었기 때문이다. 10여 년간의 연구원 생활은 그에게 이러한 '몰입'을 학습하고 체화할 수 있도록 했다.

창업 역시 제품과 서비스, 일자리와 비전을 창출해가는 창조의 과정이라고 보았을 때 그 과정 자체를 즐길 수 있는 몰입의 훈련은 생각보다 중요할 수 있다. 부분적인 개선이나 혁신을 넘어서는 창조의 과정에는 필연적으로 고통과 시련이 따르며 이를 이겨 내기 위해서라도 그 속에서 즐거움과 보람을 발견하고 누릴 수 있는 적극적인 노력이 반드시 필요하기 때문이다. 따라서 창업을 결심하기 위해서는 그 일을 얼마나 좋아하는지, 일하는 과정에 몰입할 수 있는지를 반드시 점검해볼 필요가 있다. 수익이나 평판과 같은 외부적인 보상만으로는 창업의 고통스런 과정을 인내하고 이겨 내기가 쉽지 않기 때문이다.

하지만 이러한 몰입의 과정으로 이끄는 데는 일종의 뇌관이 필요하다. 그것은 바로 일상적이고 평범한 것들에 의문을 품는 '호기심'이다.

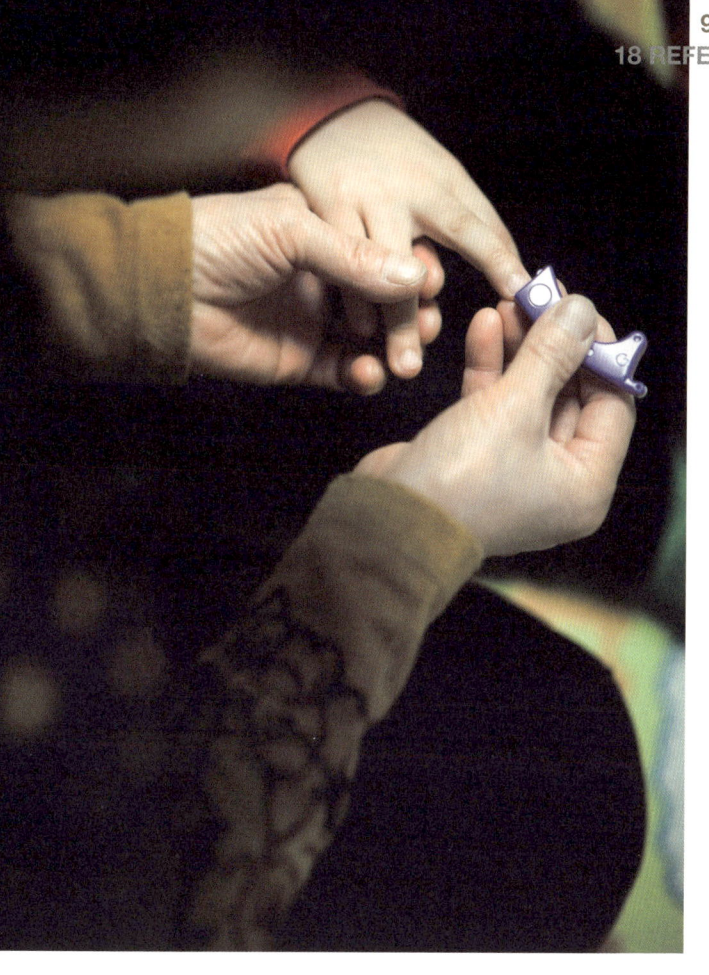

전혀 새로운 손톱깎이를 만들어 낸 호기심의 능력

수많은 창조자들이 지닌 공통점 중에 하나는 그들이 한결같이 무한한 호기심을 가지고 있었다는 것이다. 그들은 "우리는 이런 식으로 해왔어" "그건 안 통할 거야" 등의 구속으로부터 자유로웠기 때문에 탐구와 실험의 커다란 바퀴를 더 쉽게 굴릴 수 있었다. 또한 다른 이들보다 사물과 대상에 쉽게 매혹되며, 이들을 경험하고 배우는 과정에서 신선한 경이감을 느끼곤 했다. 이는 자연스럽게 대상에 대한 문제 의식과 이를 해결하기 위한 자세한 관찰로 이어졌다.

공 대표 역시 '왜 위험하고 불편한 손톱깎이를 그냥 써야 하지?' 하는 의문과 호기심을 가졌다. 그리고 '손톱을 깎지 않고 좀 더 안전하게 자를 수 있는 방법은 없을까?'라는 질문을 스스로에게 던졌다.

공 손톱은 늘 깎지 않나. 한 달에 한 번이든, 일주일에 한 번이든 깎을 때마다 느껴지는 불편함이 싫었다. 그래서 누님들에게 아이들 손톱 깎을 때 어떠냐고 물어봤다. 그랬더니 그때마다 너무 힘들다고 하소연하는 게 아닌가. 그래서 이러이러하게 개선하면 어떻겠느냐고 아이디어를 말했더니 너무 좋아하더라. 꼭 필요한 제품이 나왔으면 좋겠다고 말해서 "내가 해볼께"라고 말했다. 평소에도 불편

한 것을 남보다 빨리 감지하는 편이다. '좀 더 개선하면 안 될까? 이렇게 하면 좀 더 편할 텐데' 하는 생각을 많이 한다.

1896년 미국인인 채플 카터Chapel Carter에 의해 발명된 이후 그 원형이 조금도 달라지지 않은 것이 바로 손톱깎이다. 이후 몇 가지 기능이 추가되긴 했지만 기껏해야 손톱을 깎으면 사방으로 튀게 마련인 단점을 보완하기 위해 옆에다 보호막을 쳐놓는 정도였다. 일본 피툰사에서 나온 제품의 경우 옆으로 깎을 수 있게 모양을 변형했지만 기본적인 원리는 달라지지 않았다. 공 대표는 바로 이러한 불편에 주목했다. 또한 직장에서의 경험은 그러한 호기심을 넘어 시장성에 대한 깊이 있는 고려까지 가능케 한 배경이 됐다.

결국 그는 가족의 응원에 힘입어 이후 3년여에 걸쳐 전혀 새로운 원리의 손톱깎이를 개발하기 시작했다. 2009년 4월, 다니던 직장을 그만둔 지 1년여 만에 창업을 결심하고 본격적인 제품화에 나선 것이다. 채플 카터에 의한 최초 발명, 그리고 1947년 TRIM사를 창업한 윌리엄 버셋William Bassett에 의해 본격적인 양산이 시작된 이래 손톱깎이의 가장 큰 변신이 시작되는 순간이었다. 물론 모든 창업자들이 발명을 통해 창업을 하는 것은 아니며 그럴 필요 또한 없다. 하지만 자신의 일 속에서 호기심과 문제의식을 느끼고 이를 해결하기 위해 얼마만큼 노력을 기울이는가를 스스로 질문해 보는 것은 매우 중요하다. 이는 창업을 가능케 하는 근본적인 질문(p26 참조)과도 연결되지만 그 과정을 계속해 갈 수 있는 에너지원의 역할도 하기 때문이다. 자신의 일에 흥미를 느끼지 못하는 사람이 그 과정에서 기쁨을 기대하기란 거의 불가능한 일이기 때문이다.

그러나 전혀 새로운 개념의 손톱깎이를 제품화하기 위한 창업의 과정은 혹독했다. 누구보다도 자신이 맡은 일에 혼신의 힘을 다 쏟아붓는 성격의 그였지만 개발에서 제품화, 출시까지 예상치 못한 복병들이 줄을 지어 기다리고 있었다.

고통 속에서 인내하는 기쁨이 진짜 사명이다

개발을 시작하면서 겪은 어려움 중 하나는 아이들이 쓸 손톱깎이를 테스트할 곳이 마땅치 않았다는 점이다. 그래서 공 대표는 성남과 안양 일대를 전전하며 무턱대고 어린이집들을 찾아갔다가 이상한 사람 취급을 받기도 했다. 문전에서 내쫓긴 적도 부지기수였다. 다행히 그의 누나가 근무하던 어린이집 원장님이 흔쾌히 허락해줘서 많은 도움을 받을 수 있었다. 그러나 그를 가장 힘들게 한 장애물은 바로 손톱깎

이의 핵심이랄 수 있는 칼날의 개발 과정이었다. 어떻게 보면 창업이란 자기만을 위한 시간을 모두 포기해야 하는 일이다. 삶 자체가 직업과 동일선상에 놓이는 것이다.

공 칼날 개발을 위해서 국내에서 내로라 하는 업체들을 모두 찾아다녔다. 하지만 내가 원하는 품질의 칼날을 양산할 수 있는 곳이 전국에서 단 한 곳 밖에 없었다. 결국 20년 동안 칼날만 전문적으로 개발하던 장인을 만났지만 만족할 만한 칼날 하나를 만들어 내는 데 1년 5개월이 넘게 걸렸다. 일에는 절대 양보를 안 하는 성격 때문에 그분이 정말 고생을 많이 하셨다. 나보다 나이가 많으신 분이지만 매번 마음에 안 든다고 다시 해오라 하니 얼마나 힘들었겠는가. 퇴짜를 놓고 일주일 후에 다시 찾아가면 아주 미세한 재질과 각도로 다양하게 만들어진 칼날을 내놓곤 했다. 그러면 나는 거의 차이가 없어 보이는 칼날을 일일이 테스트해 보고 조금이라도 느낌이 이상하면 다시 퇴짜를 놨다. 제품 전체로는 약 3년간 40차 정도의 양산 테스트를 거쳤다. 하지만 지금도 개선 작업은 계속되고 있다. 세상에 완벽한 제품은 없기 때문이다.

티파니의 창업자인 찰스 루이스 티파니는 틈틈이 새로운 것을 실험하고, 자신에게 그리고 같이 일하는 사람들에게 불가능해 보이는 과제를 부여하면서 즐거움을 느꼈다고 한다. 사람들에게 '저렴하면서도 유쾌한 비행'이라는 새로운 가치를 전달해 준 사우스웨스트의 창업 초기의 역사는 뜻밖에도 고통과 고난으로 점철되어 있다. 특히 창업 첫해는 비행기 연료비를 구할 수 없어 두 달씩이나 개인 카드로 구입해야 할 정도였다. 새로운 제품과 가치는 이처럼 고통과 기쁨이 교차하는 혼란스러움 속에서 만들어지곤 한다. 하지만 창조의 과정이 가져다주는 기쁨을 발견할 수 있었기 때문에 공 대표는 끝이 보이지 않는 어려움 속에서도 지치거나 좌절하지 않고 도전과 모험을 계속할 수 있었다. 그리고 그 결과는 완성도 높은 제품의 품질로 이어졌다.

충만한 창조의 기쁨으로 브랜딩하라

하나의 제품이 단순한 제품을 넘어 영속하는 브랜드의 단계로 나아가기 위해서는 기능적인 완성도와 아울러 수익을 창출할 수 있는 시장의 검증 단계를 거쳐야 한다. 그러나 브랜드로 거듭나기 위해서는 또 한 가지 거쳐야 할 관문이 있다. 바로 영속하는 브랜드로서의 생명력을 부여 받는 과정이 그것이다. 그렇다면 브랜드의 생명력은 어떻게 만들어질 수 있는가? 공 대표의 창업은 단순히 생계를 잇기 위한 수단이나 큰 돈을 벌기 위한 수익의 목적으로 시작하지 않았다. 이

개발 초기 아기네일의 손톱깎이들. 약 3년에 걸쳐 40차례의 양산 테스트를 거치면서 칼날과 디자인 등이 개선되었다. 영·유아용에서 시작해 최근에는 성인용까지 출시되었다.

것이 바로 단순한 '개업'을 넘어 '브랜드 창업'의 단계로 나아가는 일종의 발아점이라고 말할 수 있다. 그가 왜 이러한 창업을 했는가에 대한 '이유'가 소비자의 공감과 관계를 끌어내는 '가치'로 연결되기 때문이다(p26 참조). 이에 대한 그의 대답은 생각보다 명쾌했다.

공 언제 성공할지도 모르는데 그렇게 힘들 바에는 차라리 아이템을 남한테 파는 게 좋지 않냐는 얘기를 정말 많이 듣는다. 그러나 나는 돈을 떠나서 이 일이 내가 해야 할 일이라고 생각한다. 이 제

품이 팔리지 않더라도 끝까지 개선 작업을 할 것이다. 다시 말하지만 많이 팔리지 않아도 상관없다. 100년 이상 똑같은 손톱깎이로 깎은 수고를 언제까지 계속해야 하겠나? 지금의 손톱깎이는 누가 봐도 힘들고 위험하지 않은가? 나 같은 경우 TV를 보면서도 손톱을 깎을 수 있다. 일종의 사명감이랄까? 내가 해낼 수 있다는 자신감도 있지만 전 세계 모든 사람들이 손톱을 깎을 때만큼은 좀 더 편하고 안전할 수 있었으면 좋겠다. 브랜드명을 '아기네일'이라고 지은 것도 '아기'라는 단어에서 연상되는 평온함에 관한 이미지 때문이다. 나의 꿈은 사람들에게 '안전한 순간'을 선물하는 것이다.

> 창조의 과정이 매혹적인 이유는 우리가 거기에 관여하고 있을 때, 그 어느 때보다도 강한 생명력을 느낄 수 있기 때문이다.

창조의 과정이 매혹적인 이유는 우리가 거기에 관여하고 있을 때, 그 어느 때보다도 강한 생명력을 느낄 수 있기 때문이다. 이젤 앞에 선 미술가나 연구실의 과학자가 느끼는 흥분은, 갈구하기는 하지만 좀처럼 얻기 힘든, 더할 나위 없는 만족감에 가까운 것이라고 말할 수 있다. 수년을 인내하며 노력한 과정을 통해 마침내 새로운 생각이나 제품이 세상에 선을 보일 때, 창의적인 사람들은 그 결과를 떠나 큰 기쁨을 느낀다. 누군가에게 인정받지 못한다 해도 그들에게는 배우는 것, 그 자체가 보상이 되기 때문이다. 그것은 그 누구와도 나눌 수 없는 창조하는 자만이 누릴 수 있는 특권이기도 하다.

공 처음으로 벤처 인증을 받았을 때 정말 기뻤다. 내가 개발한 제품을 가지고 충분한 가치가 있는 기술이라는 인정을 받은 것이니까 말이다. 지금은 12개국에서 관련된 특허 인증을 받고 있는 중인데 제품에 대한 평가를 담은 메일을 받을 때 정말 뿌듯한 기분이 든다. 물론 직장에 다닐 때도 30여 개가 넘는 제품들이 내 손을 직접 거쳐 나왔다. 하지만 제품의 단순함으로 치자면 비교의 대상이 아닐 텐데도 그때와는 기쁨의 정도가 다르다. 이건 내가 생각해 낸 것이고 내가 만든 것이 아닌가. 내가 직접 고안해서 사람들이 잘 쓰고 있는 것을 보았을 때 그 기쁨은 감히 어느 것과도 비교할 수 없다. 혼자 이런 생각을 한다. '정말 내가 이런 걸 만들어 냈구나! 어떻게 이런 걸 만들 생각을 했지?'

아기네일은 '서울국제유아교육박람회' 등을 비롯한 다양한 박람회를 통해 소개된 이후 준비된 수량이 '완판'될 정도로 높은 관심을 끌었다. 또한 인터넷상에는 주부 블로거들의 사용 후기가 끊이지 않고 있고, 마트를 포함한 중대형 유아전문 쇼핑몰에 입점한 뒤 판매량이 서서히 상승세에 접어든 상태다. 국내 유수의 화재보험사에 의해 협력업체로 지정되어 제품을 공급할 수 있게 되었으며 2010년 말 일본에 첫 수출되는 쾌거를 이루기도 했다. 또한 이마트의 유아용품 매장에 입점되어 이제 본격적으로 소비자들을 만날 준비를 마친 상태다. 하지만 아기네일을 아기네일답게 만드는 것은 이러한 가시적인 성과만이 아니다. 우리가 아기네일이라는 브랜드를 주목하는 더 큰 이유는 창업자의 업에 대한 정의, 삶을 대하는 자세 때문이다.

공 일은 내 생명과도 같다. 살아 있다는 걸 증명한다. '꿈이나 목표가 없는 삶은 죽은 삶이다'고 하는데 나도 마찬가지다. 뭔가 일을 하고 있지 않으면 내가 살아 있다는 걸 느낄 수가 없다. 무언가 열심히 하는 모습이 아름답고 내가 뭔가 하고 있으면 행복하다. 정확히 정의하긴 어렵지만 삶의 활력소가 되는 것 같다. 몸에 밴 습관 같은 것일 수도 있지만 나는 지금까지 한 번 결심한 일을 포기해 본 적이 없다. 그냥 좀 늦어진다고 생각할 뿐이다.

우리는 여기서 창조의 기쁨으로 발아하고 있는 브랜드의 씨앗 하나를 본다. 이전 세상에 없던 새로운 것을 만들어 가는, 기존에 있는 것들을 재해석하고 새로운 의미와 가치까지 만들어 가는 브랜딩의 발아 단계를 발견한다. 단순한 손톱깎이를 넘어서 '편안하고 안전한 휴식'의 시간을 제공하는 그런 브랜드의 탄생을 바라보고 있는 것이다. 물론 이렇게 잉태한 생명의 발아 과정은 앞으로도 혹독한 고난의 과정을 몇 번이고 반복해 겪을 것이다. 한 브랜드의 탄생 과정은 언제나 기쁨과 고통이 혼재된 시간의 반복되기 때문이다. 그러나 분명한 것은 그의 삶과 일을 대하는 태도 가운데 숨길 수 없는 기쁨이 넘치고 있다는 사실이다. 이제 남은 것은 그야말로 시간이다. 우리가 할 수 있는 일은 호기심으로 잉태해 실험의 과정을 거친 작은 손톱깎이 하나가 생명력 넘치는 가치 있는 브랜드로 자라 갈 수 있을지를 지켜보는 것뿐이다. UB

공병열 천안공업대학과 한신대학교를 졸업하고 지알텔레콤, 한빛전자, 그로웰텔레콤 등에서 일했다. 주로 모바일폰과 유무선 모뎀과 관련한 제품의 연구개발을 진행했으며 세계최초모델 FREEWING(PCMCIA 무선모뎀) 개발, PCMCIA 무선모뎀(내·외장제품) 개발 등에도 참여했다.

＊Deeper Reference 유니타스브랜드 Vol.4 '휴먼브랜드'와 Vol.5 '휴먼브랜더'를 살펴보면 사람(특히 창업주)과 브랜드는 어떤 관계에 있으며, 창업주와 브랜드의 아이덴티티 전이 과정은 어떠한 방식으로 이뤄지는지 다양한 사례를 통해 확인할 수 있다. 뿐만 아니라 그들이 그러한 전이 과정 속에서 겪어야 했던 쓰라린 실패가 어떻게 자신이, 혹은 자신이 운영하는 브랜드에게 유익한 자양분이 되었는지 고스란히 담겨 있다. 어떻게 자신의 나쁜 관성을 깨는 노력이 '자신의 인격'과 '브랜드의 품격' 모두를 지켜내는데 묘약이 되었는지 확인해 보자.

References for G3·G4·G5

많은 브랜드들이 창업주의 오리진Origin을 해당 브랜드의 온리진Only Gene으로 전이시켜 브랜드를 개성 있는 인격체로 재탄생 시킨다. 이 것이 우리가 발견한 '오리진의 온리진으로의 전이 현상(G3)'이다. 하지만 모든 창업자의 오리진이 대중에게 호응 받지는 못한다. 오리진이 게으르고 인색하다면 누가 좋아하겠는가. 따라서 창업을 준비하는 사람은 부지불식간에 창업주를 닮기 십상인 브랜드를 위해 자신의 '나쁜 관성은 버릴 수 있어야(G4)' 한다. 물론 그 과정 중 '당연히 실패할 수도 있다(G5).' 그러나 그 실패는 당신이 창업을 통해 그려내고자 하는 가치의 윤곽선을 점차 명확히 해줄 것이며 그 윤곽선은 브랜드의 밑그림이 될 것이다. 여기서 소개될 브랜드가 그 증거다.

102	창업을 브랜드로 익히는 레시피, 더후라이팬
110	자기다움을 찾아 떠나는 창업 여행기, 여행박사
116	절실함과 디테일로 구워낸 아침의 기적, 석봉토스트
122	허물어라, 단단해질 것이다 깨라, 탄탄^{彈彈}해질 것이다. 이자카야 탄^彈
126	실패를 통해 브랜드로 진화한 소년, 어린왕자

브랜드의 독특함을 창조하기 위한 자가 학습법
창업을 브랜드로 익히는 레시피, 더후라이팬

The interview with H&P Systems 대표 이정규

참 독특하다 했다. 직접 만나기 전에 보게 된 한 신문기사에서 이정규 대표는 "치킨으로 지구를 정복하겠다"는 당돌한(?) 캐치프레이즈 아래 보라색 나비넥타이를 매고 웃고 있었다. 시장에서 보기 드물게 깔끔하고 여성스러운 치킨 전문점이던 더후라이팬의 이미지가 절묘하게 그와 오버랩 되었다. 처음 브랜드에 생긴 관심은 이내 사람에게로 옮겨 갔다. 우리가 더후라이팬이라는 브랜드를 창업자를 중심으로 살펴보기 시작한 이유도 그 때문이다. 인터뷰는 세 번에 걸쳐 이루어졌다. 인터뷰 동안 분명히 알게 된 독특한 그의 말버릇 중 하나는 이것이다. "엄청나게 배웠는데… 깨달았다… 많이 배웠다… 배워야 하니까… 어딜 가나 배운다… 막 배웠다… 뛰어들어서 배워야겠다…" 정작 이 대표는 몰랐을지도 모른다. 그러나 그가 더후라이팬을 평범치 않은 브랜드로 만들 수 있었던 가장 큰 힘이 바로 '학습'에 있지 않을까 하는 우리의 짐작은 인터뷰가 끝날 때쯤에는 정답처럼 보였다. 과연 그는 창업 전부터 지금까지 도대체 어디에서, 무엇을, 어떻게 배웠다는 것일까? 그리고 그게 어떻게 브랜드를 만드는 힘이 되었을까? 지금 바로 그만의 레시피를 펼쳐 보도록 하자.

학습은 생존의 문제다

우리가 흔히 떠올리는 치킨 전문점은 자욱한 담배 연기가 치킨을 튀긴 기름 냄새와 얽혀 매캐한 공기로 가득 찬 장소에 가깝다. 맥주, 소주, 막걸리는 물론이고 가끔은 치킨이 아닌 다른 안주들도 주문할 수 있는, 대형 플라즈마 TV가 있어 축구 경기를 함께 관람할 만한 편안하지만 고성이 오가는 몹시 시끄러운 공간이다. 여성들도 종종 방문하지만 여성들끼리 가기에 그리 편안한 공간은 못 된다. 치킨은 여성도 좋아하는 메뉴지만 매장의 분위기 때문인지 배달해서 먹는 게 더 편한 음식이 되었다.

그런데 여기에 색다른 치킨 전문점이 있다. 여성이 먹기 편하도록 뼈 없는 치킨을, '마리'가 아니라 '플레이트(접시)' 단위로 판매한다. 맥주도 피처 없이 잔으로만 판매하고, 소주는 팔지 않는다. 여성이 좋아할 만한 실내 장식에, 여성이 방문하기 불편한 위치에는 매장도 내지 않는다. 매상을 더 올릴 수 있을 텐데도 배달은 하지 않는다. 이런 방법으로 치킨 전문점 더후라이팬은 벌써 전국 150개의 가맹점을 가진 프랜차이즈 브랜드로 성장했다. 확실한 차별점이 눈에 들어왔기에, 창업자로서 이제 프랜차이즈를 통해 다른 창업자들도 돕고 있는 이정규 대표를 만나 창업과 브랜드에 관한 이야기를 들어 보기로 했다.

첫날 인터뷰 중에 이정규 대표로부터 "배운다"는 말을 들노라니 옛적에, "배우기만 하고 생각하지 않으면 얻는 것이 없고, 생각하기만 하고 배우지 않으면 위태롭다"는 공자님 말씀이 떠올랐다. 문장을 곱씹어 보면 '생각하는 것'은 내 속에서 나오는 이야기를 듣는 것이고 '배우는 것'은 남의 가르침을 받는 것이다. 종합하자면 이 두 가지가 함께 일어날 때 많은 것을 얻고, 위태로움을 피하게 된다는 말이다. 이익을 얻고 위험을 피하는 것, 그것만큼 창업자가 간절히 소망하는 것도 없을 터였다.

이쯤 되면 배운다는 것, 즉 학습은 브랜드의 생존과 직결되는 문제라는 생각에 이른다. 창업 초기에 창업자와 브랜드는 필연적으로 처음 내딛는 환경에 적응해야만 한다. 알다시피 유기체에게 학습이란 환경에 대한 적응과 큰 관련이 있다. 아기가 태어나서 무엇인가를 학습해 가는 것도 처음 보는 환경에 적응하여 잘 살아나가기 위해서다. 창업자와 브랜드도 마찬가지다. 학습은 생존을 위한 것이다.

그렇다면 더후라이팬, 그리고 이를 만든 이 대표는 누구로부터 무엇을 배웠을까? 대상이 많았지만 정리해 보자면 이들에게는 세 부류의 멘토mentor가 있었다. 현명함과 신뢰가 없으면 가질 수 없는 이름 '멘토'는 본래 고대 그리스의 시인 호메로스의 대서사시 《오디세이아》에 등장하는 주인공 오디세우스의 친구 이름이다. 오디세우스가 트로이 전쟁에 참가하면서 친구인 멘토에게 아들 텔레마코스의 교육을 맡기게 되는데 그는 10년 동안이나 텔레마코스의 친구, 선생님, 상담자, 조언자, 아버지의 역할을 충실히 해주었다고 한다. 만약 이 '멘토' 같은 누군가가 브랜드와 창업자에게 친구이면서 동시에 스승이 되어 준다면 얼마나 안심이 될까. 더후라이팬의 예를 들자면, 그런 멘토는 의외로 가까운 곳에 있었다.

더후라이팬이 만난 브랜드 학습의 멘토
첫 번째 멘토, 에르메스 Hermes

이 대표는 자신이 제일 좋아하면서, 동시에 제일 많이 배우게 되는 브랜드로 에르메스를 꼽았다. 1837년 창립된 이 명품 브랜드를 동경하며 좋아하는 소비자들은 많겠지만, 이 대표는 단순히 소비자로서가 아니라 에르메스를 통해 '브랜드'가 무엇을 갖추고 있어야 하고, 어떤 관점을 견지해야 하는지를 배우고 있었다. 그래도 치킨 전문 브랜드와 에르메스라니? 이에 대한 그의 증언은 이렇다.

이정규(이하 '이') 에르메스는 자신의 세그먼트가 아주 명확한 브랜드다. 이것이 명품인 이유는 단순히 고가이기 때문이 아니다. 이들은 타조 가죽으로 가방을 만들기 위해 타조농장까지 사들였다. 에르메스 백이 될 타조들은 지구에 태어날 때부터 관리가 다르다. 에르메스 직원들이 직접 알을 닦고, 최고의 먹이를 먹인다. 가방 제조 공정은 물론이고 매장은 또 어떤가? 의도되지 않은 것들이 하나도 없다. 이런 '공포의 디테일'을 하나씩 들여다보면 4,000만 원을 호가하는 가방도 싼 게 아닌가 싶을 정도다. 이런 디테일이 가능한 것은 에르메스를 만드는 사람들이 진정 브랜드처럼 살고, 브랜드와

치킨 전문점으로서는 보기 드문 깔끔한 외관과 일관성을 보여주는 더후라이팬

사랑에 빠졌다는 증거다. 그러고 보면 브랜드는 사랑의 응축제다. 그러니 이 가치를 아는 고객들이 오랜 시간이 걸리더라도 버킨백 하나를 갖기 위해 한없이 기다리는 게 아니겠나. 에르메스는 직원은 물론 이것을 사랑하는 고객이 시간과 가치를 동시에 지불해야 하는 몇 안 되는 브랜드다. 더후라이팬도 이런 브랜드가 되고 싶다. 우리와 소통하기 어려운 손님까지 굳이 찾게 하고 싶지 않다. 불건전한 소비와 단기 이익에 눈이 멀어 판매를 촉진하는 것이 아니라 에르메스같은 명확한 브랜드가 되어 고객과 진짜 가치를 주고 받으며 천천히 성장하고 오래가는 브랜드가 되었으면 좋겠다.

이쯤 되면 치킨 브랜드가 철학과 정신을 논한다고 해서 누구도 비웃을 수 없다. 이 대표가 에르메스에서 배운 것은 제품에 대한 것이 아니라 *철학에 관한 것이기 때문이다. 브랜드를 만들고자 하는 창업자들이 배워야 하는 것은 오늘날 시장에서 진짜 전쟁은 제품이나 서비스가 아니라 철학에서 일어난다는 사실이다. 《위대한 기업을 넘어 사랑 받는 기업으로》의 저자 라젠드라 시소디어 교수도 "브랜드 시장은 결국 철학으로 경쟁하게 될 것"이라며 그 중요성을 짚어 냈다(유니타스브랜드 Vol.17 p126 참조). 이처럼 자신의 철학을 어떻게 정립할 것인지를 선배 브랜드에서 보고 정리해 볼 수 있다. 철학은 제품의 카테고리를 넘나든다. 치킨 브랜드도 패션 브랜드에서 배우고 문구 브랜드도 외식 브랜드에서 배울 수 있는 것이 브랜드와 그 철학이다. 이러면서 끊임없이 자신이 왜 이 브랜드를 만드는지, 무엇을 위해 달리는지를 되묻다 보면 에르메스 못지않은 우리 브랜드만의 철학이 생기고 단단해질 것이라는 게 이 대표의 설명이다.

두 번째 멘토, 고객

브랜드는 고객과의 관계로 완성된다. 따라서 브랜드를 만드는 사람이 가장 먼저 배움의 대상으로 두어야 할 사람은 고객일 것이다. 고객의 피드백을 통해 배울 수도 있지만 스스로 고객이 되어 자신의 브랜드를 바라볼 때 더욱 효과적이다. 물론 그것이 쉬운 일은 아니다. 20~30대 여성 고객을 대상으로 하는 더후라이팬을 위해 30대 초로의 남자인 이 대표는 이렇게까지 해보았다고 한다.

이 사실 남자로 태어나서 너무 억울하다. 남자는 본능적으로 여자보다 디테일을 많이 놓치게 되어 있다. 우리 고객층의 77%가 20~30대 여성인데 내가 남자라고 그들을 모르면 안 되지 않나. 그래서 기본적으로 여성들이 많이 가는 곳은 다 가 본다. 카페나 백화점, 명품관 등이 그렇다. 여성인 친구들과의 교류도 많다. 그러다 보니 남자들만 있는 모임은 잘 안 가게 되더라. 여자들과 대화를 많이 하고 감성을 공유해야 하는데 남자들 모임에 다녀오면 아무래도 그 감성이 깨진다.

또한 힐을 신어 보지 않고는 여성 고객들을 이해하는 것이 불가능하다는 생각이 들었다. 많은 여성들이 그 위에서 사는데…. 거기가 여성들의 집 아닌가(웃음). 따라서 매장을 낼 때면 여자 구두를 신고 그 앞을 걸어 본다. 울퉁불퉁하거나 경사가 심해 구두 신고 다닐 곳이 못되면, 그곳은 더후라이팬이 있을 장소가 아닌 것이다. 특히 남자들은 잘 모르겠지만 폭 좁은 계단은 구두를 신고 걸으면 정말 무섭다. 더후라이팬에 그런 계단이 있으면 안 된다.

더후라이팬이 창업 초기부터 유난히 *디테일에 많은 정성을 쏟으려 한 것도 주요 고객이 작은 것에 예민한 젊은 여성이기 때문이었다. 이 대표에게 자본도, 인력도 부족한 창업 초기에 이런 아주 작은 디테일까지 신경 쓰는 것이 어렵지 않았나 물었더니, 그는 전혀 다르게 생각한다며 일축한다.

이 브랜드의 디테일은 메시지를 담고 있다고 생각한다. 이것은 얼마나 돈을 많이 들이냐의 문제가 아니라 그 메시지를 잘 구현하기 위해서 얼마나 집착하느냐의 문제다. 직접 고객이 되어 보면 알 수 있는데 실

*에르메스의 철학

올해로 174년의 역사를 자랑하는 에르메스는 피에르 에르메스가 프랑스에서 말 안장을 만드는 작은 가게로 시작한 브랜드다. 지금까지 피에르의 후손들이 70% 이상의 지분으로 경영에 참여하며 명성을 이어 오고 있는 이 브랜드는 비가족 출신으로는 처음으로 6대 회장이 된 패트릭 토마의 인터뷰 내용만 보아도 그 철학이 얼마나 철저히 공유되고 있는지 알 수 있다. 작은 가게는 아마도 이렇게 브랜드가 되는 듯하다. "우리는 유행에 휩쓸리는 사치품이 아니기에 원가 절감이나 대량 생산에는 관심이 없다. 오직 최고의 제품을 완벽한 디테일로 만들어 내는 것에만 관심이 있다. 캘리백을 예로 들면 하나를 제작하는 데 한 사람의 장인이 18시간을 투자한다. 완성된 가방에는 장인의 ID가 새겨지고 1억 원이 넘는 제품도 티끌만 한 결점이 있다면 폐기한다. 1937년에 구입한 고객의 기록도 아직 남아 있어 지금도 수선이 가능하다. 따라서 에르메스는 최고의 제품을 만드는 데 필요한 회사만을 인수한다. 다른 이유로 브랜드를 인수해 몸집을 불리는 것은 우리 철학과 맞지 않는다. 우리는 단기 이익에는 관심이 없다. 단지 20~40년 길게 내다보면서 어떻게 브랜드가 오래 생존할지를 본다."

*더후라이팬의 디테일

유행하는 인테리어가 아니라 오래가는 진짜 인테리어. 더후라이팬의 디테일을 가장 많이 볼 수 있는 매장이 추구하는 바다. 보통 가짜 소재로 많이 꾸며지는 매장과는 달리 벽돌, 칠판, 천장 모두 진짜 소재를 사용해 시간이 흐를수록 더 깊이가 느껴지게 만들려고 하고 있다(industrial vintage design). 더불어 치킨에 올려지는 향신료는 진짜에 대한 이 대표의 집착을 더 보여주는데 국내에서 생산되지 않는 향신료까지 들여와 오래 연구한 탓에 60여 가지 이상의 향신료를 모두 구분하고 장·단점을 읊을 수 있을 정도다. 더후라이팬의 치킨 가격이 상대적으로 높은 것도 이런 향신료의 독특한 배합(극비 사항이다) 때문이다.

제로 매장에 와서 가장 많이 만지고 접하는 것들이 가장 강렬한 경험으로 머릿속에 남는 법이다. 따라서 나는 접시부터 매장 조명인 샹들리에, 치킨 위에 올라가는 향신료에까지 집착하고 있다. 아직 너무 부족한 게 많다. 그간 치킨집이라고 우리 고객들이 많이 용서해 줬다는 것을 잘 알고 있다. 그래서 앞으로는 더 많이 신경 쓸 생각이다.

세 번째 멘토, 파트너

이 대표가 더후라이팬을 이렇게 키울 수 있었던 것은 브랜드를 만들기 전부터 함께해 온 3명의 파트너의 도움이 컸다.(p60 참조) 본래 더후라이팬을 만들기 전 이들은 홍대 앞에서 2002년 비어큐브라는 치킨 전문점을 함께 운영했다. 맛집으로 유명세를 떨쳤지만 창업에 대해서 아무것도 모르던 이들은 많은 시행착오를 겪었고, 그래서 다른 프랜차이즈와 외식 업체에서 좀 더 배운 뒤 다시 모여 더 확실한 브랜드를 만들기로 했다.

이렇게 오랜 시간 실패와 도전을 함께하면서 넷은 철학을 공유하고 서로에게 선생님이자 부족한 점을 보완해 주는 파트너 이상의 관계를 유지했다. 이들은 이 대표에 대해서 누구보다도 잘 아는 사람들이었고 이들을 통해서 이 대표는 자신과 브랜드가 나아갈 방향을 배우고 있었다.

> "나는 우리가 일생을 통틀어 만들어 낸 최고의 캐스팅이라 생각한다. 이들 때문에 더후라이팬이 한 길을 갈 수 있었다."

이 우리 넷은 너무 다른 사람들이다. 한 명은 정리를 유난히 잘하고 무엇이든 표로 정리해야 하루가 상쾌한 친구. 또 한 명은 사진을 전공해서 바운더리 없이 자유롭게 무슨 생각이든 할 수 있고 어디든 갈 수 있는 친구. 다른 한 명은 조용하고 차분하며 지독할 정도로 신중하고 객관적인 친구다. 다 내게 없는 점을 가지고 있다. 처음에 이런 팀이 만들어지면 충돌이 많다. 그러나 나는 우리가 일생을 통틀어 만들어 낸 최고의 캐스팅이라 생각한다. 이들 때문에 더후라이팬이 한 길을 갈 수 있었다. 파트너라는 수식어만으로는 이들을 설명하기에 부족하다.

배우는 것과 생각하는 것의 조화

이 대표는 끊임없이 위의 멘토(물론 그를 가르칠 의도가 있는 멘토들은 아니었지만)들을 통해서 무엇인가를 배우고 있었다. 그런데 여기서 정말 중요한 것은 멘토들이 이 대표를 '다른 브랜드의 다른 사람처럼' 만들고 있었던 것이 아니라는 점이다. 다른 브랜드와 고객, 파트너들을 통해서 이 대표는 결국 가장 '자신다운 것'이 무엇인가를 배워 가고 있었다.

'자신다움' 그리고 이것에 뿌리를 둔 '더후라이팬다움'은 당연히 이 대표 안에 내재되어 있는 것이지만 그것을 객관적인 시각을 통해 찾아가는 것, 그리고 그것을 밖으로 끄집어내고 표현해 내는 데 위의 멘토들이 큰 도움을 준 것이다. 위의 멘토들에게서 배운 점을 다시 상기해보면 이 대표가 잘한 점은 이것을 계속 자신의 브랜드와 연관시켜 보고, 자기 자신도 계속 돌아보려 한 것임을 알 수 있다. 앞서 공자의 말처럼 이익을 얻고 위태로움을 피할 수 있도록 (외부에서의) 배움과 (내면의) 생각이 항상 함께 이루어졌다. 아무리 많은 배울 점이 주변에 있더라도 그것을 어떻게 자신의 것으로 소화해 갈 것인가는 배우는 사람의 몫일 수밖에 없는데, 이런 맥락에서 이 대표는 두 가지를 잘 조화시키고 있었던 것이다.

그럼에도 이 대표는 최근 또 새로운 자세로 자신을 바라보고 있다. 매장이 늘어나고 브랜드 성장이 속도를 내자, 덜컥 자신이 스스로에 대해 너무 고민하지 않고 브랜드의 사춘기를 보내고 있는 게 아닌가 하는 생각이 든 것이다.

이 더후라이팬은 확실히 사춘기를 겪고 있다. 인터뷰를 하다 보니 새삼 우리가 브랜드라 할 수 있을지 부끄럽기도 하다. 나에 대해서도 자각하지 못하는 부분이 많았는데 다시 고민하려 한다. 결국 창업자가 스스로 자신을 알고, 그에 맞게 모든 것을 맞춰 가지 않으면 브랜드도 더 나아지지 않는다고 생각한다.

이 대표가 자신의 오리진에 대해서 고민한 흔적들. 얼마 전 대표이사실을 비우고 직원들과 함께 책상을 쓰고 있는 그의 자리 앞에는 이런 종이들이 많이 붙어 있다.

창업자의 오리진과 브랜드의 온리 진 only gene

세 번째 인터뷰에서 이 대표는 자신이 어떤 사람인지에 대해 다시 생각하기 시작했다며 종이 한 장을 보여 주었다. 그래서 그는 "자신을 한 단어로 정의한다면 어떤 오리진(p36 참조)을 가진 사람이라 생각하는가?"라는 우리의 질문에 바로 답할 수 있었다. 바로 '재치와 공감'이었다. 첫 인터뷰 때보다 더 확실하게 생각을 정리한 터였다.

이 내가 제일 좋아하고 중요하게 생각하는 것이고, 동시에 나에게 제일 가까운 단어다. 내 본성과 환경이 그렇게 나를 이끌어 왔고, 내가 추구하는 바와도 일맥상통한다. 처음에는 '피터팬의 네버랜드'처럼 절대 끝나지 않는 즐거움이 아닐까 생각했다. 그런데 무엇이 즐거우냐를 한 번 더 고민해 봤더니 나만 할 수 있는 재치가 있

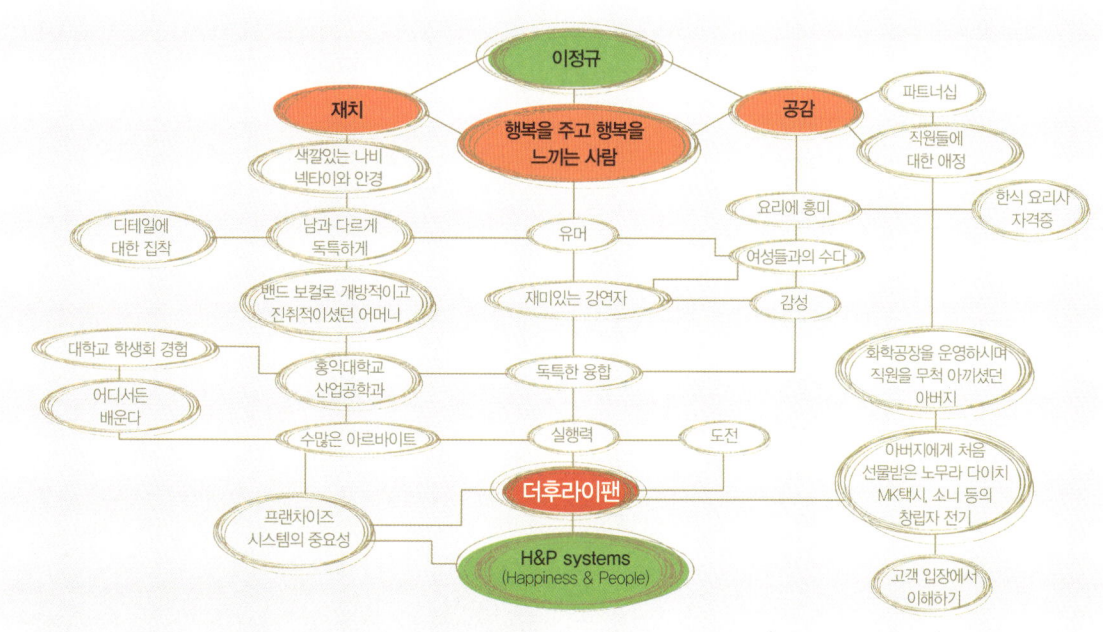

〈그림 1〉 더후라이팬 이정규 대표의 오리진을 통해 정리해 본 브랜드 트리

고 그를 통해 남과 공감하는 것이 가장 나다운 것이 아닐까 하는 생각이 들었다. 이제 나의 오리진에 대한 생각은 거의 90% 이상 정리되었고, 더후라이팬이라는 브랜드에 대한 생각을 명문화하고 있다. 아직 시간이 더 필요하지만 나의 오리진과 많은 부분을 공유하고 있음은 틀림없어 보인다.

그와 참 어울리는 단어다. 인터뷰를 통해 발견한 그의 차별성을 종합해 보아도 같은 단어로 귀결된다. 〈그림 1〉은 그의 생각과 생각을 표현하는 단어, 그리고 결과적으로 나타난 것을 종합해 브랜드와 연결한 이 대표의 브랜드 트리다.

브랜드는 창업자를 모태로 발아하고 성장한다. 그래서 브랜드의 유일무이한 유전자only gene는 많은 부분 창업자로부터 나왔거나, 창업자의 오리진과 키워드를 공유하는 경우가 많다. 따라서 창업 초기에 창업자의 오리진이 독특하고 명확할수록 브랜드의 차별성에도 더 큰 도움을 준다. 이 대표의 경우에도 그가 환경적으로, 성향적으로 가지고 있던 차별성이 더후라이팬에 많이 녹아들었음을 알 수 있다.

어찌 보면 당연한 게 아닌가 싶은 생각도 든다. 굳이 따로 정리하지 않아도 브랜드에 다 녹아들었을 테니 오리진에 대한 고민은 시간 낭비 아닐까? 그래서 이 대표에게 이렇게 정리하고 나니 어떤 점이 도움이 되는지를 물어 보았다.

이 우선은 내가 어떤 차별성이 있는지 명확하게 알게 되었기 때문에 그것을 강점으로 강화하도록 선택과 집중을 할 수 있다. 당연히 내가 모자란 점, 명백한 단점도 보게 되는데, 무작정 그것을 고치려고 하면 내 자아가 붕괴되고 망가질 수도 있음을 알기 때문에 현명한 조정이 가능해졌다. 내가 고치거나 바꾸기 힘든 것들은 다른 사람이나 시스템을 통해 해결해야 한다고 판단함으로써 여러 가지 부분에서 '과락'이 생기는 것을 면하게 해주는 것이다. 만약 이번 기회를 통해 정리해보지 않고 자각하지 못했다면 내 강점이자, 브랜드의 강점, 차별성은 다른 사람들 말에 휘둘리며 그냥 사라져 버렸을지 모른다. 그리고 또 한 가지 좋은 점은 매 순간 결정을 내려야 하는 상황에서 이것이 나에게 선인지, 악인지 몰라 갈등되던 것들에 대한 답을 명확하게 알게 되었다는 점이다. 결정을 내릴 때마다 당당해졌고, 문제가 생겼을 때도 똑바로 바라볼 수 있게 되었다.

창업자의 오리진이 정리되고, 브랜드가 차별성을 갖는 유일한 유전자, 즉 브랜드의 온리 진에 대해서도 정리가 시작되었다고 하니 앞으로 더후라이팬의 컨셉은 더 명확해질 것이다. 아니나 다를까, 이 대표는 이에 맞춰 좀 더 '더후라이팬다운' 것들을 찾고 현장에 적용할 계획을 가지고 있었다.

이 아직 매장 인테리어나 소품, 프로모션 등에도 우리답지 않은 것들이 있다. 이젠 심지어 냅킨마저도 어떻게 재치 있고 재미있을 것인지 고민한다. 고객과 우리다운 방식으로 공감하기 위해서다.

학습은 브랜딩의 문제다

처음에 말했듯이 학습은 생존의 문제다. 그러나 더후라이팬의 경우를 놓고 보면 창업자의 학습은 생존의 문제임과 동시에 브랜딩의 문제임을 알 수 있다. 생존을 위해 무엇인가를 배워도, 그것이 단순히 생존을 확보하는 데 끝나는 것이 아니라 더욱 나다운 것을 찾아내고 다른 브랜드와 차별화되는 방향으로 학습의 목표가 정해지기 때문이다.

이제껏 많은 경영학자들이 기업의 리더가 자신의 강점을 파악하는 것이 중요하다고 강조했다. 그러나 그들이 말하는 강점은 업무 성과를 내는 '역량적인 측면'에 집중되어 있다. 그러나 정말 창업자가 파악해야 하는 것은 내가 잘하는 것에 그치지 않고 나를 나답게 만드는 것, 이것이 나아가 우리 브랜드를 우리 브랜드답게 하는 차원에 이르러야 한다. 굳이 말하자면 역량보다 '철학적인 접근'이라 하겠다. 물론 이것을 알기 위해서는 외롭고 고된 시간도 필요하다. 역량적인 측면에서조차 자신을 제대로 알기 어려운 것이 사람이기 때문이다. 피터 드러커도 이렇게 말했다. "대부분의 사람이 자신이 잘하는 것이 무엇인지 알고 있다고 생각한다. 그러나 그들 대부분은 잘못 생각하고 있다. 사람들은 자신이 '잘하지 못하는 것'이 무엇인지를 더 잘 알고 있다. 심지어는 그 점에 있어서도 제대로 아는 경우보다는 잘못 아는 경우가 더 많다."

이쯤에서 '학습'의 정의를 다시금 마음에 새길 필요가 있다. '학습=배우는 것'이라는 단순한 정의를 떠올렸다면 조금 부족하다. 학습의 뜻은 '연습이나 경험의 결과로 생기는 비교적 지속적인 유기체의 행동 변화'다. 학습을 통해 행동의 변화까지 일어나야 진정한 학습이라는 말이다. 브랜드의 차별성을 만들어내는 나의 오리진을 발견하고, 이어 브랜드의 온리 진only gene까지 정립했다면 이제 그것대로 모든 브랜딩 요소들을 정렬alignment하고 브랜드와 관련된 모든 사람들의 행동까지도 변화시켜 나가야 할 것이다. 이렇게 학습을 완성해야만 브랜딩이 제대로 이뤄질 수 있기 때문이다. UB

이정규 홍익대학교 산업공학과를 졸업하고 현재 세종대학교 경영전문대학원 프랜차이즈 경영학 석사 과정을 밟고 있다. 돈데이 기획실, 에릭스 뉴욕 스테이크하우스 마케팅팀 등에서 경험을 쌓고 2006년 H&P Systems를 설립했다. 더후라이팬은 2002년 홍대 앞에서 창업했던 비어큐브를 리뉴얼 하면서 만들어졌으며 2008년 가맹사업을 시작해 150호점을 열었다.

이정규 대표가 말하는 브랜드 창업 A to Z

이 대표는 젊지만 아르바이트부터 시작해 여러 외식업체에서 밑바닥부터 경험했고 그것이 더후라이팬이라는 브랜드를 만드는 밑거름이 되었다. 당신이 외식업과 관련된 창업을 할 생각이라면, 그리고 중도 포기 없이 브랜드를 만들어갈 계획이라면 여기 이 대표의 실질적인 조언을 눈여겨볼 필요가 있다. 이는 그가 창업설명회에서 더후라이팬 지점을 내려는 창업자들에게도 '우리와 계약하자'는 말을 뒤로하고 더욱 강조하는 바로, 매우 명백히 기본에 해당하는 항목에 대한 것들이다.

"점포를 계약한 다음날 알았다. 아무것도 모른다는 것을"

더후라이팬을 만들기 전에 비어큐브라는 치킨집을 내려고 점포를 계약하고 다음날 아침에 가게에 갔더니 무릎까지 물이 차 있었다. 지대가 낮아서 물펌프가 있어야 한다는 걸 몰랐던 것이다. 그뿐 아니라 테이블 회전 수도, 원가 관리도 몰랐고, 심지어 전기 용량 개념도 몰라서 조금만 장사하고 나면 전기가 나갔다.

요리와 장사는 다른 것이다. 예상치 못한 문제도 많고, 자신이 모르는 게 많다는 사실을 깨달을 것이다. 동시에 장사와 프랜차이즈도 매우 다르다. 프랜차이즈를 하는 사람들은 의사다. 의사가 집도하다 실수하면 사람이 죽는다. 프랜차이즈를 하는 사람이 경영을 하다 실수하면 가정이 죽는다. 어찌 생각하면 의사보다 더 위험한 일을 하는 것이다. 정말 잔인하게도 가정이 서서히 죽기 때문이다. 사업은 한 사람의 문제가 아니기 때문에 창업자를 만나면 붙잡고 계속 얘기를 하게 된다.

한 단계 더 나아가 프랜차이즈와 브랜드는 또 엄청나게 다르다. 브랜드는 고객과의 약속이고 신뢰의 문제다. 항구여일하게 일관성을 지키며 고객에게 줄 수 없는 것은 처음부터 주면 안 된다. 따라서 이 약속을 지킬 수 있도록 다음의 세 가지는 꼭 관리해야 한다.

"세 가지는 꼭 관리하라. 하나라도 안 되면 창업하면 안 된다"

매장이 있는 외식업의 창업을 위해서는 다음 세 가지를 꼭 관리하라고 말하는데, 그 첫째가 품질 관리다. 된장찌개를 세 번 끓여서 세 번 중 한 번이라도 맛이 다르면 절대로 창업하면 안 된다. 그리고 음식 맛이 점점 발전하면 된다고 생각하는 사람들이 있는데 외식업의 품질은 처음부터 끝까지 항상 일정해야 한다. 언제 가도 오늘같이 맛이 일정해야 한다. 처음부터 그 브랜드를 좋아한 사람은 처음 맛을 원하는 것이지, 다른 맛을 원하는 것이 아니다. 둘째는 초심 관리다. 창업을 하면 당연히 스트레스를 받는다. 하루 매출이 20~30만 원이다 50~60만 원이 되면 사람이 바뀐다. 손님이랑 싸우면 고기 썰던 주방장이 부엌에서 쓰던 칼을 든 채로 손님이 있는 홀로 나오더라 (웃음). 그때부터는 걷잡을 수가 없어진다. 음식에 전날 받은 스트레스와 부부 싸움을 한 티가 난다. 소비자가 그걸 모를까? 당연히 안다. 셋째는 건강 관리다. 이게 제일 중요하다. 정말 신기한 것이 사업자등록증은 마법의 종이라, 받고 나면 밤에 잘 때 자동으로 1시간 간격으로 잠이 깬다. 새벽 2시에는 무조건 밤하늘을 쳐다보며 냉수 한 사발을 들이켜게 된다. 밤에 잠을 못 자니 당연히 커피에 의존하게 되고 체력은 고갈된다. 그렇게 하루 이틀 앓다 보면 하루 문 닫고 쉬게 된다. 그럼 블로그에 글이 올라온다. "○○ 너무 맛있어요. 사장님 친절하고 좋아요. 아참! 일요일은 휴무에요." 그럼 일요일 매상은 다시 오르기 힘들다. 블로그 포스팅이든 구전이든 그 파급효과는 어마어마하다.

이 세 가지 중 하나라도 애매하다 싶으면 절대 창업하지 마라. 이건 정말 기본 중 기본으로 아직 시작도 하지 않은 브랜딩의 기초다.

"원칙을 지켜라. 그리고 즐겨라"

고객을 빨리 들이기 위해서 원칙을 깨는 일을 해서는 절대 안 된다. 브랜딩에서는 고객에게 주는 메시지가 무엇보다 중요하다. 자신이 만든 브랜드에 대한 확신이 있다면, 그리고 목적에 따른 원칙을 정했다면 처음에 좀 어렵더라도 그 원칙을 고수해야 한다. 매번 상황에 따라 브랜드의 메시지가 바뀌면 결국 브랜드로 완성될 수 없다. 만약 원칙이 없다면, 당신이 왜 브랜드를 만들고 싶어 하는지가 정리가 되어 있지 않은 것이다. '이렇게 하고 싶다'는 것 외에 다른 이유로 브랜드 만들기를 시작해서는 안 된다는 것이 내 생각이다. 목적이 뚜렷하지 않으면 결코 끝까지 즐겁게 브랜드를 만들 수 없다. 상황을 즐기는 것도 이것이 뚜렷해야만 가능하다.

"아니면 창업 대신 잡코리아로 들어가 보는 게 낫다"

사장이 된다고 하는 것은 지극히 고통스러운 일이다. 직장생활이 힘들어서 창업을 한다는 말만큼 모순되는 말도 없다. 상사가 점심 먹다가 컵에 있는 물을 갑자기 얼굴에 뿌려도 참아라. 손님은 백 번은 더 뿌릴 테니. 상사는 월급이라도 주면서 그렇게 하지 손님은 밥값 2만 원 내면서도 그렇게 한다. 창업 이후 조직이 커지더라도 제일 큰 고통은 사장이 가져간다. 사업이 힘들 때면 그 고통도 송두리째 가져가야 하는 것이 사장이다. 만약 이 모든 것이 너무 어렵게 느껴진다면 창업 대신 잡코리아에서 다른 직업을 알아보는 게 좋다. 지금 돌이켜 보면 직장인이 제일 폼나고 멋있다. 다만 자신이 브랜드를 통해 주고자 하는 메시지가 있고, 주고자 하는 가치가 있다면 시도하라. 브랜드와 사랑에 빠졌다면 무엇보다 행복한 일이 또한 창업이기 때문이다.

'Why?'라고 묻고 'Only Gene'으로 답한다
자기다움을 찾아 떠나는 창업 여행기, 여행박사

The interview with 여행박사 대표 신창연,
홍보마케팅팀 과장 심원보

"○○○은 사업가나 정치인들과는 달리 특정한 목적이 없고 충만한 호기심만 있을 뿐이다. 그는 자신의 경험을 비밀로 할 수 있다. 비밀스러운 것을 간직하고 싶은 마음, 위험과 금지된 것을 하고 싶은 욕망이 ○○의 동기이다." ○○○, ○○에 각각 채워질 단어는 과연 무엇일까?
만약 위의 설명을 읽다 누군가를 떠올렸다면 그는 아마도 '여행'을 닮은 사람일 것이다. 이것은 다름 아닌, 미래 소비문화 연구학자인 다비트 보스하르트가 《소비의 미래》에서 '관광객'과 '관광'의 동기에 대해 설명한 글이다. 이 글을 보자마자 우리는 여행박사의 신창연 대표를 설명하기에 이보다 적합한 표현이 어디 있을까 생각했다. 그는 여행을 닮았다. 그리고 여행박사는 이런 그를 많이 닮았다. 더군다나 신 대표와 그가 만든 여행박사라는 브랜드는 처음부터 지금까지 "왜 이런 것들은 없지?"라는 질문에 "그럼 내 방식대로 해보자"라고 끊임없이 자문자답하며 창업으로 시작한 여행을 계속하고 있다. 참 그다운 방식대로, 그들답게 해답을 찾고 있기에 여행박사는 '나다움'이라는 목적지를 향해 나아가며 '구별'되는 브랜드로 성장하고 있는 것이다.

"차라리 행운이었다"

"여덟 명의 식구가 단칸방에서 살 만큼의 처절한 가난은 차라리 행운이었다. 그 이후 어떤 잠자리도 내게는 왕실이었다. (중략) 몸이 약한 비실이는 차라리 행운이었다. 몸을 대신할 약을 키웠다. (중략) 상사를 잘못 만난 건 차라리 행운이었다. 나의 십년 후 자화상은 그와 정 반대의 그림이었다. (중략) 창업 밑천이 없었다는 건 차라리 행운이었다. 돈 대신 열정과 머리로 덤볐다. 회사의 잘못된 구조들은 차라리 행운이었다. 내 회사를 창업하면 어떻게 하면 되는 지 길이 보였다. (중략) 바닥까지 떨어진 회사의 운명은 차라리 행운이었다. 떠나야 할 사람과 남아야 할 사람들의 인적 구조조정이 자연스럽게 이루어졌다. (중략) 죽을 때까지 내 인생은 행운만 계속될 것임을 백프로 확신한다." – 블로그 '신창연님의 배낭'에서 발췌

여행박사 신창연 대표의 블로그에서 위의 글을 읽고 나니 이해가 됐다. 여러 번 인터뷰를 위해서 만났지만 항상 "내가 편한 대로 한다"고 심드렁하게 말하고, 남들이 보기엔 더없이 힘든 상황을 겪었음에도 "전혀 힘든 적이 없었다"고 말하는 신 대표는 속을 알기에 참 어려운 인터뷰이 중 한 사람이었다. 그러나 그는 그만큼 모드 전환이 빠른 사람이기도 했다. 그래서 인지 블로그의 이 고백은 파나소닉을 창립한 마쓰시다 고노스케의 고백을 떠올리게 한다. 마쓰시다는 '가난한 것, 못 배운 것, 허약한 것이 모두 나를 성공하게 한 신의 은혜'라고 말한 바 있는데 바로 이 덕분에 자신이 많은 경험을 할 수 있었고, 누구에게나 배우기를 게을리 하지 않았고, 항상 운동하여 건강을 지킬 수 있었다고 생각했던 것이다. 이들이 생각하는 것처럼 모든 것이 신의 은혜이자 행운이라면, 신 대표와 마쓰시다에게는 실제로 어떠한 고비도 없었던 셈이다.

이렇다 보니 신 대표는 실패가 별로 두렵지 않다. 뭔가 아니다 싶으면 가차 없이 'No'를 외치지만 그런 상황이 아니라면 그의 표현대로 "내 것으로 만들어 버린다." 그가 이런 자신만의 색깔로 여행박사라는 여행사 브랜드를 만들고 키워온지도 벌써 11년째다.

'왜Why'로 시작하는 질문하기

여행박사는 창업 이후 근 10여 년간을 독특한 사내 문화와 깜짝 놀랄 만한 여행 패키지 가격, 일본 여행의 전문성 등으로 유명세를 탔다. 자세한 내용은 뒤에 다시 언급하겠지만, 이런 표면적인 사실들보다 더 궁금했던 것은 어떻게 이 모든 독특함과 차별화가 가능했냐는 것이다. 그래서 우선 신 대표에게 왜 창업을 하게 되었는지부터 물었다.

신창연(이하 '신') 학교 다닐 때부터 방황하던 나를 여행이 많이 잡아 주었기 때문에 관광학과에 갔고, 여행사에 취직했다. 예전부터 버스나 택시만 타도 '기사가 왜 이렇게 불친절하지? 내가 하면 저렇게 하지 않을 텐데.' 직장생활을 할 때도 '왜 저렇게 경영하지? 내가 하면 저렇게 안 할 텐데' 하는 생각을 많이 했다. 그래서 마흔즈음에 내가 해봐야겠다는 생각이 들었다. 게다가 여행사에서 일하면서 보니 돈이 없는 사람들이 여행 갈 때 더 많이 사기를 당하는 게 속상했다. 예를 들어 시골에 사시는 나이 지긋한 분들은 해외여행 한번 가는 것이 평생의 꿈이다. 그런데 이런 분들을 여행시켜 주면서 현지에서 돈을 더 받아 낸다. 더 안 좋은 곳에서 자고, 제대로 못 누리게 한다. 그래서 나는 절대 그렇게 안 할 거라고 마음먹었다.

'여행'에 대한 개념을 바꾸고 싶었을까. 너무 거창하다 손사래를 쳤지만 그는 자신이 생각했을 때 아니다 싶은 것은 절대로 관행을 따르지 않겠다는 고집이 있었다. 아내와 자신을 포함한 4명이 겨우 250만 원을 밑천으로 시작했다는 여행박사는 이제 인정받는 브랜드이자 부러움을 사는 직장이 되었다.

신 저가로 여행 패키지를 만들고, 특이한 일들을 많이 해서 예전에는 주변에서 욕도 많이 먹었다. 그런데 지금은 부럽다는 소리도 많

이 듣는다. '저렇게 해도 되는구나' 하면서. 실제로 행동해서 보여주고 시장을 주도하게 되면 변화가 생기는 것 같다. 뭘 해도 (잘못된 것과) 똑같이는 안 한다.

여행박사처럼 시장에 대한 문제의식을 가지고 "왜 이럴까?" 묻고, 그래서 "나는 왜 일하는가?"에 답할 수 있는 창업자들은 이 답을 완성해 감으로써 브랜딩된다(p26 참조). 더군다나 이 질문에 답을 하려면 기존의 방식과는 다른 자신만의 해결 방법을 찾을 수밖에 없기 때문에 자연스럽게 독특함도 가지게 된다. 즉 'Why?'라는 질문에 '내 방식대로'로 답한다는 것이다. 그렇다면 내 방식은 무엇인가? 여행박사를 보니 이 방식은 창업자의 내재된 원형, 오리진origin에서 확장된 형태로 나타났다. 브랜드는 창업자를 모태로 발아하고 독특하게 차별화된다는 것을 다시 깨닫게 되는 대목이다.

창업자의 오리진origin과 브랜드의 온리 진only gene으로 답하기

인터뷰에서 신 대표는 자신을 가장 잘 표현할 만한 단어로 열정과 즉흥, 변화 등을 꼽았다. 거기에 항상 자신과 직원이 즐거운 일을 자유롭게 하도록 하겠다는 생각, 옳지 않은 일은 하지 않겠다는 당당함까지 더해 다섯 가지 키워드로 그의 오리진을 종합해 볼 수 있었다. 물론 이 다섯 가지 키워드는 창업자 신창연, 개인의 것이다. 그러나 그를 모태로 자라서인지 이 키워드들이 그대로 브랜드와 조직에 강점이 되어 뿌리내리고 있다는 사실을 여러 가지로 확인할 수 있다.

① 열정

"너무 식상한 단어라 망설여진다. 그건 누구나 다 있는 것 아니냐"고 말하긴 했지만 열정은 분명 신 대표에게 내재된 강점이자 여행박사의 중요한 가치다. 경북 문경 점촌에서 상경하여 가방공장이며 배달일, 포장마차까지 안 해본 일이 없는 그는 단돈 3,000엔을 가지고 처음 간 일본 여행에서 매력을 느끼고는 여행간 다음 날부터 인력 시장에 다니며 일당을 벌어 그곳 생활을 해보았다. 맨손으로도 뭐든 할 수 있다는 열정으로 살았고, 창업 초기 여행 루트도 직접 개발하는 등 직접 그 열정을 '시연'했기에 이것이 자연스럽게 조직에 전이되었다. 그것은 특히 현재 여행박사가 가진 전문성으로 가장 많이 드러난다. 직원들의 열정은 일본 여행의 경우 1년에 5~6회 이상의 사전 답사하고, 상담할 때 고객에게 샛길까지 상세히 알려줄 정도로 긴 시간 꼼꼼하게 진행하기 때문에 오히려 많은 고객과 통화하기 어려운 단점(?)으로 드러나기도 한다.

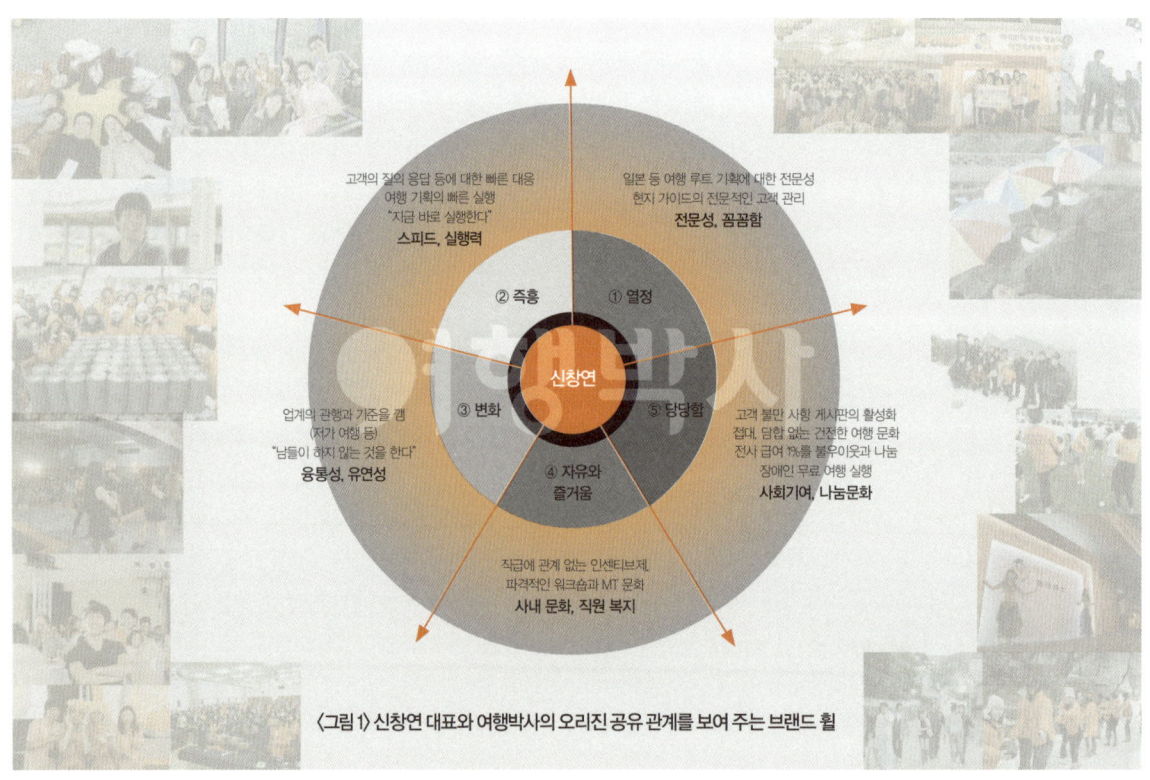

〈그림 1〉 신창연 대표와 여행박사의 오리진 공유 관계를 보여 주는 브랜드 휠

여행박사는 전 세계의 여행상품을 제공하고 있으며, 특히 일본 여행에 전문성을 가지고 있다.

② 즉흥

"변덕이 심하고 즉흥적이다." 이 고백은 '즉흥'과 뒤에 올 '변화'의 키워드와도 연관이 된다. 단점이자 약점이 될 가능성이 높다는 것을 알면서도 신 대표가 자신과 가장 잘 맞는 단어로 이를 꼽은 것은 여행박사가 이런 점들을 강점으로 소화하고 있다는 사실을 알기 때문일지도 모른다. 창업자의 이런 즉흥성이 반짝하고 떠오르는 아이디어를 바로 실행하는 실행력과 스피드라는 브랜드의 강점이 된 것이다.

신 즉흥성이 차별점이 되었다. 이를테면 방금 떠오른 아이디어를 빨리 상품에 반영해서 30분 내로 실행해 버린다든가 하는 방식으로 말이다. 다른 회사는 너무 복잡하지 않나. 결제 라인도 많고, 누가 어떻게 진행할 것이냐 고민하고. 그런데 우리는 일단 하고 본다. 물론 그래서 생기는 실수도 적지 않지만 고객이 기다리는 일도 적고 재미있고 좋은 것들을 빠르게 실행하기 때문에 강점이 된다.

③ 변화

사실 변화를 두려워하지 않고 업무에서 유연성과 융통성을 보일 수 있는 것은 상대적으로 작은 조직의 강점이다. 실제로 많은 작고 강한 기업들이 업무에서 유연성과 융통성을 보여 주고 있다. 그러나 여행박사는 이와는 조금 다르게 '일을 전혀 다른 방식으로 하는 것'에 대한 유연성과 융통성을 가지고 있다. 앞서 말했듯이 '왜 이렇게 할까?'라는 문제의식을 가지면 종전의 방식으로는 문제를 해결할 수 없는 경우가 많다. 관행을 따르려 하지 않다 보니 어찌 생각하면 쉽게, 대충 넘길 수 있는 방법이 있어도 그렇게 하지 않기 위해 우회 노선을 걷게 된다. 따라서 새로운 길에서 가장 효과적이고 효율적인 방법을 찾다 보니 유연성과 융통성이 길러지게 되는 것이다. 무엇이든 남이 하지 않는 것을 처음 하는 것은 어렵다. 그러나 이것도 여행박사에서는 자연스러운 일이 되었고, 결국 '업계의 기준을 깼다'는 이야기를 듣게 되었다.

신 비행기는 자리가 없는데 텅 빈 채로 왔다 갔다 하는 배들은 굉장히 많더라. 어쨌든 쓰는 기름값이니 싸게 관광객들을 실어 주면 좋겠다 싶었다. 서울 부산을 오가는 교통비보다 싸게 일본에 갈 수 있겠다 싶어서 조금씩 가격을 내려 9만 9,000원짜리 상품도 나왔다. 이런 것처럼 우리는 남들이 하지 않는 것을 하자는 게 신조다.

④ 자유와 즐거움

남들이 하지 않는 것을 하자는 신조는 여행박사의 사내 문화에도 적용되는 모양이었다. 신 대표는 인터뷰 도중 "무엇을 하든지 즐겁게 해야 된다. 못할 게 뭐 있어. 하면 되지"라고 자주 말했는데, 여행박사의 워크숍이나 MT, 직원들의 보상과 복지에는 놀라운 이야기가 많이 숨겨져 있다.

심원보 과장(이하 '심') 우리가 사실 매출이 1,300억 정도 돼도 회사에 남는 것은 3억 정도밖에 안 된다. 나머지 돈은 모두 직원들에게 인센티브로 주거나 워크숍, MT 때 사용된다. 예를 들어 이제 스물

여행박사의 자유롭고 즐거운 사내 문화를 보여주는 사진들. 신 대표는 항상 이들과 함께 한다.

일곱인 친구가 있는데 연봉이 1억이다. 그런데 인센티브가 5,000만 원이 나갔다. 심지어 안받겠다는 걸 억지로 줬다. 이렇게 직급에 상관없이 성과를 내면 인센티브가 있다. 또한 무엇이든 목표 달성을 하면 하염없이 퍼준다. 운전면허증을 따면 50만 원, 일본어 능력시험 3급을 따면 50만 원, 다이어트하면 300만 원. 이런 식으로 계속 목표를 정하게 한다. 지난해 속리산으로 갔던 워크숍에서는 보물찾기에 1,500만 원어치의 선물을 걸기도 했다. 이런 일이 자주 있다 보니 우리에게는 별로 특별한 일이 아닌데, 다른 회사에서는 상상하기 어려울 것이다. 이렇게 나누는 게 사장님 방침이다 보니 가끔 재무팀에서 난감해 할 때도 있다(웃음).

무엇이든 직원들에게 맡겨 버린다는 신 대표의 '자유방임(?)의 리더십' 속에서 직원들은 스스로 룰을 만들고 자유롭게 일하고 즐기는 문화를 만들어 가고 있다. 마치 '여행'처럼 자유라는 가치를 중요하게 생각하고 스스로도 원하는 대로 자유롭게 살아왔다는 신 대표는 여행박사에도 자신과 같은 문화의 씨앗을 심은 것이다. 회사가 수익을 조금 덜 내더라도 직원이 즐겁게 일하는 방법이 있다면 그것이 더 좋다고 생각한다.

이렇게 자유와 즐거움을 강조하다 보면 조직을 경영함에

> "대표님은 항상 상식과 반대로 해보실 분이다. 여행박사와는 쌍둥이 같은 느낌이다."

있어 혼란이 야기되거나 사고가 생기지는 않을까? 그러나 신 대표의 대답은 단호하다.

신 직원들끼리 알아서 잘하는데 뭐 하러 간섭하나. 오히려 다양하고 독창적인 아이디어들이 여기서 나온다. 그래서 '다양성의 존중'은 직원들한테도 항상 강조한다. 서로 설득이 필요할 때도 있지만 이야기를 하다 보면 옳은 의견에 따르게 된다.

⑤ 당당함

여행박사 홈페이지에서는 유난히 칭찬과 건의, 불만 게시판이 활발히 운영되고 있다. 칭찬도 많지만 가이드와 담당자에 대한 불만사항도 훤히 보인다. 그리고 그런 글에는 일일이 담당자의 사과나 후속 처리에 관한 답글이 달린다. 여행박사의 실수와 잘못을 모르는 고객에게까지 알리는 계기(?)가 될 수도 있는 게시판인데도 신 대표는 "우리에게 잘 안 고쳐지는 고질병이 있다"며 심지어 과거에는 "여행박사를 이용하지 말아 달라"는 공지를 남긴 적도 있다 한다. 잘못을 스스로 다시 한 번 심각하게 깨닫고 나사를 다시 조이겠다는 취지였는데 이것은 떳떳하고 당당하게 옳은 일만 하겠다는 그의 결심을 보여 주는 사례다. 담당자의 실명을 거론하며 불만을 이야기하기 때문에 직원들이 상처를 받을 수도 있지만 이는 기꺼이 감수해야 할 몫이란다.

당당함이란 키워드를 설명해 주는 또 한 가지 사례는 모든 직원들의 월급에서 1%를 공제하고 회사가 동일한 금액을 보태어 사회 환원 사업을 함께 하는 것이다. 사회에 떳떳하게 수익을 나누겠다는 생각에서다. 홍보용이 아니냐는 미심쩍은 눈빛도 많이 받지만, 좋은 것도 나쁜 것도 모두 보여주는 것이 진정한 투명 경영 아니겠냐는 것이 이들의 생각이다.

내 방식이 우리의 방식으로, 우리의 강점으로

심 나무도 결대로 갈라야 잘 갈리고, 오징어도 결대로 뜯어야 잘 뜯어진다는 상식이 있어도 대표님은 이것과 반대로 해보실 분이다. 여행박사와는 쌍둥이 같은 느낌이다.

황교윤(직원) 직원들에게 많이 맡겨 두시는 분이라 우리도 자유 속에서 독창성이 나오는 것 같다. 알아서 한다고 믿어 주시니 기대에 부응해야겠다는 생각도 들고…. 이런 대표님의 성향이 브랜드의 강점이 되었다고 생각한다.

신 대표는 좋은 단어로 자신을 포장할 이유가 없다고 생각하는 사람이다. 장점이 늘 단점이 될 수 있는 것을 알면서도 항상 자신의 방식대로 새로움을 추구해 왔다. 창업자 안에 내재된 것들이 모두 좋고 완벽할 수는 없다. 문제는 그 속에서 강점을 어떻게 잘 살려 브랜드로 전이시키고, 약점마저도 브랜드에서 강점으로 사용할 수는 없을까 고민해 보는 것이다. 여행박사는 지난 10여 년간 많은 시행착오를 거치며 이런 전이가 이루어졌고, 이제는 그의 강점들을 직원들도 알기에 그것을 흡수해 기꺼이 조직 문화의 강점과 브랜드의 차별성으로 사용한다.

여행박사 안에서는 '여(행)박(사)스럽다'는 말이 자주 사용된다. 여박스럽다는 것은 위의 다섯 가지 키워드가 적절히 녹아 있는 그들다운 행위를 수식한다. 창업자와 조직, 브랜드가 구분하기 어려울 정도로 비슷한 점이 많고, 모두가 비슷한 가치를 공유하고 있다는 뜻이기에 장기적으로 보면 리더 없이도 브랜드가 그 정신을 유지할 수 있는 '브랜드십(유니타스브랜드 Vol.16 참조)'이 생길 가능성도 높다. 동시에 창업자 자신도 완성되어 가는 경험을 하게 된다.

신 나는 내가 내 맘대로 하는 사람이라고 생각했다. 그런데 브랜드를 만들면서 많이 바뀌었다. 여행박사가 내 멘토가 되어서 조금 더 자랐다. 처음에는 나도 내 기쁨을 위해서 일하고 무조건 밀어붙이는 사람이었는데 지금은 다른 직원들이 기쁜 것이 더 좋고 그들의 입장을 이해하고 배려하는 쪽으로 많이 변했다. 지금은 '우리'라는 게 가장 힘이 된다. 이제 나는 창업자가 아니라 경영자가 맞다.

마지막으로 신 대표에게 이제 창업을 시작하는 사람들에게 하고 싶은 조언이 없냐고 묻자 이렇게 말한다.

신 나는 사실 창업하는 사람들에게 조언을 하지 않는다. 다들 자기 스타일이라는 게 있다. 의도적으로 뭔가 자신과 다른 걸 하려고 하면 되지도 않는다. 필연적으로 자신의 색깔이 묻어날 수밖에 없다. 꼭 내가 사업하는 방식이 모두에게 옳다고는 생각하지 않는다.

데릭 리 암스트롱은 《페르소나 마케팅》에서 "기업가의 경우 기존의 기업들이 무엇을 하는지 보지 말고 자신의 고유한 생각이 지닌 장점을 찾아야 한다"고 말했다. 스스로 'Why'로 시작하는 질문에 답을 세우고, 자신의 오리진과 자신만의 방법으로 그 답을 완성해 가는 것이 어쩌면 업業을 창조創造한다는 '창업'의 뜻에 가장 잘 어울리는 모습이 아닐까. 이렇게 창업을 한다면 창업과 브랜드 런칭은 절대 다른 이야기가 아니고, 새롭고 차별화된 가치를 제공하는 브랜드들이 시장에 지금보다 훨씬 더 많이 생겨나리라 기대할 수 있을 것이다. UB

여행박사 홈페이지의 불만 게시판. 노골적인 불만들도 삭제 되지 않고, 그 아래 담당자들의 답글이 반드시 달린다.

신창연 경원대학교 관광경영학과를 졸업하고 경기대학원 관광경영학 석사 과정을 마쳤다. 아주 관광 여행사와 (주)한국고속해운에서 근무하다 2000년 여행박사를 창업하여 지금까지 이끌어오고 있다. 일본여행에 특화된 여행박사는 일본 국토교통부, 나가사키현 사세보, 오이타 벳부, 나가사키현 관광연맹협회, 가고시마현 등지에서 감사 표창을 받았다.

심원보 여행박사에 입사하기 전 웹디자인과 무역회사 영업을 했던 그는 2004년 여행박사에 들어와 영업과 디자인, 일본 가이드 등의 다양한 업무를 맡았다. 2005년부터 지금까지 계속 여행박사의 홍보를 담당하고 있다.

창업자의 성숙에서 브랜드의 완성으로

절실함과 디테일로 구워낸 아침의 기적, 석봉토스트

The interview with 석봉토스트 대표 김석봉

'토스트'는 빵이 뜨거운 열에 의해 갈색으로 변한 것을 말한다. 이 말은 라틴어에서 '바싹 말리다, 굽다, 타다'를 뜻하는 torrere와 통속 라틴어에서 '굽기'를 뜻하는 tostare에서 유래했다. 오늘날 사용되는 'toast'라는 단어는 옛 프랑스어에서 왔으며 이미 1398년부터 그 기록을 찾아볼 수 있다. 토스트는 이처럼 딱딱한 빵을 맛있게 활용하기 위해 만들어진 일종의 간단한 레시피인 셈이다. 하지만 누군가는 이 간단한 레시피 하나로 200여 개의 프랜차이즈와 수백 억의 매출을 일으키는 브랜드를 만들어 냈다. 희망을 찾아보기 힘든 마른 빵과도 같던 절박한 삶들이 행복이라는 뜨거운 열기로 바싹 구워져 새로운 기회들을 만들어 내고 있다. 석봉토스트는 한 사람의 자기극복을 위한 관성 깨기가 어떠한 과정을 거쳐 하나의 브랜드로 완성되어 갈 수 있는지를 보여 주는 기록이다. 희망이라는 하나의 씨앗이 온갖 어려움을 뚫고 기어이 열매를 맺는 데까지 나아간 성장의 흔적이다. 과연 이 평범해 보이는 토스트 하나 속에 어떤 비밀들이 숨겨져 있는 것일까?

모든 살아 있는 것들은 변화한다

자연 상태의 모든 물체는 현재의 상태를 유지하려는 힘을 갖고 있다. 우리는 이를 '관성'이라고 부른다. 이러한 자연법칙은 사람과 동물, 기업에도 습관과 타성이라는 이름으로 동일하게 적용할 수 있다. 그래서 유능한 사냥꾼들은 동물들이 반복적으로 다니는 길을 찾아 덫을 놓는다. 출근길의 사람들은 늘 후회하면서도 10분을 일찍 일어나지 못해 버스를 놓치거나 콩나물 시루 같은 지하철을 타곤 한다. 관성과 타성은 그러한 점에서 매우 닮았다. 이런 관성을 거스르기 위해서 더 큰 힘이 필요한 것처럼 변화를 위해서 엄청난 노력과 희생이 필요하기 때문이다. 하지만 또 한 가지 분명한 사실이 있다. 그것은 그들이 이 본능을 거슬러 변화하지 않으면 결코 생존할 수 없다는 것이다. 줄곧 개인의 변화와 혁신에 대한 필요성을 강조해 온 구본형 씨는 그의 책 《낯선 곳에서의 아침》을 다음과 같은 문장으로 시작한다.

"모든 살아 있는 것들은 변화한다. 변화하지 않는 것들은 죽은 것이다. 1년 전과 똑같은 생각을 하고 있다면, 당신은 1년 동안 죽어 있었던 것이다. 살아 있다는 것은 무엇인가? 그것은 스스로 변화한다는 것이다."

이처럼 살아 있는 생명들은 생존을 위한 변화를 요구받는다. 동물들은 끊임없이 번식하고 성장하고 변태하며 때로는 본능적인 필요에 따라 위험천만한 여정을 시작하기도 한다. 기업들 역시 지속(생존)할 수 있는 경쟁적 우위를 점하기 위해 위험을 감수하며 '혁신'을 선택한다. 사람들 역시 자기 계발, 인격 수양이라는 이름으로 끊임없이 자신을 바꾸고 성장하고 싶어 한다. 즉 관성이 태생적인 본능이라면 변화와 혁신 역시 생존을 위해 필요한 또 다른 본능이라 말할 수 있다. 그러나 이러한 본능은 대개의 경우 어려움이 닥쳐야만 발동한다. 변화와 혁신을 위한 깨달음의 순간은 이처럼 위기를 통해 찾아오기 때문이다. 그러나 어떤 사람이나 기업은 그런 위기의 순간이 오기 전에 미리 준비를 하거나 스스로를 위기 상황으로 밀어 넣기도 한다. 예를 들어 어떤 독수리는 수명이 40년이 되면 자신의 발톱과 깃털을 스스로 뽑는 선택을 한다. 그래야만 새로운 부리와 발톱, 깃털을 얻어 또 한 번의 40년을 살아갈 수 있기 때문이다. 김석봉 대표 역시 자발적인 변화를 선택한 사람이다. 남들처럼 토스트 굽는 일을 수치스러워하는 대신 자신과 자신의 업에 대한 자부심으로 일하기를 선택한 것이다. 이러한 선택의 순간을 김 대표는 다음과 같이 기억하고 있었다.

김 대표의 사무실 벽에는 변화를 위해 벗어던졌던 낡은 모자가 여전히 걸려 있다.

김석봉(이하 '김') 나를 바꿔 가기 전, 너무 창피해서 얼굴을 가리던 모자가 있다. 너무 힘들어서 고민하다가 그만둘 것까지 결심했다. 그런데 저 모자를 푹 눌러쓰고 보니 창피함을 넘어서 소위 쪽팔린다는 생각이 들었다. 만약 여기서 그만둔다면 이도 저도 아닐 텐데 과연 무엇을 할 것인가 생각했다. 고민을 거듭하다가 숙제를 풀었다. 쪽팔릴 거 확실히 팔자. 토스트 분야에서만큼은 프로가 한번 되어 보자. 그래서 저 모자를 벗어던지고 지금의 이 복장으로 갈아입었다.

절박함의 창업에서
관성 깨기의 자기경영으로

김석봉 대표는 15세에 자동차 정비사로 일을 시작한 이후 용접공과 과일 행상 등 다양한 직업을 경험했다. 토스트 장사 역시 처음에는 단순히 생계를 잇기 위한 선택이었다. 하지만 뚜렷한 동기부여나 상권 분석과 같은 기본적인 준비 없이 주먹구구식으로 시작한 일이다 보니 실패할 수밖에 없었다. 3개월간 장소를 옮겨 가며 실패의 원인을 고민하던 김 대표는 결국 가장 큰 실패의 원인이 자신에게 있음을 깨닫게 되었다(p44 참조). 그래서 자신의 업에 대한 수치심을 벗어던지기로 결심한 것이다. 얼굴을 가린 낡은 야구 모자와 어두운 점퍼를 버리고 말끔한 주방장 옷으로 갈아입었다. 그건 다름 아닌 잠과 게으름, 얻어먹는 버릇과 같이 수십 년 밴 습관이라는 이름의 관성을 깨뜨리기 위한 상징적인 시도였다. 곧바로 변화를 위한 치열한 몸부림이 시작됐다.

김 가장 힘들었던 게 일찍 일어나는 거였다. 습관적으로 게으른데다 잠자는 걸 너무 좋아했기 때문이다. 그렇다 보니 자연히 남의 도움을 받게 되고 그게 익숙해지니 하던 일도 빨리 포기하는 과정이 반복됐다. 그래서 알람 시계를 갖다 놓고 10시간 자던 잠을 5시간으로 줄였다. 하지만 시계에 의존하니 몸은 일어나도 마음과 생각은 그대로라는 사실을 깨달았다. 그렇게 석 달을 넘어 3년의 시간을 반복하자 서서히 변화가 보이기 시작했다.

작은 스낵카 안에서 석봉토스트만의 맛과 서비스가 만들어졌고, 이는 다시 300여 개의 프랜차이즈로 확장됐다.

토스트를 판다는 것은 업의 특성상 누구보다도 먼저 아침을 깨워야만 하는 일이다. 따라서 주인의 게으름은 결코 용납될 수 없다. 또한 항상 같은 시간, 같은 장소에서 만날 수 있다는 신뢰를 쌓아야 하고 식사를 대신하는 만큼 신선한 재료와 청결한 환경을 유지할 수 있어야 한다. 그의 이 같은 노력은 습관뿐 아니라 마음과 자세에도 변화를 가져왔다. 김 대표는 이 과정을 통해 비로소 자신의 약점이나 두려움을 대면하고 인정할 수 있게 됐다. 이것이 다름 아닌 '자기 자신과의 싸움'임을 깨닫게 된 것이다. 이는 어려운 상황을 대하는 그의 반응에서도 쉽게 발견된다.

김 토스트를 굽기 시작하면서 주로 네 부류의 사람들에게 쫓겨 다녔는데 그 첫 번째가 깡패, 두 번째가 주변 상인, 세 번째는 구청 단속반, 네 번째가 경찰이었다. 그래서 아침에 일어나자마자 하는 첫 고민은 판매가 아니라 쫓기는 문제를 어떻게 해결할까였다. 하지만 싸움을 할 줄 모르니 심하게 말리면 그냥 갔다. 그리고 다음 날 새벽같이 다시 나왔다. 그 다음날, 또 그 다음 날도 아무도 없는 새벽에 누구보다도 일찍 나왔고 누군가가 심하게 말리면 그냥 들어가곤 했다. 하지만 누군가가 말린다 해도 내가 포기하지 않는 한 나는 갈 수 있다고 생각했다. '나를 이기면 그 무엇이든 가능하겠다'라는 자신감을 그때 처음 느꼈다.

상황을 바꾸는 방법은 그 대상과 싸우는 것만이 능사가

> **자신의 관성을 깨는 과정이 고스란히 서비스와 업에 대한 개선 및 자부심으로 이어져 선순환의 구조가 만들어진 것이다.**

아니다. 김 대표는 대상과 싸우지 않고도 상황을 변화시킬 수 있는 방법을 경험과 인내심으로 찾아낸 것이다. 상대를 힘으로 제압할 수 없음을 알았기에 시간이 오래 걸리더라도 인내와 끈기로 대응했다.

김 누군가 내 앞에서 입에 담을 수 없는 욕을 하면 나는 찬찬히 생각해 보곤 했다. 진짜 이 사람들하고 싸워서 해결할 수 있는 문제일까? 만약 내가 싸운다면 이 자리의 주인이 될 수 없다는 생각을 하게 됐다. 싸워서 이긴다 한들 언젠가는 반드시 더 큰 해코지를 할 것이 분명했다. 그래서 초지일관 겸손한 태도로 그들을 맞았다. 절대 이기려 들지 않고 그냥 부족한 모습으로 그들을 대했다. 그랬더니 나중에는 이 분들이 오히려 나를 도와주기 시작했다. 깡패들이 나의 존재와 토스트의 맛을 인정해 주기 시작했고 단속반이 뜨면 주변 상인들이 오히려 옹호해 주기까지 했다. 그래서 나는 그 자리의 주인이 될 수 있었다.

김 대표는 자존심을 버리는 대신 안정적으로 일할 수 있는 일터를 얻었다. 이것이 바로 늘 해오던 방식을 따르지 않고 주도적으로 일하는 사람들이 사람과 상황을 대하는 방식이다. 순간의 감정적인 작은 승리보다는 반대하는 사람들조차 자신의 사람으로 끌어들임으로써 더 큰 승리를 거머쥐어야 한다. 창업이란 그 과정 자체가 새로운 업을 창조하는 일이며, 그러한 과정에는 필연적으로 반대와 고통이 따르게 마련이다(p32 참조). 그러나 어려운 상황에 대한 남다른 인식과 주도적인 대응은 모든 창업자가 필수적으로 가져야 할 자세다. 창업의 과정 자체가 끝없는 문제 해결 과정이기 때문이다.

자신감, 일과 삶의 선순환을 만들어 가다

이러한 자신감은 결국 자신의 업에 대한 자부심으로 연결되었고, 다시 그 일을 더 잘하려는 노력으로 이어졌다. 김 대표는 이후 늘 해오던 방식대로 토스트를 굽는 가게들과는 다른 다양한 도전을 시도하게 된다.

그는 우선 손님들에게 집중하기 시작했다. 그리고 손님들의 다양한 반응에 눈을 뜨게 되자 자신의 일에서 어떤 점을 개선해야 할지가 보이기 시작했다. 용기와 인내를 통해 자신을 바꾸던 경험이 자신의 일에 대한 작은 혁신으로 이어지기 시작한 것이다.

김 손님들이 오셔서 토스트를 드실 때마다 섬세하게 지켜봤다. 매일 관찰한 내용을 상세하게 지켜보고 일일이 기록했다. 왜 저 손님은 저렇게 생각하실까, 왜 인상은 저럴까 하면서 스스로에게 질문을 던지고 그 답을 찾기 위해 다양한 시도를 했다. 예를 들어 아침에 일어나면 벌컥벌컥 물을 못 마실 정도였다. 그저 살짝 입을 축이는 정도에 그쳤다. 왜냐하면 아침에 그렇게 많은 물을 양껏 먹으면 반드시 화장실에 가야 하기 때문이다. 내 앞에 50여 명의 손님들이 줄을 서 있는데 "잠깐만요!" 하고 화장실을 다녀오는 건 예의가 아니라고 생각했다.

이후 김 대표의 삶은 흥미롭고 도전적이며 자극적인 것으로 변모하기 시작했다. 손님들에 대한 관찰은 손님들조차도 모르고 있던 작은 필요들을 발견하게 했고, 이에 대한 개선은 다시 소비자들의 만족으로 이어졌다. 이는 다시 자신의 업에 대한 만족으로 이어져 또 다른 개선을 가져왔고 손님들과 소통되도록 했다. 즉 자신의 관성을 깨는 과정이 고스란히 서비스와 업에 대한 개선 및 자부심으로 이어져 선순환의 구조가 만들어진 것이다. 그 과정에서 만들어지는 것은 다름 아닌 삶과 일에 대한 적극적인 긍정이다(p32 참조).

김 지금은 일을 좋아하는 정도를 넘어 즐기고 있다. 고객들도 좋아하고 나도 좋아하게 되니 고객들을 만나는 게 너무 재미있어서 아침이 기다려진다. '야~! 인생 너무 재미있구나' 싶다. 그런데 예전에는 일하는 게 왜 그렇게 힘들었을까? 아마도 일에 대해 항상 이것은 잠시 하다 마는 일이라고 생각해서 쉽게 포기했기 때문이 아닌가 싶다.

혼자만의 성숙을 넘어 모두를 위한 성공으로

변태를 경험한 나비는 무엇을 볼 수 있을까? 아마도 애벌레일 때는 보지 못하던 드넓은 하늘과 숲의 아름다움을 경탄의 눈으로 바라볼 것이다. 혁신을 경험한 기업은 어떤 기회를 얻게 될까? 《브랜드 갭》의 저자 마티 뉴마이어가 말한 것처럼 '비효율적인 비용을 제거하게 되면서 실용적이지만 독특한 것'들을 만들어 낼 수 있을 것이다. 이처럼 관성이라는 중력을 깨뜨리고 변화에 성공하면 사람이든 기업이든 더 넓은 시야로 현재와 미래를 바라볼 수 있다. 성숙한 사람들에게서도 동일한 변화를 기대할 수 있다. 그리고 자신의 문제를 넘어 주위 사람들을 배려하는 단계로 나아갈 수 있다.

김 막 소문이 나기 시작하면서 '먹고사는 것만 해도 감지덕지'하던 시절이 지나가고 저축을 할 수 있는 여유가 생기기 시작했다. 그런데 적금을 들러 갔다가 갑자기 창피한 생각이 들었다. 지금까지는 얻어먹고 살아왔는데 이제 조금 벌기 시작했다고 적금드는 게 부끄럽게 느껴졌다. 그리고 때마침 IMF가 터졌다. 전국의 고아원과 양로원이 사람들로 넘쳐났고 독거노인들이 쓸쓸히 돌아가셨다. 그래서 그분들을 찾아가기 시작했다.

하지만 봉사만으로는 그들을 돕는 데 한계가 있다는 사실을 알고 그때부터 프랜차이즈를 고민하기 시작했다. 김 대표가 장사를 마치고 정리하면 대략 11시 반에서 12시 정도가 된다. 그러면 항상 10여 명이 그를 기다리고 있다가 가맹점을 내달라고 부탁하곤 했다. 어떤 분은 휴가까지 내서 찾아왔다. 하지만 물류가 해결되지 않은 채 이름만 빌려 주어 가맹점을 내주자 문을 닫는 일이 속출했다. 그래서 2004년 8월, 체계적인 준비를 통해 프랜차이즈 가맹점을 받기 시작했다. 당시 프랜차이즈 하나를 내주면 가맹비와 로열티 등을 포함해 2,000만 원 정도를 받을 수 있었다. 하지만 김 대표는 자신이 울면서 시작하던 순간을 떠올리고 어려움을 함께 나누기로 결심했다. 그래서 모든 비용을 제외하고 일부의 교육비만 받기로 결정했다. 큰 돈을 벌 수 있는 기회를 스스로 차 버리니 속상해하며 울먹이는 직원까지 있었다. 하지만 그에게 혼자만의 성공은 의미가 없었다. 이웃과 함께 성공을 나누고 희망을 나누는 브랜드로 만들고 싶었다. 치고 빠지기 식의 기획 프랜차이즈가 난무하는 시장에서 김 대표는 이러한 시장의 관성조차도 스스로 깨고 싶었던 것이다. 하지만 프랜차이즈를 내준 모든 사람들이 그의 뜻을 이해하는 건 물론 아니었다.

김 요식업 쪽은 하루에 3,000개가 오픈하지만 4,000개가 문을 닫고 있는 것이 현실이다. 돈이 있다고 너무 쉽게 생각하니까 또한 쉽게 포기하는 것이다. 사람의 마인드는 잘 바뀌지 않는다. 가장 바

석봉토스트의 프랜차이즈는 어려움을 나누기 위해 가맹비와 로열티를 받지 않는다.

꾸기 힘든 사람이 왕년에 뭘 좀 해봤다는 사람들이다. 이런 사람들은 자신은 모르면서 다른 사람들을 가르치려고 든다. 뭘 하든 간에 다 내려놓고 배우는 입장에서 시작해야 성공할 수 있다. 이것밖에는 살 길이 없다고 생각하는 절실함이 그 무엇보다도 중요하다.

그러던 어느 날, 프랜차이즈를 하던 부부가 편지를 보내왔다. 석봉토스트를 시작해 자신들만의 집을 갖게 되었다는 감사의 인사였다. 그 후 다른 분에게 자신의 점포를 인계하기 위해 찾아온 부부는 모든 직원들에게 식사를 대접하고는 구제 사업에 보태 쓰라며 책상에 작은 봉투 하나를 남기고 떠났다. 혼자 시작한 미약한 사업이지만 선한 영향력을 끼치고 있다는 뿌듯함에 김 대표는 더할 수 없는 큰 보람을 느꼈다. 한국에서 최고의 토스트를 만든다는 자부심으로 항상 당당하게 일하던 분들이었기에 그 기쁨은 더 클 수밖에 없었다.

창업자의 스토리를 브랜드의 히스토리로

한 개인의 성장과 성숙은 그들이 만들어 내는 브랜드와 어떤 연관을 가지고 있을까? 브랜드란 제품이나 서비스, 혹은 기업에 대하여 개인이 가슴속 깊이 느끼는 '본능적인 감정'이다. 따라서 사람들은 브랜드를 통해 그것을 만드는 사람을 보게 되고 이로써 더 깊은 믿음을 가지게 된다. 진정성 있는

생각의 변화는 반드시 행동의 변화로 이어지게 마련이다. 따라서 관성 깨기를 통한 창업자의 인격적인 성숙은 그들이 만드는 제품과 제공하는 서비스를 통해서 어떤 식으로든 분명히 전해지게 되어 있다. 자신이 정성을 다해 만든 토스트를 먹는 사람들을 바라보면서 김 대표는 행복을 느꼈다. 그리고 그 스낵카 안에서 더 큰 행복을 함께 나누기 위해 다소 비위생적으로 보일 수 있는 검은색의 불판을 깨끗한 스테인리스로 바꾸고, 화장실 휴지가 아닌 티슈를 선택했다. 가장 신선한 재료만을 골라 쓰고 심지어는 모자와 옷까지 갈아입었다. 그리고 무엇보다 아침의 우울함과 피곤함을 한 번에 날려 버릴 수 있는 행복한 웃음을 손님들에게 선물했다. 이처럼 창업자에 의해 만들어진 신뢰와 행복은 브랜드로 전이되어 소비자들의 선택과 만족도에 직접적인 영향을 미치게 된다. 창업의 과정에서 창업자 개인의 성장과 변화가 중요한 이유가 바로 여기에 있다.

김 일을 통해 나 자신이 다듬어졌음을 실감한다. 생각의 중심을 나에게서 고객으로 옮기면서 그분들을 도와드리는 기쁨을 알게 됐다. 고객 감동을 위해 계획을 세우고 행동으로 옮기자 상상도 하지 못할 피드백이 왔으며 오히려 내가 감동하게 되었다. 그 기쁨은 이루 말할 수가 없다. 그건 일종의 희열이라고 생각한다. 다음날 아침이 기다려지고 하루 일과가 피곤해야 하는데 오히려 즐거워진다. 그 과정에서 나 자신을 발견하고 변화되고 성장하는 모습을 발견하는 것이다.

오늘날 현대인들은 별반 다를 것 없는 상품과 서비스의 범람으로 인해 언제나 '선택'이라는 스트레스를 강요 받고 있다. 따라서 소비자들은 언제나 안전하고 확실한 선택을 위한 차별화된 경험을 원한다. 여기서 차별화된 경험이란 상품을 통해 소비자가 추구하는 더 나은 삶에 어떤 의미를 부여해 줄 수 있는 경험을 의미한다. 그런 의미에서 석봉토스트는 평범한 사람이 대단할 것 없어 보이는 토스트 장사를 통해 자신을 바꾸고 주위를 바꾸며 더 나은 세상을 만들어 가는 데까지 기여한 스토리를 만들었다. 나아가 이러한 스토리의 힘이 바로 길거리 음식인 토스트를 아침의 기적을 전달하는 선물로 변화시킨 것이다.

물론 석봉토스트에게도 남겨진 숙제는 있다. 석봉토스트가 지금까지 만들어 낸 스토리가 아직은 김 대표 개인의 것에 머물고 있기 때문이다. 가맹점주들을 위한 교육이 이뤄지고는 있으나 아직은 기술적인 노하우 전수에 그치고 있는 것이 현실이다. 따라서 지금 석봉토스트에 가장 필요한 것은 모든 가맹주들에게 브랜드의 가치를 전달할 수 있는 마인드 교육인지도 모른다. 이를 통해 피곤한 아침 시간에 희망을 전달하고 일을 통해서 작은 기적을 일구어가는 더 많은 스토리로 브랜드의 히스토리로 완성해 가야 하는 것이다. 석봉토스트라는 브랜드의 완성은 아마도 모든 가맹주들이 김 대표가 한 고백들을 함께 할 수 있을 때 이뤄지게 될 것이다.

김 나는 생명을 걸고 이 일을 하고 있다고 생각한다. 그렇게 생명을 걸고 했기 때문에 또 다른 생명을 만들어 내야 한다는 일종의 사명감을 갖게 된 것 같다. "나도 목숨 걸고 이 일을 해냈으니 다른 누군가도 그렇게 하면 성공할 수 있다"라는 생각을 갖게 된 것이다. 가난은 정말 대물림하고 싶지 않았다. 내 대에서 끊고 싶었다. 이러한 결심이 내게 있어서는 생명과도 같은 것이었다. 그렇게 마음을 먹고 나니 못할 일이 아무것도 없었다. 목숨까지 걸었는데 못할 일이 뭐가 있겠는가? UB

김석봉 무교동 코오롱빌딩 앞에서 토스트를 굽기 시작한 지 3년 만에 연봉 1억을 버는 노점상 신화의 주인공으로 널리 알려졌다. 현재 300여 개에 이르는 체인점의 창업주이면서도 활발한 봉사활동과 강연 등을 쉬지 않고 있다. 어린이 캠프장을 만들어 아이들과 함께 하는 것이 미래의 가장 큰 비전이다.

창업을 위한 관성 깨기

허물어라, 단단해질 것이다
깨라, 탄탄坦坦해질 것이다
이자카야 탄坦

The interview with 탄 대표 류재준

만약 당신이 저녁 무렵 길을 걷다가 일본어가 휘갈겨진 홍등 하나를 만난다면 그것은 '이자카야'일 가능성이 매우 높다. 이자카야는 한 마디로 일본식 선술집(우리나라로 치면 대폿집)을 말한다. 일본의 서민들이 퇴근 후에 가볍게 술을 마시며 쉬어 갈 수 있는 곳이라 사케(일본식 청주)를 중심으로 덮밥과 라멘 등의 간단한 음식과 요리를 먹을 수 있다. 역삼역 부근에 위치한 '탄' 역시 미식가들의 입소문을 얻어 유명해진 이자카야 중 하나다. 하지만 우리가 수많은 이자카야 중 탄을 주목하게 된 것은 그 맛과 서비스의 이면에 숨은 정직과 진정성이 창업과 브랜드 성장의 핵심적인 동력이 되고 있다고 생각했기 때문이다. 탄의 스토리는 창업자 개인의 인격적인 성숙이 브랜드의 성장과 완성 보여 주는 좋은 사례다. 특히 탄은 모두가 알면서도 실행하지 못하던 '기본'에 충실함으로써 자신만의 가치를 만들어 내고 있다. 이것은 류 대표가 그렇게 경험하고 살아왔기에 가능한 일이었다. 다음의 인터뷰는 이러한 과정을 담은 류 대표의 스토리이자 탄의 히스토리다.

창업을 위해 자신의 그물에서 빠져나오라

습관habit이라는 단어는 habere라는 라틴어에서 유래한 말로 '갖다, 붙들다, 지니다'라는 뜻을 가지고 있다. 아리스토텔레스는 습관을 "우리가 반복적으로 하는 행동의 결과"라고 말했다. 즉 습관이란 자신이 만든 그물에서 스스로 빠져나오지 못하는, 일상이 만든 관성의 일종이라고 볼 수 있을 것이다. 이렇게 습관의 관성을 벗어나기 힘든 이유는 변화 그 자체가 인간에게 자연스러운 상태가 아닐뿐더러 이를 위해서 막대한 희생과 힘이 필요하기 때문이다. 탄의 류재춘 대표도 마찬가지였다. 젊은 시절 술과 친구를 좋아하며 조금은 무책임한 삶에 익숙해지자 법적인 처벌, 심지어 아버지의 죽음조차도 그의 삶을 바꿔 놓지는 못했다.

류재춘(이하 '류') 예전에는 정말 사람 같지 않은 삶을 살았다. 사회적인 법규, 규범 다 깨뜨리고 법이라는 것도 내 맘대로 어기면서 살았으니까. 그러다 아버지가 덜컥 암에 걸리셨다. 결국 아버지가 돌아가시고 죄책감으로 힘들어 하고 있었는데 아는 선배와 심하게 싸우는 바람에 법적으로 용서받을 수 있는 선을 넘어 버렸다. 변호사를 사고 집까지 다 팔아도 모자라 동생들은 힘들어지고 누나들은 카드 빚까지 지게 됐다.

인생의 큰 고비를 넘긴 류 대표가 일산에서 이삿짐센터를 하면서 조금씩 빚을 갚아 갈 무렵 동생이 "형, 장사 한 번 해 보지 않을래" 하고 제안했다. 상록회관 뒤편 지하에서 시작한 허름한 가게였지만 10분 거리에 있는 손님들이 일부러 걸어서 찾아올 정도로 좋은 반응을 얻었다. 조금만 더 열심히 하면 되겠구나는 생각으로 선릉역 지하에서 독립을 시도했지만 실패의 쓴맛을 보게 된다. 이후 대치동을 거쳐 마지막이라는 심정으로 교대 부근에 가게를 열었다. 가지고 있던 모든 것을 쏟아부은 상태에서 직원도 없이 시작한 장사였기에 그 절박함이 남달랐다. 추운 겨울에 난방이 되지 않는 2층에서 쭈그려 자면서 육수를 끓이고 된장을 볶았다. 젊은 시절의 자유롭고 방탕한 삶이 만들어 낸 관성을 깨 나가는 일은 그토록 힘들고 어려웠다.

류 오후에 점심 장사를 끝내고 밥을 먹은 후 3시 반에 주방에 들어가면 12시까지 나오지 못했다. 손님이 다 빠지고 설거지까지 마치고 나면 발바닥이 너무 아파 네 발로 엉금엉금 기어다녔다. 하루는 너무 힘들어서 조그만 모포 하나 뒤집어쓰고 울었다. 하지만 계속할 수 있었던 가장 큰 이유는 가족들 때문이었다. 한 번 더 해보자, 어금니 물고 해보자 해서 결국 교대에서 대박을 쳤다.

첫 번째 기본, 음식의 맛

단골들이 생겨나고 어느 정도 경험과 실력이 쌓여 갈 무렵 류 대표는 동생과 함께 머리를 맞대고 한국 사람들 입맛에 맞는 소스를 개발하기 시작했다. 그리고 생마늘과 생강을 듬뿍 넣고 육수를 끓여 잡냄새도 없애 가면서 드디어 탄만의 특별한 소스를 개발하는 데 성공했다. 그리고 그 과정에서 맛과 청결이라는 탄만의 '기본'이 만들어졌다.

류 화학조미료를 거의 쓰지 않고 하나부터 열까지 모두 손으로 직접 만든다. 다른 프랜차이즈 가게들은 소스를 일본 제품을 사다가 희석해서 쓰는 경우가 적지 않지만 말 그대로 육수도 직접 끓이고 미소, 탄탄, 소유도 다 직접 만든다. 된장을 만들 때는 2시간 정도 서서 볶아야 되는데 동생은 그 때문에 어깨가 망가졌다고 하소연할 정도로 힘든 일이다. 문어도 직접 삶고 다들 식기세척기로 하는 설거지도 흐르는 물에 직접 헹군다. 김치는 손님이 아무리 많이 남기셔도 손도 안 대고 다 버린다. 청결과 음식의 맛만큼은 어떤 가게보다 낫다는 자부심이 있다.

'탄'만의 맛이 소문이 나자 어떤 유통회사가 소스를 만들어 납품할 테니 레시피를 알려 달라는 제안을 해왔다. 탄이 소스를 만들고 그곳에서 소스를 공급하는 계약서까지 만들었지만 결국 뒤통수를 맞았다. 가르쳐 준 방법으로 끓인 육수와 다른 소스를 섞어서 몰래 파는 사실을 알게 된 것이다. 하지만 자신의 소스와 값싼 소스를 섞어 파는 그 업체는 결국 망하고 말았다. 사건은 일단락됐지만 맛이란 기술이 아니라 신뢰와 진정성에서 나온다는 사실을 다시 한 번 확인할 수 있었다. 사람은 속일 수 있어도 맛은 속일 수 없기 때문이다.

류 음식은 손님들이 제일 잘 안다. 우리가 숨은 고수라고 부르는 정말 예민한 분들이 굉장히 많다. 그분들은 음식을 조금이라도 잘못 내놓으면 바로 아신다. 그래서 메뉴에 있는 음식은 일단 최고의 재료를 가지고 만들려고 한다.

두 번째 기본, 서비스

하지만 탁월한 '맛'만으로는 부족했다. 맛이란 음식을 파는 가게가 가져야 할 기본일 뿐임을 류 대표는 또 한 번의 실패를 통해 배우게 된다. 선릉역 근처에서 연 가게는 손님들이 줄을 서고 일본인 사업가가 그 맛을 인정할 정도였지만 결국 실패하고 말았다. 무엇보다 주방에서만 일하다 보니 손님들의 작은 불편을 알아차리지 못했던 것이다. 음식만 맛있으면 일본처럼 좁은 자리의 수고도 마다하지 않을 줄 알

> 탄의 작은 성공에는 가식이나 잔기술이 보이지 않는다. 미련해 보일 정도의 정직함과 진정성이 이 브랜드가 가진 모든 것이다.

한국인의 입맛에 맞춘 육수를 비롯한 다양한 레시피는 이자카야 탄만의 맛을 완성시켰다.

았던 그에게는 고통스러운 경험이었다. 역삼동으로 옮겨와 다시 가게를 시작하면서 그는 '맛'을 넘어 '손님'에게 집중하기 시작한다.

류 가장 무서운 손님은 한 술만 뜨고 수저를 내려놓고는 다른 사람들이 먹기를 기다리는 분들이다. 괜히 불안해서 "다른 걸로 해드리겠습니다"고 말해도 "됐어요" 하고는 끝이다. 나름 음식 맛만큼은 자신이 있는 나이지만 사람마다 입맛이 다르기 때문에 언제나 긴장할 수밖에 없다. 그래서 남은 음식은 직접 먹어 본다.

가게를 시작하면서 류 대표는 생각이 많아졌다. 매출이 오르지 않을 때는 더욱 그랬다. 무엇보다 직원들을 그만두게 하거나 월급을 줄일 수는 없고, 맛에 대한 자부심으로 나쁜 재료를 쓸 수도 없으니 다른 방법을 찾을 수밖에 없었다. 그래서 손님을 잘 모시기 위해 어떤 표정을 짓고 어떤 마음가짐으로 일해야 할지를 항상 생각하게 됐다. 심지어 고등학생이나 재수생이 찾아와도 90도로 허리를 숙여 인사했다. 지금도 손님들이 식사 후 계산을 하고 나갈 때면 진심으로 감사의 인사를 드리게 된다. 인사에 깃든 그의 진정성을 손님들이 느낄 수 있다고 확신하기 때문이다. 이러한 깨달음은 이후 체인점을 하나 둘 내주게 되면서 다시 한 번 확인하게 됐다.

류 씨티극장 바로 뒤에 있는 정말 좋은 자리라 가게를 내줬는데 6개월 만에 문을 닫았다. 가서 보니 손님이 없다고 주인은 주방에서 신문을 보고 있고 종업원은 카운터에 앉아 문자를 보내고 있었다. 홀에 손님이 들어오는지조차 모르고 있었다. 처음엔 뭐라 하기도

하고 협박도 하고 술도 한 잔 사면서 달래 보았지만 기본이 안 돼 있으니 결국엔 망하고 말았다.

세 번째 기본, 직원과 가맹주

손님들의 칭찬이 이어지면서 자연스레 가게를 열겠다는 사람들이 찾아오기 시작했다. 류 대표는 동생과 머리를 맞대고 한참을 고민했다. 그리고 모든 노하우를 가맹점에 공개하기로 결정했다. 소스도 정말 중요한 몇 가지 외에는 모두 오픈했다. 재료도 일반 시중가보다 30%나 싸게 공급했다. 하지만 아무한테나 가게를 내주지 않거니와 자리가 좋지 않으면 100% 안 된다고 거절했다.

류 한번은 친구가 인터넷을 통해 알아봤다면서 얼마면 창업할 수 있느냐고 물었다. 그래서 '장사라는 건 재미로 하면 안 된다. 스스로 변화하지 못하면 끝이라는 마음으로 해야 성공한다'고 말해 주고 그냥 가라고 했다. 정말 잠 안 자고 죽을 각오로 해야지 그렇지 않으면 절대로 성공할 수 없기 때문이다.

하지만 그의 꿈은 직원들 모두에게 탄과 같은 가게를 내주는 것이다. 자신이 주방에서 직접 일하면서 추운 겨울날 네 발로 기어 본 적이 있기 때문에 주방이나 홀에서 일하는 직원들이 얼마나 힘든지 잘 알고 있다. 그래서 누구보다도 간절히 직원들의 행복을 바란다. 자신이 행복하면 자신과 같이 일하는 직원들이 행복해질 것이고, 그들이 행복하면 그 가족들도 행복해질 것이고, 그러다 보면 언젠가는 우리나라 전체가 행복해지지 않을까 하는 생각 때문이다.

기본으로 완성되어 가는 탄의 브랜딩

고치는 배추벌레에게는 죽음과도 같은 상태다. 하지만 한 마리의 아름다운 나비로 변하기위해 배추벌레는 고치가 되어야 할 시점에서 망설이지 않는다. 미루는 것은 바로 죽음을 의미하기 때문이다. 자신의 입에서 실을 뽑아 스스로를 묶는다. 자유를 묶고 싱싱하고 맛있는 배춧잎의 기억을 잊어버린다. 류 대표 역시 무책임하고 나태하던 자신의 과거를 '창업'이라는 과정을 통해 모두 지워 버렸다. 과거의 자신을 버리지 못하면 결코 다시 태어날 수 없음을 이미 경험했기 때문이다.

류 세상 보는 눈이 넓어졌다. 무엇보다 사람을 대하는 것이 달라졌다. 이전에는 워낙 다혈질이라 마음에 들지 않으면 주먹부터 나가곤 했다. 그런데 장사를 하면서 인간적으로 많이 성숙해진 것 같

다. 처음엔 손님이라서 함부로 대할 수 없었지만 조금 지나다 보니 누구 위에 있다거나 아래에 있다는 생각 자체가 부질없다는 것을 깨닫게 됐다. 내 모습 그대로를 솔직하게 보여 주는 것이 가장 좋다는 것을 알게 됐다. 그래서 가식과 잘난 체를 많이 버리게 됐다.

하나의 브랜드가 탄생하는 과정도 이와 다르지 않다. 탄의 작은 성공에는 가식이나 잔기술이 보이지 않는다. 미련해 보일 정도의 정직함과 진정성이 이 브랜드가 가진 모든 것이다. 살아남기 위해 전력을 다했고 성장하기 위해 최선을 다했다. 그 과정에서 맛과 서비스, 그리고 직원과 가맹점주들을 위한 기본 중의 기본들이 만들어졌고 지켜졌다. 그것이 탄이 한 노력의 모든 것이다. 그래서 류 대표의 성숙과 탄의 성장을 구분해 설명하기가 어려운 것이다.

최근 들어 이자카야 붐이 일면서 홍대 앞과 같은 젊은이들의 거리엔 이자카야가 두 집 건너 한 집이 생겨날 정도로 넘쳐나고 있다. 따라서 메뉴나 서비스, 심지어는 일본인이 직접 창업하는 것과 같은 다양한 차별화의 시도들이 이어지고 있다. 하지만 '차별화를 위한 차별화'는 순간의 성공을 담보할 뿐이다. 하나의 브랜드로서 소비자들의 뇌리 속에 남기 위한 방법은 의외로 가장 기본적인 것들을 자신만의 원칙을 세워 지켜 가는 것인지도 모른다. 그런 의미에서 이자카야 탄은 창업을 준비하거나 이제 막 창업한 사람들이 눈여겨볼 필요가 있다. 바로 기본에 충실한 것만으로도 특별해질 수 있다는 것, 그리고 그 과정은 눈물겨운 창업자의 자기 극복과 관성 깨기를 통해 이뤄진다는 것이다. UB

 **류재춘** 고교 졸업 후 논현동에서 가구 관련 일을 하다 삼성 할부 금융에서 근무했다. 이후 동부이촌동에 있는 일본 이자카야에서 3년간 일을 배우다가 동생이 먼저 오픈한 '탄탄'이라는 가게에 합류했다. 선릉역 지하에서 처음으로 독립한 다음 대치동, 교대를 거쳐 현재 역삼동에서 이자카야 탄을 운영하고 있다.

창업에 실패하라,
브랜딩에 성공할 것이다

실패를 통해 브랜드로 진화한 소년, 어린왕자

The interview with 어린왕자 대표 김상한

"나의 현재가 성공이라면 그것은 과거의 실패를 통하여 이루어진 것이다.
모든 성공은 실패의 연속선상에 있다." - 혼다 소이치로

창업에서 실패를 먼저 이야기하는 것은 창업자에게 실로 부담스러운 일이 아닐 수 없다. 그런데도 왜 굳이 실패를 언급해야만 할까? 창업에서의 실패는 단순한 실패가 아니라 계획된 과정이며 사격에서처럼 브랜드를 만들기 위해 영점조준을 하는 과정이기 때문이다. 이는 제대로 된 브랜드라는 과녁을 쏘기 위해서는 꼭 필요하다.
그런 면에서 키즈카페 '어린왕자'의 김상한 대표는 여러 번의 영점조준 과정을 통해 지금의 브랜드를 만든 주인공이다. 김상한 대표는 실패 과정을 통해 '아이를 위한 실내 놀이터'라는 개념에서 '엄마를 여자가 되게 하는 곳, 엄마와 아이가 모두 행복한 공간'이라는 업의 재정의를 이루고 기존에는 없던 새로운 니치 시장을 만들어 냈다. 실패를 영점조준 삼아 아이를 가진 엄마들의 숨은 욕구를 발견한 뒤 제대로 브랜드의 과녁에 정조준할 수 있었던 것이다.

스타벅스에서 커피 마시던 그녀, 엄마되다

미국의 유명한 트렌드 전문가인 페이스 팝콘은 그녀의 저서 《클릭! 이브속으로》에서 여성에 대한 마케팅 혁신을 주장하면서 마케터라면 아래의 질문에 답할 수 있어야 한다고 언급했다.

'당신의 분야에서 여성고객을 위한 완벽한 브랜드나 서비스가 언제쯤 가능해질 것으로 기대하는가? 그렇게 되면 현재로서는 제공되지 않는 그 무엇이 등장할 것으로 예상하는가?'

어린왕자의 김상한 대표는 위의 질문에 대한 해답을 자신이 창업한 키즈카페 '어린왕자'에서 찾아냈다.

김상한(이하 '김') 어린왕자가 성공하게 된 결정적 요인 중 하나가 바로 엄마들의 가려운 곳을 긁어 주었다는 것이다. 동화책을 보면 백설공주가 일곱 난쟁이와 우여곡절을 거쳐 왕자를 만나 왕궁에서 행복하게 살았다는 식으로 동화가 끝난다. 하지만 내가 보기에 그건 아니다. 여자가 결혼해서 아기를 낳으면 그때부터 수녀 생활을 해야 된다. 이제 한 살 두 살 된 아기를 데리고 스타벅스에서 커피를 마실 수 있겠는가? 사람들이 '저 아줌마 왜 저래?'하며 흘낏거리지 않겠는가 말이다. 그래서 만들어진 곳이 어린왕자다. 기존에 백화점이나 마트에 있던 실내 놀이터는 아이들만을 위한 곳이지만 키즈카페는 엄마와 아이 모두를 위한 곳이다. 어린왕자의 목적 중 중 하나가 '엄마가 여자가 되는 곳'을 만드는 데 있다.

어린왕자라는 키즈카페의 탄생은 육아에 시달리던 엄마들의 라이프스타일을 바꾸어 놓기에 충분했다. 젊은 날 스타벅스에서 커피를 마시던 아가씨들이 엄마가 되면 아이를 데리고 키즈카페로 가서 아이들은 놀이터 공간에서 놀게 하고 자신은 다른 엄마들과 식사하며 수다를 떠는 곳, 잠깐이라도 육아의 스트레스에서 해방되어 다른 엄마들과 소통하는 곳이 바로 키즈카페인 것이다.

그렇다면 김상한 대표는 어떻게 그리도 아이를 가진 여자의 마음을 잘 알 수 있었을까? 어떤 방법으로 키즈카페라는 시장을 찾아내고 어린왕자라는 브랜드를 창업할 수 있었을까? 이는 전적으로 몇 번의 실패를 통해 브랜드라는 제대로 된 과녁을 찾아내는 영점조준하는 과정에서 비롯되었다.

브랜드를 위한 영점조준

키즈카페의 효시라고 볼 수 있는 실내 놀이터는 1994년에 플레이타임과 정글인이라는 미국형 실내 놀이터가 한국에 들어오면서부터 시작되었다. 당시 레크레이션 강사 출신

으로 어린이를 위한 이벤트회사를 운영하고 있던 김 대표는 플레이타임의 매장 운영교육을 맡으면서 실내 놀이터와 인연을 맺었다. IMF가 터지면서 회사를 접고 잠시 다른 일을 하다가 자신이 원래 즐거워하던 일이 무엇이었는지를 고민한 후 본인이 직접 실내 놀이터를 차리게 되었다.

김 나는 아이들을 데리고 노는 일에는 자신이 있던 사람이다. 그래서 이 사업에도 자신이 있었다. 그런데 결론은, 그야말로 쫄딱 망했다. 망해도 이유는 알아야 하지 않는가. 내가 이 업을 잘못 이해한 것이다. 나는 원래 이벤트 업계에서 유명하고 워낙 잘나갔으니까, 시설이 좀 작아도 내가 애들과 재미있게 놀아주면 손님들이 반해서 나에게 다 올 것이라고 생각했다. 그런데 그것은 완전한 오산이었다. 실내 놀이터 사업은 시설을 자랑하는, 그야말로 규모가 있어야 제대로 된 서비스를 할 수 있는 사업이었다. 길거리에 나앉고 나서 다짐을 했다. 앞으로 내가 다시 이 사업을 한다면 작은 규모라도 절대로 망하지 않을 시스템을 만들겠다고.

실패의 후유증은 생각보다 컸고 그는 6개월간 집에서 은둔(?)하며 부인을 대신해서 육아를 맡았다. 그 과정에서 아이를 키우는 대한민국 엄마들의 입장과 육아 스트레스를 제대로 이해하게 되었고 실내 놀이터에 아이뿐 아니라 엄마들을 위한 배려가 있어야겠다는 생각을 하게 되었다. 하지만 그 후로 바로 엄마들을 위한 키즈카페가 탄생한 것은 아니었다. 〈그림 1〉에서 보듯 여러 번의 시도와 영점조준을 통해 지금의 어린왕자와 같은 키즈카페의 형태를 도출할 수 있었다.

피터 드러커는 그의 저서 《미래사회를 이끌어가는 기업가

정신》에서 경영자의 예상치 못한 실패의 중요성에 대해 언급하면서 실패의 사건이 혁신 기회의 징후일 수 있으므로 진지하게 취급해야 한다고 조언한 바 있다. 예상치 못한 실패가 그토록 풍부한 경영 혁신의 원천이 되는 이유는 그것이 우리의 선입관, 가정, 그리고 신념을 뒤흔들어 우리를 각성케 하기 때문이다. 이는 계획된 실패든 전혀 예상하지 못한 실패든 그 과정에서 반드시 배울 수 있는 점이 있으며, 다음 기회에 접목시켜 새로운 기회를 만들 수 있다는 당연하지만 받아들이기 쉽지 않은 교훈을 던져 준다.

김 몇 번의 시행착오를 통해 브랜드를 만드는 과정은 마라톤이라는 것을 깨달았다. 누군가는 열 번을 시도했는데 그중 여덟 번을 실패했다면 완전한 실패라고 생각한다. 나는 그렇게 생각하지 않는다. 여덟 번은 시행착오일 뿐이며 그만한 희생을 치르면서 두 번의 성공을 고르는 것이라고 본다. 처음에는 문화센터 형식의 교육센터를 접목했는데 기대만큼 매출이 나오지 않았다. 왜 수익이 안 나올까 연구했더니 대한민국 엄마들은 교육을 시키려면 제대로 시켜야지 이런 어중간한 형태로는 교육이 될 수 없다고 생각하더라. 또 밖에서는 신나게 기차가 지나가고 다른 아이들이 공놀이를 하고 있는데 안에서 교육한다고 집중이 되겠는가 말이다. 그래서 다시 재조준해서 새롭게 시도한 것이 동적인 놀이교육이었다. 미니축구장과 수영장을 설치하고 축구수업, 어린이 재즈댄스 등 활동적인 교육 프로그램 넣었더니 그야말로 대성공이었다.

창업자는 천재지변 등 예기치 못한 변화로 실패를 경험하는 수도 있다. 하지만 이 또한 창업자가 브랜드에 대한 비전과 목표만 확실하다면 최종적인 '브랜드'라는 과녁을 맞히기 위한 영점조준이 될 수 있다. 미니축구장과 수영장을 갖추려면 적어도 300평 이상 되는 공간이 필요한데 노무현 정부 말기에 부동산 값이 폭등하는 바람에 상업성이 떨어지게 되자 김 대표는 완전히 새로운 시도를 하게 된다. 적은 평형대에서도 아이들이 놀며 엄마들까지 즐길 수 있는, 즉 소규모 실내 놀이터에 카페를 접목시키는 키즈카페 형태를 시장에 내놓은 것이다.

김 집에서 육아를 해본 경험을 토대로 스누피랜드를 운영하면서 엄마들이 쉴 수 있는 작은 공간을 만들어 보았다. 반응이 예상 외로 좋아서 아! 이거다, 생각하게 되었다. 그래서 오렌지나무를 만들 때는 아예 컨셉을 바꾸어 실내 놀이터 형태에서 카페 형태로 바꾸고 원두커피, 빵, 음료수, 간단한 인스턴트 음식 등을 비치했다. 처음엔 엄마들이 "여기가 카페야? 식당이야? 놀이방이야?" 하고 의아해하더니 한 번 와 본 후에는 커피 마시고 수다 떠는 시간을 만족스러워했다. 3개월 후부터 매출이 올라가는데 60평 매장에 거의 150평 대의 매출이 나오는 것을 보고는 아이를 키우는 엄마들이 무엇을 원하는지 피부로 느꼈다. 그래서 실내 놀이터 형태에서 키즈카페 형태로 가야겠다고 마음을 굳혔다.

실패, 비전이 안내하는 브랜드의 진화과정

김상한 대표가 여러 번의 실패와 시도 끝에 이제 자신의 브랜드인 어린왕자를 런칭시키고 여기에서 끝났다면 그의 창업 스토리는 다소 시시할지도 모른다. 그러나 그에게는 어린왕자를 창업한 이후에도 여러 번의 실패가 기다리고 있었고 그는 이를 다시 영점조준해서 지금의 버전을 만들어 냈다. 그는 이 모든 것이 브랜딩을 완성해 가는 진화의 과정이라고 이야기하고 있다.

김 어린왕자 초기에는 원두커피와 간단한 인스턴트 음식 등을 팔았는데 엄마들이 음식에 불만을 제기하며 퀄리티 있는 제대로 된 음식을 요구했다. 그래서 분당점을 오픈할 때부터 아예 웨스턴조선의 컨설팅을 받아서 진행했다. 그 후에는 아예 자체 요리사를 통해 음식을 체계화, 시스템화 시켰다.

어린왕자는 이를 계기로 또 한 단계 진화했다. 단순한 키즈카페가 아니라 빕스VIPS 수준의 패밀리 레스토랑을 지향하며 조미료가 들어가지 않은 친환경 요리로 음식의 질을 상향평준화시켰다. 그러자 전체 매장의 매출이 어느 정도 평준화되기 시작했다. 더욱 획기적인 것은 엄마들의 요구에 부응한 음식 판매로 새로운 수익 모델을 발견했다는 점이다. 예를

이름	사격 및 영점조준	결과 및 요인	가늠장치 조정
스누피 랜드	문화센터 형식의 놀이터 시도 : 실내 놀이터에 문화센터 형식의 교육 프로그램을 접목	활동적인 놀이터에 퍼즐교실, 종이접기 교실 등 정적인 교육프로그램을 실시하자 아이들이 집중을 못함	정적인 교육에서 동적인 교육으로 변화 시도
점프하이	군포에 300평 규모의 대규모 놀이터 설치 – 동적인 교육을 위해 미니축구장, 미니수영장을 만듦, 동적인 놀이교육으로 축구, 농구, 어린이 재즈댄스 등을 실시	초기의 반응 폭발적 그러나 부동산 폭등으로 인해 300평의 놀이시설 창업은 상업성이 떨어짐	작은 규모에서도 성공할 수 있는 실내 놀이터, 즉 카페 형태의 실내 놀이터로 변화 시도
오렌지 나무	60평 정도 공간의 실내 놀이터에 엄마들의 카페 공간을 설치 – 엄마들을 위한 티테이블, 원두커피 등을 판매	엄마들의 엄청난 호응으로 60평 공간에서 150평 규모의 수익을 창출	어린왕자라는 키즈카페 브랜드의 시초가 됨

〈그림 1〉 어린왕자 브랜드가 나오기까지의 영점조준 과정

키즈카페 어린왕자는 아이들의 놀이터인 동시에 엄마들의 휴식공간이기도 하다.

들어 한 매장은 놀이터 입장료로 벌어들인 수익이 1,500만 원이라면 음식 수익이 4,500만 원을 넘어선 것이다. 이로써 김 대표는 단순한 키즈카페를 넘어서 아이를 동반한 패밀리 레스토랑의 꿈을 그리고 있는 중이다.

어린왕자의 영점조준 과정은 여기서 끝일까? 또다시 예상치 못한 복병이 발생했다. 2009년에 신종플루의 대유행으로 매장의 전체 매출이 많게는 50%까지 곤두박질친 것이다.

김 키즈카페는 어린 유아들이 다니는 곳이니까 사스나 신종플루 등 전염병이 유행하면 그야말로 취약이었다. 그래서 고민하고 연구한 끝에 자외선 살균 시스템을 도입했다. 주로 병원 수술실에서 갖추고 있는 설비인데 키즈카페 전체를 하루에 5번 정도 자외선 살균을 통해 세균을 잡아주는 역할을 한다. 또한 풀무원 푸드머스와 제휴해서 공기의 질을 잡아 주는 서비스를 받고 있다. 이 서비스를 통해서 포름알데히드 수치를 기준치의 3분의 1까지 줄이게 되었다. 엄마들이 좋아하는 것은 두말할 나위 없다.

제러드 J. 텔리스는 《마켓 리더의 조건》에서 시장의 발전을 자세하게 연구해 보면 운은 아주 작은 역할만 할 뿐 사람과 사건이 합쳐져서 문제가 일어나고 해결책이 나온다고 했다. 그는 또한 그 해결책을 찾아내고 그것을 추진하는 것은 끈기 있는 비전이 있어야 가능하다고 했다.

예상치 못한 이러한 위기에서 김상한 대표는 또 어떤 것을 얻었을까? 브랜드 창업에서 실패는 다시금 업의 가치를 재조명하게 하고 브랜드의 비전을 더욱 공고하게 만드는 역할을 한다. 어린왕자의 김 대표는 이번을 계기로 엄마와 아이가 함께 행복할 수 있는 공간을 만들겠다는 비전을 새삼 확신했으며 친환경 카페라는 브랜드의 가치까지 얻게 되었다고 했다. 이는 그에게 키즈카페에 대한 자기만의 분명한 비전이 있기에 가능한 일이지 않았을까?

브랜드를 만드는 일은 마라톤과 같다. 단거리 경주처럼 초반에 모든 것을 걸어 전력 질주 하면 중도 탈락할 가능성이 높다. 브랜드 창업에서는 긴 호흡을 가지고 자신의 계획에 따라 선택과 집중을 통해 과녁에 총을 겨누어야 한다. 이때 과녁을 빗나간 총알은 실패가 아니라, 정 중앙을 맞히기 위한 영점조준의 과정일 뿐이다. 우리가 할 일은 다시 쏠 총알을 준비하는 것이다.

어린왕자의 김 대표 또한 세 번의 실패를 통해 영점조준 하고 여기서 얻은 교훈으로 가늠장치를 조정했다. 그래서 자신만의 브랜드인 키즈카페 어린왕자를 탄생시켰다. 그는 영점조준을 위해 쏜 세 발의 총알도 자신의 브랜드 역사에 귀한 자료가 되어 훗날 이 업의 후배들이나 직원들에게 유산으로 남을 것이라는 것도 알고 있는 '멀리 보는' 사격수였다. UB

김상한 서일대에서 레크레이션을 전공했다. 졸업 후 유아관련 다양한 레크레이션 및 이벤트 행사를 주관했으며 미국형 실내 놀이터인 플레이타임의 매니저를 지낸바 있다. 이후 '한국 실내 놀이터 운영자협회'를 개설하고 무료로 실내 놀이터의 기획 및 컨설팅을 해주며 키즈카페 어린왕자를 창업했다.

*Deeper Reference 불과 200여 페이지정도의 짧은(?) 이번 호에서는 마니아들의 특성을 깊숙이 소개하지 못해 안타까움이 인다. 보통 얼리어답터들의 성향이 강한 브랜드 창업 초기의 뱀파이어(다른 이들에게 브랜드의 매력을 감염시킨다는 의미에서) 역할에 대해 못다한 이야기는 유니타스브랜드 Vol.2 '브랜드 뱀파이어'에 미리 담아두었다. 그리고 그들에 의해 24시간 ON 되어있을 당신 브랜드의 미래 모습이 몹시 궁금하다면 Vol.11 'ON-Branding'에서 그 잔영을 엿볼 수 있을 것이다. 그렇다면 이런 브랜드를 어떻게 만들 것인가에 대해 궁금할 지 모르겠다. 브랜드 뱀파이어를 지속적으로 양성해내며 더 깊은 중독의 코드를 전이시키는 기묘한 브랜드에 대해서는 Vol.12 '슈퍼내추럴 코드'에서 확인할 수 있다.

References for G6·G7

분명 누군가는 당신에게 손을 내밀 것이다. 당신의 창업 아이디어에 동조하고 격려하며, 때로는 쓰라리지만 충언으로 당신을 응원하기도 할 것이다. 그들이 창업 후 당신이 만나게 될 고마운 존재, 마니아다. 하지만 그들을 만날 때에도 조심해야 할 몇 가지가 있다. '마니아의 관계에서 지켜야 할 것들(G6)'에서 그 기준을 알아보자. 여기에 한 가지 더 추가하고픈 불변의 진리 하나가 있다면 당신은 그런 마니아뿐 아니라 모든 고객에게 '슈퍼을$^{Super Z}$(G7)'이 되야 할 필요가 있다는 것이다. 그렇다고 이것이 '손님은 왕'이니까 그들의 비위를 극진히 맞춰야 한다는 의미는 아니다. 숨겨진 진짜 의미는 앞으로 소개될 브랜드에서 찾아보자.

132	3C의 함수를 풀어 낸 창업 몬스터, 티켓몬스터
140	드림^{Dream} 드림^{Give}, 가배두림
148	마니아가 완성하는 창업 레시피, 마미
156	서로의 바람^{wish}을 휘파람 소리로, 숲소리

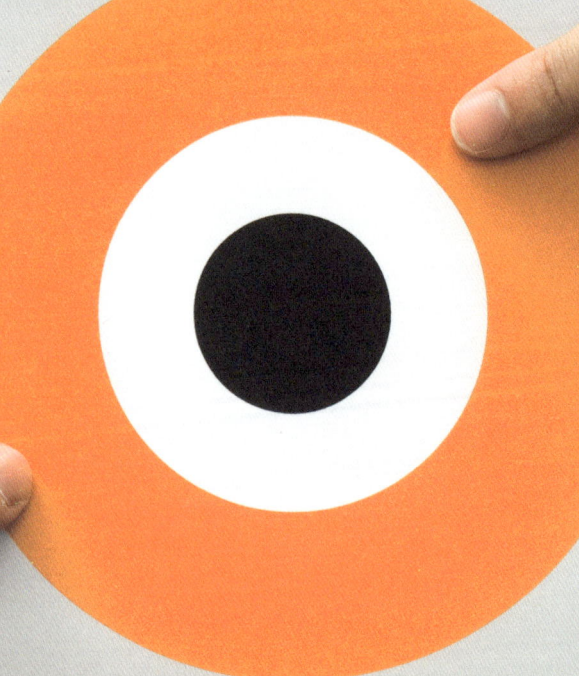

Client, Consumer, Colleague의 Win-Win-Win 전략
3C의 함수를 풀어 낸 창업 몬스터, 티켓몬스터

The interview with 티켓몬스터 대표 신현성,
지역본부장 정규화, 브랜드 과장 임이랑

영국 와튼스쿨을 졸업하고 맥킨지 컨설팅에서 활동하던 CEO를 비롯하여 카이스트, 서울대 등 소위 명문대를 졸업한 사원들, 이들의 평균 연령 27.5세, 창업 6개월 만에 매출 100억 원 돌파, 5명으로 시작한 회사는 현재 250명의 회사로 급성장. 포털 사이트에 '티켓몬스터'라는 검색어를 넣어보면 말 그대로 수많은 '이슈'들이 등장한다. 이렇듯 티켓몬스터는 늘 화제의 중심에 서 있다. 사실 1년도 채 되지 않은 브랜드에 대해 어떤 평가(?)를 내린다는 것은 다분히 시기상조일 수 있다. 게다가 '소셜커머스'라는 아직 검증(?)되지 않은 분야에서는 더더욱 그렇다. 그럼에도 불구하고 우리가 티켓몬스터를 주목한 이유는 그들이 만들어 낸 이슈가 아니라, 이슈를 만들어 낸 '진실' 때문이었다. 하버드대학 경영학과 교수인 시어도어 레빗은 "비즈니스의 참 목적은 고객을 발견하고 그것을 유지시키는 일이다"라고 말했다. 이것이 바로 그들이 이슈를 만들어낸 '진실'이다. 자, 지금부터 시작이다.

신현성(이하 '신') 많은 분들이 왜 맥킨지 컨설팅에서 나왔냐고 묻는다. 이유는 단 하나였다. 내가 아무리 일해도 맥킨지 컨설팅은 단 1cm도 움직이지 않는다는 것이었다. 난 내가 무언가를 변화시킬 수 있는 일을 하고 싶었다.

처음부터 티켓몬스터(이하 '티몬')를 하려고 한 것은 아니었다. 그렇기에 티몬을 통해 이루고자 하는 비전이 있었던 것은 더더욱 아니었다. 단지 자신만의 비즈니스를 만들고자 하는 욕구가 더 컸다. 미국에서 그루폰을 시작으로 소셜커머스 시장이 성공적으로 안착하면서 그루폰의 비즈니스 모델을 한국으로 옮겨 오려고 했을 무렵, 신 대표는 자신이 무엇을 해야 하는지 어렴풋이 감®이 잡히기 시작했다고 고백했다. 그 감은 사이트 오픈 4개월 만에 손익분기^{BEP}를 달성하게 했으며, 6개월 만에 100억 원 매출을 달성하는 결과를 낳았다. 그러나 이것은 티몬의 성공을 말하는 것은 아니다. 그들이 말하는 이 수치가 의미하는 것은 이것이기 때문이다.

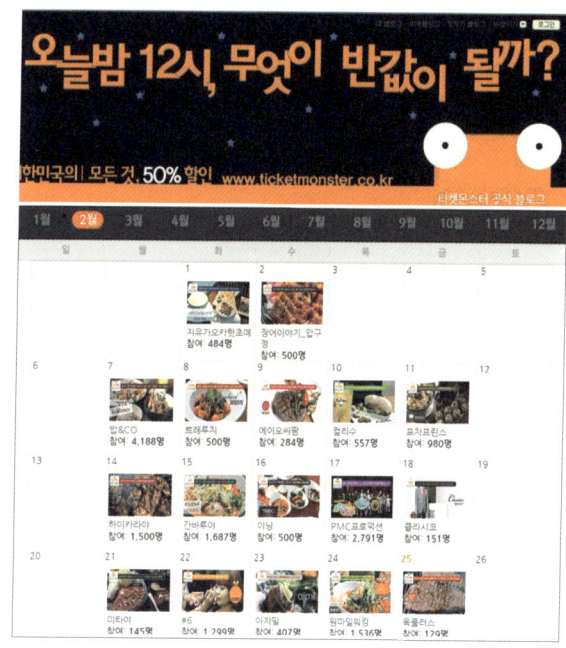

신 그간 1,000개가 넘는 업체들을 만났다. 이 수치는 바로 그들의 성공을 말해 주는 수치다.

이것이 바로 티몬이 이슈를 만들게 된 남들과 다른 그들만의 DNA다. 티몬이 생겨난 이후로 국내 소셜커머스 시장에는 티몬과 유사한 비즈니스 구조를 가진 사이트들이 생겨났다 곧 사라지곤 했다. 수많은 사이트들이 등장과 퇴장을 반복하고 있음에도 불구하고, 티몬이 부동의 1위를 꿋꿋하게 지킬 수 있었던 이유는 바로, 그들은 그들 자신이 아니라 그들의 도움을 필요로 하는 누군가를 바라보았기 때문이다.

"당신의 성공을 돕습니다"
티몬은 하루에 한 업체를 선정해 티몬의 공식 홈페이지를 통해 그 업체에서 판매되는 단일 품목에 대해 50% 내외의 할인 티켓을 판매한다. 물론, 할인 티켓은 일정 인원이 되어야만 제공된다. 겉으로 보기에는 우리가 익히 알고 있는 공동 구매와 비슷한 것처럼 보이지만, 조금만 들여다보면 티몬이 바라보는 지점은 전혀 다른 곳이라는 것을 금세 알 수 있다. 바로 티몬은 스스로를 중소기업들의 '홍보 채널'이라고 생각한다는 것이다. 그것도 좋은 컨텐츠를 가지고 있지만 홍보 방법을 모르는 중소기업 말이다.

신 티몬을 준비하면서부터 티몬을 단지 할인 티켓을 판매하는 곳이라 생각하지 않았다. 티몬의 존재 이유는 중소기업 사장님들의 성공을 돕는 것이며, 티몬은 그들의 꿈을 실현해 주는 서포터라고 생각했다. 그렇기 때문에 이곳은 분명 영세한 중소기업들의 좋은 홍보 채널이 될 거라고 생각했다. 물론, 처음에는 많은 이들이 이것에 동의하지 않았다. 그저 비전은 비전일 뿐이라고 했다. 그러나 우리는 이 비전이 옳다고 생각했고 그것을 실천해 나갔다.

그들이 옳다고 믿은 이 비전은 그들을 남들(동종업계의 다른 브랜드)과는 다른 방향으로 이끌었고, 그것은 고객(중소기업 사장)에게 차원이 다른 서비스를 제공하게 했다. 그 시작은 앞서 말한 좋은 컨텐츠를 가진 중소기업을 찾는 것에서부터 시작된다. 이것은 단순히 제품의 질만을 얘기하는 것은 아니다. '깐깐하다'는 말이 꼭 맞을 정도로 제품은 물론이거니와 업체의 철학에서부터 조직의 운영에 이르기까지 모든 것을 꼼꼼하게 체크한 후 그들이 생각하는 일정 정도의 기준을 넘었을 때만 계약을 맺는다. 그래서 한 번의 만남으로 쉽게 업체를 결정하지 않는다. 족히 세 번은 만나야 그들의 컨텐츠를 평가할 수 있는 눈이 생기기 때문이다. 그래서 세 번째 만남에서 어쩔 수 없이 계약을 할 수 없다며 정중하게 거절하는 일도 종종 생긴다.

정규화(이하 '정') 한번은 호텔 내에 있는 한 브런치 카페와 돈가스 전문점의 계약을 동시에 진행하게 되었다. 브런치 카페의 경우 음식의 질도 좋았고 호텔에 있는 만큼 서비스도 훌륭했다. 그런데 딱 하나, 의사결정 과정이 너무나 복잡하다는 것이 문제였다. 이렇게

될 경우, 이곳을 찾은 손님이 뭔가에 컴플레인을 했을 때 그것을 처리하는 과정이 복잡해지는 결과를 가져온다. 반면 돈가스 전문점은 음식의 질도 좋았지만 무엇보다 이것을 만드는 사장님의 마인드가 좋았다. 돈가스 하나를 만들어도 정직하고 성실하게 만들고 있다는 게 몸으로 느껴졌다. 수익인인 면에서 보면 브런치 카페와 계약했을 경우 돈가스 전문점보다 몇 배는 더 우리에게 이익이 돌아온다. 그러나 결국에 나는 돈가스 전문점을 선택했다.

이제부터 본격적으로 티몬만의 고객 서비스가 시작된다. 바로 그들이 (깐깐하게) 선택한 고객인 업체를 위한 맞춤형 컨설팅이 그것이다.

"사장님에게 가장 필요한 것은 무엇일까?"

정 계약이 진행되면 그때부터 생각하는 것은 '사장님이 가장 원하는 것은 무엇일까?'와 '사장님에게 가장 필요한 것은 무엇일까?'다. 전자는 사장님의 입장에서, 그러니까 업체의 입장에서 업체가

> 티몬은 중소기업 사장님들의 성공을 자신의 비전으로 삼고, 자신들은 그들의 성공을 돕는 서포터라는 것을 절대 잊지 않는다.

앞으로 만들어 나갈 비전이 무엇인지 생각하는 거다. 후자는 업체를 찾는 고객의 입장에서 생각한다. 업체도 잘 모를 수 있는 고객의 마음으로 이 업체를 바라보는 거다. 이 두 가지를 출발선상에 놓고 업체의 현재 상태를 꼼꼼하게 관찰한다. 만약 음식점이라면 가장 잘 팔리는 메뉴와 안 팔리는 메뉴는 무엇인지, 왜 이 메뉴는 잘 안 팔리는지, 또 손님의 회전율은 어느 정도인지, 어떤 때 손님의 방문률이 낮은지 등 어떤 것도 놓치지 않고 샅샅이 관찰한다. 그리고는 이 업체가 지금 무엇을 해야 할지를 파악한 후 그것에 맞춰서 사장님께 티켓의 버짓budget에 대한 제안을 한다. 예를 들어, 이 시간대에 손님의 방문을 늘려 보자, 혹은 이 메뉴에 대해서 중점적으로 타깃 마케팅을 펼치자 등으로 말이다.

만약, 티몬이 단지 티켓 판매에만 관심이 있었다면 이런 작업은 사실상 프로세스에서 불필요한 단계다. 그 가게에서 소위 가장 잘나가는 메뉴 혹은 상품을 콕 찍어 그것을 티몬 사이트에 올리면 그만이다. 그러나 장기적으로 보았을 때 이

것은 업체에게 치명적인 독이 될 수도 있다는 것을 티몬은 너무나 잘 알고 있었다. 손님들은 그 메뉴 혹은 상품이 좋아 방문했을 뿐, 그 업체가 좋아서 방문한 것은 아니기 때문이다. 그렇다면 티몬의 티켓 서비스가 끝나면 그 업체를 재방문할 가능성은 매우 낮다. 결국 업체는 이곳을 통해 그야말로 '반짝 이벤트'를 한 것에 불과하며, 업체의 인지도를 높이거나 더 나아가 브랜딩을 하는 것에는 실패한 것이 된다. 게다가 이러한 실패는 티몬과 고객에게도 부메랑처럼 고스란히 되돌아온다. 티몬은 티켓 판매 회사로 전락(?)하게 되며, 고객은 자신이 방문한 업체에서 누려야 할 것을 제대로 못 누리게 되기 때문이다. 결국에는 모두에게 lose-lose-lose다. 그런데 이 과정은 업체와 티몬 사이에 '신뢰'가 없으면 절대 이루어질 수 없다. 그래서 티몬은 소위 사장님의 마음을 얻는 것을 어떤 것보다 우선순위에 놓는다. 그러나 이것은 소위 비유 맞추기와는 전혀 다르다. 오히려 "우리는 당신의 성공을 진심으로 돕고 싶습니다"라는 자신들의 진정성을 표현하는 정공법을 택한다. 그럴 때면 업체의 사장들은 자신들의 숨겨진(?) 가족사까지 털어놓으며 그 진정성에 화답한다고 한다. 그러나 핵심은 이것이다. 결국 그들의 진정성은 업체의 성공을 '실제로' 돕는 기적을 낳는다는 것.

정 청담동에 있는 한 카페와 계약을 하게 되었다. 질 좋은 커피는 물론이고, 특별한 디저트가 많은 곳이었다. 그만큼 가격대도 굉장히 높았고, 게다가 지리적인 위치도 좋지 않아 손님들의 방문이 현저하게 낮은 곳이었다. 우리는 이 카페의 사장님에게 커피와 디저트를 묶은 베스트 패키지를 만들면 어떻겠냐고 제안했다. 티켓을 사는 사람들은 대부분 처음으로 이 카페를 방문하는 사람들일 거라고 예상되었기 때문이다. 그래서 이 카페가 가지고 있는 최대 강점인 커피와 디저트를 동시에 맛보게 할 수 있는 메뉴가 필요했다. 사장님이 처음 우리에게 보여 준 패키지는 내가 고객으로서 보았을 때 그다지 매력적이지 않았다. 그래서 다른 패키지를 만들어 줄 것을 부탁했고, 그 후 일곱 차례나 방문한 끝에 정말 '베스트라고 여겨지는 패키지가 탄생했다. 이 패키지로 티켓을 꾸며 홈페이지에 올렸다. 티몬에서 이 티켓이 판매된 후 카페의 매출은 20% 정도 상승했다. 그런데 더 놀라운 것은 이것을 계기로 이 카페가 브런치 카페로 유명세를 타기 시작했고, 신사점과 강남점에 2, 3호점을 열게 되었다는 것이다. 사장님이 우리 덕분에 자신의 오랜 꿈인 프랜차이즈를 가지게 되었다며 너무나 고마워 하셨다. 우리 카페에 오면 언제나 공짜로 주겠다는 말도(웃음).

앞서 "우리가 옳다고 생각했다"고 얘기한 신 대표의 말이 진실인 이유가 바로 이것이다. 티몬은 중소기업 사장님들의 성공을 자신의 비전으로 삼고, 자신들은 그들의 성공을 돕는 서포터라는 것을 절대 잊지 않는다. 그 결과, 그들의 비전이 '현실'이 되는 순간을 목도하게 되었다.

그러나 이 모든 것이 하루아침에 이루어진 것은 아니다. 그만큼 강도 높은 시행착오가 있었다는 것의 방증이다. 티켓의 최대 수량을 너무 크게 잡아 하루에 소화할 수 있는 손님의 수보다 훨씬 더 많은 손님이 몰려와 결국 티켓 판매를 중단해야 했던 신 대표의 말을 빌리면 "정말 뭘 몰랐던" 시절도 있었다. 이러한 문제에 부딪칠 때마다 티몬은 직접 몸으로 부딪치며 답을 찾아나서는 방법을 택했다. 역시 정공법이다.

"당신의 고객이 우리의 고객입니다"

신 몸으로 부딪쳐서 알 수밖에 없었다. 왜냐하면 이런 사업이 우리나라에서는 처음이기 때문에 전례가 없지 않은가. 한번은 꽃집과 계약을 하게 되었는데, 하루에 100개가 넘는 주문이 몰렸다. 그런데 꽃집의 인력은 단 두 명밖에 되지 않았다. 자연스럽게 손님들의 컴플레인이 들어오기 시작했다. 그래서 나와 직원들이 직접 꽃집으로 가서 함께 꽃포장을 하지 않으면 안 됐다. 이런 경험을 통해 많이 팔리는 게 중요한 것이 아니라 업체가 효율적으로 일할 수 있는 프로세스를 만들어 주는 것이 중요한 것임을 배웠다. 그 일이 있은 후 계약을 할 때면 업체에게 손님이 이 정도로 많이 몰릴 수 있으니 아르바이트생을 몇 명 정도 더 채용해야 하고, 재료는 어느 정도 더 준비해 놔야 하며, 손님들이 많이 몰릴 때면 이렇게 서빙을 해야 하며… 등의 세부적인 것까지 미리 알려 준다.

사실, 따져 보면 업체에 서빙 직원이 모자란 것도, 재료가 모자라 음식이 제대로 준비되지 않는 것도, 서비스 정신이 낮은 것도, 모두 업체의 책임이다. 그럼에도 불구하고 티몬이 이런 디테일한 것까지 챙기는 진짜 본심(?)은 무엇일까. 신 대표의 답변은 너무나 간단명료했다. "다른 업체보다 더 많은 고민과 생각을 하기 때문에." 여기에는 이 말이 생략되어 있다. '고객 경험', 그러니까 이 업체를 방문한 손님들의 경험에 대해 더 많은 고민과 생각을 한다는 말이다.

신 홍보라는 것은 그저 우리 사이트에 업체를 올리는 것에서 끝나는 것이 아니라 소비자 경험까지, 끝까지 모든 것을 관리해줘야 하는 것이다. 그래서 회사 내에 CS팀이 존재한다. 이 팀은 결과적으로 티몬의 팀이 아닌 업체의 팀이다. 티몬 사이트에서 티켓이 판매되기 시작하면 소비자들은 업체가 아니라 우리에게 문의를 해오기 때문이기도 하지만, 우리와 계약하는 대부분의 업체들은 CS

팀이 전무할뿐더러 그 개념에 대해서도 잘 모른다. 그런데 소비자들은 이러한 미묘한 차이에서 업체에 대한 충성도가 확연하게 달라진다. 그래서 티켓이 판매됨과 동시에 우리는 전화 응대는 물론이거니와 사이트에 고객센터를 따로 두어 고객의 문의에 일일이 답해주고 있다.

이러한 고객 응대 서비스는 또 하나의 티몬만의 유별남이다. 왜냐하면 우리가 흔히 알고 있는 소위 Q&A 식의 심심한 고객 응대 서비스가 아니기 때문이다. 물론 간편하게 질의 응답을 할 수 있는 게시판도 있기는 하다. 그러나 소비자들이 즐겨 접속하는 게시판은 따로 있다. 다름 아닌, 그들 자신의 '이름'을 걸고 고객 응대에 나서는 티몬 토크가 그것이다.

임이랑(이하 '임') 티몬 토크라는 게시판이 있는데, 여기서는 티몬 직원들이 자신들의 아이디를 직접 달고 댓글을 달아 준다. 실명이 아닐 뿐이지, 저 누구입니다, 하는 것을 밝힌 것과 똑같다. 1:1 서비스인 셈이다. 그러다 보니 소비자들이 더 친근함을 느낀다. 그래서 직원의 아이디를 직접 호칭하며 토크가 진행되는 경우가 많다. 예를 들어, 지난번 딜^{deal}한 업체도 마음에 들었는데 그 직원이 딜^{deal}한 업체라고 하니 믿고 이 티켓을 구매해 보겠다는 등 말이다. 티몬의 직원들 또한 자신들의 아이디를 직접 달고 응대하는 만큼 굉장히 솔직하고, 진실하게 답변을 달게 된다. 그러다 보니 티몬 토크에서 오고 가는 정보에 대해 소비자들은 굉장한 신뢰를 표한다.

고객 경험이란 고객이 문을 열고 들어오는 순간부터 최종 영수증을 받는 순간까지 고객이 체험하는 기업의 모든 활동을 말한다. 알디^{ALDI}의 창업자이자 경영 컨설턴트인 칼 알브레히트는 "고객 경험을 형성하는 데 다양한 요소가 많지만, 가장 강력한 인자는 사람"이라고 했다. 그러면서 그는 이러한 사람의 힘을 보여 주는 곳은 다름 아닌 콜센터와 같은 고객 응대팀이라고 얘기한다. 이런 의미에서 티몬이 하고 있는 CS팀은 소비자들로 하여금 업체에 대한 고객 경험을 극대화해주는 장소인 것이다. 결국 티몬이 파는 것은 단순한 할인 티켓이 아니다. 그것은 '이 업체는 당신이 지속적으로 관계를 맺어도 좋을 믿을 수 있는 곳입니다'라고 서명을 한 후

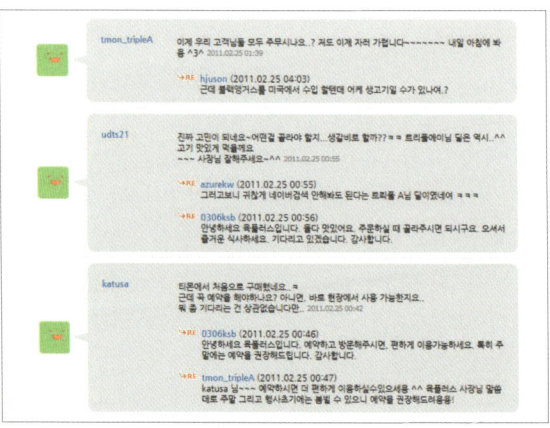

업체들의 CS팀 역할을 하고 있는 티몬토크.

비자에게 발행한 보증수표인 것이다. 종국에는 다시 이들의 비전으로 돌아간다.

신 어떤 스테이크 집과 계약을 하게 되었는데, 그곳은 나이가 지긋한 두 분의 사장님이 함께 운영을 하고 있었다. 음식 수준이 상당했다. 그런데 대로변이 아닌 골목에 있다 보니 손님들의 방문이 뜨문뜨문 했다. 그렇지만 두 사장님은 그저 손님을 기다릴 뿐 아무것도 할 수 없다고 하셨다. 그런데 이런 사장님이 이 두 분만이 아니다. 대부분의 중소기업들, 그보다 더 작은 가게들은 어떻게 자신들을 알려야 할지를 잘 모른다. 고작 아는 건 전단지를 만들어 돌리는 건데 전단지는 땅에 버려지기 일쑤 아닌가. 그래서 티몬이 그들의 성공을 돕는 것이고, 그 방법은 바로 지금처럼 그분들의 커뮤니케이션 채널이 되어 드리는 것이다.

티몬은 어느 순간에도 자신들이 왜 존재하는지에 대한 그 이유를 잊어버리지 않았다. 이러한 브랜드에 대한 그들의 철학은 업체를 선정하는 것에서부터 계약, 그리고 티켓이 판매되어 소비자들이 티켓을 사용하는 전 과정에 걸쳐 일관성 있게 나타났다. 그 결과 중소기업들은 티몬을 통해 자신의 존재를 알리는 계기가 되고, 이것은 또다시 소비자들에게 좋은 컨텐츠를 가진 업체들을 경험할 수 있는 기회를 제공하게 되며, 결국에는 티몬의 브랜딩을 강화시키는 선순환 사이클을 만들어 냈다. 이것이야말로 Win-Win-Win이다. 이 모든 것의 시작은 남들과는 다른 출발점에서 시작했기에 이룰 수 있었던 것이다. 그렇다면 이쯤에서 한 가지 궁금증이 생길 것이다. 자기다움을 통해 구별짓기를 해 나가는 것이 브랜딩이라면, 티몬처럼 그러한 차별점만 가지고 있다면 모두 브랜드 창업에 성공하는가, 이다. 물론 아니다. 우스갯 소리로 세상에서 숨길 수 없는 것이 두 개 있는데 하나

는 감기고, 다른 하나는 사랑이라고 한다. 자신이 하고 있는 일을 사랑하는 사람은 그것을 결코 숨길 수 없다. 이것이 바로 서두에서 말한 티몬을 1년도 채 되지도 않은 시간에 이 같은 이슈를 만들어 낸 근본적인 '진실'이다. 바로 직원의 헌신 말이다.

"우리는 모두 이곳에 왜 있는지 알고 있다"

임 여기에 있는 우리는 모두 우리가 이곳에서 왜 일하는지 알고 있다. 그것을 모르는 사람이나, 혹은 동의하지 않는 사람들은 대부분 퇴사했다.

아직 1년이 되지 않은 회사의 직원이 할 수 있는 말치고는 대단히 과감하다(비장하기까지 하다). 그럼에도 불구하고 이 말이 그저 치기가 아니라 진정으로 느껴지는 이유는 이렇게 말하는 직원이 비단 이 한 사람만이 아니라는 것이다. 게다가 그들이 알고 있다는 그 이유는 마치 약속이라도 한 듯 신현성 대표가 말한 것과 정확하게 일치했다.

임 대표님으로부터 "티켓몬스터가 존재하는 이유는 단 하나다. 중소기업 사장님들의 성공을 돕는 것이다"라는 비전을 들었을 때, 이 조직이 굉장히 큰 비전을 가지고 있고, 그 비전이 무척이나 건강하다는 생각이 들었다. 왜냐하면 인터넷을 기반으로 하는 브랜드들의 경우 전부는 아니지만, 초반에 성공을 한 후 M&A를 하는 경우가 많지 않나. 그러나 대표님은 너무나 분명하게 말했다. 우리는 돈을 벌 생각이 없다. 그렇기 때문에 M&A도 하지 않는다. 우리의 목적은 사장님을 성공시키는 것이며, 우리는 그것을 위해 존재한다, 라고. 그 때 나를 비롯해서 그것을 듣고 있던 대부분의 사람들은 강렬한 영감을 받았다. 우리는 우리가 이 꿈을 함께 이룰 수 있을 것이라는 확신이 들었다.

《영감을 불어넣는 리더십》의 저자 랜스 세크리탄은 "마르틴 루터 킹, 테레사 수녀, 넬슨 만델라의 추종자들은 어떻게 리더의 비전에 헌신했는가?"라는 질문을 던지며 그에 대한 답으로 이렇게 말했다. "그들은 동기가 아니라 영감을 받았기 때문이다." 그러면서 그는 '동기부여'와 '영감'은 분명하게 다른 것이라고 강조한다. 사전을 살펴보면(영어사전을 살펴보면 더욱 분명하다) '동기부여'는 '유도, 자극'이라는 뜻과 함께 '억지로 ~하게 하다'라는 뜻이다. 반면, '영감'은 그 어원이 '영혼' '신의 숨결을 불어넣다'라는 뜻인 라틴어 '스피라레'spirare'가 말해 주듯 신성한 영향력, 혹은 신성한 것·천재적인 것·아이디어·열정으로 자극하다, 라는 뜻을 지니고 있다. 물론 여기서 말하려는 것은 신 대표를 위대한 리더십이라고 얘기하려는 것은 아니다 (신 대표의 리더십은 아직 1년 채 되지 않았기에 우리는 그것을 검증할 수 없다). 그러나 분명한 것은 이 조직이 신 대표가 가지고 있는 그 비전에 대해 모두 도전이 아닌 영감을 받았다

> 이들은 티몬이라는 브랜드가 왜 존재해야 하는지 명확히 알고 있으며, 무엇보다 무엇을 해야 하는지를 분명하게 알고 있었다.

는 사실이다. 이것이 바로 런칭한 지 1년도 되지 않은 브랜드가 화제의 중심에 서게 된 진실이다. 바로 소명을 부여 받은 직원 말이다.

Calling People

〈파이낸셜 타임스〉 등에서 영향력 있는 CRM 리더로 여러 번 선정된 스트래티비티 그룹의 창업자 리오르 아루시는 그의 저서 《립스틱 바른 돼지》(원제는 'Passionate & Profitable'이다)에서 다음과 같이 세 가지의 직원 유형을 설명한다.

1. 업무를 찾는 유형 Job Seeker : 이들은 회사의 성공보다는 일은 단지 돈벌이라고 생각하는 사람들로, 즐거움이나 성취감보다는 경제적인 보상을 더욱 중요하게 생각한다. 이 유형에 속하는 사람들은 직장에서 근무하는 시간 외에 자신들이 존재하는 곳에서 진정한 즐거움을 찾는다. 이들의 마음가짐은 이렇다. "다음 업무는 무엇일까?"

2. 커리어를 쌓는 유형 Career People : 이들의 목적은 개인적인 능

력 개발과 승진, 성공이다. 겉으로 보기에 이들은 매우 열심히 일하는 직원으로 보이나, 회사에 대한 충성심이 있는 것은 아니다. 이들이 만족감을 얻는 것은 외부에서 자신을 바라보는 것에 대한 자긍심이다. 그렇기에 이들이 생각하는 것은 늘 "나에게 가장 좋은 일은 무엇인가?"이다.

3. 소명의식이 강한 유형 Calling People : 이들의 마인드는 "나의 일이 세상에 영향을 미친다"이다. 왜냐하면 이들은 미션을 가지고 일하는 직원들이기 때문이다. 그래서 자신의 업무가 기업의 경험을 만들어 가는 데 영향을 미친다고 믿는다. 이들은 연봉이나 커리어에 상관없이 일 자체를 통해 충만감을 느끼며, 거기에서 의미를 발견한다.

아루시는 각각의 유형을 분석하며 업무를 찾는 유형의 경우 생존을 위해 이직할 수 있으며, 커리어를 쌓는 유형의 경우는 지극히 개인적인 목표를 지향한다고 말한다. 반면 소명의식이 강한 유형은 차원이 높은 목표를 지향하며 기업(브랜드)의 성장을 함께 도모한다고 말한다. 소명의식을 가진 직원이 중요한 이유가 바로 이것이다. 그들은 기업의 비전이 무엇인지 명확히 알고 그것을 이루기 위해 기꺼이 '헌신'을 감행하기 때문이다. 그러나 이것은 기업을 위해 일방적으로 자신을 희생하는 것과는 다르다. "사람은 단지 먹고사는 것만을 위해 일하지 않는다. 뭔가 의미 있는 것을 위해 일하고 싶어 한다"라는 서비스마스터의 CEO 윌리엄 폴라드의 말처럼 이들은 일 속에서 진정한 '의미'를 발견한 자들이다. 티몬의 직원들이 소명을 부여 받은 자라는 말이 바로 이 지점이다.

정 나는 아직 학생일 때 인턴으로 티몬에 입사했다. 한 달간의 인턴 생활을 하면서 티몬이 그저 기업이 아닌 얼마나 좋은 일을 하고자 하는지 알게 되었다. 그들은 자신들이 아닌 타인의 성공을 위해 일하고 있음을 느낄 수 있었다. 나는 그 뒤로 곧바로 휴학을 하고 티몬의 정식 직원이 되었다. 하루라도 빨리 티몬이 하는 이 일에 동참하고 싶었기 때문이다.

이들은 티몬이라는 브랜드가 왜 존재해야 하는지 명확히 알고 있으며, 무엇보다 자신이 그것을 위해 무엇을 해야 하는지를 분명하게 알고 있었다. 왜 창업을 해야 하는지에 대한 존재 이유를 넘어서서 그 존재 이유를 실천하고자 하는 강력한 소명을 부여 받은 직원들이 만들어 내는 결과는 결국, 그들의 고객들로부터 티몬의 존재 이유를 인정받는다는 것이다.

정 한 업체를 잘 섬기면 그 업체의 사장님이 또 다른 업체를 소개해 준다. 그것도 이렇게 말하면서 말이다. "티몬이 나를 성공시켜 줬다. 티몬은 나의 멋진 파트너다. 그러니 당신도 티몬 때문에 성공하라"고 말이다. 이런 말을 들을 때면, 티몬이 지금 잘 가고 있구나, 하는 확신이 생긴다.

임 티몬을 통해서 티켓을 재구매하는 확률은 무려 80%나 된다. 그리고 전체 인원을 100이라고 봤을 때, 매일 사이트에 접속하는 인원은 35% 정도다. 이보다 더 재밌는 것은 우리 직원의 80%가 시쳇말로 '티몬빠'였다는 것이다. CS팀의 한 직원은 매일 티몬 토크 게시판에 이렇게 해라, 저렇게 해라 등의 질책, 제안, 칭찬 등의 수많은 의견을 제시하던 분이다. 그런데 결국 티몬에 입사했다.

그들의 첫 번째 고객인 업체 Client 로부터 '파트너'라는 환호를 받으며 그들의 비전을 실현시킨 것은 물론이거니와 업체의 고객이자, 그들에게는 두 번째 고객이라 할 수 있는 소비자 Consumer 들은 속칭 '티몬빠'라는 마니아를 자처함으로 티몬이 존재해야 하는 이유에 대해 증명해주고 있는 것이다. 무엇보다 이 모든 것들을 실현시킨 것은 티몬의 내부 고객이라 할 수 있는 직원 Colleague 들이 만들어낸 오롯한 결과물이다. 댄 J. 샌더스는 《섬기는 기업문화가 경쟁력이다》에서 "보다 높은 차원의 수학을 이해하라"고 말한다. 이것은 "수익을 위해 쏟는 열정을 사람에게 쏟아라. 그 사람은 바로 직원이다. 그 직원을 통해 당신은 고객의 마음을 얻을 수 있을 것이다"는 것이다. 티몬은 '직원'이라는 보다 높은 차원의 수학을 가장 먼저 이해함으로써 브랜딩의 과정에서 가장 어렵다는 세 명의 고객(Client, Consumer, Colleague)간의 함수를 풀어 냈다. 브랜드 창업을 준비하고 있다면 재무재표의 수학이 아닌 고객에 대한 수학을 이해하는 지혜부터 구하라는 진실을 티몬은 말해주고 있다. UB

신현성 9살 때 가족과 함께 미국으로 이민. University of Pennsylvania Wharton 경영학부를 졸업했다. 그 후 온라인 광고 회사인 Invite Media 창업멤버였으며, McKinsey&Company의 컨설턴트로 활동했다. 그러다 2010년 1월 한국으로 들어와 그 해 5월 국내 최초로 소셜커머스인 티켓몬스터를 창립, 현재 대표로 있다.

정규화 연세대학교 사회체육학과 재학 중, 티켓몬스터 인턴사원 1기로 입사했다. 그 후 학교를 휴학, 티켓몬스터 강남지역 영업팀장으로 활동했다. 티켓몬스터에서 '청담타이거'라는 닉네임으로 활동하며 사원 출신으로는 최초로 지역 본부장으로 승급, 현재 티켓몬스터의 지역 확장 부문을 담당하고 있다.

임이랑 서울대학교에서 사회복지학과 경영학을 복수전공하고, 동대학교 대학원 경영학과 석사 과정 재학 중에 티켓몬스터 인턴사원 1기로 활동했다. 그 후, 티켓몬스터의 자유로운 문화에 반해 학교를 휴학하고 입사. 티켓몬스터의 티몬 리뷰, 소셜기부 프로그램 기획 등을 했다. 현재 티켓몬스터의 브랜딩 매니지먼트를 하고 있다.

슈퍼갑이 되는 창업법칙, 슈퍼을 되기
드림Dream 드림Give, 가배두림

The interview with 가배두림 대표 이동진

25억 잔이란다. 60억 인구의 절반을 넘보는 듯 하루에 팔리는 커피는 25억 잔으로, 석유 다음으로 세계적으로 높은 교역량을 자랑하는 품목이 다름 아닌 커피란다. 사실, 그리 의아하진 않다. 번화가라고 불리는 곳에 가면 100m 근방에 커피 전문점이 최소 2개 이상은 있다는 것을 우리는 너무나 잘 알고 있다. 실제로 2009년을 기준으로 우리나라에서만도 커피 전문점이 2,000개를 훌쩍 넘었다고 하니, 어쩌면 25억 잔이 적은지도 모르겠다. 그럼에도 불구하고 중소기업청의 통계에 의하면 매년 5위 안에 드는 창업 아이템으로 커피 전문점이 그 자리를 꿋꿋하게(?) 지키고 있는 것을 보면 '커피'가 우리에게 줄 수 있는 (그것이 무엇이건) 무엇인가가 아직 남아 있나 보다. 그렇다면 지금부터 고민해야 할 것은 '그 무엇'이 어떤 것이어야 하는지에 대한 고민이다. 혹, 넥스트 그룹 CEO인 멜린다 데이비스가 한 말이 도움이 될 것이다. "진정한 차별화는 제품 자체에서가 아니라 당신이 고객을 '어떻게' 대하느냐에 달려 있다." 우리는 이 말에 대한 진의(?)를 가배두림에서 찾았다.

꿈이 서비스가 되다

모든 것은 '중매결혼'으로부터 시작되었다. 이동진, 그가 처음 비행기에 올랐을 때는 그저 어학 연수를 할 요량이었다. 1994년 6개월간의 일정으로 일본으로 떠난 그는 그만 일본에 반해 버려, 그곳에서 대학까지 졸업하고 무역회사인 MK기획에 입사한다. 주로 한국과 교역을 하던 MK기획의 사장은 재일교포 2세인 마쯔바라였다. 마쯔바라에게는 특별한(?) 취미가 하나 있었는데, 바로 핸드드립 커피를 마시는 거였다. 어느 날 그에게 마쯔바라 사장은 뜻밖의 제안을 한다. 그날은 7년간의 일본 생활을 마치고 귀국을 준비하던 날이었다. 부탁은 다름 아닌 한국에서 커피 전문점을 운영해 달라는 것이었다. 상황은 이랬다. 몇 해 전, 마쯔바라 사장은 점점 자라나는 자녀들을 보며 그들의 뿌리가 한국임을 잊지 않도록 하기 위해 이화여대 근처에 커피 전문점을 열었던 것이다. 그런데 몸이 일본에 있다 보니 운영이 제대로 되지 않았던 게다. 그런 그에게 이동진은 이 커피 전문점을 믿고 맡길 수 있는 사람이었다. 마쯔바라 사장이 자녀들의 이름을 한 자씩 따서 이름을 지었다는 그곳은 바로 비미남경이다.

이동진(이하 '이') 단 한 번도 내가 커피와 관련된 일을 할 거라고는 생각해 본 적이 없다. 일본에 연고도 없는 나를 보살펴 주고 아껴 준 마쯔바라 사장에 대한 고마움으로 비미남경과 난 중매결혼을 했다(웃음). 비미남경은 핸드드립 커피 전문점이었다. 20가지가 넘는 커피 메뉴가 있었는데, 그곳에서 3년의 시간을 보내고 나자 난 바리스타가 되어 있었다.

사실 비미남경은 커피에 대해 조금만 관심 있는 사람이라면 누구나 다 아는 이대 앞의 명소다(지금은 마쯔바라 사장이 다른 사람에게 그 소유권을 넘겼다). 지저분한 골목길에 위치해 아무도 찾지 않던 그곳을 이 대표는 제주도에서까지 물어 찾아오게 할 정도로 커피 애호가들의 집합소로 만들었다(이 이야기는 《비미남경 이야기》라는 책으로 출판되기까지 했다). 어쨌든, 중매결혼으로 맺어진 커피와의 결혼생활은 아직도 유효하다. 그렇다면 이쯤에서 궁금해진다. 무엇이 그에게 이 결혼을 십 년이 넘는 지금까지도 유지하게 했는가 말이다. 그것도 '가배두림'이라는 자녀(?)까지 낳으면서 말이다.

이 비미남경을 운영하면서 나조차도 사실 이곳을 운영하기 위한 '명분'을 찾고 싶었다. 그래서 커피에 대해 공부하기 시작했다. 국내, 국외 모든 커피 사이트를 뒤졌고 책도 수십 권 읽었다. 그랬더니 내가 알고 있는 커피에 대한 지식이 너무나 잘못되었다는 것을 알게 되었다. 단적인 예로 우리는 흔히 '커피' 하면 몸에 좋지 않은 것, '차' 하면 몸에 좋은 것이라고 알고 있지 않나. 그런데 커피도 '잘' 마시면 약이 된다. 그러고 나니 '나라도 커피에 대해 잘 알려야겠다는' 일종의 사명감 같은 것이 생기더라. 비미남경을 나온 후 바리스타 교육기관을 만들어 본격적으로 커피에 대한 교육을 하기 시작했다. 3년쯤 되었을 때, 커피에 대해 바로 알리는 것에서 더 나아가 정말 커피다운 커피를 파는 곳을 만들어 보자는 생각이 들더라. 그것을 실천하는 장소로 가배두림을 만든 거다.

자신이 왜 커피와 결혼을 해야 하는지에 대한 명분을 찾기 위해 시작된 여정은 사명의 발견으로 이어져 결국 가배두림을 만들게 했다. 2006년 2월 강남구 대치동에 1호점을 연 가배두림은 현재 전국 25개 지점으로 퍼져나갔고, 멀리 중국과 캐나다에도 입점되었다. 런칭한 지 올해로 5년째. 그러고 보면 가맹점의 숫자가 그리 많은 것은 아니다. 대부분의 커피 프랜차이즈가 마치 속도전을 방불케 하듯 곳곳으로 가맹점이 순식간에 뻗어 나가는 추세와 비교해 보면 말이다. 이에 대해 이 대표는 "그럴 마음이 없었기 때문"이라고 단호하게 답한다.

이 사실 몸집을 불리는 것은 시쳇말로 돈이 많으면 얼마든지 가능하다. 그러나 속도보다 내가 중요하게 생각한 것은 가배두림이 만들어 나갈 꿈이었다. 그렇기 때문에 우후죽순 가맹점을 만들어나 갔다가는 그 꿈이 잘못 전달될 수도 있겠다, 하는 생각이 들었다. 그래서 빨리 가지 말고, 제대로 그러나 안전하게(?) 가자, 라고 생각했다. 그러다 보니 프랜차이즈를 하고 싶다는 사람들에게 무조건 가맹점을 내줄 수 없었다. 가배두림을 운영하려면 커피에 대한 정확한 지식이 없으면 안 될뿐더러, 무엇보다 전문적인 바리스타 교

이대 앞의 커피 명소라 불렸던 비미남경의 전경

육을 받지 않으면 안 됐다. 가맹점의 조건을 까다롭게 굴었더니 1년 반 정도 지난 후에야 가배두림 2호점이 생겼다.

이 대표의 얘기를 듣고 있노라면 빈번하게 듣게 되는 단어가 하나 있다. 다름 아닌 '꿈'이다. 사실, 그는 자신의 직함도 대표가 아닌 '꿈공장장'이라고 부른다. 얼핏 들으면 몽상가나 이상주의자라고 생각할는지 모르겠다. 그러나 그는 오히려 전략가에 가깝다. 왜냐하면 빨리 가는 것보다 더디 가는 것을 택한 대신, 그는 가배두림이 꾸는 꿈을 전달하는 방법에 그야말로 공을 들이기 때문이다. 그리고 그것을 그들만의 특별한 고객 서비스로 만들었다. 서비스는 바로 이 질문에 대해 그가 찾은 답이었다. "수많은 커피 브랜드 중에서 반드시 가배두림에 와야 하는 이유는 무엇인가?"

가배두림만의 절정체험 peak experience, 꿈의 발견

이 스타벅스, 커피빈, 할리스 등 우리나라에는 커피 브랜드들이 수없이 많다. 그럼에도 불구하고 가배두림에 꼭 와야 하는 이유가 무엇일까를 고민했다. 그 답은 핸드드립 커피에서 찾았다. 가배두림은 20여 가지의 핸드드립 커피를 마실 수 있는 공간

> 최고의 욕구는 자아실현의 욕구로, "그곳에서 인간은 '절정체험 peak experience'이라는 찰나적 순간을 경험한다"고 말한다.

*생존, 성공, 변화

칩 콘리는 매슬로가 만든 다섯 단계의 욕구 이론을 세 단계로 다시 재구성했다. 그는 이 다섯 단계가 3가지의 존재 상태를 나타내고 있음을 발견한 것이다. 매슬로의 욕구 이론 중 1단계인 생리적 욕구와 2단계인 안전의 욕구를 묶어 '생존'으로 해석했으며, 2단계인 소속에 대한 욕구와 3단계인 자존에 대한 욕구는 '성공'이라는 관점으로 바라보았고, 마지막으로 가장 최고의 단계인 자아실현의 욕구는 '변화'라는 키워드로 풀어냈다.

이다. 게다가 이러한 커피를 전문 바리스타들이 직접 만들어 준다. 이것이 내가 찾은 답이었다. 고객에게 가배두림에서만 체험해 볼 수 있는 경험을 주는 것 말이다. 일본의 장인들이 하는 음식점에는 항상 '궁극究極'이라는 말이 붙는다. '궁극의 하우스 블렌드 커피' '궁극의 맛', ○○카레'. 궁극이라는 말은 무언가가 갈 데까지 간 '최후'의 상태를 말하는 것 아닌가. 나도 가배두림을 통해서 고객들에게 커피를 통해 맛볼 수 있는 궁극의 경험을 주고 싶었다. 이것은 비단, 맛있는 커피를 마시는 것만을 의미하지 않는다. 가배두림이라는 공간 안에서 커피를 마시고 즐길 수 있는 총체적인 것을 뜻한다.

궁극의 경험을 만들고 싶다는 이 대표의 이야기 속에서 칩 콘리가 제안한 '고객욕구설'을 떠올려 보기로 했다. '리마커블한 호텔을 창조한 경영자라고 불리는 세계에서 두 번째로 큰 부티크 호텔 그룹인 주아 드 비브르 Joie de Vivre Hospitality의 CEO인 칩 콘리. 그는 《매슬로에게 경영을 묻다》에서 매슬로의 욕구 이론을 통해 직원과 주주 그리고 고객의 욕구를 어떻게 이해해야 하고, 또 그것을 어떻게 충족시켜 줘야 하는지에 대해 탁월한 논증을 폈다. 그는 결국 최고의 욕구는 (익히 알고 있다시피) 자아실현의 욕구로, 매슬로의 말을 빌려

"그곳에서 인간은 '절정체험peak experience'이라는 찰나적 순간을 경험한다"고 말한다. 그러면서 "기업이(브랜드가) 어떤 대상에게 이 절정체험을 하게 하는 순간 그 대상은 기업과(브랜드와) '진실된 관계'를 맺게 된다"고 얘기한다. 절정체험이란 '어떤 영역 안에서in the zone 되어야만 하는 무엇what ought to be 이루어진 바로 그 순간에 느끼는 것'을 말한다. 칩 콘리는 매슬로의 이러한 논리를 바탕으로 그의 다섯 가지 욕구단계설을 *생존, 성공, 변화라는 세 가지 개념으로 재정리를 한 뒤, 이것을 직원과 주주, 그리고 고객을 대상으로 재구성했다. 그리고는 각각의 대상에 따라 브랜드가 그들의 욕구를 어떻게 충족시켜줘야 하는지를 보여주는 욕구 피라미드를 만들었다. 여기에서 우리가 주목할 것은 다음의 고객욕구 피라미드다.

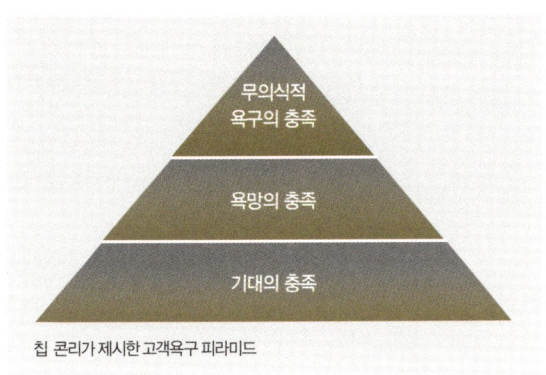

칩 콘리가 제시한 고객욕구 피라미드

- 1단계 기대의 충족 : 1단계는 고객이 브랜드를 '처음' 만났을 때 그 브랜드에 대해 고객 스스로가 갖는 기대를 말한다. 여기서 말하는 기대란 첫만남에서 생기는 기대로 예를 들면 음식점이라면 실내 인테리어나, 음식의 맛, 접시의 디자인 등과 같은 1차원적인 감각을 충족시키는 기대를 말한다.
- 2단계 욕망의 충족 : 여기는 매슬로의 욕구 이론에서 소속감과 자존에 대한 욕구가 있는 단계인 만큼 이 단계에서 고객은 브랜드가 자신에 대해 관심을 표현해주길 바라는 욕망을 가진다. 그렇기 때문에 칩 콘리는 이 단계에서 브랜드는 맞춤 서비스와 같이 고객의 취향을 이해해주는 서비스를 제공하라고 말한다.
- 3단계 무의식적 욕구의 충족 : 3단계는 사실, 고객 스스로도 자신의 욕구가 무엇인지 정확하게 알지 못하는 단계다. 그러나 고객의 무의식 속에서는 무언가를 향한 갈망이 있다. 칩 콘리는 이 단계에서 브랜드는 고객조차도 미처 생각지 못했던 것을 현실로 만들어주는 서비스를 제공해야 한다고 말한다. 매슬로의 욕구 이론에서 '자아실현의

욕구'가 있는 단계인 만큼 칩 콘리는 '고객의 정체성을 환기시켜주는 서비스가 무엇인지 상상하는 것이 브랜드의 몫'이라고 얘기한다.

칩 콘리가 제시한 고객욕구 피라미드를 보면 아래 단계에는 보다 가시적이거나 물질적 특징이 있는 것이 존재하고, 중간 단계에는 감성적인 것이 자리잡고 있으며, 마지막 정상의 단계에서는 영적spritual인 것이 자리잡고 있음을 알 수 있다. 칩 콘리는 이러한 욕구 피라미드는 매슬로의 욕구 이론이 그렇듯 순차적으로 형성되는 것으로, 고객의 1차 욕구를 만족시키지 못한다면 절대로 2차 욕구도 만족시킬 수 없다고 말한다. 그렇다면 고객에게 3단계인 절정체험을 선사하기 위해서는 1단계의 욕구를 충족시키는 것이 그 시작점일 것이다. 가배두림은 이 대표가 말했듯, 핸드드립 커피로 그 고민의 실마리를 풀었다.

1단계 기대의 충족 :
핸드드립 커피, 고객의 기대 수준을 재정립하다

이 핸드드립 커피는 모든 것을 손으로 직접 해야 하기 때문에 커피메이커로 하는 것보다 시간이나 노력이 배로 든다. 그렇기 때문에 나는 핸드드립 커피야말로 커피 시장에서 차별화할 수 있는 아이템이라고 생각했다.

'시간과 노력이 배로 든다'와 '차별화 아이템'이라는 말은, 듣기에 따라 모순처럼 들릴 수도 있다. 실제로 에스프레소 한 잔을 만드는 데 걸리는 시간은 30초, 핸드드립으로 커피 한 잔을 만드는 시간은 무려 그것의 6배인 3분이다. 그럼에도 불구하고 이 대표가 핸드드립이라는 방식을 들고 커피 시장의 문을 두드린 이유는 단순히 '차별성'이라는 전략 때문만은 아니었다. 그 차별성에는 바로 이 말이 생략되어 있다.

이 핸드드립 커피는 주문한 '그' 고객만을 위한 커피다. 똑같은 탄자니아AA 커피를 만든다 해도 물의 양, 물의 온도, 물줄기의 두께, 물을 붓는 시간 등 환경적인 변수가 많기 때문에 고객들이 분별할 수 없다 해도 맛에 있어서는 분명히 차이가 난다. 그렇기 때문에 핸드드립 커피는 언제나 '그 순간' 탄생되는 것이다. 그래서 가배두림에는 '일생에 단 한 번뿐인 커피'라는 슬로건을 붙여 놓았다.

고객이 주문함과 동시에 탄생되는 커피는 기계에 의해 획일적으로 만들어지는 커피와는 분명 차원이 다르다. 결국 가배두림은 에스프레소, 카페라떼, 카푸치노 등 커피에 대해

기본적으로 가지고 있는 고객의 기대를 재정립함으로써 오히려 새로운 기대를 만들어 준 것이다. 그러나 단지 핸드드립 커피라는 아이템만으로 이러한 기대를 만들어 낸 것은 아니다. 가배두림은 '신선한 커피'의 정의를 새롭게 내렸다. 커피만큼 쉽게 맛과 향이 날아가 버리는 것이 또 있을까. 갓 볶은 커피는 고소한 향이 나지만 오래된 원두에서는 흡사 담뱃재 같은 쾌쾌한 냄새가 나는 것을 경험해본 적이 있을 것이다. 그래서 이 대표는 커피는 신선함이 생명이라고 말한다.

이 갓 볶은 커피는 그 신선함 하나만으로 세계 유수 커피 브랜드의 맛과 대적할 수 있는 경쟁력을 갖는다. 즉 커피에게 있어서 신선함은 소위 무기라는 것이다. 볶은 지 최대 한 달이 지난 커피는 커피로서의 생명을 다했다고 말할 수 있다. 그래서 비미남경을 운영할 때부터 반드시 지킨 원칙이 볶은 지 2주가 지난 커피는 사용하지 말자, 였다. 2주가 지나면 먹지 못하기 때문이 아니라 그 커피가 가져야 할 본래의 맛을 잃은 것으로 판단되기 때문이다. 이 원칙은 가배두림에서도 그대로 적용된다. 물론 이것이 그리 쉬운 것은 아니다. 그만큼 버려지는 커피가 많아서 사업적인 면에서는 융통성이 없어 보일 수도 있다. 그러나 아무리 핸드드립을 통해서 최초로 탄생하는 커피를 만든다 해도 신선함을 잃으면 무용지물이 되고 만다. 맛은 절대 속일 수 없다. 볶은 지 오래된 커피에 입맛이 길들여진 사람이라도 신선한 커피를 단 한 번이라도 맛본다면 그것의 차이가 무엇인지 금세 안다. 그래서 볶은 지 2주가 지난 커피는 폐기 처분되어 화장실 방향제 등으로 사용한다.

결국 가배두림은 '신선함'이라는 커피의 오리지널을 되찾으면서 고객에게 커피 본연의 맛을 맛볼 수 있다는 기대감에 부응한 것이다. 이러한 커피의 본디 모습을 찾아 나서는 가배두림의 노력은 바리스타의 손놀림을 훤히 들여다볼 수 있는 낮은 바bar를 통해서도 확연히 드러난다.

2단계 욕망의 충족 :
바리스타, 커피 테라피스트가 되다

생각해 보라. 당신이 즐겨 가는 커피 브랜드 중에서 커피를 만드는 바리스타들의 움직임을 처음부터 끝까지 볼 수 있는 브랜드는 몇이나 되는지. 정확한 통계는 어디에도 없으나, 적어도 하나는 있다. 가배두림은 바리스타들이 핸드드립 하는 과정을 적나라(?)하게 볼 수 있도록 낮은 바를 설치해 주방을 오픈형 구조로 만들어 놓았다. 이것은 전문적인 교육을 받은 바리스타가 만드는 커피라는 것을 알리는 일종의 상징이기도 하다. 그러나 여기에는 이보다 더 깊은 의미가 있다.

이 가배두림에는 커피의 종류가 다양해 간혹 고객들이 어떤 커피가 자신의 취향에 맞는지 잘 모르는 경우가 많다. 이럴 경우 마치 소믈리에가 와인을 추천해 주는 것처럼 바리스타들이 각각의 커피가 가지고 있는 특성들을 설명해 주면서 고객에게 잘 맞는 커피를 추천해 준다. 때로는 맞춤 커피를 만들어 주기도 한다. 한번은 커피를 마시면 위가 쓰리다는 고객이 있었다. 위가 쓰린 이유는 탄닌이라는 성분 때문에 그렇다. 그럴 경우, 화학적으로 탄닌을 제거한 후 판매되는 커피를 마시면 되는데 이런 커피는 커피의 맛이 제대로 살아 있지 않다. 자연적으로 탄닌을 제거하려면 펄펄 끓는 물을 부으면서 아주 빠르게 커피를 추출하면 된다. 이것은 핸드드립 커피가 아니면 할 수 없을 뿐만 아니라 무엇보다 커피에 대한 지식이 있는 바리스타가 아니면 할 수 없는 영역이다. 지식과 실력을 겸비한 바리스타들의 도움을 받아 제대로 된 커피를 마시려면 그들과 커뮤니케이션 할 수 있는 벽이 낮아야 한다. 가배두림에 낮은 바를 만들어 주방을 오픈한 이유가 이것이다. 언제라도 바리스타들과 소통할 수 있도록 하기 위함이다.

칩 콘리는 브랜드가 2단계에서 고객의 욕구를 충족시켜 준다는 것은 "고객 한 사람이 가지고 있을 수 있는 독특한 취향을 이해하는 것이다"고 말했다. 그러면서 그는 중요한 것은 이것이라고 덧붙인다. "고객의 그러한 욕구까지 맞춰주기 위해서는 두 가지가 필요하다. 하나는 기술이며, 다른 하나는 사람이다." 그런 의미에서 가배두림의 바리스타는 이것을 동시에 갖추고 있다. 커피에 대한 해박한 지식을 온전하게 다룰 수 있을 뿐만 아니라 그것을 통해 고객과 소통할 수 있기 때문이다. 그러나 가배두림이 지향하는 바리스타는 여기에서 한 걸음 더 나아간다. 바로 테라피스트다.

이 커피는 원래 약이었다. 1600년대에 커피가 아라비아에서 유럽으로 건너갔을 때 커피는 음료가 아니라 약이었다. 그래서 의사가 커피를 관리했다. 커피가 성인병을 비롯하여 호흡기 질환 등 각종 질병에 효과가 있음이 밝혀진 지 오래이며, 일본과 미국 암연구소에서는 커피에 항암 효과가 있다고 발표했다. 기호 음료가 아니라 약의 개념으로 커피를 사용하기 위해서는 결국 커피에 대한 풍부하고 정확한 지식이 필요하다는 것으로 귀결된다. 가배두림이 바리스타 교육 기관을 운영하는 것도 어떤 면에서는 이 때문이다. 만약 커피를 마시러 온 고객이 현재 어떤 질환을 앓고 있다면 그에 맞는 처방 커피를 만들어 줄 수 있는 것 아닌가. 난 결국에 바리스타는 그것의 정의에서 더 나아가 약사와 같은 광의의 개념으로 성장할 거라고 생각한다.

가배두림이 각각의 생두가 가지고 있는 특성에 맞춰 스트레이트(단품) 로스팅을 하는 이유도 이 때문이다. 각각의 사람이 가지고 있는 몸의 특성에 맞게 커피가 다뤄지려면 그 고유의 성분이 훼손되지 않게 정성껏 다뤄져야 하기 때문이다. 만약, 카페인 때문에 잠을 제대로 이루지 못하는 당신을 위해 저온 추출법으로 카페인이 나오지 않는 맞춤 커피를 건네준다면, 그것도 커피의 신선도가 전혀 훼손되지 않고 커피의 맛 그대로를 느낄 수 있는 커피를 건네준다면 당신은 이 커피 브랜드에 또다시 방문할 용의가 있는가? 이것이 가배두림이 찾은 고객의 두 번째 욕구를 채워주는 방법이다.

여기까지 보면, 가배두림의 고객 욕구피라미드는 1단계 신선한 핸드드립 커피 서비스, 2단계 전문적인 바리스타의 맞춤 서비스라고 할 수 있을 것이다. 이제 칩 콘리가 '절정체험'을 하는 순간이라 했던 3단계에 해당하는 서비스가 무엇인지 사뭇 궁금해진다. 3단계는 정체성에 대해 환기를 시켜주는 단계다. 과연, 가배두림은 이곳을 찾은 고객들에게 정체성을 환기시켜주는 방법으로 무엇을 찾았을까. 이것은 "수많

"What's your Dream?"
가배두림에 방문한 사람들은 포스트 잇에 꿈을 적어 이 칠판에 붙인다. 고객들은 가배두림에 방문할 때마다 칠판에 붙은 자신의 꿈을 보며 다시 한번 그 꿈을 리마인드 하게 된다. 이것이 바로 가배두림이라는 공간에 와서 고객들이 경험할 수 있는 궁극이다. 고객들의 꿈을 보관해주는 장소가 가배두림이 되는 것 말이다. 고객들은 가배두림에 들어설 때마다 '내 꿈이 있는 곳'이라고 생각할 것이고, 가배두림은 그런 고객을 맞이하며 당신의 꿈이 꼭 이루어지길 바랍니다, 라는 무언의 응원을 하게 될 것이다.

칩 콘리는 고객에게 자아에 대한 진정한 가치를 느끼게 해준다면 그것이야말로 '절정체험'이라고 말했다. 1단계에서 2단계로 고객들의 마음을 차근차근 헤아려오는 동안 가배두림은 고객들로 하여금 잊어버렸던 꿈을 생각하게 함으로써 자신의 가치를 발견하도록 만들어 주는 것이야말로 가배두림이 고객에게 줄 수 있는 절정체험이라고 생각한 것이다. 이쯤 되면 이 대표가 스스로를 일컬어 '꿈공장장'이라고 표현한

은 커피 브랜드 중에서 반드시 가배두림에 와야 하는 이유는 무엇인가?"라는 질문으로 다시 돌아간다.

3단계 무의식적 욕구의 충족: 꿈의 발견

이 커피 전문점에서 사람들은 업무적으로 사람을 만나든 혹은 친구를 만나든, 그도 아니면 혼자서 오든 이곳에서 자신들의 수많은 이야기들을 쏟아낸다. 그러니까 커피 전문점은 수많은 생각들이 오고 가는 공간이라고 할 수 있다. 나는 가배두림에 오는 고객들에게 이왕 생각을 쏟아낼 거라면 보다 가치있는 생각을 쏟아내게 해주고 싶었다. 그래서 생각해낸 것이 꿈이었다. 이 시대에 꿈을 잊고 사는 사람이 얼마나 많은가. 그래서 나는 이것을 준비하고 있다. 가배두림의 각 가맹점에는 커다란 칠판이 들어설 것이다. 그리고 칠판에는 이러한 문구가 쓰여 있을 것이다.
"Do you have Dream?"

것도 십분 이해가 된다. 고객들의 꿈을 발견해주는 것이 곧 가배두림의 비전이라는 것을 그는 너무나 확실히 알고 있던 것이다. 물론, 이것은 아직 시행되지 않았다. 그러나 칩 콘리는 브랜드가 3단계의 고객 욕구를 충족시켜주기 위한 방법 중의 하나로 "고객이 자신을 진정으로 표현할 수 있는 환경을 만들어주어야 한다"고 얘기한다. 그런 의미에서 가배두림은 3단계의 고객 욕구 충족 단계에 접어들었다고 얘기할 수 있을 것이다. 무엇보다 칠판만 등장하지 않았다 뿐이지, 이미 가배두림에서는 자신의 꿈을 발견하는 고객이 이미 등장했다는 사실이다.

이 우리 매장에 3년을 꼬박 온 단골손님이 있다. 워낙 커피 마니아인지라 가배두림의 핸드드립 커피를 좋아했다. 그런데 어느 날, 바리스타 교육을 직접 받고 싶다고 하더라. 그 이유를 물어보았더니,

가배두림의 한쪽 벽면을 장식한 고객들이 '커피'를 주제로 그린 만화

그저 커피가 너무 좋았을 뿐인데 가배두림을 3년 동안 들락거리다 보니, 이곳이야 말로 커피를 정말 사랑하는 사람들이 모인 곳이라는 것을 알았다고 했다. 그러면서 생각해보니 오래 전 나도 이런 커피 전문점을 가지고 싶었던 꿈이 있었다는 걸 떠올리게 되었다고 하더라. 그때 알았다. '아, 이게 가배두림이 그려오던 꿈이구나.' 하는 것 말이다. 결국 그 손님은 바리스타 교육을 받은 후 현재 가배두림의 가맹점을 운영하고 있다(웃음).

이것이 바로 칩 콘리가 얘기한 절정체험이다. 고객의 마음 속에 숨어 있는 진정한 가치를 발견하고, 그것을 실제로 경험하게 해주는 것, 다시 말해 고객의 자아실현 욕구를 충족시켜 주는 것이야말로 브랜드가 고객에게 줄 수 있는 최고의 서비스인 것이다. 가배두림은 신선한 커피를 선사하는 것에서 더 나아가 고객 한 명 한 명의 요구에 맞는 맞춤 커피를 제공해주었다. 그리고 잠재되어 있던 자아를 표현하게 하는 방법을 통해 고객들에게 정체성의 환기를 불러일으켜 줌으로써 결국, 꿈을 발견하게 하는 순간까지 안내했다. 이로써

가배두림의 고객욕구 피라미드가 완성됐다. 물론, 완벽하게 고객 욕구 피라미드를 완성했다고 말하는 것은 아니다. 현재 진행형이다. 그러나 희망적인 것은 어쨌든, 고객 욕구 피라미드에서 각각의 단계에 어떤 것을 채워야 하는지 알아냈다는 것일 테다. 브랜드가 어떻게 고객과 관계를 맺을 것인가는 브랜딩의 전부라 해도 과언이 아니다. 거기에 고객 욕구 피라미드의 가장 상위 단계까지 어떤 것으로 채워 할 지에 대한 해법을 찾아냈다는 것은 결국, 리딩 브랜드가 되는 열광 코드, 그러니까 슈퍼내추럴 코드(유니타스브랜드 Vol. 12 참조)를 갖게 되는 셈이다. 만약, 현재 브랜드 창업을 준비하고 있다면 혹은 이미 시작했다면 당신 브랜드의 고객욕구 피라미드는 어떻게 될 것인지를 그려보라. 아마도 그것을 그리는 것은 그리 쉽지만은 않을 것이다. 이 대표가 주는 조언이 혹, 고객 욕구 피라미드를 그리는 힌트가 될지도 모르겠다.

이 커피 전문점 창업을 위한 컨설팅을 할 때 반드시 창업자에게 권하는 것이 있다. 그것은 꿈의 설계도를 그려 보라는 것이다. 수많은 커피 브랜드들이 있는데, 내가 원하는 커피 브랜드가 무엇인지 대한 꿈이 없다면 고객을 어떤 것으로 만족시켜 줘야 하는지는 절대 알 수 없기 때문이다. UB

꿈의 발견
전문적인 바리스타의 맞춤서비스
신선한 핸드드립 커피

가배두림의 고객욕구 피라미드

이동진 외국어대학교 2학년 재학 중 일본으로 유학. 일본 토카이대학 광고미디어과 졸업했다. 그후 일본 코노 커피 스쿨 연수 프로그램 자가 로스팅 과정과 이태리 에스프레소 협회 커피 테이스팅 코스 과정을 수료했다. 현재 가배두림을 운영하며, 바리스타 교육 기관인 커피MBA의 대표이사를 비롯, 인천문예전문학교 커피바리스타과 교수로 활동하고 있다.

mommy in the kitchen,
mania in the M'amie

마니아가 완성하는 창업 레시피, 마미

The interview with ㈜앤케이 플럭스 대표 권수영, 이사 권지영

성신여대 근처에서도 물어 물어 찾아갈 수밖에 없는 위치에 '그곳'이 있었다. 그럼에도 불구하고 2003년쯤 그곳, 마미인더키친이라는 프랑스 가정식 비스트로를 찾아간 것은 순전히 입소문 때문이었다. 정해진 시간에 예약을 하고서야 맛볼 수 있던 프랑스 가정식들은 그때는 너무나 생소한 것들이었는데, 단 한 번의 방문으로도 사람들은 스스로를 '마미인더키친 마니아'로 칭하며 인터넷 상에 모습을 드러내기 시작한 것이다. 한식이 아니었음에도 '엄마가 있는 부엌'이라는 그 이름은 그 가게에 참 잘 어울리는 이름이었다. 좁은 곳이지만 정성이 엿보이는 음식과 디저트가 '엄마'의 마음과 닮았다고, 이곳의 마니아들은 아마 그렇게 느꼈을 것이다.

그 작은 가게가 지금은 '마미'라는 모(母)브랜드 아래 6개의 지점 모두 높은 매출을 올리며 탄탄하게 성장하고 있다. 브랜드가 외부에 알려지기까지 마미를 만든 친자매, 그리고 방문한 고객과 마니아의 힘이 무엇보다 컸다는 것을 알기에 우리는 그 관점으로 브랜드를 들여다봤다. 마미를 운영하는 친자매는 엄마의 마음처럼 헌신적으로 브랜드의 내실을 다지고, 창업 초기부터 이들의 성장을 지켜봐 온 마니아들은 밖으로 브랜드의 확장을 돕고 있었다. 엄마의 부엌은 이렇게 '가족과 가족 같은 사람들'의 힘으로, 브랜드로 완성되고 있었다.

자매가 만든 엄마 같은 브랜드

신경숙의 소설 《엄마를 부탁해》에는 이런 구절이 나온다. "엄마와 부엌을 따로 생각해 본 적이 없었다. 엄마는 부엌이었고 부엌은 엄마였다." 개인에 따라 차이가 있겠지만 부엌은 대개 엄마의 공간으로 여겨진다. 그래서인지 대부분의 사람들은 엄마가 있는 부엌을 머릿속에 그리면 따뜻함을 느낀다.

지금은 리뉴얼 후 '리틀블랙팟 Little Black Pot'으로 이름을 바꿨지만, 마미라는 브랜드가 시작된 곳은 2003년 문을 연 '마미인더키친 mommy in the kitchen'이다. 이곳은 '어머니께서 차려 주신 정성 가득하고 온기 어린 음식, 늘 함께하고 싶은 음식, 누구에게라도 웃으며 권할 수 있는 음식을 만들겠다'는 모토로 시작한 작은 식당이었다. 보통 '엄마'라는 존재는 경이롭고 위대하며, 따뜻하면서도 안락하고 믿을 수 있다는 '좋은' 연상 작용을 일으킨다. 데이비드 아커도 《데이비드 아커의 브랜드 경영》에서 "브랜드 자산으로서 '연상 내용'이라는 요소는 제품군과 브랜드에 따라 독특한 이미지를 연상시키기 때문에 핵심적인 문제"라고 말했는데 마미인더키친은 먹을거리를 만드는 브랜드로서 좋은 모토와 연상을 가질 수 있는 씨앗을 가지고 있는 셈이다.

실제로도 마미는 엄마가 된 동생 권수영 대표와 그녀의 언니 권지영 이사가 1년 반을 넘게 준비하여 함께 만든, 가족이 만든 브랜드다. 프랑스 일반 가정들을 돌아다니며 가정식 레시피를 모을 정도로 요리를 좋아하던 동생이 스포츠 마케팅을 하던 언니에게 같이 사업을 시작할 것을 제안했다.

권수영(이하 '수') 언니와 함께 사업을 시작한 아주 중요한 이유 중 하나는 언니는 아무리 힘들어도 도망갈 수가 없기 때문이다(웃음). 미래도 불확실하고, 나름대로 치밀하게 준비했다 하더라도 처음이라 모든 것이 리스크를 줄여 가는 과정이었기 때문에 하다못해 월급이 안 나가도, 미안한 일이 있어도 서로 힘이 되어 줄 언니가 꼭 필요했다.

요리는 잘했지만 적은 자본으로 창업한 만큼 권 대표 자신이 부족한 재무나 마케팅 방면에서 보완해 줄 완벽한 파트너가 필요했고, 그것이 바로 언니였던 것이다. 그래도 싸움 없는 파트너가 되기는 어렵지 않을까? 돈과 노력이 엮인 일에는 가족도 감정이 상할 때가 많을 텐데 말이다.

권지영(이하 '지') 물론 자주 티격태격한다. 그렇지만 우리는 대다수의 가족 창업처럼 사정 봐가며 주먹구구식으로 일하지 않고 서로 잘 조율하며 지낸다. 각자 맡을 분야를 나눠 놓고 가족이라도 일이든 수익이든 소수점 자리까지 정확하게 분배한다. 하다못해 회사 주식마저도 공증으로 나눴다. 쉬는 날도 기준을 두고 정확하게 정한다. 만약 이런 것이 확실하지 않으면 서로 작은 것으로

***마미**
모토는 변하지 않았으나 마미인더키친은 고유명사 등의 문제로 상표 등록이 어려워, 마미mommy와 발음이 같은 마미let M'amie로 대표 브랜드명을 바꾸고 지점에도 이를 포함하는 이름을 붙여 주고 있다. M'amie는 엄마가 아닌 연인에 가까운 의미다.

도 스트레스를 많이 받고, 자연히 그 스트레스가 손님들에게 어떤 방식으로든 드러나게 되기 때문이다.

일반적으로 자영업은 보통 가족이 함께 창업을 하는 경우가 많은데 무작정 일을 시작해서 사정이 좋고 나쁨에 상관없이 서로 소소한 불만이 쌓여 어려움을 겪는 경우가 많다는 이야기를 주변에서 들었을 것이다. 마미의 두 자매는 아무리 사소해 보이더라도 이런 것까지 기준을 명확하게 두고 사전에 협의하고 이를 잘 지켜야 가족 간에 불만 없는 행복한 파트너십(p60 참조)을 유지할 수 있다고 말한다. 가족이자 파트너로서 아주 철저한 선을 지키며 일하는 것이다.

그런데 이야기를 더 들어 보니 가족으로서의 이해와 지지, 따뜻함, 그리고 파트너로서의 원칙 준수는 두 자매 간뿐만 아니라 그들의 브랜드 마미와 마미의 마니아 간에서도 동일하게 적용되고 있었다. 신기한 일이었다. 피를 나눈 가족 간에도 어렵다는 이런 관계가 어떻게 브랜드와 고객 사이에서 가능한 것일까?

브랜드를 위한 창업자와 마니아의 교류交流

사실 큰 자본 없이 시작한 작은 가게가 사람들에게 인지도 높은 브랜드로 알려지기 위해서는 필연적으로 고객들의 힘이 필요하다. 마미는 사람들에게 생소하던 아이템을 가지고 고객들을 설득하고, 그들과 친구 같은 관계를 맺고, 마침내 그들을 파트너로까지 맞으면서 '가게'가 어떻게 고객을 통해서 '브랜드'로 성장할 수 있는지를 보여 주는 케이스다. 물론 모든 브랜드들이 마미와 같은 방법을 사용할 수는 없을 것이다. 업의 종류에 따라 이처럼 가까운 관계가 해가 될 수도 있을 것이고, 컨셉에 따라서는 오히려 이들과 전혀 다른 전략이 필요할지도 모른다. 하지만 분명한 것은 이 사례를 통해서 브랜드가 되기 위해 고객을 대할 때 기본적으로 갖추어야 할 태도를 배우고, 스스로 고객과 어떤 관계를 맺을 것인지 고민하게 될 것이라는 점이다.

1. 생소함을 새로움으로

수 마미인더키친을 오픈하고 나서 처음에는 정통 프렌치 요리만 했는데, 아무래도 생소한 음식이라 손님들이 메뉴를 쉽게 이해하지 못했다. 손님들이 들어왔다가 메뉴판을 보고 일어나 나가는 상황이 계속 됐다. 어떻게 보면 내가 좋아하는 것만 고집했기에 당연한 결

과였다. 사람들이 즐겁게 먹을 수 있는 것부터 다시 시작해야겠다는 생각이 들었다. 그래서 메뉴명에서부터 '나 프렌치 요리야' 하는 메뉴가 아니라 하다못해 김치볶음밥 같은 프렌치 요리, 제육볶음밥 같은 프렌치 요리처럼 느껴지는 것들을 만들었다. 그래서 손님에게 좀 더 쉽게 다가가 조금씩 이 음식들을 알리고, 이 집에서 하는 요리는 무엇이든 맛있다는 인식을 만든 뒤에 점차 메뉴를 바꿔 나가자고 생각했다.

> "진정한 의미의 패밀리 레스토랑, 즉 온 가족이 함께, 좋은 재료를 사용했기에 제대로 먹을 수 있는 요리를 내놔 보자는 생각을 했다."

모든 사람들이 프랑스 요리에 익숙한 것이 아니기 때문에 처음에 마미는 사람들에게 요리를 맛보이는 것부터 어려움을 겪었다. 그래서 언젠가는 제대로 된 프랑스 요리를 선보이는 것을 목표로 하고 일단 쉬운 것부터 차근차근, 일종의 고객 교육(?)처럼 요리를 단계별로 제공해 나가기로 했다. 실제로 이 기간만 2년 반이 넘게 걸렸다.

지 사실 미식의 본고장 요리임에도 불구하고 프랑스 요리는 우리나라에서 비싼 호텔 식사처럼 부담스럽게만 알려져 있어, 그런 고정관념을 바꿔 보고 싶기도 했다. 또한 진정한 의미의 패밀리 레스토랑, 즉 온 가족이 함께, 좋은 재료를 사용했기에 제대로 먹을 수 있는 요리를 내놔 보자는 생각을 했다.

그런 요리를 내놓기 위해서 험난한 과정도 많이 겪었다. 특히 식자재 구입이 만만치 않았다. 프랑스 본토에만 있는 재료도 많았고, 그래서 수입한 재료를 쓰자니 신선도가 원하는 만큼 나오지 않는 것은 당연했다. 우리나라에서 구할 수 있는 재료들로 요리를 하기 위해 하나씩 테스팅해 나가는 과정은 무척이나 힘들었고 게다가 적절한 원가 계산에 대해서 잘 몰라 손해도 많이 봤다. 그래도 마미라는 브랜드를 위해서는 꼭 필요한 일이었다. 이처럼 시장에 새로운 것을 내놓을 때 고객에게 이것이 '당신이 필요했던 것'이라고 교육시키는 일은 이처럼 오랜 시간과 자본을 요하는 인내의 작업이다. 하지만 이것이 밑바탕이 되지 않으면 고객과의 관계도 다음 단계로 나아갈 수 없다. 마미의 이런 노력은 당연히 음식을 통해서 드러났고 이를 차츰 손님들이 알기 시작해, 방문한 후기를 블로그에 포스팅도 하고 그 손님이 다른 손님과 함께 재방문하는 일이 잦아졌다. 그렇게 기본적인 고객의 신뢰가 형성된 이후에는 좀 더 마미가 추구하는 방향에 맞는 메뉴 구성이 가능해졌다.

지 우리가 이 일을 계속해도 되겠다고 생각한 것이 단골손님의 비율을 점검해 보고 나서였다. 90% 정도가 재방문을 했고 몇 번을 방문했냐에 상관없이 스스로를 골수 단골(마니아)로 생각하는 사람들이 전체의 60%가량이었다. 그래서 생소한 메뉴를 내놔도 자연스럽게 받아들일 수 있는 문화가 어느 정도 만들어졌다는 판단이 섰다.

2. 마니아를 친구로

이렇게 스스로를 마니아라고 생각하는 사람들이 많아지다 보니 두 자매는 신기한(?) 경험도 많이 하게 되었는데 가끔 손님들로부터 너무 맛있게 먹었고 또 오겠다는 팬레터(쪽지)들을 받게 될 것이다. 이런 반응들을 보면서 이들과 더 친밀한 관계를 만들어 가야겠다는 생각도 하게 되었다.

수 처음에는 손님이 매장에 사과를 가져오면 우리가 만든 마요네즈로 교환해 주는 등의 이벤트를 했다. 그리고 손님들과 할로윈이

마미 브랜드의 본사 겸 카페인 Atelier et M'amie를 비롯한 마미의 지점들

나 크리스마스에 드레스 코드를 정하고 파티도 열었다. 이날은 돈 버는 날이 아니라 서비스할 목적으로 평소 6만 원 이상 드는 코스 요리를 2만 원 정도에 드실 수 있게 했는데 불과 몇 분만에 예약이 완료되곤 했다. 가끔 마미가 TV 방송에 맛집으로 소개되는 날이면 미리 공지를 한 뒤 그 다음날은 무조건 가게 문을 닫고 마니아 분들과 창경궁 등지로 소풍을 갔다.

TV에 소개된 다음날이면 새로운 손님들이 들이닥칠 텐데, 그것보다는 마니아들과의 관계에 더 많은 에너지를 투자한 두 자매는, 지금도 매년 연간 계획을 세울 때 월별로 손님들과 나눌 수 있는 이벤트나 서프라이징 파티들을 미리 고려해서 짠다. 이렇다 보니 한번 함께 한 마니아들은 대학 다닐 때 처음 방문한 뒤 멀리 지방으로 이사를 가고, 결혼을 하고, 아이를 낳아도 마미를 다시 찾아오는 경우가 많았다. 파티 때는 권 대표의 아이에게 줄 선물을 준비해 오는 마니아도 있다니, 그 관

계가 어떠했을지 짐작이 된다. 만약 이런 행사들이 브랜드의 '의식적 행사ritual'로서 전통이 된다면 브랜드가 마치 종교와 같은 강력한 충성도를 얻을 수도 있다는 것은 《오감 브랜딩》에서 마틴 린드스트롬도 재차 강조하던 바다.

지 손님은 왕보다는 친구 같다. 내 아이에게도, 그리고 손님에게도 부끄럽지 않은 재료로 음식을 해서 마치 집에서 접대하는 것처럼 고객에게 음식을 제공하자는 것이 우리 컨셉이었고, 그것을 느꼈기 때문에 마니아 분들도 친구 집에 놀러 온 느낌이 든다고 하지 않나 싶다.

3. 마니아를 사장님으로

"마미인더키친의 가맹사업은 근본적으로 힘들다고 생각합니다. 고객이 갖고 있는 신뢰도를 바탕으로 손님과 함께 교감하며 계속 믿고 방문할 수 있는 환경을 만드는 것이 중요하다고 생각했기 때문입니다. (중략) 3년쯤 운영하고 난 재작년부터 많은 분들의 문의를 받으며 가능성에 대하여 고민하였고, 저희가 중요하다고 생각하는 가치들이 훼손되지 않는 새로운 형태의 마미를 이제서야 정리하였습니다. 어렵더군요."

위의 글은 마미인더키친 홈페이지에 2008년 초에 올라간 공지사항의 일부다. 작은 가게가 잘되고 입소문을 타기 시작하면서 많은 사람들이 가맹사업을 하지 않을 것인지를 물어왔다. 그러나 마미의 두 경영자는 브랜드가 가진 가치를 훼손하지 않을까 하는 우려 때문에 이런 제안들을 자주 거절했었다. 그리고 이후 2년을 더 고민한 끝에 이들은 지금의 마미 형태로 6군데의 매장을 하나씩 열게 되었다. 이곳들은 각각 운영자들의 성향을 고려하여 매장마다 독특하게 차별화

마니아들과 함께 마미인더키친에서 파티를 열었을 때의 분위기는 '가게 행사라기 보다는 '친구들과의 모임'과 더 흡사했다.

마미 마니아들의 성지순례 : 효자동 살롱 드 떼 이효원 대표

효자동 살롱 드 떼는 초기 마미인더키친처럼 쉽사리 찾기 어렵고 생소한, 소위 '문턱이 높은' 매장이다. 큰 길에서 잘 보이는 위치가 아니라서 찾기도 어렵고, 막상 가게 앞을 지나가도 생소한 이름과 외관 때문에 가구점이 아닌가 오해 받을 때가 잦다. 그럼에도 마미 매장 중 높은 매출을 올리는 편에 속하는 이곳에는 지나가다 들르는 사람보다 일부러 찾아오는 사람이 더 많단다. 특히 살롱 드 떼를 좋아하는 사람들 중에는 이미 마미의 골수팬이던 사람들이 많다. '살롱 드 떼'가 아니라 '마미의 다섯 번째 매장'으로 이곳에 들렀다 계속 방문하는 고객이 된 것이다. 그도 그럴 것이 이곳의 이효정 대표가 마미의 마니아였기 때문에 같은 입장으로 이곳 매장을 방문하는 고객들을 누구보다 잘 이해할 수 있었고, 그래서 마미와 같은 만족감을 주려 더욱 노력했던 것이다. 마니아가 브랜드의 일부로 살아가는 것이 좋은 이유는 바로 이 때문이 아니겠는가. 그래서 이 대표에게 마미와 마미의 마니아에 대해 더 자세히 물어 보았다.

처음 마니아가 되었을 때 이야기가 궁금하다.

마미 하면 빨간색 불빛 간판이 켜져 있던 외관이 아직도 머릿속에 떠오른다. 마미인더키친에 자주 갈 때는 함께 가는 사람을 바꿔 가며 일주일에 세 번씩도 간 것 같다. 너무 자주 가서 어떨 때는 좁은 공간에 우리가 자리를 차지해 발길을 돌리는 손님이 있는 게 미안해서 밥값을 내고 거스름돈도 제대로 못 받을 정도였다. 어느 날 친구와 함께 방문했다가 음식에 너무 감동받아서 감사히 잘 먹었다고 쪽지를 남기고 갔는데 그게 인연이 되어 권 대표님, 이사님과 인사한 뒤에 다른 마니아들과 소풍도 같이 가고, 파티에도 참석하면서 오랫동안 언니, 동생처럼 지내게 되었다.

쉽지 않은 결정이었을 텐데, 어떻게 공무원 생활을 그만두고 이곳을 시작하게 되었나?

안정적이고 편안한 생활이었지만 조직의 목표와 내 목표가 공유되는 부분이 너무 적었다. 나는 힘들더라도 즐겁게, 내 사명에 맞게 일하고 싶었기 때문에 마미를 시작하게 되었다. 마미 말고는 다른 것을 해보겠다는 생각을 해본 적이 없다. 처음 해보는 일이었지만 대표님, 이사님께서 충분히 조언해 주셨고 마미가 얼마나 착실하게 지금의 브랜드를 만들어 왔는지, 그리고 그것을 지키기 위해서 어떤 노력을 해야 하는지를 옆에서 지켜봐서 누구보다 잘 알기 때문에 시작할 때도 별로 불안하지 않았다. 내가 보았을 때 마미는 느리더라도 항상 만족할 만한 결과물을 내는 브랜드였다.

고객을 보는 눈도 남다를 것 같은데 자신과 같은 고객들을 보면 어떤 생각이 드는가?

마미의 특징 중 하나가 예전의 나처럼 마미가 지점을 낼 때마다 일부러 방문해 주시는 마니아 고객들이 많다는 것이다. 그리고 한번 오신 분들이 다른 분들과 재방문하는 경우가 많다. 같이 온 분에게 마미에 대해서 설명해 주는 고객들을 보면 예전에 나를 보는 것 같아 뿌듯하다. 이런 분들이 많다는 것은 마미가 할인을 하지 않는다거나 메뉴에 대해 고집을 부리는 것을 더 잘 이해해 주는 분이 많다는 이야기인지라 우리도 좋다. 내가 그랬던 것처럼 살롱 드 떼의 고객들도 마미에서 얻었던 만족을 그대로 얻고, "역시 마미네!" 하는 말을 들었으면 좋겠다.

마미 마니아일 때와 지금은 어떻게 다른가? 좋아하던 브랜드의 일부가 된 셈인데 입장이 달라진 것이니 브랜드에 대한 시각도 많이 바뀌었을 것 같다.

마미의 마니아가 된 것은 훌륭한 음식에 대한 믿음 때문이기도 하지만 브랜드가 조금씩 계속 변화하고 성장해서 질리지 않는다는 점 때문이기도 했다. 마미의 식구가 되고 보니 마니아들에게 이런 호응을 얻는 브랜드를 만들기 위해서 직원들이 얼마나 많은 것을 시도해 보고 도전하고 있는지가 눈에 보이더라. 그래서 이 브랜드의 일부가 되었다는 것이 정말 신기하고 기쁘다. 남들이 생각하는 것과는 다르게 내가 좋아하는 것들을 그저 수동적으로 즐기는 것이 아니라 능동적으로 이끌어 가고 있다는 게 더 좋은 것 같다. 그래서 마미가 지키고자 하는 가치들을 나도 같이 지켜 나가고 싶다.

된 컨셉을 가지되 마미라는 브랜드 안에서 그 색깔은 유지하고 있다.

재미있는 것은 이 6군데 중 두 곳은 마미인더키친에 오던 손님이 운영하게 됐다는 것이다. 돈암동 리틀블랙팟의 이종혜 대표의 경우 마미가 확장을 시작하면서 성신여대에 있던 마미인더키친을 닫고 다른 장소로 옮기려 할 때 너무 아쉬워하며 이 장소에 대한 추억 때문에 자신이 맡아 운영하겠다고 나서서 지금의 모습을 갖췄다. 또 다른 마미의 지점인 효자동 살롱 드 떼의 이효원 대표(p153 참조)의 경우는 이종혜 대표와 친구 사이로, 공무원 생활을 하다 이곳의 창업을 결심했다.

수 우리는 가맹을 잘 안 내주기로 유명하다. 돈이 많다고, 혹은 카페나 한번 해볼까 하는 생각을 가진 사람이 마미를 열게 할 수는 없었다. 이종혜 대표와 이효원 대표는 우리의 목표와 마음, 스토리를 너무 잘 알고 있었고 어떤 어려움이 있을지, 어느 정도로 노력을 해야 하는지에 대해 우리와 충분한 이야기를 나누고 공감한 상태였기 때문에 믿을 수 있었다.

친구가 된 마니아들은 이제 마미가 성장하고 확장하는 데 입소문이나 가격 지불로 도움을 주는 데 그치지 않고 마미의 일원이 되어 도움을 주고 있다. 창업 초기부터 마미가 어떤 생각을 가지고 어떤 고집으로 자라왔는지 누구보다도 잘 알고 있기 때문에 이들이 진짜 일원이 되었다는 것은 서로에게 의미가 크다. 그렇기 때문에 마미도 마니아가 매장을 맡았다고 해서 소홀한 것 없이 다른 곳처럼 해당 매장에 특화된 메뉴 구성에만 3개월을 투자하고, 전문가 집단을 구성해 교육과 인테리어, 자재 등에 온 힘을 쏟았다. 수시로 그들과 이야기를 나누고 계약서에 명시된 반드시 지켜야 할 규약에는 매우 엄격해서 3번을 어길 경우 무조건 계약을 해지한다고 한다. 비전과 브랜드의 가치는 공유하되 철저히 원칙을 준수하는 데는 마니아라고 해서 예외이지 않았다.

내실과 확장, 그리고 마니아

창업 후 많은 창업자들이 어떻게 초기 고객들, 그리고 마니아들과 좋은 관계를 맺을 수 있을까 고민할 것이다. 마미의 마니아들은 브랜드의 성장과 확장에 분명히 가시적인 도움을 준다. 그렇다고 이들을 무조건 왕처럼 대하고, '잘'해 줘야 한다는 것이 마미가 주는 메시지는 아니다. 취재를 통해 우리가 더 놀랐던 사실은 마니아와 이런 관계를 유지했음에도 실질적으로 이 두 자매의 관심이 '어떻게 고객과 더 친해질까'보다 '어떻게 나의 높은 기준을 만족시킬까'에 있었다는 것이다. 하지만 항상 자신의 기준이 고객의 기준보다 더 높았기 때문에 자신의 기준을 만족시킴으로써 결국 고객의 기대치를 초과하는 놀라움을 만들어 낼 수 있었다. 일례로 마미의 유명한 제품, 카스텔라의 개발 스토리를 들 수 있다.

수 나는 제빵사 출신도 아니고, 파티시에 출신도 아니다. *나가사키 카스텔라를 만들려면 전용 오븐이 필요한데 나는 그것을 일반 오븐으로 만들어야 했다. 모두 못한다고 했다. 그런데 그것을 해내기 위해 정말 집요하게 매달렸다. 달걀 값만 2억 정도 쓴 것 같다. 아무것도 안 하고 카스텔라만 만들었으니 재정적으로도, 체력적으로도 무척 어려웠다. 그래도 결국 성공했다. 뭐든지 할 수 없다는 생각은 안 한다. 회사는 작아도 우리에겐 그런 자부심이 있다. 남들이 안 하는 것, 그리고 못한다고 하는 것을 해야 한다.

지 주인이든 고객이든 각자의 포지션에서 즐기면 되지 않을까. 모든 고객에게 나의 고객이 되어주십사 하는 것이 중요한 게 아니라 내 입장에서 최선을 다하고, 적당한 가격에 최고의 것을 주고 있다는 사실을 알아주는 고객이 중요한 것이다. 우리는 우리의 자부심 이하라 평가될 만한 행동을 한 적이 없고, 그런 의미에서 스스로를 **명품이라고 생각한다.**

알다시피 좋은 이름에는 항상 이름에 걸맞은 행동이 요구된다. 엄마라는, 그 무게감 있는 이름을 처음에 브랜드명으로 사용했을 때는 그만큼의 노력과 태도가 필요할 것이라는 생각이 이 두 자매는 어렴풋이 이해했는지도 모르겠다. 최상의 재료가 아니면 쓰지 않겠다는 고집, 안 되는 것을 손해 보더라도 해내겠다는 생각이 손님들로 하여금 생소했던 음식을 먹어 보게 하고, 스스로를 마니아로 부르게 만들지 않았을까. 끊임없이 철두철미하게 내실을 다져 나가기에 이렇게 성장을 돕는 마니아도 생기고, 새로운 비전도 생기는 게 아닐까 말이다.

지 우리가 하고자 하는 일은 프랜차이즈가

*나가사키 카스텔라
카스텔라는 원래 스페인의 전통 과자 비스코초에서 유래된 것으로 신항로 개척시대에 포르투갈을 통해 일본 나가사키 지방에 전해졌다. 이후 일본 장인들에 의해 개발, 전승되어 이제는 '나가사키 카스텔라'라는 이름으로 이 지방의 명물이 되었다. 마미에서는 밀가루, 설탕, 우유, 달걀만을 사용하여 전통 방식을 살려 나무틀에 수작업으로 한 판씩 구워 내는데 오랜 시간 약한 불에서 천천히 굽고 다시 저온에서 숙성시키는 과정으로 꼬박 3일이 걸린다. 마미는 이 카스텔라의 성공으로 그 이름이 더 알려졌다.

아니라 마미라는 이름으로 창업자에게 정말 잘 맞는 비즈니스 모델을 만들어 주고 같은 가치를 공유하는 것이다. 우리의 비전은 총체적 다이닝 컨설턴트가 되는 것이다. 그들이 독립할 수 있는 구조를 만들어 주고 고객에게는 좀 더 좋은 제품을 좋은 가격으로 만날 수 있게 해주는 것이다. 애초부터 프랜차이즈를 많이 늘려서 돈을 벌려는 목적은 없었다.

브랜드에게 마니아는 중요하다. 하지만 그것을 단순히 '친구를 잘 사귀어 입소문을 내주는 홍보 수단을 확보하자' 정도로 이해해서는 절대 안 된다. 만약 그런 생각으로도 브랜드가 만들어진다면 이토록 내실을 다지는 데 노력할 필요도 없이 친구를 만드는 데만 열중해도 될 것이다. 하지만 마니아가 생기는 근간에는 항상 2배, 3배, 아니 10배 이상 브랜드를 만드는 사람의 노력이 있었다. 마미의 권 대표가 하고자 하는 말도 이와 일맥상통한다. 새로운 가게가 아니라 새로운 브랜드, 나아가 경쟁자나 시장 상황에도 크게 영향을 받지 않는 자유로운 하나의 세계를 여는 것이 이들이 말하는 '브랜드 창업'이라면 그것은 어쩌면 당연한 것 아닐까.

그렇다면 당신이 말하는 창업은 무엇인가? 그것을 위해서

그렇다면 당신이 말하는 창업은 무엇인가? 그것을 위해서 어떤 노력을 하고 있는가?

어떤 노력을 하고 있는가? 그리고 마니아들이 어떻게 반응하며, 그들과 어떻게 관계를 맺고 있는가?

수 항상 꼼꼼한 계획을 세우되 예상되는 문제에 대한 대책을 꼭 가져야 한다. 단언컨대 우리에게는 행운이 없었다. 우리가 여기까지 올 수 있었던 것은 죽도록 십(10)만큼 일해서 일(1)만큼 얻은 결과다. 우리는 시작부터 안 해본 것이 없기 때문에 그때로 다시 돌아가고 싶다는 생각도 없다. 이제 와서 생각해 보면 창업이란 정말 또 다른 새로운 세계를 여는 일인 것 같다. 나라를 세울 때처럼 새로운 세계를 열기 위해서는 굉장한 용기와 노력이 필요하다. UB

권수영 고려대학교 독어독문학과를 졸업하고 (주)두성 기획실에서 근무했다. 2003년 마미인더키친을 창업한 뒤 2007년 &K Planning이라는 법인을 설립했다. 이후 압구정, 분당, 홍대, 이태원 등에 마미 지점을 내고 &K Plux로 법인을 변경했다.

권지영 고려대학교에서 체육교육과 신문방송학을 전공하고 LG 스포츠 LG세이커스 프로농구단의 홍보 마케팅을 담당했다. 동생인 권수영 대표와 2003년 창업을 시작했고 지금까지 함께 마미를 꾸려오고 있다.

고객의 문제는 브랜드 창업이, 브랜드의 문제는 고객이 푼다

서로의 바람^{wish}을 휘파람 소리로, 숲소리

The interview with ㈜숲소리 대표 송재근, 부장 이주은

결자해지結者解之라는 말이 있다. 매듭은 묶은 사람이 풀어야 한다는 말이다. 주로 개인의 책임감을 강조할 때 사용하는 이 사자성어는 한편으로 사람들에게 "네 문제는 스스로 풀라"는 무거운 부담감을 안겨 준다. 이 한자를 곱씹다 갑자기 의문이 생긴다. 그런데 매듭은 꼭, 묶은 사람이 풀어야 하나?

이런 황당하다 싶은 생각이 떠오른 이유는 '숲소리'라는 유아완구 브랜드를 만났기 때문이다. 철학이 있는 브랜드들은 대부분 자신이 묶지도 않은 매듭, 즉 사람들이 모여 살며 생기는 많은 문제의 매듭들을 풀기 위해 부단히 노력하며, 그 해결책을 제시하려 한다. 숲소리는 아이를 키우는 어머니들의 고민이 그 매듭이었다. 마침내 브랜드가 그 매듭을 풀 만한 무엇인가를 만들어 내면 사람들은 기꺼이 그 브랜드를 사용하기로 결정한다. 사람들은 그래서 숲소리의 완구를 선택했다.

그런데 숲소리에도 매듭이 하나 생겨 버렸다. 고객의 매듭을 풀려다가 만들어진 매듭이다. 그럼 이 매듭은 누가 풀어 줘야 할까? 놀랍게도 이것을 풀어 주는 사람은 고객들이다. 정리하자면 숲소리는 매듭을 풀어 주기 위해 창업했고, 후에는 고객과 서로의 매듭을 풀어 가며 성장하고 있다. 이들은 브랜드로 가는 좁은 길을 걸으며 지금 한창, 휘파람을 부는 중이다.

아이를 위해 꽉 묶인 '문제 매듭'을 풀자!

숲소리는 0세부터 6세 사이 아이를 둔 어머니들 사이에서는 이미 유명하다 했다. 몇 가지 소문을 듣고 홈페이지에 들어가보니 거기서는 화학색소를 전혀 사용하지 않은 20가지 천연원목(모두 색깔이 달라 페인트를 칠할 필요가 없다)과 아마기름(아마씨에서 짠 기름으로 방부 효과가 있다)을 사용하여 만든 원목완구들이 판매되고 있었다. 살펴보니 제품들이 환경호르몬이나 유해물질에 대한 걱정이 많은 어머니들의 고민을 덜어 줄 만한 훌륭한 해결책이라는 생각이 들었다. 아무리 씻고 소독을 해도 원자재의 특성상 입에 물고 빠는 게 걱정되는 아이들 완구가 얼마나 많은가. 이렇게 하나의 창업을 통해서 사회 문제들이 하나씩만 해결된다면 브랜드가 얼마나 이로운 것으로 인정받게 될까. 그런 생각을 하며 숲소리를 자세히 들여다보니 수제 완구치고는 가격도 그리 높지 않은 것이 궁금증을 증폭시켰다. 어떻게 이런 브랜드를 만들 생각을 했을까? 그래서 숲소리의 송재근 대표를 만나 보았다.

송재근(이하 '송') 나도 아이가 있어 장난감을 사주는 고객인데, 딸아이 장난감에 페인트가 벗겨진 것을 보고 문제를 실감했다. 아이들 입으로 들어가는 것인데 페인트 같은 유해물질이 없는 게 있나 찾아보니 구하기가 쉽지 않았다. 그때 본능적으로 이게 사업성이 있겠다고 판단했다. 좋은 제품을 퀄리티에 비해 매우 싼 가격에 구입할 수 있도록 하는 것이 목표였다.

그는 2006년에 숲소리 공장을 지었다. 이 분야의 전문가도 아닌 그가 기존 완구의 문제를 발견하고 시장에 뛰어든 데다가 처음부터 끝까지 새로운 방법을 찾아야 했기 때문에 제품 생산부터가 어려운 일이었다. 기계가 아닌 손으로 일일이 마감을 해야 하는 수제 완구라 제품을 생산하는 라인을 만들고 일할 사람을 구하며 거래처를 확보하고 자금을 마련하는 등 어느 것 하나 쉬운 일이 없었다. 하지만 막상 샘플을 하나 완성하고 나니 '이 일이 내 일'이라는 생각이 들었다고 한다. 브랜드가 나아갈 방향과 사명을 어렴풋이 느끼기 시작한 것이다. 시간이 흘러 고객들도 점차 숲소리의 이런 노력을 느꼈던지 좋은 반응을 보내 주기 시작했다. 그러나 나무를 다듬는 공정은 생각보다 까다로운 일이었고, 그래서 일어나는 문제들은 최대한 빨리 고치기 위해 송 대표는 홈페이지 게시판에 자신의 휴대폰 번호까지 공개하면서 언제든 고객들의 지적을 새겨듣고자 했다. 마케팅을 담당하는 이주은 부장은 초기에는 제품 자체뿐만 아니라 까다로운 고객들로 인한 문제도 많았다 했다.

이주은(이하 '이') 이런 경우도 있었다. 한여름에 어떤 고객에게서 제품에 벌레가 생겼다고 전화가 왔다. 제품에 색소나 화학약품을 쓰지 않고 코팅을 하지 않으니 습기가 찬 곳에 보관하면 가끔 그런 경우가 생긴다. 그래서 관리법을 항상 알려드리는데 그분은 계속 우리 탓이라고 화를 내셨다. 그래서 제품을 다시 보내 달라고 했다. 다른 제품으로 바꿔드릴 수도 있었지만 일부러 그 제품을 돌려받아서 직접 약으로 소독하고, 햇볕에 말리는 작업을 했다. 그런 뒤에 박스에다 집에서 사용하실 소독약, 거기다 장문의 편지까지 써서 택배로 보내드렸다. 그랬더니 이렇게까지 해줄 지 몰랐다면서 이후 숲소리의 마니아가 되어 다른 분께 소개도 해주셨다. 초기였기 때문에 오히려 더 에너지를 쏟을 수 있는 게 바로 이런 부분이 아닐까 싶다. 고객의 문제를 성심껏 해결해 드리는 게 나중에 파급효과가 더 크다는 사실을 배울 수 있었다.

그렇게 숲소리는 미국 지사도 세우고, 일본과 유럽에도 수출하는 브랜드가 되었다. 고객의 매듭을 하나씩 풀어 주니, 고객이 마니아로 변신한 까닭이었다. 그들이 광고도 하지 않는 영세한 작은 기업을 많은 사람들에게 알려준 것이다.

매듭 풀기의 원칙

그런데 송 대표가 고객의 문제 매듭을 푸는 데는 몇 가지 원칙이 있다. 이것은 송 대표의 창업 초기 결심과도 관계가 있는데, 제품을 유통하다 보니 원칙이 더 확고해졌다고 한다. 바로 고객의 문제를 해결할 만한 제품을 제공하되, 그것이 유통 시스템으로 인해 가격이 비싸지지 않게 하자는 것이었다. 처음에는 숲소리도 기존 브랜드들과 똑같이 백화점과 매장 등 오프라인 판매를 중점적으로 했다. 그렇다 보니 유통 마진 때문에 어쩔 수 없이 숲소리 제품도 고가의 제품이 될 수밖에 없었다. 숲소리가 좋다고 소문이 났지만 가격 때문에 살 수 없는 사람들도 많았다. 송 대표의 원칙과 다른 상황이 된 것이다. 그래서 숲소리는 자신의 홈페이지를 통한 직거래에 더 집중하게 되었다. 오프라인 판매를 멈출

숲소리 완구의 주재료가 되는 천연 원목. 자연적으로 각기 다른 색깔을 낸다.

수는 없었지만 최소한 줄이고 더 확장하지는 않기로 결정했다. 온라인을 통한 직거래 방식이 고객에게는 더 싼 가격에 높은 가치를 주고, 브랜드 입장에서는 외부 유통에 의존하지 않기 때문에 원칙을 토대로 한 내실을 다질 수 있다고 판단했던 것이다.

송 유통 외에 또 한 가지 문제는 생산성이었다. 숲소리의 수제 완구는 대량 생산이 어렵다. 우리를 차별화하는 장점이기도 하지만 수익을 생각하면 치명적인 단점이다. 물론 사람을 더 뽑아서 많이 만들어도 된다. 하지만 브랜드가 되려면 그것이 지속가능해야 한다. 사람들을 잠시 뽑았다가 매출이 줄면 해고하고, 고용했다 해고하기를 반복하는 류의 공장 시스템을 답습해서는 안 된다고 생각했다. 다른 방법을 생각하고, 가능한 한 유혹에 넘어가지 않으려 노력했다. 내실을 다지는 것이 많이 파는 것보다 중요하다. 내가 원하는 것은 500년 가는 브랜드를 만드는 것이기 때문이다.

창업 초기부터 브랜드가 성장 속도를 조절하는 것은 상당히 어렵다. 대부분은 창업 후 큰 매출을 얻을 기회를 발견하면 일단 최고의 매출을 내기 위해 전속력으로 내달리려 한다. 하지만 많은 실패 사례에서 목격하듯, 단기간에 빠른 성장만 생각하다 보면 브랜드로 가는 길에서 쉽게 이탈하게 된다. 매출이라는 목표 앞에서는 철학과 원칙이 무의미해지는 경우가 많기 때문이다. 그러나 송 대표는 500년을 바라보기에 내실을 다지는 것이 우선이었다. 이것은 동시에 고객들의 문제를 해결하도록 설계된 숲소리의 가치를 놓치지 않는 길이기도 했다.

그럼에도 불구하고 이 문제를 해결할 다른 혁신적인 방법은 꼭 필요했다. 생산성을 높이지 않는 비효율적인(?) 원칙을 지키면서도 회사를 지속시킬 수 있도록 적절한 수익을 내는 방법 말이다. 숲소리가 고객의 문제 매듭을 풀어 주다가 자기 매듭을 묶은 셈이었는데, 도대체 자기 매듭은 어떻게 풀어 낼 것인가? 철학이 있고 원칙이 있는 창업자들이 가장 많이 고민하는 것도 아마 이것이 아닐까 싶다.

숲소리의 매듭을 풀어 보자!

브랜드가 제품을 생산하는 제조업일 경우 '재고'는 정말 큰 문제다. 고객이 원할 때 바로 판매해야 되기 때문에 미리 만들어야 하는데 얼마나 팔릴지를 잘못 예측하는 순간 수익 통장에 마이너스가 시작되기 때문이다. 돈 대신 물건을 가득 품은 창고를 들여다보노라면 창업자의 마음에는 한숨이

숲소리의 미국 지사가 있는 건물

들어찬다. 그래서 보통은 창고 대방출 세일을 시작한다. 그러나 창업 초기에 세일은 브랜딩에 치명적이다. 세일 때문에 과거에 제가격을 주고 물건을 구입한 고객의 마음도 상하고, 싸게 물건을 산 고객은 다시 제 가격을 주고 물건을 구입할 때 억울해진다.

그래서 이런 문제를 100%는 아니더라도 많은 부분 해결할 수 있는 제도가 있는데, 바로 '예약 판매'다. 고객에게 미리 주문을 받아 제품을 만들고 후에 발송하는 것이다. 숲소리가 이 제도를 실행하면 재고는 물론이고 한꺼번에 대량 생산을 할 수 없는 생산성 문제도 어느 정도 시간을 벌어 해결이 가능하다. 문제는 고객이 이것을 받아들일 수 있는가다. 브랜드의 문제를 해결하긴 하지만 그만큼 고객의 위험부담이 커지기 때문이다. 게다가 물건을 받기도 전에 입금부터 해야 한다면 이를 좋다 할만한 고객이 많지는 않을 것이다. 그런데 많은 고객이 주문하지 않으면 예약판매는 의미가 없어진다. 숲소리는 과연 어떻게 했을까?

"예약 판매를 해보는 게 어떨까요?"

숲소리 제품의 생산 공정은 대부분 대량 생산이 어려운 수작업이다.

놀랍게도 이 말은 직원이 아니라 고객이 먼저 던진 말이었다. 생산성이 높지 않아 고객이 구매하려고 할 때는 눈깜짝할 새 제품이 품절되는 일이 허다하자 누군가 처음으로 "돈을 먼저 드릴 테니 만들어지면 보내 달라"고 했단다. 이런 고객들이 하나 둘 늘어나자 이것이 숲소리의 문제를 해결할 수 있겠다 싶은 생각이 든 것이다.

송 이제 예약 판매는 숲소리의 독특한 문화가 됐다. 고객이 돈을 먼저 입금하고 30~40일을 기다린다는 이야기는 어디서도 들어 본 적이 없다. 그만큼 고객이 우리를 신뢰한다는 증거이기도 해서 감사했고, 그에 대한 적절한 대가가 필요하다고 생각했다.

그래서 숲소리는 매달 홈페이지를 통해 예약 판매하는 제품을 미리 공지하는데, 이 제품들은 본래 가격보다 40% 정도 낮은 가격에 판매된다. 재고를 줄일 수 있기 때문에 그 혜택이 다시 고객에게 돌아가도록 가격을 낮춘 것이다. 고객은 30~40일을 기다리지만 싼 가격으로 사고, 숲소리는 생산성과 재고 문제를 해결한다. 모든 제품을 예약 판매하지는 못하지만, 고객들의 선호도가 가장 높은 제품을 위주로 이 방법을 사용한다고 한다. 숲소리의 매듭을 풀어준 고객들도 합당한 대가를 얻는 Win-Win 전략인 것이다. 지난해 3월부터 시작한 예약 판매는 첫 달부터 매출이 2~3배 이상 오를 정도로 반응이 폭발적이었고, 이제 예약 판매를 통해 제

품을 구매하는 고객이 약 80% 가까이 된다고 한다.

숲소리와 고객 관계의 비밀

궁금할 법도 하다. 도대체 어떻게 했길래 고객이 예약 판매도 선뜻 제안하고 이렇게 열렬한 반응을 보이는걸까? 그것이 꼭 제품 때문일까? 에디터도 그것이 궁금했다.

송 제품에 우리의 정신을 담기 때문에 고객이 그것을 공감하고 신뢰하는 것이 아닐까 생각한다. 그리고 고객과 어떻게 커뮤니케이션 하는가의 문제이기도 한 것 같다. 우리는 정말 고객의 이야기를 열심히 듣는다. 열심히 듣고 반영해서 제품을 만들고, 고객은 그런 우리를 홍보해준다. 고객이 참여할 수 있는 경영을 하는 것이다.

고객이 참여하는 경영이란 무엇일까? 숲소리 홈페이지에 있는 커뮤니티 게시판을 살펴보면 그 답을 알 수 있다. 고객과의 커뮤니케이션에 고민이 많은 창업자라면 시간을 내서 꼭 살펴보기를 권한다. 숲소리가 고객과 이런 관계를 맺을 수 있었던 것은 솔직하고 정직한 커뮤니케이션과 직접적이고 적극적인 반응에 그 비밀이 있다. 아이디어를 구할 때도 지금 브랜드가 처한 상황을 최대한 솔직하게 이야기하고, 어떤 고객의 글이든 빠짐없이 댓글을 단다. 의견이 무시되지 않고 반영되며 '아이들에게 좋은 것' '브랜드가 추구하는 가치를 훼손하지 않는 것'을 기준으로 소통하다 보니 이런 열린 대화가 가능해진 것이다. 《고객이 최고의 마케터다》에서도 고객이 이런 커뮤니케이션을 통해 감동을 받고 외부에 브랜드를 더 열심히 알리게 된다면서 다음과 같이 말했다. "속임수로 소비자를 현혹하는 입소문을 내보려던 기업들은 실제 소비자의 실제 의견을 들으면서 정당하게 입소문을 생성하고 성장시키는 이들보다 훨씬 초라한 성과를 거둔다."

결자해지!? 브랜드의 결자해지!

이 고객들에게 우리가 정말 감동한 일이 있었다. 지난 해 고객이 크리스마스 이브에 배송받는 예약 판매 이벤트가 있었다. 그런데 상품 중 하나가 작업이 늦어져서 원래 보내기로 한 날짜에 제품을 보낼 수 없게 되었다. 그 사실을 일주일 전에 알게 되어 150명의 고객에게 일일이 전화를 드렸다. 다른 크리스마스 선물이라도 준비하셔야 하니 100% 환불해드리려 했는데 단 한 분도 화를 내거나 취소하지 않으셨다. 오히려 미리 얘기해 줘서 감사하다고까지 말해주셔서 너무 놀랐다.

이렇게 고객을 넘어 마니아라고 할 수 있는 사람들과 친구 같은 관계를 맺고 유지하는 것은 '좋은 제품이 있기 때문'이라는 말로는 설명이 부족하다. 서로에게 꼭 해결이 필요한 문제를 풀어주었기 때문에, 그리고 그것이 정직하게 (한쪽이 말하고 한쪽이 듣는 게 아니라) 소통되었기 때문에 단순히 '생산자'와 '소비자' 관계에 머무르지 않았던 것이다.

고객들의 제안과 숲소리의 직접적인 반응

고객님들께서 주신 감사한 의견에 대한 숲소리의 행동(자유게시판 공지사항)

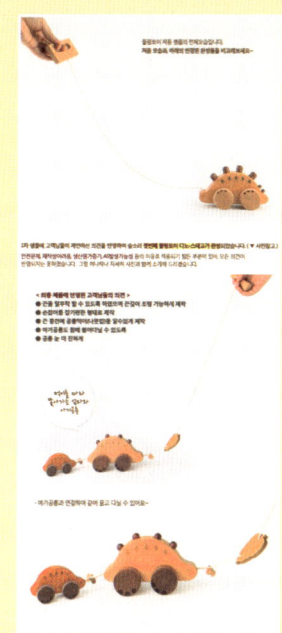

1. 강연경, 강영주 고객님께서 도형자동차 중 네모자동차의 앞부분을 원이 아닌 네모로 일관성 있게 변경하는 것이 좋겠다고 의견 주셨습니다. (너무 예리하십니다…^^) 우선 만들어 놓은 것을 판매한 후 변경해서 제작하도록 하겠습니다.
또 박혜진, 조현주, 강연경, 오현정, 허현숙 고객님께서 타원형 자동차도 함께 만들어서 세트화하였으면 좋겠다는 의견을 주셨습니다. 네모 자동차의 변경에 맞춰 타원도 함께 출시하도록 하겠습니다.^^

2. 수없이 많은 고객님께서 동물농장과 천연 블럭에 나무박스가 없다고 지적해 주셨습니다…^^ 크리스마스가 지나 숲소리 원목으로 만든 예쁜 toybox를 샘플 제작해 고객님들께 품평을 받고 착한 가격에 공동구매 하도록 하겠습니다. (중략)

5. 박혜진 고객님께서 물고기 종류를 더 늘렸으면 좋겠다고 의견 주셨는데…숲소리가 직거래가 돼서 가격이 낮아지면 조금 늘려도 되지 않을까 생각하고 있습니다. 너무 많으면 아이들이 복잡해 할 수도 있고 가격도 올라가니 많은 분들이 구입하실 수 없게 되는 문제도 있습니다. 어떻게 할까요? (중략)

6. (중략) 원목 이외에 다른 소재를 사용하는 것은 안전에 대한 검증도 해야 하고, 숲소리 이미지에 맞는지 검토도 해야 해서 시간이 많이 필요할 듯 하고요… 길이가 길어지면 CE 안전기준에 적합하지 않게 됩니다. 아이들 목에 감길 수 있어서요… 또 나무라서 일반청진기나 플라스틱처럼 탄성을 가지고 있지 않아 청진기는 한계가 있는 것이 사실인데 김희선 고객님 말씀처럼 나무구슬을 꿰서 만들어 보려고 합니다. 샘플이 나오면 고객님들께 품평 받도록 하겠습니다….

7. (중략) 기타 음악교구, 과일세트, 저울교구, 가베, 주방세트 등등 많은 의견 주셨습니다. 음악교구는 시간이 걸릴 듯 하고요… 말씀드렸듯이 음정이 한가지 나무로 만들면 가능한데… 여러 나무로 하니 샘플만 지금까지 1년 이상 걸렸습니다. ㅜ.ㅜ 포기할까 하다가 고객님들께서 다시 요청해 주셔서…한가지 나무로라도 내년 초에는 준비하려고 합니다~ 과일세트는 12월 요리시간과 함께 숲소리 직거래로 착한 가격에 출시될 예정이고요. 양팔저울교구는 정기현 고객님… 죄송합니다. 샘플이 나오려면 시간이 좀 걸릴 것 같고요… 가베는… 예전부터 다른 업체에서도 문의가 많이 들어왔는데… 가베는 새롭지 않고 금방 만들 수 있지만… 숲소리 이외에 다른 업체들에게 양보하는 것이 좋을 것 같습니다….

다시 '결자해지'로 돌아가 보자. 이번에는 '매듭을 자신이 풀지 않고 브랜드가, 그리고 고객이 서로 풀어 줄 수도 있다'에 주목하기보다는, 원래 사자성어가 강조하려던 '책임감'에 주목해 보자. 책임감을 이야기한다면, 이제는 브랜드가 정말로 책임을 지고 결자해지 해야 할 것이 무엇인지 돌아보아야 한다.

창업을 하고 사명(미션)과 비전을 선포하고 나면 브랜드는 공개적으로 수많은 대중 앞에 꼭 지켜야만 하는 어떤 것을 맹세한 것이다. 브랜드를 대체할 만한 다른 단어를 고르라고 한다면 많은 사람들이 아마도 '신뢰' '약속' '일관성' 등을 꼽을 것이다. 이것은 브랜드가 끝까지 브랜드로서 고객들의 사랑을 먹고 성장하기 위해서는 처음 뱉은 말, 처음 약속한 품질, 처음 약속한 신념을 문을 닫는 날까지 지켜야 한다는 의미다. 숲소리가 고객과 서로 주고 받은 것들을 에너지 삼아 지고 갈 결자해지의 정신은 바로 이것이다. 숲소리는 브랜드로서 창업 이후 500년을 바라보고 있다고 하니 아직 머나먼 여정이 남은 셈이다. 이 길로 떠나기 전에 먼저 답해 보자. 창업자로서 당신은 고객 앞에 어떤 맹세를 했는가? 그리고 고객의 어떤 문제를 해결해 주었고, 고객과 어떻게 소통하고 있는가? UB

송재근 대림전문대 기계학교. 홍익대학교에서 국제경영학을 전공했으나 중퇴함. 재외동포 관련 NGO인 KIN의 운영위원으로 있다 2006년 숲소리를 창업하여 이끌어오고 있다.

이주은 서강대학교 전산정보관리학과를 졸업하고 모아맘 직장보육시설 컨설팅 운영 팀장, 더존이엔에이치 인글리쉬 마케팅 팀장으로 있다 2010년 숲소리 마케팅 부장으로 합류했다.

*Deeper Reference 경영자가 된다는 것은 어떠한 환경에서도 살아남을 수 있는 생명력과, 생명 유지를 넘어선 브랜드 영속력을 고민해야 하는 의미이기도 하다. 이런 극단적 상황은 상상의 것이 아니다. 불황에 맞닥 뜨린 당신을 상상해 보라. 굳이 불황이란 설정을 하지 않더라도 창업의 환경은 보유고객 0에 가까운 초불황의 상태다. 이것을 이겨내는 기존 선배 브랜더들의 단면을 유니타스브랜드 Vol.9. '호황의 개기일식'편에서 엿볼 수 있다. 또한 경영자가 된다는 것은 브랜드의 철학을 가시화 하는 (그야말로 모든) 측면에서 Vol.10 '디자인 경영'을 이해할 수 있어야 하며, 이를 실재로 구현해 내기 위해서는 자사의 핵심 가치에 대해 조직 구성원들과 끊임없이 커뮤니케이션 해야 한다. 그것이 Vol.14 '브랜드 교육'의 요지다. 그래야 리더가 아닌 브랜드가 리더십을 갖는 브랜드십(Vol.16 '브랜드십')의 반열에 오를 수 있을 것이다.

References for G8·G9·G10

왠지 혼자 하는 창업이 두려워 동업을 고려하고 있다면, 반드시 '파트너의 의미(G8)'를 제대로 알아야 한다. 진정한 파트너가 나누어야 할 것은 꿈과 비전이지 창업자금과 수익이 아니라는 것을 말이다. 물론, 나홀로 창업을 하는 사람에게도 파트너는 있다. 바로 창업과 동시에 등장할 직원들이다. 창업자는 창업과 동시에 경영자가 된다는 것을 인지해야만 '창업자에서 경영자로의 전이(G9)'가 왜 중요한지 이해할 수 있을 것이다. 이런 과제에서 성공할 때 비로소 가질 수 있는 것이 바로 자신의 업에 대한 '자부심(G10)'이다. 종전의 시장과 상식에 기반한 업의 기능에 대한 1차적 서술敍述이 아닌, 해당 브랜드의 아이덴티티가 녹아 든 자기외침적 기술記述과 같은 것 말이다.

164	Venture into Brand, 카카오톡
170	'매너'를 아는 소년, 로티보이
174	파트너십으로 무장한 앱계의 앙팡테리블, 어썸노트
180	업의 재정의로 창업의 불을 밝히다, 반딧불이
184	고집스런 자부심이 만드는 100년 브랜딩, 디마떼오
188	NEVERENDING STORY	브랜드 런칭과 브랜드 창업

앱으로 창업하려는 자들을 위한 짧은 톡talk

Venture into Brand, 카카오톡

The interview with ㈜카카오 대표 이제범

현재 약 30만 개의 애플리케이션(이하 '앱')을 선보인 애플은 이번에도 어김없이 2010년 한 해 동안 가장 많이 사랑받은 앱들을 발표했다. '리와인드rewind 2010'이라 불리는 이 리포트에서 한국 시장에서 가장 많이 사랑받은 앱으로 꼽힌 것은 무엇일까? 유료 앱에서는 '왓츠앱메신저Whats App messenger'가 1위를, 2, 3위는 각각 '어썸노트awesome note(p174 참조)'와 '사진/동영상폴더관리'가 차지했다. 반면 무료 앱에서의 1위는 오늘 소개할 카카오톡이다. 2위(다음지도)와 3위(NateOn UC)를 차지한 앱이 대형 포털사에서 제공하는 서비스 앱인 반면(그들의 수익원은 따로 있다), 직원 수 25명의 ㈜카카오(전前 아이위랩)에서 개발한 이 앱에는 어떤 '매력'이 있기에 이토록 뜨거운 반응을 이끌어 냈을까?
여기서 '매력'이라 함은 비단 카카오톡 사용자 900만 명이 느끼는 것만 의미하지는 않는다. 무료로 문자 등을 보낼 수 있는 앱이기에 소비자가 느끼는 매력은 당연해 보이지만 이른바 IT업계의 큰손이라 불리는 이들(엔씨소프트 김택진 대표, 넥슨 김정주 회장, 다날 박성찬 대표 등 14명)은 이 무료 앱에 어떤 매력을 느꼈기에 총합 53억 원 가량을 투자했을까? ㈜카카오의 2010년 수익은 0원(사실 마이너스)인데 말이다.

※카카오톡kakao talk은 스마트폰 사용자 간의 무료 문자 메시지와 실시간 그룹 채팅을 할 수 있는 애플리케이션의 이름이다. 별도의 로그인 절차 없이도 대화를 하거나 사진, 동영상, 연락처 등 멀티미디어 자료를 주고받을 수 있다.

Venture

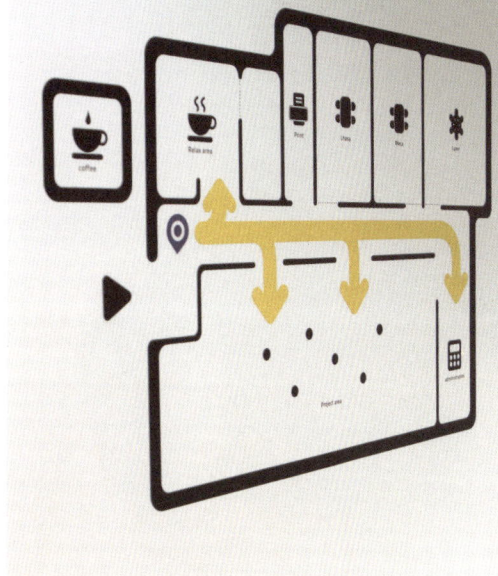

벤처venture라는 용어는 카카오 열매처럼 달콤 쌉싸래하다. 1998년부터 2000년까지 일어난 벤처 버블이 누구에게는 달콤하고 화려했던 과거겠지만, 누구에게는 씁쓸하고 뼈아픈 과거가 되었듯 말이다. 물론 오늘 여기서 '벤처'라는 묵직한 이야기를 풀어 내려는 것은 아니다. 다만 다시금 고개를 들고 있는 ⓐ벤처기업의 창업 추이를 보면서, 그리고 스마트폰 사용자 1,000만 명의 시대를 여는 2011년을 맞이하며, 앱 등 모바일 관련 서비스로 창업을 하려는 달콤한 꿈으로 흥분되어 있을 예비 창업자, 그들이 고민해 봐야 할 '창업'에 관한 이슈들을 재점검하기 위함이다.

벤처, 그 달달함

엄밀히 보면 카카오톡 자체를 벤처 창업이라 보긴 힘들다. 네이버가 삼성 SDS의 사내 벤처 형태로 출발한 것처럼 카카오톡 역시 '아이위랩(NHN의 창립 멤버인 김범수 씨가 의장으로, 이제범 대표와 함께 창업한 회사로서 현재는 사명을 ㈜카카오로 바꿨다)'이라는 웹 기반 서비스 제공 기업이 모바일 시대의 도래를 준비하며 런칭한 사내 벤처 형태이기 때문이다. 2010년 1월, 직원들을 4~5인으로 구성된 팀으로 나눠 앱 개발 프로젝트를 진행했고 카카오톡은 과거 프리챌에서 메신저를 개발한 현 카카오의 이상혁 CSO가 리딩하던 팀에서 탄생됐다. 이렇게 시작한 그들의 요즘은 참으로 달달하다.

이제범(이하 '이') 이 정도로 성장할 것이라고는 예상 못했다. 모든 사람들이 예측한 것보다 스마트폰이 훨씬 많이 팔리면서 함께 성장한 것으로 본다.

국내 스마트폰 사용자가 약 1,000만 명으로 추산되는 요즘 카카오톡 사용자는 900만 명으로(2011년 2월 기준), 이는 스마트폰 사용자의 약 90%에 해당하는 수치다. 런칭 10개월 만에 국내 사용자 600만 명을 기록하더니 오는 5월에는 1,000만 명의 사용자를 예상하고 있단다. 더욱 놀라운 것은 사용자들의 카카오톡 이용 수치인데, 카카오톡을 통해 오가는 메시지 수는 매일 1억 건이다. 막상 감이 잘 오지 않는다면 트위터와 비교해 보자. 전 세계 트위터 가입자 수는 약 2억 명으로 이들이 하루에 뿌리는 트윗 수가 1억 1,000만 건이라고 한다.

게다가 이제는 한국을 넘어 중동 4개국(쿠웨이트, 아랍에미레이트, 사우디아라비아, 카타르)과 홍콩, 마카오에서도 런칭했고, 런칭 후 얼마 되지 않아 연이어 애플 앱스토어의 '소셜 네트워크 카테고리'에서 1위를 기록 중이다. 하지만 이런 그들에게도 여전히 '고민'은 있다.

ⓐ 벤처기업 창업 추이

연도별 벤처기업 수
1998: 2,042
2000: 8,798
2001: 11,392
2004: 8,778
2006: 7,967
2008: 12,128
2010.6: 20,597 (15,401)

출처 : 중소기업청

벤처기업 수의 증가를 모두 청년들의, 그것도 스마트폰 관련 서비스업의 창업으로 보는 것은 당연히 비약일 테지만 실제로 스마트폰 앱을 비롯한 모바일 컨텐츠 관련 1인 창조기업이 전체에서 차지하는 비중은 2009년 14%에서 지난해 23.1%로 대폭 증가했고 그 수치는 23만 5,000천 개에 달한다. 이는 국내 경제 활동 인구의 약 1%를 차지하는 규모이기에 미비해 보일 수 있지만, 그 파급력은 실리를 떠나, 분명 1%를 상회할 것이다. 뿐만 아니라 30세 미만 창업자의 신설 법인 등록수는 2,887개로 2009년 같은 기간 동안의 기록보다 32.4%나 증가했다.

카카오톡 개발을 이끈 이상혁 CSO(좌)와 이제범 대표(우)

벤처, 그 쌉싸래함

 가장 큰 고민은 단연 수익 모델에 관한 것이다. 작년 12월 초에 있었던 이 대표와의 인터뷰는 "현재까지 발생한 수익이 있는가?"란 질문으로 시작됐다. 무료 앱이라면 으레 있을 것으로 예상되는 그 흔한 '광고'조차 카카오톡에서는 찾아볼 수 없었기에 무엇보다도 수익 구조가 가장 궁금했기 때문이다.

이 현재로서는 '0'이다.

 물론 12월 초 당시의 수치다(2010년 12월 23일 KT와의 기프티쇼 서비스 런칭 후 2011년 1월 매출만 해도 20억 원을 훌쩍 넘었다). 매출이 없던 상황에서, 25명의 직원들의 월급 등 고정비를 생각하면 매출이 0이지 손익 측면에서는 분명 마이너스를 기록했던 그들이 하나의 '기업'으로서 지속성을 갖기 위해서는 수익에 관한 고민을 배제할 수는 없었을 것이다.
 벤처를 비롯한 창업자들이 반드시 염두에 두어야 하는 점도 이것이다. 창업 후의 경영과 수익 모델에 대한 진지한 고민보다 단순히 좋은 아이디어만으로(그것이 메뉴 아이템이 되었든, 세상을 바꿀 만한 혁신적인 생각이 되었든) 창업을 서두르는 것은 위험천만한 일이다. 자신의 아이디어를 세상에 선보이는 '창업자로서의 역할'이 3~6개월에 그친다면 이후부터는 본인은 물론 직원들의 생계까지 함께 고민하는 '경영자로서의 역할'로 향후 30년 이상을 살아야 한다. 이것에 실패하면 브랜드로서의 영속성은 물론 비즈니스로의 지속성 또한 지켜 내기 힘들다.

Venture의 지속성을 위한 수익

 '어떤 상태를 오래 계속하는 성질.' 이것이 '지속성'의 사전적 정의다. 즉 당신이 창업의 상태를 계속 유지하며 비즈니스의 지속성을 갖고 싶다면 경영의 현실적 엔진이 되는 수익을 생각할 수밖에 없다. 카카오톡 역시 이를 벗어날 수는 없었다.
 판은 벌어졌고 사람은 모였다. 카카오톡의 가장 큰 장점은 엄청난 트래픽과 사용자 간 네트워크다. 이 네트워크력(친밀도와 확산력)은 실로 막강하다. '무료 문자와 그룹 채팅'이라는 매력적인 USP Unique Selling Point를 지닌 그들의 서비스는 사용자의 휴대폰에 저장된 전화번호부를 근거로 네트워크를 만들어주기에 상당한 친밀도를 지녔고, 이에 더해 '친구 추가'라는 기능으로 확산력 있는 네트워크 망을 구축해주기 때문이다. 웹에서 우연히 알게 된 인맥을 주축으로 하는 페이스북, 트위터, 미투데이 같은 소셜 네트워킹 서비스가 제공하는 네트워크력과는 유효성이 사뭇 다르다. 이런 장점을 바탕으로 한 수익 구조에 대해 이 대표는 다음과 같은 고민을 하고 있었다.

이 수익 구조를 만들어 내며 확장할 범위는 상당하다고 본다. 카카오스쿨이라는 브랜드를 만들어 학창 시절의 친구를 찾아 준다든지, 유료 음원을 서로 보내며 공유할 수 있는 플랫폼을 만든다든지, 카카오톡 친구와 게임을 함께 한다든지 말이다. 하지만 서두르지는 않을 것이다. 특히 우리나라의 경우 무료 서비스의 유료화에 대한 심리적 반발심은 상당하다. 그래서 다른 방법이 필요하며 앞으로 @수익 모델에 대한 과제들을 탄탄하게, 하지만 스피드 있게 풀어 나가려 한다.

카카오톡의 수익 모델

1) 선물시장을 통한 수익

최근 카카오는 KT의 '기프티쇼'와 연동하여 채팅을 하면서 카카오톡 친구에게 스타벅스, 파리바게뜨, 던킨도너츠, 베스킨라빈스, GS25 등 45개 제휴사의 450여 개의 상품으로 교환할 수 있는 모바일 상품권을 선물하는 서비스를 열었다. 작년 12월 23일에 오픈한 이 서비스는 하루 평균 1만 건 이상(사용자에 비해서는 적은 수치지만 런칭 몇 달 만에 이룬 성과치고는 상당하다) 구매되고 있으니 꽤나 확실한 수익 모델로 안착된 것으로 보인다.

이 선물시장을 고려한 것은 사실상 베이스 모델이다. 그래서 더 조심스럽지만 우리가 앞으로 기획하는 것은 현재의 기프티쇼 이상의 것들이 될 것이다. 모바일이 주는 최대의 장점은 언제 어디서나 사용할 수 있다는 편리성convenience 과 잦은 빈도성frequency 에 있다. 또한 스마트폰을 이용한 결제 역시 상당히 용이하기에 충분히 가능성이 있을 것으로 본다.

2) 오픈 플랫폼을 통한 수익

이는 다른 앱과의 연동을 통한 수익 구조다. 예를 들어 토킹 칼Talking Cat(말하는 고양이, Talking Tom이란 앱의 벤치마킹 대상이 되었던 앱이다)이란 앱을 카카오톡과 연동한다고 했을 때 유료 앱인 토킹 칼을 구매한 사용자는 카카오톡과 연동되는 버튼을 눌러 자신의 음성을 토킹 칼을 통해 변조해 녹음하고 이를 친구에게 보낼 수 있다. 반면 이 녹음된 음성을 받은 친구가 만약 토킹 칼 앱이 없다면 이를 구매할 가능성이 있고 이를 통해 생긴 수익을 토킹 칼과 카카오톡이 공유하는 것이다. 단순히 예를 들어 설명한 것이지만 현재 30만 개가 넘는 앱 시장에서 특히나 엔터테인먼트나 라이프스타일 관련 앱들, 즉 생일 케이크(훅 불면 촛불이 꺼지는) 등 재미있는 아이디어와 인터렉션, 모션센서 등으로 무장한 앱 간의 연동을 통한 수익 모델은 그 진화 양상을 걷잡을 수 없을 것이다.

이 오픈 플랫폼은 경쟁 기업이 이 시장에 진출하는 것에 대한 진입 장벽을 높여 주고 현 사용자의 충성도를 고양시키는 데도 큰 역할을 할 것이라 본다. 카카오톡과 연동되는 제3자 앱들3rd party app 은 '카카오톡 내에서 노출로 인한 사용자 확보'라는 혜택을 볼 수 있고, 이는 수익으로 연동될 수 있다. 카카오톡의 입장에서는 네트워크 저변을 확대하고 친구와의 즐거움을 지속적으로 제안할 수 있다는 장점이 있다.

3) 광고시장을 통한 수익

왜 그들은 여기에 먼저 손대지 않았을까? 그리 탐탁지 않은 무료 앱에서도 쉽게 만나 볼 수 있는 것이 광고다. 꽤나 괜찮은 광고주들 역시 조금이라도 인기를 끄는 앱이라면 광고를 하려 드는 요즘인데, 카카오톡은 600만 고객이라는 무시무시한 무기가 있음에도 여태 광고 한 번 싣지 않았음은 물론, 수많은 모바일 광고 플랫폼 사업자들의 광고 적용 제의를 모두 거절했다. 그만한 이유가 있었기 때문이다.

이 물론 모바일 광고는 미래의 카카오톡에 가장 큰 수익 모델이 될 것이다. 하지만 아직은 때가 아니다. 잘못된 광고 하나가 브랜드 이미지 손상을 넘어 그 매체(앱)의 서비스 자체를 망쳐 버릴 위험은 상당하다. 우리는 광고 자체가 사용자들에게 호감은 물론 정보로서도 가치가 있어야 한다고 생각한다. 현재 가장 비슷한 형태의 것이 애플의 아이애드iAd 라고 생각한다. 그들이 내놓는 광고는 새로운 IT 제품, 자동차, 영화에 관한 것인데 정보로서도 상당한 가치가 있다. 그리고 모바일 디바이스의 특징(모션, 인터렉티브, 사운드)를 통한 창의성과 재미 요소를 함께 지녔다. 사용자들에게는 새로운 가치가 될 것이다. 그런 광고가 등장할 만큼 한국의 광고 시장이 성숙할 때까지 기다릴 것이다.

'Mobile' Venture임을 잊지 말라

앞서 이 대표의 수익 모델에 대해 깊게 고민해 본 사람이라면 그 세 가지 수익 모델을 관통하는 하나의 키워드가 있음을 발견했을 것이다. 다름 아닌 '모바일다움'에 관한 것이다. 이 '모바일다움'은 이 대표가 "모든 것의 관건은 그것이 얼마나 모바일의 특성을 살렸는가에 있다"면서 인터뷰 중에 수없이 강조하던 것과 같은 맥락이기도 하며, 앞으로의 앱 개발 관련 예비 창업자에게도 꼭 전하고 싶은 조언 '두 가지 중 하나'이기도 하다(나머지 한 가지는 후반부에서 확인할 수 있다).

모바일다움이란 무엇일까? 간단하게 '겔로그 게임'으로 비교해 보자. PC가 등장하기 전에 아케이드 게임(일명 오락실 게임)으로도 유명했던 이 게임은 아케이드 게임기의 경우 조이스틱(손잡이)을 이용해 가장 즐거운 게임이 되도록 해야 했을 것이며, PC용으로 출시되었을 때는 마우스와 키보드, 그리고 온라인 게임(제3자와의 대결 등)의 특장점에 대해 고민했을 것이다. 이것이 만약 모바일 게임이 된다면 조이스틱이나 키보드 대신 플레이어의 움직임(모션센서)에 반응하는 등의 기술을 활용해 모바일다움을 최대한 활용해야 차별화는 물론 성공 확률이 높아진다는 얘기다.

이 기존의 PC 기반의 웹 서비스를 모바일로 확장한다는 개념으로는 성공할 수 없다. 모바일만의 새로운 특성을 서비스에 잘 녹여 냈을 때만 킬러 앱Killer Application이 될 수 있다. 지난 역사를 돌이켜 보면 컴퓨팅 플랫폼은 10년 단위로 크게 변화했다. 1960년대 대형 중앙 컴퓨터 산업Mainframe Computing을 시작으로 소형화Mini Computing, 개인화Personal Computing, 데스크톱 인터넷Desktop Internet Computing 시대를 거쳐 현재는 모바일 인터obile Internet Computing의 시대다. 항상 플랫폼이 바뀔 때마다 새로운 시장 지배자가 나타났다. MS는 PC의 강자였지만 인터넷의 강자가 되지 못하고 구글과 네이버에 자리를 내주지 않았던가. 우리는 지금 10년 만에 온 기회 앞에 섰다. 기존 시장의 플레이어가 가질 수 없는 모바일의 속성을 살리는게 관건

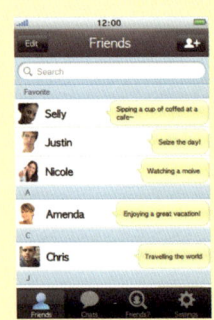

모바일다움
데스크톱 인터넷에서 진화된 모바일만의 특징을 말한다. 전문가의 개인적 관점에 따라 그 특징을 정의하는 용어는 다를 수 있지만 큰 맥락에 있어서는 대동소이하다. 모바일 기기의 대표격인 휴대폰을 생각해 보면 모바일의 특징을 금세 알 수 있다. 하루 중 우리 곁을 떠나지않는 이 기기는 내가 있는 곳 어디서든(이동성, Mobility) 사용이 가능하며 원하는 시간(적시성, Timeliness)에 원하는 정보를 확인할 수 있다. 동시에 위성 서비스 등으로 주변 정보를 탐색(위치확인, Location)하기에 용이하며 앞서 설명한 모든 특징들로 인해 나만을 위한 서비스(개인화, Personalization)를 받기에 최적화 되어있다. 이러한 모바일의 특징을 활용한 서비스만이 기존의 인터넷 서비스와의 차별성을 가질 수 있다.

이다. PC와 모바일의 근원적 욕구는 다르다. 모바일의 가장 원형적 욕구는 '커뮤니케이션'에 있다고 보아 이를 모바일의 특성에 맞춰 개발했던 것. 거기에 기존의 경쟁자와 차별성(그룹 채팅)을 둔 것이 우리의 성공요인이라 본다.

Venture의 영속성을 위한 브랜드화

'그런데 벤처라는 혁신과 기술 중심의 비즈니스가 과연 영속성을 갖는 브랜드가 될 수 있을까?'를 의심하는 예민한 독자도 있을 것이다. 특히 새로운 기술과 서비스 하나에 쉽사리 '갈아타기'를 일삼는 매몰찬 고객들을 경험해 본 IT업계 종사들이라면 더욱 그럴 것이다.

IT업계 종사자가 아니라서 감이 오지 않는 당신이라면 아래와 같은 질문에 답하는 스스로를 관찰해 보면 IT업계에서 강조하는 '기술의 중요성'을 이내 실감하게 될 것이다.

"만약 오늘, 카카오톡보다 더 좋은 앱을 발견한데도 계속 카카오톡을 사용하시겠습니까?"

아마 대부분은 "네? 왜죠? 당연히 새로운 앱을 다운받아야죠!"라고 답할 것이다. 그나마 그간의 정이 있어 쉬 지우지 못하는 사용자여도 아마 카카오톡 아이콘을 스마트폰 바탕화면에 있는 어느 폴더에 슬그머니 밀어 넣을 것이다. 그렇다면 오직 새로운 기술 혁신만이 답일까? IT업계에서는 브랜딩이 불가능할까? 그렇다면 이것은 어떻게 설명할 수 있을까? 온라인의 핵심 서비스라는 '검색'에 있어서는 분명 네이버보다 구글이 스피드(기술적)으로는 한 수 위인데, 어째 한국에서는 네이버가 부동의 1위를 지키고 있을까? 물론 여러 이유가 있겠지만, 결국에는 해당 소비자가 원하는 '(단순 기술이 아닌)핵심가치'를 누가 얼마나 더 잘 제공하는가에 달렸다. 기술이 핵심인 IT도 예외가 아니다.

Venture into Brand

'위험을 무릅쓰고 가다' '조심스럽게 (말)하다' '귀중한 것을 ~에 걸다' 등의 의미를 가진 동사인 venture는 'into'와 함께 쓰이는 경우 '~에 발을 들여놓다'란 뜻이 된다. 그래서 'Venture into Brand'는 '브랜드에 발을 들여놓다' 정도로 해석할 수 있다. 이 글 전체의 제목이기도 한 이 문구는 사실 Ventures venture into Brand로 쓰고 '벤처, 브랜드에 발을 들여놓다'로 표현하고 싶었지만 중의적으로 해석될 것을 기대하며 주어는 생략했다.

어찌되었든, 우리의 고민은 어떻게 기술 중심의 벤처도 브

랜드가 될 수 있을까다. 앞서 설명했듯, 이는 누가 얼마나 더 지속적으로 '핵심가치'를 제공할 수 있는가에 달렸고 '어떻게 아이디어로 시작된 창업이 영속성을 갖는 브랜드로 진화할 수 있는가?'에 관한 답이기도 하다. 뿐만 아니라 이 대표의 앱 관련 창업자를 위한 두 번째 조언(첫 번째 조언은 모바일다움을 지키는 것이었다)이 바로 이것이다. 서비스가 제공할 명확한 '핵심가치를 갖는 것' 말이다(카카오톡의 핵심가치는 '무료로 문자 메시지를 보낼 수 있다는 것'이라고 한다).

이 모든 서비스 하나하나가 하나의 키워드로 정리되는 핵심가치를 갖춰야 한다. 우리의 경우 하나의 서비스를 고민한다면 팀 내 브레인스토밍을 통해 그것이 주는 가치가 무엇인지를 철저히 규명한다. 하나로는 부족한 감이 있어 보통 세 가지를 뽑고 그중 하나를 뽑는다. 그런 후에야 그것을 최적화할 수 있는 방법론이 무엇이 될지 철저하게 서로가 서로를 크리틱^{critic}한다. 이를 위해 우리는 내부적 직함이 없다. 모두 영문 이니셜로 부른다. 회사에서 나의 이름은 JB다. 어떤 직원이든 크리틱 시간에 나에게 "JB! 그건 아닌 것 같은데요! ○○라는 문제점이 있을 수 있으니까요! 제 생각은 ○○입니다"라고 편하게 말할 수 있는 문화가 조성되어 있다. 팀 내에서의 치열한 토론이 결국 소비자가 만족할 만한 가치를 만들어 낸다.

상당한 수치의 고객을 보유했고 꽤나 가파른 성장곡선을 그린 그들이지만 지난번 자체 크리틱을 통해 앞으로 카카오톡이 개선해야 할 점을 무려 100가지나 더 찾아냈다고 한다. 그들은 적어도 '핵심가치'에 관한 한 완벽주의자임에 틀림없다. 그리고 그러한 완벽주의가 서비스가 제공할 '핵심가치'에 대한 완벽성을 만들어낼 것이고, 그것은 기업 내 문화로 젖어들어 카카오라는 브랜드가 오래 지속되도록 만들 것이다.

이 브랜드가 되기 위해서는 고객에게 '지속적인 감동을 줘야 함'을 애플을 통해 체험했다. 사실 난 브랜드에 대해서는 크게 민감한 사람이 아니었다. 하지만 애플은 달랐다. 늘 내게 놀람과 흥분을 주고 기다리게 만든다. 아직 카카오는 갈 길이 멀다.

어쩌면 그간 소위 '엑시트(Exit, 벤처로 시작해 상장 후 M&A를 통해 기업을 매도하는 행태)'로 점철되던 벤처업계에서 신뢰와 영속을 강조하는 브랜드는 와 닿지 않는 공허함일 수도 있다. 물론 엑시트 자체가 나쁜 것은 아니다. 다만 그것이 '(브랜딩을 위한) 전략적 선택'인지, 아니면 그것 자체가 목적으로 시작되는지는 조금 다른 문제임에는 틀림없다.

이 대표의 말대로 ㈜카카오가 그들만의 '자기다움'을 찾고 그것이 조직원 전체는 물론 고객에게까지 공유되고 100년 이상 지속되는 브랜드가 되려면 아직 갈 길이 먼, 이제 막 태어난 브랜드다. 하지만 그들이 끊임없이 고민하며 고객에게 전해질 훌륭한 '핵심가치'에 대해 골몰한다면 ㈜카카오가 카카오톡의 뒤를 잇는 수많은 앱을 통해 영속하는 브랜드가 되지 말라는 법도 없다. 어쩌면 그들이 IT 기업에서는 찾아보기 힘들던 최초의 100년 브랜드가 될 수도 있지 않을까? 그리고 그 시작은 창업자가 비즈니스의 지속성과 브랜드의 영속성을 골몰하는 '경영자'로서 그 역할을 충실히 할 때 가능한 것이란 점을 잊어서는 안 될 것이다. UB

이제범 서울대학교 산업공학과를 졸업한 그는 2007년부터 현재까지 ㈜카카오(前 아이위랩) 대표이사로 활동 중이다.

창업자여 경영자로서의 매너를 갖춰라

'매너'를 아는 소년, 로티보이

The interview with (주)로티보이베이크샵코리아 대표 권주일

이번 특집을 준비하면서 로티보이코리아의 권주일 대표를 만나 보려 한 이유는 해외 라이선스 브랜드를 국내에 런칭하는 것으로 창업하려는 사람들의 궁금증을 해소해 주기 위함이었다. 200:1의 경쟁률을 뚫고 사업권을 땄으며 본사에도 없는 메뉴를 개발하고 심지어 올해 새롭게 진출할 미국 시장의 런칭을 본사에서 권 대표에게 위임하다시피 했으니 해외 라이선스 브랜드의 브랜딩 노하우만 정리해 소개해도 좋겠단 생각이었다. 그래서 이에 관한 질문이 빼곡히 적힌 질문을 두 차례에 걸쳐 그에게 전했다.

그런데 예상치 못한 난관에 봉착했다. 권 대표의 노하우가 담긴 답변을 응축해 보니 정말로 단 하나의 단어로만 귀결됐기 때문이다. 그것은 인간의 도리, 혹은 사람과 사람 간에 반드시 지켜야 하는 '매너manner'에 관한 이야기였다. 매너를 지켰기에 로티보이 본사 사장의 마음을 돌릴 수 있었고 경영자로서 직원들과의 관계도, 가맹점주와의 관계도, 그리고 소비자와의 관계도 건강히 지켜 낼 수 있었다는 그의 말은 마치 '착하게 살아라, 그럼 복이 너를 따를 것이다'는 말처럼 너무나 당연해서 바로 와 닿진 않지만 그 어떤 반론도 제기할 수 없는, 그런 말들이었다. 하지만 브랜딩에 있어서, 경영에 있어서, 창업에 있어서 '매너'만큼 중요한 것이 없다는 것을 깨닫는 순간 그가 겪은 삶의 질곡과 경험에서 비롯된 깊은 내공에 감탄하지 않을 수 없었다.

아직 창업과 매너 사이의 수수께끼를 풀지 못했다면 브랜딩은 결국 소비자와의 '관계'에서 이뤄진다는 점, 경영이란 결국 사람(직원 및 이해관계자)과 관련된 '(물적, 심적) 자원의 배분'이라는 점을 떠올려 보길 바란다. '관계'에 있어서 '매너'의 중요성과 함께 말이다.

창업자의 매너와 경영자의 매너

매너라는 단어를 곰곰이 생각해 보면 '타인과의 관계'를 전제로 하지 않고서는 존재 자체가 불투명해지는 단어다. 물론 스스로가 스스로에게 매너를 지키는 것도 인격 수양에는 상당한 도움이 될 테지만 적어도 범용적으로 사용하는 그런 의미의 매너는 아니다.

경영이란 단어도 마찬가지다. 대부분 경영이 2인 이상의 조직을 꾸려 나감에 있어서 자원의 배분에 관한 문제라면 이 역시 '타인(고객, 직원, 이해관계자)과의 관계'를 빼놓고서는 이해하기 힘든 문제이기 때문이다(자기경영이란 코드는 논외로 두고 생각해 보자. 자기경영이란 단어의 대체어는 수없이 많지 않은가).

'타인과의 관계를 제대로 운용하는 것'이란 측면에서 보자면, 그래서, '매너'와 '경영'은 꽤나 유사점이 있다. 그렇다면 제대로 된 경영을 이해하기 위해 매너라는 단어를 들추어 보면 어떨까? 만약 창업을 준비하는 당신이 경영이란 단어와는 친숙하지 않다면(분명 세상에는 경영학을 전공한 창업자보다 그렇지 않은 창업자가 더 많다) 이보다는 접근이 쉬운 매너라는 단어를 통해 경영을 맛볼 수 있지는 않을까?

매너 manner
1. [단수] (일의) 방식
2. [단수] (사람의) 태도
3. [복수] manners (특정 사회·문화의) 예의
4. [복수] manners (특정 집단의) 관습

이것이 매너의 사전적 정의다. 즉 매너란 단수로 쓰이는 경우 한 사람이 일을 진행해 가는 방식과 태도를 의미하며 복수로 쓰일 때는 사회의 관습법으로 자리 잡은 예의를 이해하고 지키는 것을 통칭한다고 볼 수 있다. 사람이라면 응당 되새겨 봐야 할 이 단어를 창업을 준비하거나 혹은 창업 후 경영자로 이미 변신한 당신에게 다시금 강조하는 이유는 분명하다. 이 단어가 지닌 네 가지 의미를 곱씹고 각 의미별로 경영자로서 비즈니스를 행할 때 고민해야 할 요소에 대입해 보면 그에 상응하는 솔루션이 드러날 것이기 때문이다.

창업자는 곧 경영자가 되고 그때부터는 모든 것이 시너지를 위한 협업의 형태가 된다. 직원과 고객이 생기는 것은 물론이며 그에 상응하는 매너가 필요한 시점이다. 창업자의 폭군 경영은 창업 초기에는 전시 상황이라는 심각성 때문에 어느 정도 눈감아 줄 수 있는 '전투력이나 카리스마'로 해석되지만, 그것이 계속되면 언젠가는 조직원 전체가 반란을 일으키는 하극상을 목격하게 될 것이다. 그래서 경영자로서 매너를 갖추는 것은 '필요'가 아닌 '필수'다. 일반적인 인간관계에서의 매너가 필요가 아닌 필수인 것처럼 말이다. 단, 여기서 표현된 '매너 좋은'이란 단어는 유순한 리더십을 의미하는 것이 아님을 명심해야 한다. 카리스마적인 리더십에서도 좋은 매너를 갖추면 인정받는 경영자가 될 수 있다. 권주일 대표의 경우처럼 말이다.

권주일(이하 '권') 삶이든 경영이든 내게 있어 가장 중요한 것은 '매너'라 생각한다. 직원들에게도 성과 때문에 탓한 적은 거의 없다고 봐도 무방하다. 그 대신 매너를 지키지 않는 것에는 상당히 예민하다. 현재의 내가, 또 로티보이코리아가 있을 수 있었던 가장 근원적 이유는 매너를 지킨 것에 있기 때문이다.

이제 그가 창업에서부터 현재의 ⊕로티보이코리아의 경영에 이르기까지 성공의 핵심 DNA라 꼽는 '매너 경영'에 대해 알아보자.

1. 일의 방식 : 브랜딩을 위해 일하는 방식, "기본 원칙을 지켜라"

권 대표가 브랜드 경영을 위해 일하는 '방식'은 '기본 원칙'을 지키는 것이다. 번을 한국에 최초로 소개한 브랜드임에도 불구하고 유사 브랜드들의 등장으로 한때 시장 점유율이 37%까지 추락했던 상황에서도 그들만의 기본 원칙(맛에 대한 정직과 진정성 있게 일하기)을 고수했고, 밀가루 파동 때는 오히려 가격을 낮추면서까지 고객(가맹점과 일반 소비자)에게 약속한 제품과 서비스를 끝까지 지켜 내며 로티보이가 지닌 시장에서의 오리지널리티를 고수했다.

> ⊕ **로티보이코리아**
>
> 세계 최초로 번BUN이란 빵의 형태를 소개한 말레이시아 태생의 로티보이는 1998년에 탄생했다. 창업자 힐로 탄Hiro Tan은 고객들에게 편안하게 다가갈 친근한 이미지의 CI를 고민하던 중 자신의 친조카 얼굴을 떠올리며 로고를 완성하고, 로티보이(말레이시아어로 '빵'을 의미하는 Roti와 boy를 합성)로 정했다. 메인 컬러는 갓 구운 신선한 번을 의미하는 브라운 계열이다. 말레이시아 현지에서의 프랜차이즈 사업은 2001년에 시작해 그 후, 싱가포르, 타이, 대만, 인도네시아에 소개됐다. 한국에서는 2007년 이대앞점을 시작으로 현재 약 200개의 가맹점을 두고 있다. 런칭 후 현재까지 전 세계에서 판매된 번의 개수는 5억 개에 달한다.

권 나, 또 우리가 사업을 시작하면서 세워둔 기본 원칙에서 벗어나지 않도록 노력하는 것은 상당히 중요하다. 물론 스스로를 조금 속이면 훨씬 더 많은 이익을 낼 수도 있고 가맹 계약도 수월하게 진행할 수 있다. 어떤 때는 답답하게 보여도 장기적으로 가려면 원칙을 지키는 것이 절대로 옳은 길이다. 프랜차이즈 비즈니스를 돈 버는 사업이라 생각하면 큰일이다. 돈에 대한 욕심을 버리고 제품과 서비스를 통해 전해질 가치에 대한 욕심으로 해야 하는 일이다. 더욱이 해외 브랜드를 가져오는 경우는 더 그렇다. 그들은 생각보다 냉정하다는 것을 잊어서는 안 된다.

2. 사람의 태도 : 위기를 대하는 태도, "솔루션은 무조건 있다"

권 대표가 지닌 두 번째 매너는 위기를 대하는 '태도'에 관한 것이다. 대학을 졸업하고 시작한 사업이 IMF 외환위기 때 고전하면서 모든 것을 정리한 뒤 아내와 아이들과 함께 캐나다로 떠나 갖은 고생을 다 해가면서도 이겨 낼 수 있었던 것도, 그 후 영국으로 넘어가 호텔 레스토랑과 바에서 웨이터 일을 하게 된 것도, 8,600파운드나 하던 대학원 등록금을 장학금으로 지원 받아 해결할 수 있었던 것도 "모든 것에 솔루션은 있다"고 믿은 그의 태도 덕분이었다.

권 난 항상 그렇게 믿는다. 영국에서 공부하게 된 것도 그랬다. 당장에 돈 한푼 없고 아내와 아이들이 있는 상황에서 여러 대학을 직접 찾아가 "난 돈은 없는데 공부하고 싶다. 어떻게 할 방법이 없느냐"며 물었다. 문전박대 당하기 일쑤였지만 한 교수님을 만나서 장학금도 받고 그것으로 부족한 부분은 대학생들을 상대로 강의하며 받은 강사비로 메웠다. 당연히 가족과 함께 먹고살아야 할 돈이 필요하니, 수업이 끝난 후나 주말에는 가족을 위해 일했다. 상당히 고됐지만 죽을 만큼 고생한 게 가장 큰 자산이 됐다. 어떤 상황이 닥쳐도 나름대로 침착함을 유지할 수 있고 예전에 비하면 별것 아니란 생각이 든다. 당황하는 대신 분명 그 문제를 해결할 수 있는 방법이 있다고 믿고, 해결책을 찾는 데 더 에너지를 쏟는다. 쉽게 말해 역경지수가 꽤나 올라간 것 같다.

개인적 삶의 태도를 떠나 경영에서도 마찬가지다. 그가 200:1의 경쟁률을 뚫고 로티보이코리아의 사업권을 따낸 것도 분명 솔루션이 있다고 믿었기 때문이었다. 로티보이 본사의 사장은 상당히 조심성이 많고 자신의 속내를 잘 내비치지 않는 성격인지라, 권 대표가 그를 처음 찾아가 설득했을 때는 미동도 없었다고 한다. 사실 본사 사장을 찾아갔을 때의 권 대표는 프랜차이즈 라이선스를 따낸 후 사업을 진행할 수 있는 자금이 전혀 없었다고 하니, 본사 사장의 개인적 성향을 떠나 그 누구라도 권 대표를 믿고 라이선스를 내줄 사람은 없었을 것이다. 하지만 권 대표는 아주 세밀하게 기획된 180여 장의 사업 계획서를 보냈고 끈질긴 설득 끝에 사업권을 따냈음은 물론 초기 사업자금 역시 결국엔 마련해 냈다. 믿는 대로 이루어진다는 것은 사업 초기부터 현재까지 그가 경영의 어려움을 헤쳐 나가는 든든한 원동력이다.

> 믿는 대로 이루어진다는 것은 사업 초기부터 현재까지 그가 경영의 어려움을 헤쳐 나가는 든든한 원동력이다.

로티보이의 다양한 로티보이들
좌측 상단부터 시계방향으로 크림치즈보이·쵸코보이, 카야보이, 프로스보이

말레이시아의 매장 역시 한국과 크게 다르지 않다.
한국 지사의 제안으로 시작된 커피 메뉴에 대한 뜨거운 열기 역시, 비슷하다.

3. 특정 사회 문화의 예의 : 직원들에 대한 예의, "경영은 결국 맨파워다"

또한 유난히 직원들에 대한 '예의'를 강조하는 그였다. 수많은 경영자가 보통 '직원들과의 관계'에 대해서는 이야기하지만 직접적으로 '예의'란 단어를 거론하는 것은 드물다.

권 오로지 나만의 사업이란 것은 없다. 일터는 가족보다 더 오랜 시간을 함께하는 직원들과 일하고 숨쉬는 공간이다. 그들에게 인간적으로 지켜야 할 예의를 다하는 것은 너무나 당연하다. 직원들에게 뭔가에 대해 이야기하기 전에 스스로도 그것을 지키고 있는지 자문하는 것도 무척 중요하다. 결국 경영은 사람 싸움이 아닌가 한다. 리더가 출중하든지, 리더와 함께하는 직원들(맨파워)이 출중하든지, 아니면 둘 다 훌륭하든지 해야 뭔가 이뤄진다. 이것이 뒷받침되지 않은 상황에서 아이템이 좋아서 성공했거나 경영 전략이 훌륭해서 성공한 것은 없다고 본다. 그런 관점에서 직원들이 일할 수 있는 환경을 잘 만들어 주는 것이 가장 올바른 경영자의 역할이라 본다. 물론 나도 100% 그렇게 하고 있다고는 장담할 수 없다. 하지만 늘 노력하는 것은 사실이다.

4. 특정 집단의 관습 : 본사의 관습, "명확히 인지하라"

그가 지닌 네 번째 매너는 '관습(어떤 사회에서 오랫동안 지켜 내려와 그 사회 성원들이 널리 인정하는 질서)'에 관한 것이다. 비즈니스, 특히 해외 브랜드의 라이선싱을 하는 그의 입장에서는 본사의 브랜드 아이덴티티를 존중하고 따르는 것도 중요하고, 동시에 한국의 관습에 맞춰 그것을 로컬 라이제이션 하는 것도 상당히 중요했다.

권 한국 로티보이와 본사 로티보이의 매장은 규모를 제외하고는 거의 흡사하다. 본사의 아이덴티티를 유지하는 것은 상당히 중요한 일이기 때문이다. 하지만 크게 다른 점은 서비스의 퀄리티다. 동남아시아권의 국가에서는 서비스 개념이 너무 미비하다. 그것을 본사 스타일이라고 해서 따를 수는 없지 않은가. 그리고 커피 메뉴는 우리 쪽에서 먼저 역으로 제안했고 이제 그들도 시작했다. 본사 사장의 스타일, 그리고 그 나라의 스타일을 명확히 알고 있어야만 개선점을 찾아낼 수 있고 브랜드의 진화를 위한 역제안을 할 수도 있다. 우리의 이런 노력과 실력을 인정해서인지 미국 진출을 위한 뉴욕에서의 법인 설립과 매장 등 모든 제반 사항을 우리가 진행할 것을 본사에서 제안해 왔다. 그간 어려운 일도 많았지만 꽤나 뿌듯한 일이 아닐 수 없다. 솔직히 말하면 새로운 브랜드를 런칭하는 것보다 해외 브랜드 라이선스 사업이 훨씬 더 어렵다.

짧게는 7년, 길어야 10년

권 다소 직설적이고 추진력을 중시하는 내 성격 때문에 내가 의도하지 않아도 내 의견에 강요 받는 직원들이 꽤 있다는 것을 잘 안다. 그래서 특히 아이디어 회의 같은 경우에는 참석을 안 하려 한다. 내가 로티보이에 대해 노하우나 지식이 쌓이면 쌓일수록 더 그럴 것 같다. 또 나이가 들면 머리 회전이 늦어질 수밖에 없다. 그래서 런칭 10년 차가 되기 전에 난 로티보이를 떠날 것이다. 물이 고이면 썩게 마련이고 내가 나가야 회사를 위해 공헌한 사람들이 로티보이를 물려받아 건강히 성장시킬 수 있을 것 아니겠나.

그래서일까? 권 대표는 요즘 신규 브랜드 런칭으로 정신없이 바쁘고 쉴새없이 설레고 있다. 산채를 이용한 한식 브랜드인데, 이미 정선군과 MOU를 맺었고 4월경 첫 매장을 오픈하고 해외 진출 계획도 있다고 한다. 브랜드를 시작할 때와 떠날 때를 미리 염두에 두는 그다.

이것이 권 대표에게서 배울 수 있는, 경영 전략의 지식이나 해외 브랜드의 라이선스 관리법, 상권과 입지 분석에 대한 노하우보다 더 중요한 그의 '매너'다. "당신에게 가장 중요한 키워드 한 가지를 꼽자면 무엇인가?"라는 질문에 "사람다움"이라고 답한 그는 분명히 '매너(우리말로 하자면 인지상정 아닐까?)'가 무엇인지 알고 하는 경영의 참 맛을 본 듯하다. UB

권주일 한국에서 경제학 학사를 취득한 그는 영국 Queen Margaret University에서 호텔경영학 박사과정을 공부했다. 영국 에덴버러 메리어트 호텔에서는 최초로 동양인 매니저로서 근무한 바 있으며 여행사 통역 가이드 업무를 하는 동안에는 70여 개국을 돌며 외국 문화와 음식을 접했다. 신규사업 구상 차 들른 방콕에서 로티보이를 접하고 한국에 들여온 그는 그 이후에도 데일리브라운, 선사인케밥 등의 브랜드를 국내에 소개했다.

174
BRAND START-UP

동업, 동역을 넘어
동반의 창업을 꿈꾸다

파트너십으로 무장한 앱계의 앙팡테리블, 어썸노트

The interview with 브리드 대표 백승찬, 강영화

최근 모바일 애플리케이션 시장은 흡사 2000년대 초반에 불던 닷컴 열풍을 보는 듯하다. 혼자서 만든 스마트폰용 앱이 앱스토어에서 대박이 나 한 달 만에 얼마를 벌었다는 입소문들이 여기저기서 나오기 시작하면서 최근 많은 청년들이 마치 황금광을 향해 달려가듯 너도나도 앞을 다투어 청년창업이라는 이름하에 애플리케이션을 개발하고 있다. 그러나 소문 난 잔치에 먹을 것 없다는 이야기처럼, 실제로 애플리케이션을 개발해서 창업에 성공하고 꾸준한 수익으로 연결되는 곳은 생각보다 그리 많지 않은 것이 업계의 현실이다. 단, 여기에 소개하는 어썸 노트는 예외다.

어썸노트는 2008년 창업해 2009년에 앱스토어에 런칭한 이래로 지금까지 전 세계적으로 100만 명의 유료 고객이(국내 20만 명) 사용하고 있으며 현재까지도 판매량 차트에서 5위 안에 들 정도로 꾸준히 팔리는 애플리케이션이다.

이 분야에서 창업을 하려는 많은 청년들에게 신화와 같은 존재로 여겨지는 어썸노트의 백승찬 대표는 자신들의 성공 비결은 창조적인 아이디어나 뛰어난 개발력이 아니라 절대적으로 파트너십에 있었다고 이야기한다. 파트너에게 성공의 공을 넘길 만큼 그는 겸손할 걸까? 아니면 창업, 특히 애플리케이션 창업에서 파트너의 존재와 역할이 사업의 성패를 좌우할 만큼 중요하다는 것을 미리 알아차린 영리한 창업자였을까? 어썸노트를 만든 브리드의 백승찬, 강영화 대표는 자신들이 만든 상품이 한 번 반짝이고 사라지는 여타의 애플리케이션과 달리 지속가능한 브랜드로 성장해 훗날 창업자 자신들이 아닌, 브랜드가 조직을 이끌어가는 브랜드 경영을 꿈꾸고 있다. 이들은 한마디로 창업 초부터 준비된 파트너십으로 무장한, 브랜드가 무엇인지를 아는 IT업계의 앙팡테리블(enfant terrible, 조숙한 아이들)이었다.

동업同業,
함께 쏟아 내는 열정의 순도가 다르다

인간은 언제부터 기록하는 습관을 갖게 되었을까? 분명한 것은, 문자가 발명되고 기록하는 일이 가능해지면서부터 인류는 선사와 역사를 구분하는 분기점을 갖게 되었다는 사실이다. 문자와 종이가 발명되고 기록하는 습관이 생긴 이래 21세기를 지나고 있는 지금까지도 가장 꾸준히 팔리는 상품이 노트가 아닐런지…. 수첩에서부터 각종 플래너와 노트북, 아이패드까지 모습과 기능 및 형태는 다양해졌지만 말이다. 그리고 이제 모바일에서까지 노트의 수요는 계속된다는 사실을 어썸노트 애플리케이션이 확인시켜 주고 있다. 어썸노트는 2010년 애플이 뽑은 애플리케이션 명예의 전당에 올라가기도 했으며 모바일 앱어워드에서 마켓상을 수상한 이른바 앱계의 대박 상품이다. 최근에는 아이패드용으로도 소개되며 출시 하루 만에 한국 앱스토어 순위 1위, 미국 앱스토어 순위 3위를 차지하기도 했다.

그런데 누구나가 다 아는 노트를 앱으로 어썸awesome하게 만들 생각은 누가 먼저 하게 되었을까? 이미 앱 시장에도 수많은 노트용 애플리케이션이 넘쳐나고 있는 상황에서 말이다.

백승찬(이하 '백') '반짝' 하고 사그라지는 애플리케이션이 하루에도 수천 개가 쏟아져 나오는 곳이 바로 이 앱 시장이다. 하지만 나는 어떤 것이 유행에 휩쓸리지 않고 오래갈 수 있을까를 생각했다. 이른바 앱계의 명품을 만들고 싶었다. 그런데 마음만 있었지 아이템이 잘 생각나지 않았는데 노트를 해 보라는 제안을 한 사람이 바로 창업 파트너인 강영화 대표다. 덕분에 어썸노트가 나온 것이다.

강영화(이하 '강') 2008년에 창업을 하고 나서 2009년 여름에 어썸노트가 나오기까지 고민의 시간이 많았다. 창업 이후 앱을 개발하자는 데는 이견이 없었는데 그 다음부터는 아이템이 문제였다. 백 대표는 처음에 게임을 생각했다. 게임은 인기 있는 아이템이니까. 그런데 백 대표는 평소에 게임을 좋아하는 사람이 아니다. 그러니 게임의 재미를 모른다. 만들어 놓은 게임이 디자인도 괜찮고 기능도 좋은데 이상하게 재미가 없는 것이다. 그래서 고민하다가 백 대표에게 제안했다. 본인이 제일 많이 사용하는 것을 해보라고. 백 대표가 노트광, 메모광이다. 여기서 아이디어를 얻어 기존의 앱용 노트를 리서치하고 연구한 끝에 개발되었다.

어썸노트의 백승찬 대표는 대박 상품을 개발한 공을 디자이너이자 공동대표인 강영화 대표에게 넘겼다. 그리고 자신들이 만약 성공했다면 (이들은 성공이라는 말을 아꼈다) 그

iTunes Rewind는 한 해 동안 판매량 또는 수익이 많은 앱을 선정해서 발표하는데 어썸노트는 런칭한 이래로 2009년, 2010년에 모두 iTunes Rewind에 랭크되는 영예를 안았다. 또한 애플에서 앱스토어 런칭 후 최고의 앱들을 선정하는 Hall of Fame에도 올려졌다.

것은 전적으로 파트너십으로 창업을 시작했기 때문이라고 강조했다. 두 사람은 예전에 다니던 직장의 동료였다. 그렇다고 두 사람이 처음부터 끈끈한 동료애(?)를 바탕으로 창업을 시작한 것은 아니다. 철저하게 서로의 이익을 위해 동업을 한 케이스로 오히려 직장에 있을 때보다 훨씬 더 자주 싸우고(?) 수많은 의견 조율을 통해 어썸노트를 만들었다. 즉 이들은 친구가 동업한 사례가 아니라 동업한 후 친구가 된 케이스다. 하지만 이미 함께 일한 경험이 있기에 서로의 강점과 약점을 잘 알고 있었고 이것이 창업할 때 큰 힘이 되었다. 그래서 주변에서 창업의 노하우를 알려 달라고 할 때면(특히 앱 창업 시) 반드시 같은 목표로 함께 뛸 파트너십을 선택하라고 강조하고 있다. 월급 받는 직원이나 외주 프리랜서는 감히 생각도 할 수 없을 만큼, 창업자가 쏟아내는 열정의 순도는 엄청나기 때문이다.

백 주변에서도 앱 시장에 많이 뛰어들고 있고 조언을 해달라고 부탁하기도 한다. 이들은 대부분 혼자 시작한다. 기획자가 시작하면 개발이나 디자인을 외주로 진행하거나 아니면 월급 직원을 구하기도 한다. 그런데 내가 보아 온 바로는 대부분 실패한다. 외주 형태의 파

트너나 월급을 받는 직원은 창업자의 열정을 따라가지 못한다. 대부분 윗사람의 의견을 따라가게 마련이다. 하지만 창업 초창기에는 동일한 열정을 가진 사람이 함께 의논하며, 때로는 싸우기도 하며 의견을 조율하는 것이 중요하다. 이것은 내가 조직에서 일한 경험이 있기 때문에 확실히 말할 수 있다.

강 예전에 조직에 있을 때 백 대표는 개발자로서 기획이 바뀌는 걸 싫어하는 입장이었다. 결과물을 빨리 보여 줘야 하는 상황이라서 그랬을 것이다. 그래서 디자이너로서 기획에 문제가 있거나 더 좋은 아이디어가 있어도 제안하기 어려웠다. 반대로 나 또한 개발자한테 완성된 디자인을 주었을 때 마음에 안 들어하면 불편한 티를 내고 그랬다. 하지만 지금은 서로가 마음에 안 들면 가차 없이 수정한다. 그래야 발전이 있고 원하는 퀄리티가 나오는 것을 알기 때문이다. 이는 공동의 목표가 있는 동업자일 때만 가능한 것 같다.

물론 한 명의 창업자를 중심으로 나머지 직원들이 팔로어십을 가진 형태가 바람직한 창업 형태가 아니라는 것은 아니다. 그러나 두 사람은 동업 형태의 파트너십을 선택했고 좋은 결과를 얻었다. 백 대표와 강 대표는 동등한 위치에서 같은 목표와 열정을 가지고 함께 일할 수 있는 파트너를 갖는다는 것이 창업 초기에 얼마나 큰 힘인지를 잘 알고 있었다.

그런데 이러한 동업 형태의 파트너십은 IT업계의 특징이기도 하거니와 다른 업종에서도 많이 봐왔던 오는 형태일 수 있다. 그렇다면 이들은 왜 자신들의 파트너십이야말로 성공의 핵심이라고 이야기할까? 이들의 파트너십에는 어떤 차별점이 있는 것일까?

동역同域, 앱계의 장인이 되는 꿈을 공유하다

강 어썸노트가 인기를 얻으면서 주변에서는 후속 앱이 언제 나오는지 물었다. 나도 처음엔 빨리 다른 앱을 만들어서 시장에 선보여야 하는 거 아닌가 생각했다. 그런데 백 대표는 많은 앱을 만드는 것보다 단 하나라도 계속 공을 들여 꾸준히 사랑받는 앱을 만들고 싶다고 했다. 이른바 우리의 어썸노트가 '앱계의 명품'으로 오랫동안 사랑받았으면 한다는 것이다. 마치 장인이 자신의 예술혼을 실어 제품을 넘어선 작품을 만들듯이 말이다. 백 대표는 앱계의 장인이 되고 싶어 했다. 나는 디자이너도 아닌, 개발자가 이런 철학을 가지고 있다는 것에 놀랐고 황홀했다. 그리고 100% 동의했다.

현재 애플리케이션 시장은 그야말로 춘추전국시대라고 해도 과언이 아닐 정도로 수많은 개발자들이 뛰어들고 있다. 하루에도 수천 개의 앱이 시장에 쏟아지고 있는 실정이며, 인기를 끌던 많은 애플리케이션이 잠깐 반짝하다가 소리없이 사라지는 경우가 다반사다. 이를 두고 관계자들은 2000년대 닷컴 열풍이 버블로 끝났던 것처럼, 애플리케이션 시장도 언젠가는 버블이 사라지고 꾸준히 사랑받는 제품들만 살아남을 것이라고 이야기하고 있다. 그렇다면 백 대표는 이미 애플리케이션 시장이 시작되는 초창기부터 앱 시장의 미래를 예측하고 이 어썸노트를 만든 것일까? 그래서 이렇게 효과적인 전략을 사용한 것일까? 그렇다기보다는 유니타스브랜드 Vol.17의 '철학의 전략화'에서 언급한 것처럼 어썸노트의 철학이 그들의 전략이 되었다고 보는 편이 나을 것이다. 그리고 그 전략은 앱 시장에서 제대로 맞아떨어졌다.

백 우리는 어썸노트에 대한 같은 꿈과 가치를 가지고 계속 사랑받는 앱계의 명품으로 만들기 위해서 1년간 사용자들의 피드백을 바탕으로 꾸준히 업그레이드를 해왔다. 이것이 어썸노트가 다른 앱에 비해 버그가 많지 않은 비결이기도 하고 사용자들에게 지속적으로 사랑받는 노하우이기도 하다.

이들은 어느새 사업적인 이익을 위해 결합한 동업의 개념을 넘어서, 앱계의 장인이 되어 오랫동안 사랑받을 명품을 만들자는 꿈과 비전을 공유하는 동역의 개념으로 가고 있었다. 두 대표는 어썸노트 이후에 개발되는 제품에 대해서도 세상을 깜짝 놀라게 하는 제품보다는, 기존에 쓰던 것이긴 한데 브리드의 손을 거치고 나니 훨씬 더 유용해지는 재창조의 제품을 만들고 싶어했다.

강 우리 브랜드의 또 다른 아이덴티티는 '유용한 디자인'이다. 독창적이고 새로운 것이 아니라 기존에 있었는데 실제 생활에서 쓰

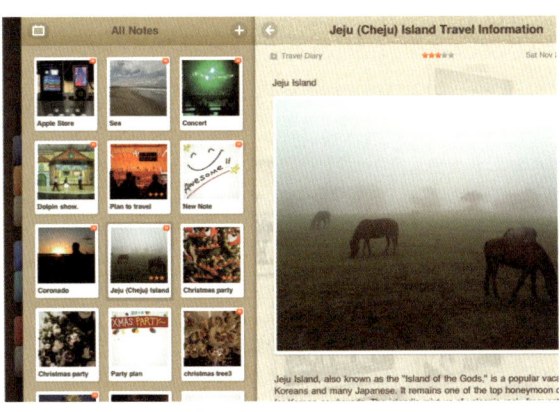

다양한 사용자 구성이 가능한 어썸노트

다 보면 불편한 것들을 디자인과 기획력으로 개선해서 좀 더 편리한 제품으로 만드는 것이다. 이는 '브리드'라는 우리의 회사명에서도 잘 드러난다. 브리드는 brilliant idea의 준말로, 멋진 생각으로 기존에 존재하던 어떤 것을 우리의 숨결을 통해 재창조하는 개념이다.

브리드의 두 대표가 힘을 주어 강조하는 부분은 바로 '유용한 디자인'이었고 어썸노트도 같은 철학 아래 개발되었다. 이는 독일 브라운사에서 40년간 대표 디자이너로 활동하던 디터 람스Dieter Rams가 이야기하는 '좋은 디자인의 10계명'에도 해당되는 대목이다. 디터 람스는 애플의 디자이너 조나단 아이브와 일본의 유명 디자이너인 후카사와 나오토 등 많은 디자이너들이 존경하는 구루로서 그는 "좋은 디자인이란 제품을 유용하게 하며(Good design makes a product useful) 이해하기 쉽게 만들어져야 한다(Good design makes a product understandable)"고 강조한 바 있다(유니타스브랜드 Vol.10 p202참조). 특히 디자이너인 강 대표는 디터 람스의 디자인 개념과 일치하는, 유용한 디자인이라는 철학으로 어썸노트를 만들었고 그 결과 어썸노트는 처음 접하는

> "어썸노트의 디자인 철학으로, 처음 접하는 사람이라도 쉽게 사용할 수 있는 장점을 가진 애플리케이션이 되었다."

사람이라도 한 번에 쉽게 사용할 수 있는 장점을 가진 사랑받는 애플리케이션이 되었다.

앱계의 명품으로 남기 위해 계속적인 업그레이드를 통해 사용자들의 환호를 받고 있는 두 사람은 동업에서 어느새 꿈과 가치를 공유하는 단계인 동역자적 파트너 관계로 진화하고 있었다. 그런데 앞서서 (p60 참조) 지속가능한 브랜드가 되기 위한 준비된 파트너십을 동반자적 파트너십이라고 명명하고 이 파트너십이야말로 브랜드십의 모태가 된다고 이야기한 바 있다. 그렇다면 어썸노트의 두 대표들에게서도 이 동반자적 파트너십을 확인할 수 있을까?

동반^{同伴}, 브랜드와 함께하는 운명 공동체

동반자란 짝이 되어 함께하는 사람이라는 뜻이다. 친구, 가족 등 주로 인생을 함께하는 운명 공동체를 동반자라고 부른다. 그런데 어썸노트의 두 대표에게서 동반자적 파트너십을 찾는 일은 쉽지 않을 수도 있다. 왜냐하면 파트너십에서 동반의 개념은 위기의 상황에서 확인될 수 있는 요소이기 때문이다. 사업에서 성과가 잘 나오지 않더라도 혹은 자신의

기준보다 부족한 파트너일지라도 혹은 예상치 못한 위기의 순간이 오더라도 가족처럼 운명 공동체로 여기고 서로가 신뢰하고 헌신하며 기다려 주는 과정에서 동반자적 파트너십이 발현되는 것이다.

어썸노트는 불행인지 다행인지 아직 위기를 경험하지 못했다. 창업 이후 그야말로 성공이라는 순풍을 맞고 있다. 이들의 파트너십이 동반자적인 관계까지 갈 수 있는지, 혹은 이미 진행되고 있는지는 앞으로 이들에게 혹시 있을 위기를 통해 구체적으로 확인될 것이다. 그런데 인터뷰 말미에서 이들이 이미 운명 공동체를 바탕으로 한 동반자적 파트너십의 가능성을 엿볼 수 있었다. 어썸노트의 두 대표는 자신의 브랜드를 마치 자식처럼 인격체로 생각하며 자신들을 어썸노트의 부모라고 표현했다. 유니타스브랜드의 Vol.16에서 소개한 내용처럼 이들은 자신의 브랜드에 대해서 페어런트십을 가지고 있었으며, 두 대표를 포함한 직원들이 브랜드와 함께하는 운명 공동체로 살아가길 바랐다.

백 어썸노트가 내 자식처럼 여겨진다. 나는 어썸노트가 내가 혹여 돌보지 못하는 상황이 발생하더라도 오랫동안 살아남았으면 한다. 부모들은 자식이 자신보다 훨씬 더 오래 살기를 바란다. 내가 어썸노트에 갖고 있는 생각도 이와 동일하다. 그것이 가능하기 위해서 지금부터 준비하고 있다.

조직 내에서 스타를 만들지 않는다

강 우리는 위기 상황에 닥칠 것을 미리 예상하고 서로 약속한 것이 있다. 바로 조직 내에 스타를 만들지 않는다는 것이었다. 예전에 직장생활을 할 때 경험한 것인데 회사 내에서 스타가 있으면 그 사람에게 휘둘리게 되고 그러면 회사가 가려는 방향에 걸림돌이 될 수 있다. 설사 우리가 창업자고 대표라 할지라도 우리 또한 스타가 되어서는 안 된다.

백 그래서 우리는 지금 파트너로서 서로가 초심을 잃지 않도록 견제 세력의 역할을 한다. 우리 브랜드에서는 그 누구도 의사결정에 기득권을 가질 수 없다는 것이다. 이것만은 절대 타협하지 말자고 이야기한다. 타협하는 순간 제품의 질은 떨어지고 브랜드는 상처를 입게 된다. 제품을 개발하다 보면 이 정도면 되겠지 하는 생각이 들 때가 있다. 또 내 의견이 반드시 옳다고 느껴질 때도 있다. 그럴 때 파트너인 우리는 수긍이 될 때까지 서로를 설득한다. 또한 이 부분은 지금 있는 직원들, 후에 참여할 직원들과도 함께 공유할 예정이다. 직원들은 남의 일이라고 생각하며 더 타협할 가능성이 있기 때문에 우리는 동반자 개념의 직원을 원한다. 물론 보상도 함께 나눈다.

노스웨스턴대학 켈로그 경영대학원의 티모시 컬킨스 교수는 많은 브랜드들이 한 사람의 개인에 의해 만들어지지만

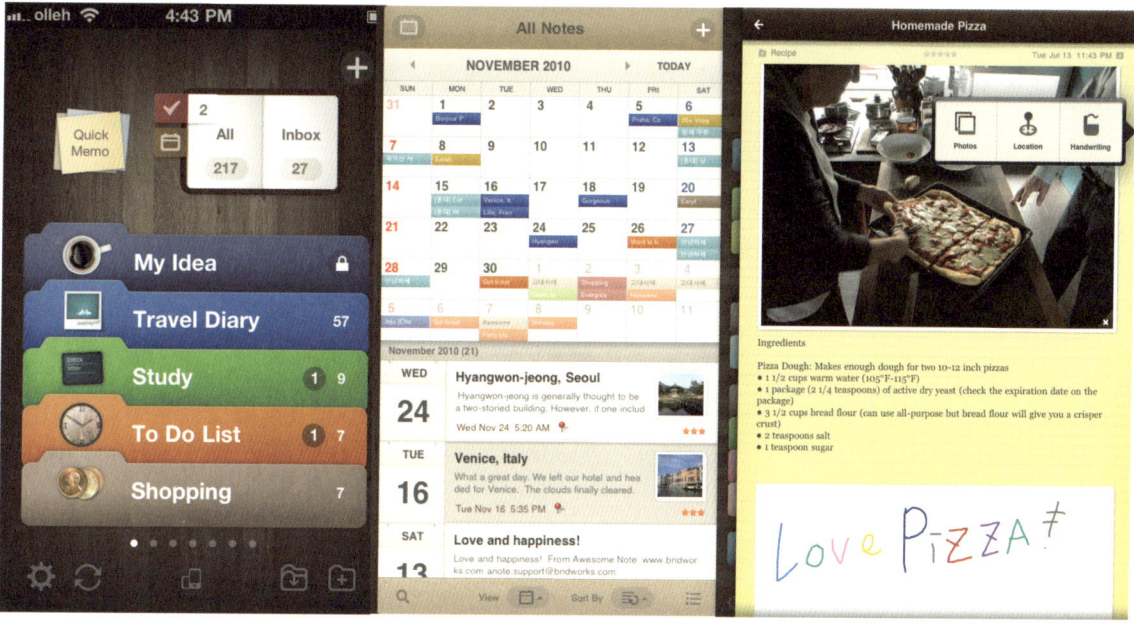

이 세상에서 영속하길 바라는 브랜드는 반드시 한 사람의 개인을 넘어서야 한다고 말한 바 있다. 하워드 슐츠는 스타벅스에 지대한 영향을 미쳤고 필 나이트는 나이키라는 브랜드를 만드는 데 중요한 역할을 했다. 그러나 인간은 영원히 살지 못하므로 모든 브랜드들은 영속하려면 절대적 영향력을 미치는 그 개인을 넘어서야 한다는 것이다.

어썸노트의 백승찬 대표와 강영화 대표는 이 사실을 이미 알고 있었던 것일까? 이들은 자신의 브랜드를 자식처럼 여기며 이것이 영속하려면 자신들의 리더십을 넘어서 브랜드의 가치를 공유하며 그 철학에 의해 움직이는 브랜드십 경영을 미리 준비하고 있었다. 그러기 위해서 지금부터 조직 내 스타를 만들지 않겠다는(하물며 창업자인 자신들이라도) 원칙을 내세우며 브랜드를 위해서는 서로가 견제 세력이 되어 절대로 적당선에서 타협하거나 독단적으로 결정을 내리는 일은 절대 하지 말자는 문화를 만들고, 이 문화를 조직 전체에 전파하고 있었다.

백 세상의 부모가 다 자기 자식이 잘 되길 바라지 않는가? 자식이 나보다 더 오래 살아남기를 바라지 않는가 말이다. 그러려면 필요한 것들이 무엇일까 생각해 보니, 우리 직원들이 우리와 같은 동일한 마음으로 우리 브랜드의 가치를 공유하고 사랑해 주면 되지 않을까 싶었다. 그런 마음을 가진 파트너를 직원으로 뽑고자 하고 이

> "위기 상황에 닥칠 것을 미리 예상하고 서로 약속한 것이 있다. 바로 조직 내에 스타를 만들지 않는다는 것이었다."

미 있는 직원들과 이 정신을 공유하려고 노력한다. 일종의 대부 역할이랄까? 이것이 운명 공동체일지도 모르겠다.

이들의 파트너십이 동반자적 파트너십의 가능성을 보여 주는 대목은 바로, 브랜드를 위한 '파트너십의 확대'였다. 브랜드는 리더의 비전만큼 자란다는 말이 있다. 파트너인 자신들이 브랜드에 가지고 있는 애착과 사랑이 조직원들에게 전이될 때 브랜드가 오래갈 수 있다고 믿는 브리드의 백승찬, 강영화 대표. 창업한 지 채 3년도 안 되었고 처음 시도한 제품에서 큰 성공을 얻어 아직까지 위기도 한 번 맛본 적 없지만, 닥칠 위기를 벌써부터 대비하며 준비된 파트너십으로 자식 같은 브랜드를 위해 나름의 원칙을 세워 나가고 있는 그들은, 브랜드가 무엇인지 제대로 알고 있는 IT업계의 앙팡테리블이었다. UB

백승찬 개발경력 10년차의 백승찬 대표는 과거 P2P 파일 공유 사이트인 프루나(Pruna)를 제작, 개발한 바 있다. 현재는 브리드의 공동대표로 기획 및 개발과 경영을 맡고 있다.

강영화 UI/UX 디자인 경력 7년차인 강영화 대표는 홍익대학교 국제 디자인 대학원(IDAS)에서 디지털미디어를 전공했으며 현재는 브리드의 공동대표로 기획 및 디자인을 맡고 있다.

업業에 대한 자부심이 업의 본질을 바꾼다

업의 재정의로
창업의 불을 밝히다,
반딧불이

The interview with 반딧불이 부사장 조동수

G8

G9

G10

인터뷰 후 돌아서서 나오는 내내 뇌리에서 떠나지 않던 단어는 딱 하나였다. 바로 '자부심'이다. 사실 앞서 서술한 브랜드 창업을 위한 10가지 Guidance 중 '자부심'에 대한 법칙은 반딧불이로 인해 발견한 법칙이라 해도 과언이 아니다. 반딧불이 조동수 부사장은 가맹점주들에게 교육을 하면서 가장 강조하는 것이 무엇이냐는 질문에도 '자부심', 반딧불이를 브랜드로 성장시키며 창업자로서 가장 중요하게 생각하는 것이 무엇이냐는 질문에도 '자부심'이라고 대답했다. 그러나 그가 그토록 힘주어 말하는 '자부심'이라는 말의 본의本意를 알기까지는 그리 간단치가 않았다. 왜냐하면 그것은 브랜드를 런칭해 본 창업자만이 누릴(?) 수 있는 '초월적 책임감'에서 비롯된 것이기 때문이다.

초월적 책임감, 업의 자부심을 만들다

새집증후군을 비롯하여 아토피, 알레르기 등은 자녀를 둔 부모에게는 초미의 관심사다. 그래서 아파트 입주를 앞두고 진드기와 같은 생물학적 유해물질과 건축 자재에서 발생하는 화학적 유해물질을 제거하는 것은 선택이 아니라 필수다. 이러한 상황에서 2005년 '오존공법'이라는 새로운 기술로 실내 환경 정화에 나선 반딧불이의 등장은 자녀들의 건강을 걱정하는 부모들에게는 구원투수나 마찬가지였다. 5년 전, 현재 대표이사직을 맡고 있는 아내 함수진 대표와 함께 반딧불이를 창업한 조동수 부사장은 이러한 반응을 "예상한 결과"라고 말했다.

조동수(이하 '조') 지인의 소개로 미국에서 곰팡이를 제거하기 위해 사용한다는 오존기계를 알게 되었다. 그것을 한국으로 들여와 곰팡이 뿐만이 아니라 각종 실내 유해물질을 제거할 수 없을까, 생각하며 연구하기 시작했다. 그 결과 오존공법이라는 것을 개발해낸 것이다. 여러 차례의 실험 결과 이 공법이 새집증후군은 물론이거니와 아토피 치료에 탁월한 효과가 있다는 것을 입증해냈다. 이 과정을 통해 이 공법이 분명 환경 문제를 해결하는 데 획기적인 솔루션이 될 거라는 확신이 들었다.

오존공법은 오존의 산화력을 이용해서 환경호르몬을 제거하는 기술로 그가 말한 '예상한 결과'란 바로 이 기술에 대한 확신에서 비롯된 것임을 알 수 있다. 창업자들은 대부분 '동종업계에서 과연 경쟁력을 가질 수 있을까'에 대한 두려움을 가지게 마련이다. 반딧불이의 오존공법은 바로 그같은 두려움을 완벽하게 차단해 준 방어벽이 되었을 뿐 아니라 완벽한 차별화가 되었다. 그렇다면 반딧불이의 '자부심'은 바로 이 기술 때문일까? 물론 오존공법은 그의 '자부심'의 진원지인 것만은 분명하다. 그런데 그의 말을 조금 더 들어 보자.

조 반딧불이라는 브랜드 네임을 지을 때 고민하던 것이 있다. 반딧불이는 1급의 청정지역이 아니면 살지 못하는 생물이다. 우리나라에서는 무주 지역을 포함한 몇 개 지역에서만 반딧불이를 볼 수 있다. 이는 우리나라의 환경오염이 매우 심각하다는 것을 의미한다. 만약 반딧불이를 다시 볼 수 있다면 환경이 깨끗해졌다는 증표가 될 거라고 생각했다. 그래서 반딧불이라는 브랜드 네임을 붙인 것이다. 난 환경운동가가 아니다. 그런데 오존공법을 개발하면서 우리나라의 환경 문제를 해결해야겠다는 막중한 '책임감'을 느끼게 되었다.

그의 말에서 우리가 주목해야 할 것은 바로 '책임감'이다.

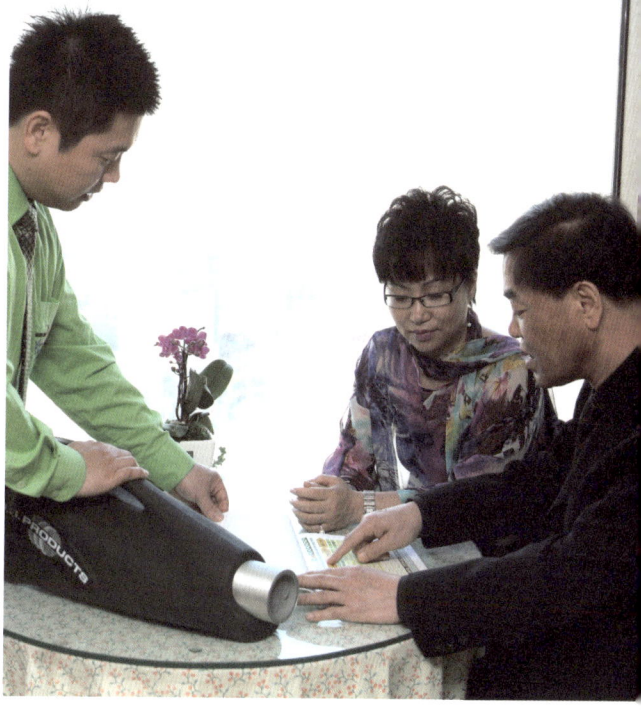

유니타스브랜드 Vol.16 '영생불멸의 리더십, 브랜드십'에서 우리는 브랜드십을 가지기 위해 리더가 가져야 할 몇 가지 조건 중에 '초월적 책임감'을 들었다(Vol.16 p38 참조). 조직과 브랜드에 대해 응당 리더가 가져야 하는 책임감에서 더 나아가, 사랑과 열정을 기반으로 자신이 종사하고 있는 업의 분야나 혹은 사회에 대한 책임감으로 뻗어나갔을 때 브랜드십을 얻을 수 있기 때문이다. 우리는 조 부사장의 말에서 '초월적 책임감'의 단초를 발견했다. 그는 "환경 문제로 인해 아토피에 시달리고, 새집증후군으로 고통스런 알레르기에 시달리는 사람들을 해방시켜 주어야겠다는 의무감까지 생기더라"고 말하면서 "지금은 환경운동가가 다 되었다"라고 말했다. 바로 이것이 그가 말한 자부심의 본의다. 그저 리더로서의 책임감이 아니라 그것을 넘어선 환경운동가로서의 책임감이 그에게 생긴 것이다. 그렇다면 이러한 초월적 책임감은 반딧불이의 브랜딩에 어떻게 영향을 미쳤을까. 그 대답은 다시 '자부심'으로 돌아간다.

조 반딧불이는 실내 환경을 보호하고, 더 나아가 지구의 환경을 보호하는 브랜드다. 이것에 대한 자부심이 없다면 이 업을 할 수가 없다. 그래서 가맹점주를 모집할 때 기준은 딱 하나다. 이 업에 대한 자부심이 있는가, 없는가 말이다.

이러한 업에 대한 자부심은 반딧불이의 조직 문화를 만드는 데서부터 시작되었다. 그도 그럴 것이, 반딧불이는 무점

포의 1인 기업 형태로 운영되는 프랜차이즈이기 때문이다.

브랜드 교육으로 자부심을 성장시키다

반딧불이는 실내 환경의 오염 수위를 측정하고 그것을 정화하는 전문적인 기구들만을 구입한 뒤, 인터넷 카페를 통해 모든 기업 활동이 이루어진다. 그래서 조 부사장은 반딧불이를 창업할 때부터 무점포 형태를 염두에 두었다. 점포를 여는 데만도 많은 자본이 필요할 뿐만 아니라, 어떤 공간에서 이루어지는 서비스가 아닌 고객들의 집이나 가게를 직접 방문하여 이루어지는 서비스인 만큼 점포를 개설하는데 드는 비용을 과감히 없애 버렸다. 그 대신 전문 장비를 구입하는 데에 더 많은 투자를 했다. 그런데 문제는 1인 기업의 형태이다 보니 조직 문화가 취약하다는 것이었다. 취약한 조직 문화는 업에 대한 자부심을 흔들리게 할 수 있었다.

업을 너머 그 업이 지향하는 목적에 대한 자부심은 결국 그 업이 나아가야 하는 분명하고도 명확한 미션을 말해 준다.

조 혼자 기업을 운영하다 보면 지치고 힘들 때 격려를 받거나, 용기를 얻을 기회가 적다. 그러면 자부심이 흔들릴 수밖에 없다. 나는 이것을 교육을 통해 해소해 주기로 했다. 분기별로 교육 워크숍을 열어 브랜드에 대한 교육은 물론 그들의 자기 성장을 돕는 커리큘럼을 많이 만들었다. 리더십 교육에서부터, 상담 스킬 교육, 인간관계 스킬 교육 등 자기계발 강사들을 초빙하여 교육을 진행했다. 그러다 보니 자연스레 업에 대한 자부심이 고취되더라. 이러한 교육이 그들에게 끊임없이 동기부여를 해주는 것 같다.

브랜드 교육은 브랜드가 바라보는 수치적 목표가 아니라 브랜드가 존재하는 '목적'을 상기해 주고, 그것을 향해 끊임없이 나아갈 수 있는 에너지를 공급하는 데 목적이 있다. 반딧불이는 이 브랜드 교육을 통해 가맹점주들에게 업에 대한 자부심을 부여하고 있는 것이다. 이 교육 워크숍은 세 번 불

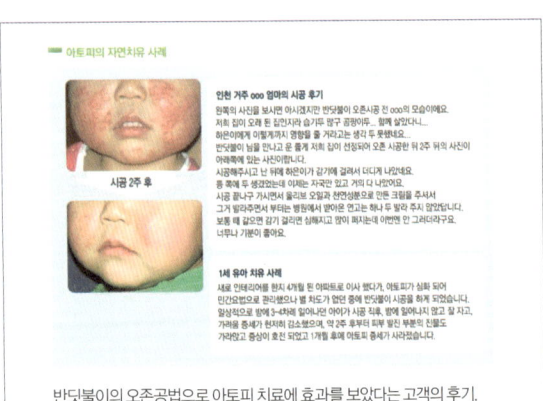

반딧불이의 오존공법으로 아토피 치료에 효과를 보았다는 고객의 후기.

참 시 가차 없이 재계약 권리를 기꺼이 반납(?)시키는 시스템으로까지 안착되었다.

그런데 궁금증이 생긴다. '자부심'이라는 것이 창업 초기에는 분명히 수많은 난제들을 헤쳐 나가는 힘이 되겠지만, 이후에는 이것만으로는 브랜딩을 해 나갈 수 없지 않은가 말이다. 우리는 조심스레 조 부사장에게 소위 자부심 그 이후의 '무엇'에 대해 물었다. 그가 우리에게 내민 것은 바로 세 가지의 원이었다.

자부심, 브랜드의 사명으로 승화되다

조 이 세 가지 원은 브랜드 경영에 대한 기준을 말해 준다. 특히 리더의 유형을 말해 준다. 첫 번째 원은 권위중심적 유형으로 자사의 브랜드를 중심에 두고 모든 것을 생각하는 유형이다. 이럴 경우, 객관적인 판단을 하지 못하고 자사 브랜드에 대한 우월감만 갖기 때문에 브랜드 경영에 실패하고 만다. 두 번째는 수익중심적 유형인데, 굉장히 현실 중심적으로 생각한다. 이 유형도 자사의 브랜드를 중심에 놓고 생각하지만, 현실적으로 가능한 선까지만 도전하기 때문에 정체될 위험이 있다. 세 번째 원은 가치중심적 유형이다. 이것은 자사의 브랜드도, 수익도 아닌, '가치'를 우선으로 두고 브랜드 경영을 하기 때문에 자사의 브랜드가 존재하는 이유를 분명히 안다. 그렇기 때문에 고객은 물론이거니와 경쟁사와도 Win-Win-Win하는 시스템을 유지한다. 물론 굉장히 이상적이다. 그러나 반딧불이는 이 세 번째 원을 기준으로 브랜드 경영을 해 나가고 있다. '반딧불이는 환경을 보호하는 운동가'라는 자부심은 자사 관점의 브랜드적인 사고에서 더 나아가 가치를 현실로 만들어 가는 원동력이다.

조 부사장은 결국, 브랜드는 그것이 무엇이든 "가치를 실현하는 것"이라고 정의한다. 그 가치가 세상에 이로운 것이라면 '좋은' 브랜드라는 명예를 얻게 되리라는 것이 그의 지론이다. 업을 너머 그 업이 지향하는 목적에 대한 자부심은 결국 그 업이 나아가야 하는 분명하고도 명확한 미션을 말해 준다. 이것을 반딧불이가 방증해 주고 있다.

반딧불이와 인터뷰를 하면서 오버랩되는 브랜드가 하나 있었다. 세계 최대의 청소 용역 회사인 서비스마스터다. 우리나라에서도 《서비스의 달인》이라는 책을 통해 소개된 이 회사는 포춘이 선정한 500대 기업 중 미국인이 가장 존경하

권위중심적 유형

수익중심적 유형

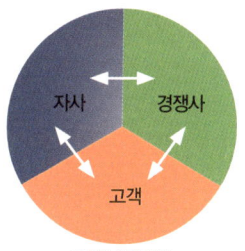

가치중심적 유형

는 기업 1위로 여러 차례 선정된 바 있다. 서비스마스터가 이렇게 존경 받는 기업이 된 이유에 대해 창업자인 윌리엄 폴라드에게 묻자 그는 피터 드러커로부터 "당신의 사업은 무엇입니까?"라는 질문을 받았기 때문이라고 대답했다. 피터 드러커는 "서비스마스터에서 하는 궂은 일들을 하려면 결국 사람이 필요하다. 그렇기 때문에 서비스마스터의 사업은 사람을 선발하고 교육하고 개발하는 것이다"라고 조언해 주었다. 이것을 계기로 폴라드는 "개개인은 모두 인간의 존엄이 있으며 타고난 사명이 있다. 우리는 각각의 사람들이 가진 가능성과 잠재력이 발전될 수 있도록 도와주기 위해 일한다"고 자신의 업에 대한 정의를 내린 뒤 이것을 중심으로 회사를 경영하기 시작한 것이다. 만약 서비스마스터가 (조금 비약해서) 단지 청소를 대신해 주는 회사라고 자신들의 업을 정의했다면 그 결과는 어땠을까? 그리고 반딧불이가 자신의 업을 유해물질을 없애 주는 것으로 한정했다면 어땠을까?

조 한 번도 반딧불이를 청소하는 브랜드라고 생각해 본 적 없다. 우리가 존재함으로 인해서 지구가 점점 깨끗해지고 있다고 생각했을 뿐이다.

영국의 경영 컨설턴트인 에드워드 드 보노는 "경쟁에 너무 집착하여 남들이 무엇을 하고 있는지에만 집중하다 보면 그저 살아남을 정도밖에 할 수 없다는 것이다. 반면에 초경쟁이란 가치 창조에 중점을 두는 것으로 전통적 개념의 전략적 경쟁을 넘어서서 잠재된 통합적인 가치를 개발하기 위한 것이다"라고 말했다. 창업 초기에는 먼저 출발한 브랜드들과 경쟁관계에 돌입하기 십상이다. 그러나 초경쟁의 관계로 변화하는 순간 창업자는 브랜드의 가치를 개발하는 것에 대해 경쟁하게 된다. 반딧불이가 자부심을 가질 수 있는 이유는 단 하나다. 그들은 초경쟁을 하고 있기 때문이다. UB

조동수 한국창업전략연구소에서 컨설팅 기획을 진행하며 프랜차이즈 전문가 과정을 처음으로 개설. 프랜차이즈 전문 인력을 양성하는 활동을 했다. 이러한 경험을 바탕으로 세계 최초로 실내환경 사업을 프랜차이즈화한 반딧불이를 창업했으며, 이론과 실무를 잘 접목한 사례로 평가받고 있다.

브랜드 창업을 위한 창업자의 첫 번째 조건, 자부심

고집스런 자부심이 만드는 100년 브랜딩, 디마떼오

The interview with 디마떼오 대표 이원승

디마떼오. 굳이, 어떤 설명을 덧붙이지 않아도 대학로를 즐겨 찾는 사람이라면 이곳이 어디인지, 무엇을 하는 곳인지 너무나 잘 알고 있다. 그래도 혹시 모르는 사람을 위해 간단한 설명을 덧붙이자면 이탈리아 정통 피자 전문점으로 이곳의 CEO는 개그맨이자 연극배우인 이원승이다. 대학로의 랜드마크가 되어 버린 이곳은 어느덧 런칭한 지 14년째를 맞이하는 소위 중년기업(?)이다. '창업'이라는 특집을 준비하면서 우리가 디마떼오를 찾은 것은, 14년 간의 시간을 훑어보기 위함은 아니다. 이미 수많은 언론을 통해 디마떼오의 런칭 스토리부터, 심지어 어떤 유명인사가 단골 손님인 것까지 수차례 공개되었기에 다시 한 번 되새겨보는 것은 독자들의 검색에 맡기는 것으로 양해를 구하겠다. 유명세를 타는 사람들의 경우 '창업'이라는 것은 일종의 부업이다. 그렇기에 그들의 창업은 '브랜드'로 성장하기보다는 '소문난 집'으로 '번성'하는 것에서 끝나기 십상이다. 이것은 그들의 창업을 폄하하기 위함이 아니니 오해하지 말기 바란다. 여기서 말하는 것은 창업의 목적 자체가 다름을 말하는 것이다. 이러한 현실(?)에서 디마떼오의 행보는 우리의 주목을 끌기에 충분했다. 왜냐면 디마떼오는 현재 소문난 집에서 브랜드로 완성되어 가고 있기 때문이다.

14년 전에 몰랐던 것과 지금은 알게 된 것

이원승(이하 '이') 난 100년 후에도 이 자리에 디마떼오가 있는 것을 늘 상상한다. 할아버지가 손자의 손을 이끌고 와서 내가 피자를 먹었던 곳이라고 소개해주는 모습을 떠올리면 가슴이 벅차오른다.

1997년, KBS 〈도전 지구탐험대〉라는 프로그램을 통해 이탈리아의 나폴리 피자집을 방문하여 피자 굽는 체험을 했을 때만 해도 그는 이런 꿈이 없었다. 그저 한국으로 돌아오는 비행기 안에서 한국에 이런 피자 전문점이 있다면 좋겠다, 라는 막연한 생각만이 있을 뿐이었다. 그로부터 14년 동안 이원승 대표는 개그맨 혹은 연극배우가 아닌 철저하게 디마떼오의 창업자로, 더 나아가 경영자로 살았다. 물론 간간이 연극 무대에 서기도 했다. 그러나 그에게 있어서 언제나 우선순위는 디마떼오였다. 우리는 먼저, 그에게 연예인이라는 삶을 내려놓고 창업자로서 혹은 경영자로서 10년을 넘게 살아온 이유에 대해 물었다. 그로부터 돌아온 대답은 너무나 진지하다 못해 묵직하기까지 했다.

이 창업 초기 IMF를 맞아 극심한 자금 문제에 시달렸다. 게다가 미국식 피자에 입맛이 이미 길들여져서인지 사람들한테는 지나치게 담백한 나폴리 피자가 맛없게 느껴지는 모양이었다. 생각하던 것보다 사업이 잘 되지 않았다. 그때 나는 죽을 결심으로 유서까지 썼다. 그리고는 이를 악물고 다시 시작했다. 그런데 어느 순간 내가 오늘 하는 이 일이 어제 내가 꿈던 꿈이었다는 것을 깨닫게 되었다. 내일이 다시 보이기 시작했다. 찬찬히 들여다보니. 나는 한국에서 나폴리 피자의 역사를 써 내려가는 역사가였다. 그때부터 하루하루를 인생에 대한 글을 쓴다고 생각해 보았다. 쓸 글이 없으면 안 되니까 절대 게을러서는 안 됐다. 그래서 디마떼오에서 이것도 해보고 저것도 해보고 하다 보니 여기까지 왔다.

유서까지 쓰면서 자못 비장한 각오로 시작한 디마떼오에서 그는 "하루하루를 꿈같이 살아가는 법을 배웠다"고 말했다. 그것은 대부분의 창업자가 자신의 브랜드를 통해 극심한 성장통을 앓으며 자아를 완성을 해나가듯, 이 대표도 디마떼오를 통해 자신의 단점은 잘라내고 장점은 극대화시키는 고통을 통해 자아가 튼튼해지는 것을 경험했다는 것의 방증이다.(p40 참조) 이러한 성장통은 '개그맨' '연극배우'라는 그의 유명세를 무기로 디마떼오에 대한 입소문의 속도를 빠르게 촉진시키는 것을 하지 않겠다는, 스스로에게 부여한 원칙에서부터 시작됐다. 이 대표의 말을 조금 더 들어 보자.

이 나는 손님을 만족시키기 위해 나의 인기로 영합하는 것은 절대 하지 않았다. 대신 내가 하는 것은 디마떼오가 100년 동안 살 수 있도록 하는 시스템을 만드는 일이다.

14년 전, 그가 디마떼오를 런칭하기 전에는 절대 깨닫지 못했던 것이 하나 있었다. 그것은 자존심은 버려서는 안 된다는 것이었다. 소위, 예술쟁이들의 자존심은 절대 건드려서는 안 되는 절대 영역에 있는 것이었다. 14년이 지난 오늘 날, 그가 알게 된 것이 하나 있다. 창업자가 가져야 하는 것은 자신에 대한 자존심이 아니라 브랜드에 대한 자부심이라는 것 말이다. 그것이 바로, 디마떼오를 100년 동안 숨쉬는 브랜드로 만드는 가장 첫 번째 조건이라는 것을 그는 14년 동안 배웠기 때문이다.

100년 브랜딩의 첫 번째 조건, 자부심

디마떼오에 가면 눈여겨 보게 되는 것이 하나 있다. "이곳에서 음식을 먹으면 나폴리까지의 비행기 값 150만 원을 절약할 수 있다." 디마떼오의 자부심은 바로 이것에서부터 시작된다. '정통' 나폴리 피자라는 자부심 말이다.

자부심 코드 1. "피클은 드리지 않습니다"

지금이야 '정통' 나폴리 피자라 불리며 그 이름값을 톡톡히 하고 있지만, 서두에 이 대표가 말한 것처럼 '정통'이 오히려 독(毒)이 되던 때가 있었다. 나폴리 피자의 경우 800℃가 넘는 화덕에서 단 1분 만에 빠르게 구워내기 때문에 기름기 없이 담백한 것이 특징이다. 그러다 보니 자칫, 심심한 맛을 견뎌낼(?) 수 없을 때가 있다. 그럼에도 불구하고 디마떼오에서는 절대로 피클을 제공하지 않는다는 것을 원칙을 넘어서 어겨서는 안 되는 '철칙'으로 여기고 있다.

이 피클을 달라고 하면 정중하게 거절한다. 왜냐하면 그것이 오리지널 나폴리 피자의 맛이기 때문이다. 나폴리 피자는 담백하지만 참나무로 구워 그 향을 음미해야 한다. 그런데 피클을 먹으면 그 담백함이 피클 맛에 묻히고 만다. 그렇게 되면 내가 손님에게 전달하고 싶은 나폴리 피자 본연의 맛이 훼손되고 만다. 이것은 나의 직무를 유기하는 것과 마찬가지다.

그도 그럴 것이 디마떼오의 또 하나의 철칙 중의 하나가 '반드시 나폴리에서 온 재료만을 사용할 것'이다. 나폴리 피자의 '오리진' 그대로를 옮겨 온 것이기에 디마떼오에서는 직접 나폴리까지 건너가 재료를 공수해오는 수고로움을 아깝게 여기지 않는다. 그 수고로움이 빛을 발하게 하기 위해서라도 피클은 절대 줄 수 없는 것이다. 처음에는 소위 '피클 전쟁'이라 불릴 정도로 손님과 신경전이 있었던 것은 사실이다.

그럴 때면 이 대표가 직접 나서서 그 이유를 설명했고 그러면 상황은 오히려 정반대가 되곤 했다. 다름 아닌 정통 피자를 즐길 줄 아는 사람이 해야 할 일종의 거룩한 의식으로 여기게 된다.

자부심 코드 2. "프랜차이즈는 사양합니다"

이 많은 요청들이 있었다. 그런데 이탈리아어를 못하면 안 된다 등의 이런저런 이유를 대며 거절했다. 딱 한 번 압구정동에 프랜차이즈점을 낸 적이 있다. 그런데 그때 알았다. 내가 경영할 수 있는 역량은 딱 두 개 점까지라는 것을 말이다. 지금은 압구정점은 철수를 했으며 얼마 전 남이섬에 분점을 냈다. 아마도 이변이 없다면, 대학로점과 남이섬점 외에는 디마떼오를 볼 수 없을 것이다.

왜 프랜차이즈를 내지 않느냐는 질문에 대한 이 대표의 대답이다. 14년이라면 한 번쯤 프랜차이즈를 생각해 볼 법도 한데, 디마떼오는 2010년 12월에 오픈한 남이섬 점을 제외하고는 그 어디에서도 찾아볼 수가 없다. 물론, 그의 대답처럼 프랜차이즈를 운영한다는 것이 말처럼 그리 쉬운 일이 아니다. 그것이야말로 '경영'의 영역으로 들어가는 것이기 때문에(p56 참조), 창업자로서 해왔던 그것에서 버전을 조금 달리 해야 한다. 그러나 사실 이 대표에게는 다른 이유가 있었다.

이 짧은 호흡으로 본다면 프랜차이즈를 했을 것이다. 프랜차이즈를 했을 경우, 내가 얻을 수 있는 가장 큰 것은 단적으로 말해 수익적인 부분일 것이다. 창업 초창기만 해도 오리지널 화덕 피자는 디마떼오가 처음이었기 때문에 프랜차이즈를 했다면 크게 성공했을지도 모른다. 그런데 나는 그것을 짧은 호흡으로 봤다. 내가 생각한 것은 보다 긴 호흡이었다. 디마떼오가 오래가기 위해서는 마치 일본의 장인들처럼 꾸준히 하는 것이 더 중요하다고 생각했다.

인디언 속담에 "빨리 가려면 혼자 가고, 멀리 가려면 함께 가라"는 말이 있다. 결국 이 대표는 브랜드의 영속가능을 위해 프랜차이즈를 내어 몸집을 부풀리는 대신, 디마떼오를 함께 만들어 갈 직원들을 위해 디마떼오만의 조직 문화를 만드는 것을 선택했다. 그것이 바로 디마떼오의 자부심 코드 세 번째다.

자부심 코드 3. "직원들에게 미래를 드립니다"

디마떼오에서 '직원'이라는 개념으로 채용이 시작된 것은 2002년. 창업 초기에 만나는 수많은 난제들에 대한 해법이 조금씩 생길 무렵, 이 대표는 식구를 맞이해도 되겠다 싶었던 것이다. 자부심 코드 2에서 살펴본 것처럼, 긴 호흡을 함께 할 파트너를 맞이한다는 것은 디마떼오에게 '브랜드'로서의 생명을 불어넣는 작업이나 마찬가지다. 이 대표는 이러한 생명을 불어넣는 일에 의미를 부여하고 싶었다. 그것은 다름 아닌 직원들을 위한 집을 마련하는 것이었다(숙소가 아닌, 그것은 집이다!).

이 직원을 채용할 때부터 그들을 위한 집을 마련해야겠다는 생각을 했다. 그래서 디마떼오를 중심으로 대학로 근처에 집을 한 채 두 채 사기 시작했다. 그렇게 현재 여섯 채의 집을 구입했다. 왜냐하면 피자를 만드는 직업을 사회적인 기준과 시선에서는 안정적인, 혹은 좋은 직업이라고 보지 않는다는 것을 잘 알고 있었기 때문이다. 그래서 이런 직업은 이직률이 높다. 그러나 디마떼오는 100년을 갈 브랜드라는 확신이 나에게는 너무도 확고했다. 그렇기 때문에 디마떼오에 입사한 직원들에게 나는 100년의 미래를 선물하고 싶었다. 그게 바로 집이었다.

디마떼오가 직원에게 베푼 것은 집이 아니라 미래였다. 그 미래는 아직은 보이지 않지만, 이 업이 앞으로 보여 줄 미래를 현재에 가시적으로 보여 준 것이다. 시쳇말로 일개 피자 전문점이 아니라 100년 동안 존재할 위대한 피자 전문점이라는 업에 대한 재정의를 선물한 것이다.

100년을 위해 나폴리에서 다시 시작하다

이원승 대표를 다시 만나기 위해 디마떼오로 전화를 걸었을 때, 그는 이탈리아의 나폴리로 한 달 동안 출장을 갔다고 했다. 그러고 보니, 지난 인터뷰 도중 디마떼오가 100년 동안 자리를 지키기 위해서는 "어제 했던 방법대로 오늘 고객을 대접해서는 안 된다"고 했던 그의 말이 떠올랐다. 그러면서 그는 이렇게 말했다. "늘 살아 있어야죠!" 그래서 물었다. 디마떼오가 늘 살아있기 위해서는 어떤 노력을 하느냐고 말이다.

이 나는 매년 1월이 되면, 한 해를 시작하기에 앞서 이탈리아의 나폴리로 떠나 그곳에서 한 달 가량을 지낸다. 그리고는 한 달 내내 나폴리 음식만을 먹는다. 그러면서 '이번 해에는 이런 소스를 만들어야겠구나', '아, 이런 재료도 써서 새로운 피자를 만들어봐야지' 등의 수많은 아이디어를 얻어 한국으로 돌아 온다. 어떨 때는 피자 잘 굽는 주방장을 만나면 디마떼오로 데려오기도 한다. 이것은 새로운 메뉴를 개발하고, 좋은 식자재를 찾기 위한 여행이기도 하지만, 무엇보다 내가 처음 피자를 만났던 나폴리로 돌아가 그곳에서 다시 시작하는 마음을 얻고 오기 위함이다.

미하이 칙센트미하이는 그의 저서 《몰입의 경영》을 통해 이렇게 말했다. "우리는 이제 5분, 심지어 1분짜리 경영자를 배출할 줄 알게 되었다. 그러나 보다 나은 미래를 건설하는 데에… 지금 우리에게 무엇보다 필요한 것은 기업을 이끌어 나갈 100년짜리 경영자다." 만약, 당신에게 100년짜리 경영자의 조건에 대해 묻는다면 당신은 무엇이라고 대답할 것인가? 분명, 아마도 수많은 리더십의 종류들이 쏟아져 나올 것이다. 그러나 감히, 그 모든 리더십의 유형은 두 번째 조건이라고 얘기하고 싶다. 가장 첫 번째 조건은 자신의 업에 대해 가치를 알고 있는 리더다. 디마떼오는 그런 의미에서 100년짜리 경영자를 둔 브랜드라 할 수 있다. UB

이원승 중앙대학교 대학원 신문방송학과 석사를 졸업했으며, 1982년 MBC 개그콘테스트를 통해 개그맨에 입문했다. 그 후, 개그와 연기를 병행하며 활발히 활동하다 1998년 이탈리아 피자 전문점인 디마떼오를 창업했다. 현재, 대학로와 남이섬에서 두 개의 디마떼오를 운영하며 다양한 문화행사를 통해 새로운 식문화를 개발하는데 노력하고 있다.

브랜드 런칭과 브랜드 창업

대부분의 사람들이 자신이 알고 있는 언어의 한계가 자신의 한계라는 것을 모르고 있다. 반면에 자신의 한계는 세상의 한계라고 믿고 있다. 분명 세상은 자신이 아는 것만큼 생각할 수 있고, 생각할 수 없어도 존재하는 것들이 있음에도 불구하고 사람들은 현재 자신이 알고 있는 것이 모든 지식의 90%는 된다고 믿는다. 이런 갭을 인지해야 한다. 그 인지는 학교에서는 배움의 근원이 되고 비즈니스에서는 성공의 근원이 되기에, 이 갭을 모르면 비즈니스 패망의 시초다.

2011년 2월 21일에 통계청에서 내놓은 2004~2009년 사업체 생성과 소멸에 관한 현황분석을 보면 그 숫자는 참담하다. 연평균 59만 5,000개의 사업장이 개업을 하고 57만 7,000개가 문을 닫는다고 한다. 개업과 폐업의 절반은 자영업자들이라고 한다. 신생업체의 휴·폐업으로 본 존속 생존율은 1년을 견디는 업체가 약 70%, 2년간 생존하는 업체는 약 55%, 3년 차에는 45%만이 버텨낸다고 한다. 3년 안에 55%의 신생업체가 사라진다.

창업에 실패한 사람들에게 실패의 이유를 물어보면 잘 모르는 분야에서 너무 성급하게 창업을 했다고 한다. 과연 이들이 모르는 것은 무엇이고 아는 것은 무엇일까? 그들에게 무엇을 몰랐냐고 구체적으로 물어보면 놀랍게도 대부분은 무엇을 모르는지를 모르고 있었다.

예비 창업자들은 창업에 대해서 얼마나 알고 있을까? 무엇을 알고 있을까? 얼마나 생각했을까? 과연 창업에 대해서 모르는 것은 무엇이고 아는 것은 무엇일까? 단지 먹고 사는 것만을 위해 가게를 여는 것일까? 창업을 제대로 알기 위해서 서점에 나와있는 창업 관련 책을 살펴보면 창업을 너무 만만하게 다루고 있다. '창업이나 해보자'라는 식의 지극히 가볍게 다룬 책이거나 '이대로 따라 하면 창업에 성공한다'식으로 창업 프로세스를 성공 매뉴얼시켜 보여주는 두 가지 방향을 취하고 있다. 대부분의 창업 지식은 가게 오픈과 운영에 초점을 맞추었을 뿐 창업의 진정한 의미와 가치를 다루지는 않고 있다. 그래서일까? 창업에 실패한 사람들에게 창업을 왜 했냐고 물어보면 황당한 얼굴로 쳐다본다.

이번호에서 다루었던 모든 창업자들의 창업 이야기를 살펴보면 그 시작이 모두 '왜Why'에 있다는 것을 알 수 있다(의식적이든 무의식적이든 말이다). '어떻게 돈을 벌 것인가'에 관한 전략보다는 '왜 내가 이것을 해야만 하는가'에 대한 답으로 창업을 찾았고, 그들은 자신의 창업 이유를 소비자의 가치로 변화시켰다. 뿐만 아니라 그 가치들을 응축해 '브랜드'로 만들어 보여주었다. 그들의 창업 이야기가 우리에게 분명하게 알려준 것은 창업 자체가 목표가 아니라 브랜드 구축이 진정한 목표라는 것이다.

'창업'은 누구나 할 수 있다. 하지만 창업의 이유, 의미, 가치, 그리고 비전을 응축해 '브랜드 창업'을 하는 것은 아무나 하지 못하는 것이다. 그렇다면 그들은 어떻게 브랜드 창업을 할 수 있었을까? 먼저 창업은 아이덴티티Identity를 상품Commodity으로 바꾸는 브랜딩의 과정이자 경영의 길임을 알아야 할 것이다. 이것이 성공한 브랜드 창업이 그냥 창업과 다른 점이다. 만약 창업컨설팅을 하는 사람들을 만나면 아이덴티티에 관해서 묻기 보다는 다음과 같은 질문을 듣게 될 것이다. "자본금이 얼마나 있나요? 이쪽 분야의 경력은 있나요? 찾고 있는 아이템은 무엇인가요? 대기업 프랜차이즈를 원하시나요? 한달에 얼마나 벌고 싶은가요?" 이것은 새로운 나라를 세우고, 새로운 비즈니스를 창조한다는 원뜻에 부합하는 '창업'이 아니다. 이것은 '가게 개업'에 관한 질문이다.

그렇다면 브랜드 창업에 관한 질문을 받아보자. "어떤 세상을 만들고 싶습니까?" "당신의 브랜드는 어떤 가치를 가지고 있습니까?" "(다른 제품과 가격 차이가 없거나 오히려 비싼) 당신의 브랜드를 사야만 하는 이유는 무엇인가요?" "100년 뒤 당신의 브랜드는 어떤 모습일까요?" "그리고 당신의 아이덴티티와 이 브랜드의 아이덴티티는 어떤 연결점이 있나요?" 이렇게 질문하는 이유는 브랜드란 '자기다움을 통해서 남과 다른 차별화를 갖추는 것'이기 때문이다. 이 질문의 핵심은 아이덴티티, 곧 '자기다움'에 관한 질문이다.

남녀간의 사랑의 목적은 결혼식이 아니라 행복한 가정을 이루는 것이다. 창업도 창업 그 자체가 목적이 아니라 브랜드를 갖는 것이 목적이다. 창업은 브랜드를 런칭하는 일련의 과정 중 한 부분에 불과하다. 창업 자체가 목적이 되어서는 안 된다. 창업의 결과와 목적은 브랜드가 되야 한다. 따라서 창업을 하기 전에 브랜드에 관해서 알아야 한다.

그렇다면 창업을 하기 위해서 무엇을 해야할까? 역순으로 생각을 해보자. 강력한 브랜드를 갖게 되었다고 생각을 하고 그 시점에서 시작해서 적절한 브랜드 창업의 시기를 찾아보자. 창업은 절대로 일단 저질러 보고 시작하는 것이 아니라 자신이 무엇을 가지게 될지를 생각하면서 하나씩 완성하는 것이다. 예를 들어 10,000개로 이루어진 퍼즐 조각을 맞추어야 된다고 할 때 먼저 퍼즐의 그림을 보고 맞추는 사람과 그림을 보지 않고 퍼즐 조각의 그림만으로 맞추는 사람은 얼마나 시간 차이가 있을까? 개인적으로 보자면 평균 6시간 이상 차이가 나는 것 같다. 창업 이전에 브랜드가 무엇인지를 파악하고 자신의 브랜드가 무엇인지를 명확히 알면 강력한 브랜드를 갖기까지의 비용과 시간을 줄일 수 있다.

> 창업은 절대로 일단 저질러 보고 시작하는 것이 아니라 자신이 무엇을 가지게 될지를 생각하면서 하나씩 완성하는 것이다.

시작할 때는 끝을 생각하고 끝날 때는 처음을 생각해야 한다. 이처럼 결과적 관점에서 생각하고 그것에 맞추어서 시간과 자원을 조절하는 것이 성공에 이르는 지름길이다. 브랜드 구축을 위한 길은 창업의 또 다른 길이 아니라 원래 성공적인 창업을 위한 왕도王道다. UB

192	당신의 깃발은 사람들의 꿈과 맞닿아 있는가_박원순
194	내 몸에 딱 맞는 이름을 '준비'하라_김춘미
195	비타민vitamin이 아니라 진통제painkiller가 되라_정윤호
196	브랜드 창업의 성공을 위해서라면, 당신 인생의 칼자루, 당신이 쥐고 있어야 한다_김미선
197	일상의 관찰과 질문을 통해 창업의 이유를 찾으라_장종균
198	Do you know YOU?_송수용
199	49.195km보다 더 긴 브랜드 창업_한다윗
200	창업의 실패를 극복할 수 있는 내면의 힘을 기르라_조춘호
201	청산력, 창업엔 실패해도 인생엔 실패하지 말라_김중태
202	창업은 혼자 해도 경영은 함께 하라_민영삼
203	브랜드 창업, 다른 개념의 I·T·E·M에 집중하라_심상훈
204	앙트러프러너십, 창업의 본질을 바꾸다_장영화

10 Advice

부족한 창업자금, 너무 빨리 흘러버리는 시간, 점차 떨어지는 정신적 에너지…
이 모든 것을 아끼고 재충전할 수 있는 방법이 있다. 당신보다 먼저 창업을 경험한 현장 선배들로부터 진심어린 조언과 따뜻한 위로를 받는 것이다. 앞으로 소개할 선험자들의 지혜를 응축한 메시지를 당신의 것으로 만들기 위해서는 그 의미를 곱씹고 되뇌는 수고가 필요할 테지만, 이는 실패한 창업을 바로잡는 데 드는 노고보다는 훨씬 덜 할 것이다.

당신의 깃발은 사람들의 꿈과 맞닿아 있는가?

The interview with 희망제작소 상임이사 박원순

이제는 '아름다운 재단'과 '희망제작소'의 상임이사 혹은 '막사이사이상' 공공봉사 수상자 등의 수식어보다는 @wonsoonpark란 아이디를 쓰는 트위터리안으로, 《원순씨를 빌려드립니다》의 저자로 더 친숙한 박원순 씨를 만났다. 창업과 관련된 이번 특집을 준비하면서 그간 검사, 변호사, 사회단체장, CEO 등 다양한 업을 경험해 본 그가 말하는 '업에 대한 정의'와 '창업을 위해 준비해야 할 점'은 과연 무엇인지 궁금했기 때문이다.

'평생을 걸고 하는 일'로 업을 정의한 그에게 연이어 질문했다. "그렇다면 당신의 업은 무엇인가?" 이에 대해 '소셜 디자이너'라는 간결한 표현으로 자신의 업을 정리한 그의 답변에 금새 수긍이 갔다. '현재보다 더 좋은 상태의 무엇을 만들기 위해 불필요한 부분은 덜어내고 필요한 부분은 채워가는 사람'이 디자이너의 정의라면 박 상임이사야말로 지난 수십 년간 우리 사회에 가위질과 풀질로 더 아름답고, 합리적이고, 상식적이고, 높은 삶의 질을 향유할 수 있도록 디자인해 왔기 때문이다.

그리고 앞으로 이어질 이야기들은 '창업을 위해 준비해야 할 점'을 짚어주는 그의 진정성 어린 충고이자 완곡한 부탁 어법이다.

창업을 준비하는 당신,
현재 준비하고 있는 비즈니스가
'미래적 창업'인지 궁금하다.

미래적 창업이란 미래의 모습을 담아낸 창업을 말한다. 이는 단순히 시장 트렌드를 반영했느냐란 질문이 아니라 앞으로 당도할 여러 트렌드의 주된 모티브를 담고 있는가를 묻는 것이다. 그 모티브가 '생태적 감수성'과 '윤리'다. 이것을 배제한 비즈니스는 과거의 답보가 될 것이다. 이 두 요소를 근간으로 윤리적 소비자의 등장, 정부와 민간이 함께 가는 가버넌스governance의 필요성, 투명성과 책임성의 키워드를 중심으로 문화 예술적 상상력을 펼쳐라. '아름다운 재단' '아름다운 가게' '공익변호사협회, 공감' '희망제작소' 등 현재 꽤나 성공적으로 진행되는 일들은 5년 전, 아니 그 이전부터 진정성 있게 고민하고 학습했기 때문이다. 미래는 먼저 본 사람이, 먼저 행한 사람이 선점한다.

창업을 준비하는 당신,
기업은 더 이상 프라이빗private
색터가 아님을 아는지 궁금하다.

기업은 이제 퍼블릭public 색터다. 제품과 서비스를 제공하며 다양한 방면으로 사회에 엄청난 영향을 미치는 기업들은 정부와 다를 것이 없고, 때로는 더 강력하며 (서비스 방식이나 영역, 운용 측면에서의 차이점은 있지만) 공공적이다. 앞으로는 지금보다 훨씬 더 공공적인 비즈니스의 형태가 나와야 할 것이며 환경과 사회적 이슈는 기업에게 부담요소가 아닌 신사업 아이템으로 이해해야 경쟁이 가능할 것이다. 세상의 변화와 발맞추지 못한 창업은 진군이 아니다. 발맞추기 위함에는 왕도가 없다. 끊임없이 학습하고 목마르게 찾아야 한다. 여기 내 방이 온갖 책들과 스크랩 자료들로 어수선한 이유도 그것이다. 모두가 아이디어 보물 창고인데 어찌 버릴 수 있겠는가.

창업을 준비하는 당신,
가고자 하는 그 길이 '확실히
새로운 길'인지 궁금하다.

새로운 것을 시작할 때에 가장 중요한 것은 차별성이다. 아주 새로운 영역에 진출하거나 동종 직종이 있더라도 혁신 요소가 있어야 한다. 창조적 정신이 없는 창업은 오픈과 동시에 폐점의 카운트다운을 세는 것과 같다. 달라야한다. 만약 식당을 하겠다면 맛이든, 서비스든, 컨셉이든, 뭐든 달라야 한다. 만약 아무것도 차별점을 찾지 못했다면 지붕 위에 염소나 양이라도 올려두고 키워라. 남들이 가는 길의 반대로 갈 생각을 해야 블루오션을 찾을 수 있다. 창조성의 다른 말이 차별성임을 잊어서는 안 된다.

이것은 기업가 정신으로 함양할 수 있다. 계속 도전해야 한다는 의미다. 물론 실패할 수도 있다. 하지만 실패를 제대로 한다면 교훈이라는 포상을 받을 것이다. 그러니 두려워하지 않고 도전했으면 한다. 물가에 서서 이 물이 차가운지, 뜨거운지를 계속 확인만 하는 사람은 절대 수영을 배울 수 없다. 풍덩 뛰어들어 물도 먹어보고 숨이 턱까지 차 봐야 배운다. 누구나 하면 된다고 생각하기에 무조건 해보라고 권유한다. 나부터가 그렇다. 시쳇말로, 맨땅에 헤딩하는 스타일이다. 하지만 적잖이 성공하지 않았나. 더 중요한 것은 포기하지 않는 마인드더라.

창업을 준비하는 당신,
비전이란 깃발을 준비했는지,
그 깃발은 사람들의 꿈과 맞닿아
있는지 궁금하다.

창업을 하다 보면, 게다가 남들과 다른 길로 가다 보면, 외롭고 절망스러울 때도 있다. 하지만 혼자 가는 길처럼 느껴지는 그 길에도 깃발을 높이 세우면 그것에 힘을 실어줄 지원군을 곧 만나게 될 것이라 확신한다. 단, 그 지원군들은 당신이 뛰어나서, 혹은 당신을 좋아해서 힘을 실어주는 것이 아님을 알아야 한다. 당신이 하려는 일, 목표, 비전에 동의하는 것이다. 그러니 그 깃발은 색이 바래서도, 또 힘들다고 내려서도, 기울여서도 안 된다.

나는 현재 그런 지원군을 꽤나 얻었다. 5만 여명의 아름다운 재단 기부자, 아름다운 가게를 이용자는 수백만 명이 그들이다. 그밖에 내가 몸담은 여러 단체를 생각하면 나와 직·간접적으로 관계를 맺은 사람들은 어마어마하다. 나는 그들의 동기를 일깨우고 함께 모일 광장을 마련한 것뿐이다.

그래서 가장 중요한 것은 그들을 꿈꾸게 하고, 세상을 보다 나은 곳으로 바꾸기 위해 함께 하겠노라, 뜻을 밝히는 것이다. 당신 혼자 잘 먹고 잘 살기 위한 창업은 오래가지 못한다. 위대한 기업은 누구나 할 것 없이 사람들을 일깨우는 꿈을 팔았음을 잊지 말았으면 한다. 그들이야말로 돈은 결과물로 얻는 것임을 증명했다. 그렇게 성장한 회사는 더 이상 개인의 것이 아닌, 사회의 것이 된다. 나 역시 꿈을 팔기 위해 노력하고 있다. 나눔, 함께 하는 삶, 좋은 세상을 향한 어깨동무, 생태적 사회, 문화 예술의 감수성, 선함, 사회적 연대와 같은 것들이다. 그것이 내가 만들어내는 가치이며 그것을 이룰 '공간과 기회'가 제품과 서비스로 보여질 뿐이다. 공감하라, 성공할 것이다.

창업을 준비하는 당신,
그 일이 진정 당신이
즐길 수 있는 일인지 궁금하다..

'천개의 직업'이란 캠페인이자 강연회를 진행하고 있다. 이제 막 꿈을 꾸기 시작하는 청소년, 취업난에 힘겨워하는 청년들, 그리고 사회가 규정지어 놓은 직업이란 굴레 속에서 힘겨워하는 직장인에게 전혀 새로운 세상이 있다는 것을 알리고 싶다. 그래서 "There is another world, there is another way!"가 메인 캐치프레이즈다. 고정관념에 사로잡혀 우물안 개구리로 있는 사람들을 보면 참으로 안타깝다. 사람마다 모두 각기 다른 우주를 가지고 있고 그 끝은 형용하기도 힘들다. 그런데 우리는 과거의 짧은 생애 동안 오로지 우리가 보고 듣고 느끼는 것만 알고 있고 그것이 다라고 생각한다. 그것은 분명한 제약이며 세상은 상상하는 것보다 훨씬 더 넓고, 수없이 도전할만한 가치가 있는 세상이 있다는 것을 알려주고 싶다. 경지를 넓혀 새로운 세상을 보자. 인생은 결국 재미다. 부모가 혹은 세상이 하라는 것을 억지로 할 필요가 없다. 당신이 원하는 것을 해야 한다. 그러면 어떻게 잠이 오겠는가. 자연스레 집중하게 되고 그러다 보면 성취할 것이라 본다. 억지로 하는 것은 피곤만 쌓인다. 성공이 있을 리 없다. UB

박원순 서울대학교를 중퇴하고 단국대학교 사학과를 졸업한 후 대구지방검찰청 검사, 참여연대 사무처장, 한국인권재단 이사, 시민사회단체연대회의 공동운영위원장으로 활동했다. 2000년 아름다운 재단을 시작으로 경영을 통한 사회의 변혁을 만들어 왔으며 아름다운 가게, 아름다운 커피, 희망제작소, 희망수레 등이 대표적 결과물이다. 2006년 필리핀 막사이사이상 공공봉사부문을 수상했다.

내 몸에 딱 맞는 이름을 '준비'하라

The interview with 브랜드트리 대표 김춘미

작명은 한 사람이 탄생할 때 매우 중요한 일이다. '이름이 안 좋아 나쁜 일이 생긴다.' '이름 덕에 출세했다.' 이런 생각 때문인지 잘못 지어진(?) 이름을 고치기 위해 매년 가정법원에는 개명 신청이 늘어만 가고 있다. 그렇다면 브랜드 네임은 어떨까? 제이에스티나, 노튼, 폴햄 등의 패션 브랜드 네이밍 프로젝트를 진행한 김춘미 대표는 브랜드 네이밍 역시 매우 중요하게 다뤄져야 한다고 말한다. 또한 창업 시 내 몸에 딱 맞는 이름을 갖기 위해 많은 준비가 필요하단다. 브랜드 관점에서 좋은 브랜드 네임이 지어지면 이후 커뮤니케이션 비용을 줄일 수도 있고 무엇보다 고객에게 브랜드를 명확하게 전달해 줄 것이기 때문이다. 한 번 정해지면 사람 이름보다 바꾸기 어려운 것이 브랜드 네임이니, 창업의 문턱에서 한 번쯤 반드시 고민해볼 문제다.

"좋은 브랜드 네임은 몇 가지 공통점이 있다. 기억하기 쉽게 짧고 발음하기 쉬운 단어를 사용한다는 점(물론 타깃 고객이 젊다면, 그리고 많이 들어봄직한 단어라거나 이질적인 느낌이 필요하다면 긴 단어를 쓸 때도 있지만 대체로 단어가 짧을수록 커뮤니케이션 비용이 적게 든다), 표기가 미적으로 아름다운 단어라는 점, 연상 이미지가 좋다는 점, 보지 않더라도 직관적으로 느껴지는 단어라는 점, 또한 브랜드가 가진 강점과 그들이 추구하는 바를 잘 전달한다는 점 등이다.

물론 이 모든 것이 중요하지만 경험상 창업 시 브랜드 네이밍에서 가장 중요한 것은 브랜드를 함께 만들어가는 사람들 모두가 그것에 애착을 갖고 좋아할 수 있는 이름을 찾는 것이라는 생각이 든다. 오랜 고민의 시간만큼, 당사자들이야말로 브랜드의 본질, 그리고 브랜드가 나아갈 방향에 대해 제일 잘 알고 있기 때문이다. 논의를 거듭하다보면 이 사람들이 왠지 모르게 '내 몸에 딱 맞는 옷을 입은 것 같은 편안함'을 느끼는 브랜드 네이밍이 있을 것이다. 외부 에이전시의 도움을 받는다면 이들이 앞서 말한 몇 가지 객관적인 조건들을 고려하여 옵션을 보여줄텐데, 내 경우는 이렇게 제안하는 것들 중에서도 특히 애착을 가질 수 있는 브랜드 네이밍을 고르기를 권하는 편이다.

이렇게 직관을 가지고 선택할 수 있기까지 많은 노력이 들기 때문에 브랜드 네이밍도 브랜드의 목적과 현실적인 부분, 양쪽을 모두 고려하여 일찍부터 충분히 준비하고 진행하는 것이 좋다. 현실적인 부분이라는 것은 예를 들어 특허청에 상표 등록을 신청해서 OK를 받는 데만도 약 10개월이라는 시간이 걸린다(그러나 보통은 이를 매우 쉽게 생각한다). 패션의 경우 의류/신발 카테고리를 비롯, 유사 브랜드 네이밍이 생겨 브랜드 자산을 훼손하지 않도록 가방(잡화), 선글라스까지, 인접한 카테고리에 하나의 상표를 출원하는데(그래서 대기업들은 인접한 영역뿐만 아니라 모든 카테고리에 상

미 존재하거나 고유명사라는 등의 이유로 허가가 나지 않는 경우도 생각보다 흔하다. 마음에 드는 이름은 등록이 안되고 다른 이름은 맘에 들지 않아 어려움을 겪는 것이다. 간혹 이름을 마음 속으로만 정해두고 제품을 생산했다가 허가가 나지 않아 제품까지 처음부터 다시 매만져야 하는 경우도 있었으니 유의해야 한다.

이름에 대한 취향은 백인백색이다. 그리고 글로벌 브랜드를 생각한다면 더 많은 것들을 고려해야 할 것이다. 하지만 나 역시 이름이 모든 것을 결정하지는 않는다고 생각한다. 좋은 브랜드 네임을 정했다면 이제 그 속에 무엇을 채워 넣을 지가 더 큰 문제다. '좋은 이름'을 '좋은 브랜드'로 만드는 것은 정말, 네이밍 이후의 노력여하에 달렸다고 본다. 좋은 이름이 모두에게 칭찬을 받는 것은, 좋은 브랜드로 거듭났을 때야 비로소 가능한 일이다." UB

김춘미 이화여자대학교 신문방송학과를 졸업하고 이랜드 그룹 홍보실에서 대외홍보, CI/BI 프로젝트 등의 브랜딩 작업을 담당했다. NOTON, POLHAM, ASK 등 신규 브랜드 런칭 프로젝트를 수행한 바 있으며 다수의 브랜드 리뉴얼 프로젝트를 진행하기도 했다. 현재는 브랜드트리 대표로 패션브랜드 네이밍 및 BI 개발을 하고 있다.

비타민 vitamin 이 아니라 진통제 painkiller 가 되라

The interview with 유저스토리랩 대표 정윤호

"Be a painkiller, not a vitamin!"
설치형 블로그 소프트웨어인 워드프레스 WordPress 를 만들어 세계 명사의 반열에 오른 매트 뮬렌위그 Matthew Mullenweg 의 이 말은 IT 업계에 종사하는 많은 이들에게 깊은 인상을 남겼다. 유저스토리북, 트윗믹스 등으로 알려진 유저스토리랩의 정윤호 대표 역시, 창업이란 힘든 강을 건널 때 많은 조언을 해주던 선배로부터 이 말을 듣고 브랜드에 대해서 다시 생각하게 되었다고 한다. 세상을 바꾸는 혁신도, 그리고 그것을 돕는 또 다른 혁신도 결국 비타민이 아니라 진통제처럼 고객의 아픔을 잠재우는 역할을 하려는 마음가짐에서 나온다는 것을. 그리고 창업이 창업에서 끝나지 않고 브랜드로 완성하는 것도 이것이 있어야만 가능하다는 것을 말이다.

유저스토리북은 온라인을 기반으로 '책'이라는 '소셜social'하지 않은 오브젝트의 내용을 많은 사람과 공유할 수 있도록, '소셜'하게 만든 서비스다. 지금도 많은 사람들의 피드백을 받으며 성장하고 있는데, 사실 우리가 처음부터 이 서비스를 준비했던 것은 아니다. 1년 정도를 꼬박 준비한 SNS 서비스가 있었는데 열심히 준비했지만 이것을 내보일 시점에 시장의 여러 상황상 이것을 확산시키는데 어려움이 있다고 판단했다. 결국 좀 더 필요한 서비스를 하자는 생각으로 그 서비스를 접었는데, 그 때가 가장 힘든 시기였다. 창업은 자신이 가장 좋아하는 것으로부터 시작될 때가 많다. IT업계는 특히 그런 경우가 많은데 자신이 좋아하기 때문에 대부분이 '이런 서비스가 나오면 다른 사람들도 좋아하지 않을까?'하는 막연한 생각만으로 시장에 뛰어들기 쉽다. 그렇지만 완성될 조직과 고객의 니즈, 시장과 수익구조, 캐시플로cash flow 에 이르는 모든 것을 고려해두지 않으면 나중에 힘들어진다. 나도 어려움을 겪고 나서야 태터앤컴퍼니의 노정석 대표를 비롯해 창업의 선배들이 내게 했던 조언들이 이해가 됐다.

겪어보니 처음에는 하나도 와닿지 않던 "진통제가 되라"는 말도 '아, 이게 그 얘기였구나'하는 생각이 들었다. 먹으면 좋은 비타민이 되기 전에 누군가의 아픔을 없애줄 진통제 같은 서비스와 브랜드를 만드는 게 고객의 변화는 물론이고, 장기적으로는 시장과 사회의 변화까지 이끌어 낼 수 있는 것이다. 생각해보면 내가 오마이뉴스, 태터앤컴퍼니, NHN 등을 거치면서 배운 것도 이와 흡사했다. 한국의 온라인 사업 분야에 큰 영향을 준 이 회사들의 서비스 역시 진통제 같은 역할을 했던 것이다. 예를 들어 네이버의 키워드 광고는 디스플레이 광고나 TV광고가 어려운 중소기업체에게 굉장히 유용한 서비스 painkiller 가 되었다.

따라서 시작부터 '세상을 바꾸겠다'는 커다란 혁신을 꿈꾸기 어렵다면, 우선 사회의 어떤 문제가 있고, 그것으로 인한 불편함과 아픔이 있으니 내가 그것을 없애는 진통제가 되겠다는 생각을 해보는 것이 어떨까 한다. 당장 세상을 바꾸기 어렵다면 세상을 바꾸는 어떤 것들을 돕겠다는 사명도 좋을 것 같다. 지금 우리가 하고 있는 트윗믹스라는 서비스도 그런 개념으로 시작됐다. 트위터가 혁신을 이뤘다면 우리는 그것을 통해 일어나는 수많은 커뮤니케이션을 클러스터링해서 많은 사람들에게 세상을 보는 눈이 되어주는 것이다. 이런 것들을 하나씩 이뤄가다 보면 언젠가는 진통제 이상의 어떤 것이 되어있지 않을까? 브랜드에게 필요한 것은 바로 이런 마음이 아닐까싶다. UB

정윤호 서강대학교 경영학과를 졸업하고 오마이뉴스에서 서비스사업국 기획자, 블로그 TF 기획 등을 맡았으며, 태터앤컴퍼니와 NHN 네이버에서 뉴스기획팀 기획자로 활약했다. 현재 (주)유저스토리랩의 대표인 그는 오마이뉴스 리뉴얼 프로젝트, 개인미디어 기획, 블로그 2.0 기획 프로젝트와 태터앤컴퍼니 티스토리 기획 등의 프로젝트에 참여한 바 있다. 현재 유저스토리랩에서는 유저스토리북, 트윗믹스 등의 다양한 온라인 기반 서비스를 제공하고 있다.

브랜드 창업의 성공을 위해서라면, 당신 인생의 칼자루, 당신이 쥐고 있어야 한다

The interview with ㈜데오마이 대표 김미선

인생의 주도권. 이는 본디 개인 모두에게 태생적으로 주어진, 유일무이한 것이다. 그런데 지금 우리에게 자문해보자. 우리는 인생의 주도권을 지켜내고 있는가? 혹자는 애써 지켜내고 있을 것이고, 혹자는 남(타인, 사회 혹은 이를 아우르는 환경적 요소)에 이미 빼앗긴 그것을 다시 찾아오려 부단히 노력하고 있는 중일 것이며, 또 혹자는 뺏긴지도 모른 채 살아가고 있을 것이다. 주도권을 빼앗긴 채 산다는 것은 곧, 타인의 삶을 산다는 것을 의미한다. 원래 내 것이었던 그것. 어떻게 지켜낼 수 있을까, 어떻게 하면 다시 찾아올 수 있을까. 김미선 대표에게 들어보자.

우리 모두, 소위, '밥벌이'를 하고 있는 '일하는 사람'들이다. 하지만 그 행태는 사뭇 다르다. 이를 농부에 비유해 보자. 농부는 크게 '농노(노예 보단 자유롭지만 자작농에 비하면 자립성이 낮고 부자유한 존재)' '소작농(농지를 빌리고 소득의 일부를 지주에게 바치는 농민)' 그리고 '자작농(자기가 소유한 농지를 경작하는 농민)'으로 나뉠 수 있다. 직장인(농노), 프랜차이즈 가맹점주(소작농), 창업자(자작농)의 개념과 크게 다를 것이 없다. 과거의 신분제와는 달리 자신의 위치를 스스로 선택할 수 있다는 점만 빼면 말이다. 선택의 문제이기에 정답이 있을 리 만무하고 상·하위 개념도 없지만, 관건은 현재 자신의 상황이 어떻든 간에 인생의 칼자루를 자신이 쥐고 있는가다. 농노일지라도 지주에게 신뢰를 얻는다면 상당한 영향력을 가질 수 있으며, 소작농이라도 지혜롭다면 소작에 소작을 주는 거대 소작농이 될 수도 있고, 반대로 자작농이라도 정신 못 차리면 이내 지위를 내줘야 하기 때문이다.

그렇다면 어떻게 칼자루를 뺏기지 않을 수 있느냐, 가 다음 단계의 고민인데 답은 의외로 간단하다. 자신의 가치관 혹은 철학이 있는가를 자문하면 된다. 이를 위해서는 나는 어떤 사람인지, 내가 원하는 것은 무엇인지를 끊임없이 물어보며 자신을 구체적으로 알아야 한다. 이것에 준비되지 않은 사람은 원치 않은 곳에 서 있는 자신을 곧 발견하게 될 것이다.

우리 대부분은 오랫동안 농노로, 소작농으로 살아왔으며 그러한 관성에서 벗어나지 못하고 있다. 그 이유를 거슬러 올라가면 우리나라 교육의 문제이지만 그것을 빌미로 포기할 것이 아니라 내가 원하는 것을 스스로 얻어낼 수 있음을 자각하고 차차 실행해 나가야 한다. 특히 창업을 준비한다면 이것은 더욱 중요하다. 그 누구도 당신에게 가이드라인을 제공하지 않는다. 의도했든 의도하지 않았든, 칼자루는 자신에게 주어졌고 그것을 끝까지 꽉 쥐고 있어야 창업에도, 인생에서도 성공할 수 있다.

우리의 삶은 유한하다. 아무리 자갈밭이라도 점차 개척해가며 옥토로 바꿔나가야 한다. 그래야 자신이 원하는 씨앗을 심고 그 씨앗이 맺을 과실의 단맛을 생을 마감하기 전에 맛볼 수 있을 것이다. 만약 그 과실이 당신뿐 아니라 많은 사람에게 달고, 유익한 것, 그리고 그 전에는 단 한번도 맛볼 수 없던 것이라면 당신의 인생은 더 유의미할 것이다.

창업이란 것도, 브랜드 런칭이란 것도 이와 크게 다르지 않다. 나를 알아가고 찾아가는 것, 그것을 통해 과실을 맺는 것, 그 과실이 당신에게도 사회에도 유익한 것일 때 성공적일 수 있기 때문이다. 이를 위해서 당신 인생의 칼자루, 당신이 쥐고 있어야 한다. UB

김미선 ㈜이랜드의 헌트 영업부서장, THE FAN의 브랜드장으로 활동하던 그는 ㈜한국리더십센터 수석부사장, ㈜성과향상센터 대표이사를 역임한 바 있다. 현재는 ㈜데오마이 대표이사로 활동 중이다.

10 ADVICE

일상의 관찰과 질문을 통해
창업의 이유를 찾으라

The interview with 필로마인 대표 장종균

UI 전문 디자인 회사를 창업한 지 3년째 접어들고 있는 장종균 대표는 최근 말 실수 때문에 장모에게 창업 사실을 들키고 말았다고 한다. 최근 자신의 회사에 합류하기로 한 후배는 아내의 반대로 결국 다니던 대기업을 나오지 못했다. 이처럼 창업이란 자신의 의지뿐 아니라 주변 사람들의 반대라는 엄청난 중력의 힘을 벗어날 수 있어야 한다. 그렇다면 장 대표는 어떤 이유로 창업을 결심하고 실행할 수 있었을까? 일상을 대하는 그의 호기심에서 그 해답의 실마리를 찾을 수 있었다.

창업자는 자신의 일뿐 아니라 전혀 상관없는 영역에 대해서도 질문을 던질 수 있어야 한다고 생각한다. 이러한 과정을 통해서 자신의 일을 차별화할 수 있기 때문이다. 나의 경우 사용자 편의성을 최고로 고려해야 하는 UI 분야에서 일하고 있기 때문에 일상생활 가운데 발견하는 불편함을 민감하게 느끼고 관찰하는 편이다.

최근에 우리 회사가 지금 있는 건물로 입주를 하게 됐다. 그런데 이 큰 건물에서 퀵서비스 기사가 입구를 찾지 못해 허둥대고 차들은 주차장을 찾지 못하고 좁게 설계된 통로 때문에 접촉사고가 빈번하게 일어난다. 멋있는 디자인에만 신경을 쓰다 보니 건물의 본질을 잃어버린 사례다. 그래서 새로 건물이 들어서면 수시로 직접 찾아가 체험해보곤 한다. 새로운 건물을 느껴보면서 내가 어떤 서비스를 받고 있는지를 배우기 위해서다. 유럽의 가전제품 브랜드인 밀레의 경우 국내 브랜드보다 기능과 구조가 심플한 편인데 이는 자체적으로 검증되지 않는 기술을 절대로 쓰지 않기 때문에 상대적으로 고가에 팔리고 있다. IDEO와 같은 회사를 언젠가 만들고 싶은 꿈을 가지게 된 것도 멋있는 디자인을 넘어 제품의 본질적인 필요에 기초한 독특한 디자인을 제안할 수 있는 그들의 역량에 반해서다. 창업을 통해 내가 이루고 싶은 꿈도 이처럼 UI란 분야를 통해 편리함이라는 가치를 사용자들에게 전달하는 것이다.

나의 경우 1997년에 첫 창업을 시도했다가 바로 다음 해 IMF를 만나 크게 실패했고 2002년에 되어서야 그때 진 빚을 모두 갚을 수 있었다. 당시만 해도 경제의 흐름이나 자금 운용에 대한 개념이 전혀 없었기 때문에 열심히 일만 하면 성공할 줄 알았기 때문이다. 하지만 2008년 8월에 다시 창업을 결심했다. 나의 힘과 의지만으로 뭔가를 만들어보고 싶다는 욕구가 너무 커서였다. 그래서 처음에는 개인사업자 등록을 해놓고 프리랜서처럼 일했다. 경기도 수지에 있는 집에서 아웃소싱 일을 하던 태평로까지 가려면 새벽 5시에 일어나 12시에 퇴근, 집에 도착하면 새벽 1시 30분이 되는 생활을 해야 했지만 힘들지만은 않았다.

창업한 지 3년째 접어드는 지금도 출근할 때가 가장 기쁘다. 결과물이 나왔을 때도 기쁘지만 결과물을 만들어내기 위한 과정에서 새롭고 다양한 시도를 할 수 있고, 그 결과 회사가 커가는 것을 볼 수 있기 때문이다. 이렇게 하나하나 완성해가는 기쁨은 기업에 속한 직장인은 결코 느낄 수 없는 창업자만의 행복이라고 생각한다. 주변의 창업자들 역시 해야만 하는 일이라고 판단되면 망설임 없이 시작하는 열정과 주도성을 가지고 있는데 아마 나처럼 일 자체에서 오는 기쁨을 알고 있기 때문이라 생각한다. UB

장종균 동서대학교 시각디자인학과를 졸업하고 국민대학교 테크노디자인 전문대학원에서 인터랙션 디자인을 전공했다. ㈜애드윌, ㈜멀티화인테크, ㈜모바일리더를 거쳐 2008년 8월 UX Design 전문기업인 ㈜필로마인을 설립해 대표이사로 일하고 있다.

Do you know YOU?

The interview with 한국인재인증센터 대표 송수용

사자가 토끼를 잡을 때와 사슴을 잡을 때, 에너지를 달리 쓸까? 토끼를 잡을 때는 살살 뛰고 사슴을 잡을 때는 전력 질주를 하겠느냔 말이다. 절대 그렇지 않다. 먹이가 무엇이 되었든 최선을 다한다. 대략, '모든 일에 최선을 다하라'란 의미로 받아들일만한 이 같은 메시지를 두고 조금 다른 생각이 들었다. 열심히 뛰기 전에, 먼저 자신이 사자가 맞는지를 알아야 하는 것 아닐까?

어떤 아이템으로 창업을 하려면 우선 그 업의 본질이 무엇인지를 정의할 수 있어야 한다. 이는 사전적 정의를 말하는 것이 아니라 나만의 방식으로 해석한다는 뜻이다. 식당을 예를 들어 보자. 만약 식당이란 업의 본질을 '맛있는 음식을 제공하는 것'으로 정의한다면 최대한 맛있는 음식을 제공하는 것을 최우선 과제로 삼아야 하는 반면 '휴식을 제공하는 공간'으로 정의한다면 음식의 맛 외에 좌석을 가능한 한 편안하게 하고 적절한 음악을 들어줄 수 있어야 한다는 의미다. 이런 정의내림에 옳고 그른 것은 없다. 다만 자신의 정의에 합당하게 구현했는가에 대한 것은 옳고 그름이 있을 것이다. 옳게, 그리고 일관성 있게 구현해야만 그것이 점차 쌓여 남과는 다른 차별점이 만들어지고 그냥 가게가 아닌 브랜드가 될 수 있다. 결국 창업이란 업에 대한 의미를 새롭게 창조하고 그것을 통해 자신만의 철학과 가치를 보여주겠다는 출사표다.

그런데 이것이 가능 하려면 우선 자기만의 철학과 가치기준이 있어야 하지 않겠나. 결국 시작은 자기 스스로를 아는 것에서부터다. 이때 가장 중요한 포인트는 자기를 보는 시각을 바꾸는 것이다. 본인의 장단점을 가족, 친구, 선후배 등 주변 사람들에게 인터뷰를 해보며 최대한 객관적으로 보기 위해 노력해야 한다. 그러면 내가 알던 나와는 전혀 다른 피드백을 듣는 경우가 있다. 결국 내가 알고 있는 것은 실재 나의 3%도 설명할 수 없다는 것을 알게 된다. 아직 나에게는 내가 모르는 97%가 남아있고 이는 미개척 영역이다. 그래서 나를 제대로 알기 위해서는 끊임없이 자신에 대해 고민하고 알아보는 과정을 거쳐야 한다. 과거를 탐독하고, 미래의 비전을 써보면서 자신을 보는 관점을 객관적인 시각으로 유지할 수 있어야 한다.

나 역시 그런 과정을 거쳤고 그 과정에서 자연스럽게 접하게 된 것이 심리학 도서들이다. 어렸을 적부터 내 스스로의 의지보다는 가정환경과 부모님의 기대에 기반한 의사결정을 하게 되면서 성인이 되어도 자신이 좋아하는 것을 쉽사리 정의하지 못하게 됐음을 알게 됐다. 여기서 빠져나올 수 있던 것은 나에 대한 성찰뿐이었다. 책을 읽고, 생각하기를 반복하며 현상의 원인을 찾는 과정 속에서 나를 알게 되었다. 나를 알게 되니 내가 어떤 일을 해야할 지도 알게 되더라. 나와 같은 상황에 있는 사람들에게 도움을 주는

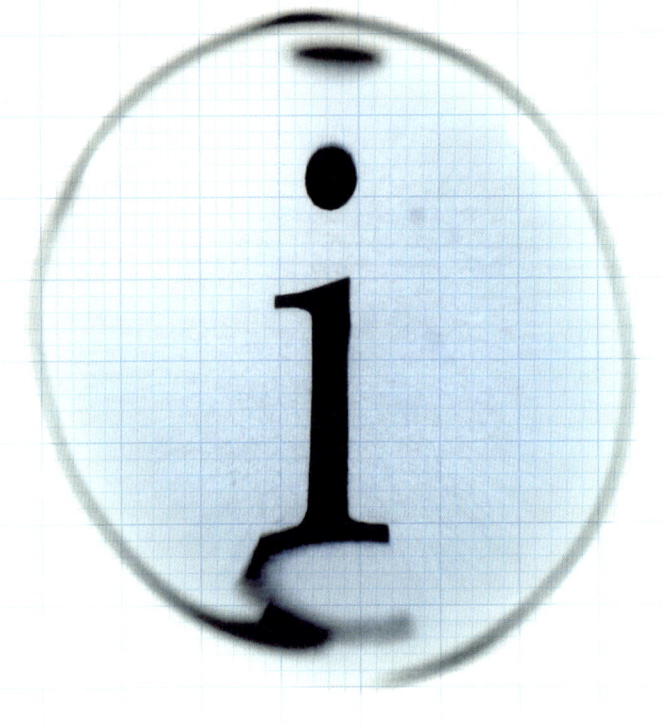

일 자체가 얼마나 의미 있는지, 그런 일이라면 평생을 해도 가치있고 뿌듯한 삶이 될 것이란 확신이 들었다. 그래서 이제는 타인으로 하여금 그가 스스로 자신을 알아가는 것과 업을 찾는 과정을 돕는 것 자체가 나의 업이 됐다. 1996년 군인이란 업을 접고 사회로 첫 발을 내딘 이후 15년 동안 했던 일과는 거의 상관이 없는 일이라 두렵기도 했지만 내가 하는 일에 대한 믿음이 있기에 시작했다. 스스로를 교육 분야에 문외한이라 생각해 더 열심히 배우고 익혔다. 이제는 자신감은 물론 자부심도 생겼을 뿐만 아니라 내가 믿는 것을 세상에 알리겠다는 출사표를 던진 것이 내 인생에 가장 잘한 선택이 아니었나 싶다. UB

송수용 육군사관학교 졸업한 그는, 한국방송통신대학교 경영학과를, 고려대학교 언론대학원에서 언론학 석사과정을 마쳤다. 플러스 기술㈜에서 기획·마케팅 이사, ㈜강강술래 기획이사, ㈜에코모유 부사장을 역임한 바 있으며 현재는 경희 대학교 겸임교수, 한국인재인증센터 대표로 활동 중이다. 저서로는 《DID로 세상을 이겨라》가 있으며 실행력 및 동기부여 관련 기업강연가로서도 활발히 활동 중이다.

49.195km보다 더 긴 브랜드 창업

The interview with 바닐라브리즈 대표 한다윗

출시 5일 만에 앱스토어 글로벌 랭킹 100위 권 진입, 연 매출 10억 원, 현재까지 누적 다운로드 수 680만 건. 이 놀라운 숫자들의 주인공은 다름 아닌 스마트폰 애플리케이션 중의 하나인 '아이건'이다. 국내 스마트폰 사용자들에게는 익숙지 않은 앱일지도 모르겠다. 왜냐하면 이 앱은 90% 이상이 해외에서 다운로드 되었기 때문이다. 글로벌 시장에서 그야말로 유명세를 떨치고 있는 이 앱을 보며 아마도 혹자는 시쳇말로 '대박'이라고 말할 수도 있을 것이다. 그러나 이 앱을 개발한 바닐라브리즈의 한다윗 대표는 "내가 좋아하는 일을 한 것에 대한 결과일 뿐"이라고 말한다. 야후와 코카콜라를 거쳐 M&A부띠끄에서 부동산 자산 평가사로 활동해왔던 그의 다채로운 이력이 말해주듯, 아이건의 성공은 '내가 좋아하는 일'을 찾아 떠난 여정에서 마침내 그가 찾아낸 '업의 발견'이었던 것이다.

만약, 당신이 창업을 준비하고 있다면 그 업은 당신이 가장 좋아하는 일인가? 내가 이 질문을 맞닥뜨리게 된 것은 M&A부띠끄에서 활동하면서다. 야후나 코카콜라에서 마케터로 활동하다가 부동산 자산 평가사로 소위, 커리어를 꺾는 파격적인 단행을 감행한 것은 솔직히 고백하건대 사회적인 지위와 안정을 위한 거였다. 그런데 그것이 도리어 그 업을 그만두게 하는 계기가 되었다. 무엇보다 내가 무엇을 해야 하는지를 명확히 알려주는 시발점이 되었다. M&A부띠끄에서 일하면서 내가 이 일에 대해 (단적으로 말해) '재미'를 느끼고 있지 않음을 알게 된 것이다. 자연스레, '그렇다면 내가 무엇을 하면 재미가 있을까?' 라는 질문이 곧바로 뒤따라왔다. 그로부터 꼬박 3년을 말 그대로 경력을 위한 시간으로만 채우고는 퇴사를 했다. 그리고 우연히 (결국에는 필연이 되었지만) 구글에서 진행하는 검색결과 UI를 만드는 프로젝트에 참여하게 되었다. 그때 시쳇말로 '피가 끓는 것'이 무엇인지를 온몸으로 체험하게 되었다. 며칠 째 밤을 새도 '행복하다'라는 생각이 고갈되지 않는 신기한(?) 경험을 하면서 나는 비로소 내가 좋아하는 일이 무엇인지를 직감하게 된 것이다. 곧바로 프로젝트에서 만난 사람들과 함께 UI, UX 디자인 회사를 창립했다. 그러나 2년 뒤, 나는 이 회사를 나왔다. 이유는, 분명 내가 좋아하는 일이었지만 업의 형식이 클라이언트들의 생각을 구현해내는 것이다 보니 그 일 속에서 내 생각은 철저하게 사라져야 했기 때문이다. 게다가 그대신 내가 얻은(?) 것은 클라이언트와의 약속을 지키기 위해 늘 강행군을 한 턱에 적신호가 켜진 건강이었다. 나는 다시 원점으로 돌아갔다. '내가 왜 창업을 하려고 하는 것일까?'로 말이다. 그 질문에 대해 내가 찾은 대답이 바로 바닐라브리즈다. UI, UX 디자인은 IT환경에서 사용자들에게 보다 편리한 혹은 보다 재밌는 경험을 제공해주는 것이라 할 수 있다. '앱'이라는 것으로 아이템은 바뀌었지만, 바닐라브리즈에서 하고 있는 일은 여전히 사용자 경험을 제공해주는 것이다. 그러나 그 운영 방식은 조금 다르다. 우리의 근로 계약서를 보면 이런 문구가 하나 있다. "퇴근 후에는 충분한 휴식을 취해야 한다." 실제로 우리 회사에서 야근을 하는 사람은 드물다. 거듭 말하면, 내가 창업한 이유는 내가 좋아하는 일을 하기 위함이었다. 그리고 바닐라브리즈에서 함께 일하는 직원들은 내가 좋아하는 것이 그들도 좋아하는 것이기 때문에 입사를 했다. 그러면 이제부터는 딱, 한 가지만 생각하면 된다. 우리가 좋아하는 일을 어떻게 '끝까지' 할 것인가 말이다. 그러기 위해서는 절대, 100m 달리기와 같은 속도전은 금물이다. 대신 창업을 한 후 브랜딩을 해나가는 과정을 마라톤이라고 생각해야 한다. 마라톤을 할 때 가장 중요한 것은 자기 페이스를 지키는 것이다. 다른 사람이 어떻게 달리고 있는지를 끊임없이 곁눈질 하다가는 결국, 페이스를 잃고 만다. 아이건은 열 번의 앱을 실패한 후 탄생한 것이다. '열 개를 만들면 하나는 성공하겠지'라고 생각하며 시작했던 창업이었는데 결국 열 번째에 성공한 것이다. '목숨 걸고 해야지'가 아니라 (일종의) '하다 보면 되겠지'라는 여유(?)를 부릴 수 있었던 근원은 내가 좋아하는 일을 '끝까지' 해야하니까, 라는 더 큰 이유가 있었기 때문이다. 이것 때문에 어느 누구도 아이건을 만들기 전 우리가 만들었던 9개의 앱을 거들떠 보지 않아도 우리는 멈추지 않고 달릴 수 있었다. 창업을 할 때, 그 업을 당신이 좋아해야 하는 이유가 이 것이다. 49.195km보다 더 긴 브랜딩의 마라톤을 할 때 당신의 페이스를 지킬 수 있는 힘이 되어 주기 때문이다. UB

한다윗 연세대학교 경영학과를 졸업하고, 미국 야후 본사를 비롯하여, 코카콜라에서 마케터로 활동했다. 그 후 M&A부띠끄에서 부동산 자산 평가사로 활동하다 구글에서 진행하는 프로젝트에 참여한 것을 계기로 2008년 앱개발 회사인 바닐라브리즈를 창립했다.

창업의 실패를 극복할 수 있는 내면의 힘을 기르라

The interview with 유앤피파트너스 **상무 조춘호**

정주영, 이건희, 이병철 등 성공한 경영자들이 가진 공통점은 무엇일까? 여러가지가 있겠지만 그중 하나는 자신의 내면 세계를 관리함으로써 온갖 어려움 속에서도 올바른 판단과 건강한 관계를 유지할 수 있었다는 것이다. 조춘호 상무는 책을 통해 만난 그들을 '속세에 사는 도인들'이라고 부른다. 첫 번째 창업의 실패를 극복하고 다시 일어설 수 있었던 것도 바로 이 같은 내면의 힘이 가진 중요성을 알고 미리 훈련했기 때문이었다.

사람은 태어나서 누구나 한 번은 죽지만 대부분의 사람들은 평생 죽지 않을 것처럼 살아간다. 직장인들 역시 언젠가는 반드시 회사를 나와야 하지만 눈 앞의 일에 매달려 한 치 앞을 보지 못한다. 1997년 IMF가 왔을 때 내가 다니던 회사에서도 구조조정이 있었다. 3개월 만에 287명의 직원 중 180여명이 해고를 당했다. 그때부터 나 자신의 상품 가치를 올려야겠다는 결심을 하고 다양한 자기계발 프로그램과 경영자 과정을 섭렵하기 시작했다. 새벽에 일어나 매일 4시간 이상을 나 자신에게 투자하는 생활을 5년쯤 하다 보니 동료들보다 조금씩 앞서가기 시작했다. 하지만 내 인생을 직장생활로 마감하고 싶지 않았다. 스스로 돌파구를 찾고 싶은 욕심에 창업을 시도했다.

그런데 창업을 하고 보니 직장생활과 창업은 공통 분모가 거의 없었다. 마치 육상 선수가 수영을 하는 것과 비슷하달까? 직장에서의 성공이 오히려 나의 발목을 잡기도 했다. 직장과 달리 부하 직원의 도움 없이 모든 걸 스스로 결정하고 실행해야 했기 때문에 수많은 시행착오가 필연적으로 따랐다. 대부분의 사람들이 자신만은 성공할거라는 확신을 가지고 창업하지만 자영업의 세계는 비정하다. 그래서 절대로 어설프게 시작해서는 안 되며 실전에 가까운 예행 연습이 반드시 필요하다. 또한 모든 창업에는 예상보다 3배 이상의 돈과 시간이 필요하다는 사실을 분명히 알아야 한다. 나 역시 '버스 갤러리'라는 브랜드를 런칭해서 한 때 15개의 매장과 70억의 매출을 올리기도 했지만 자금을 적절히 관리하지 못해 결국 실패의 쓴맛을 보아야 했다.

처음 사무실에 대한 가압류 소식을 들었을 때 '1차 전쟁에는 졌으니 병력을 정비해서 다시 싸우면 된다'고 마음을 다잡았다. 직원들의 급여와 퇴직금을 우선 지급하고 지인들에게 피해가 가지 않도록 최선을 다했다. 로마가 천년 동안 번영할 수 있었던 이유는 한 번의 전쟁에서 패했다 해도 다시 자원을 모집하고 전쟁을 치룰 수 있는 체계적인 시스템을 갖추고 있었기 때문이다. 다음의 도전을 위해 가장 중요한 창업의 기반이 되는 사람들을 결코 잃어서는 안된다고 생각했다. 아울러 평소 성공한 경영자들의 책을 숙독하면서 나의 내면 세계를 관리할 수 있었기 때문에 힘든 시기를 이겨낼 수 있었다. 그 때 가장 큰 힘이 되었던 건 무엇보다 독서를 통한 사색과 기록을 통한 성찰이었다. 이런 과정을 통해서 실패의 과정을 복기할 수 있었고 다시 도전할 수 있는 힘과 용기를 얻었다. 하지만 누군가 창업을 결심한다면 언제나 적극적으로 권할 것이다. 창업은 더 이상 선택이 아니다. 경영자 중에서도 극히 일부를 제외하고는 누구나 직장을 나와야 하는 것이 현실이다. 그렇다면 조금 더 빨리 시도하고 실패를 경험해보는 것이 궁극적으로는 더 큰 성공을 가져다줄 것이라 생각하기 때문이다. UB

조춘호 전북대학교 섬유공학과를 졸업하고 연세대학교의 유통 경영자 과정, 브랜드 관리자 과정을 수료했다. (주)F&F 부장, (주)신원 이사, (주)트리엔코의 대표이사를 거쳐 (주)한원 에셋(포도몰)에서 상무를 지냈다. 현재 (주)유앤피 파트너스의 전무로 재직중이다.

10 ADVICE

청산력, 창업엔 실패해도 인생엔 실패하지 마라

The interview with IT문화원 **원장 김중태**

1996년 5월 에베레스트 정상 등반에 성공한 존 크라카우어는 그의 책 《희박한 공기 속으로》에 등반대장 로브 홀의 조언을 적고 있다. "충분한 결단력만 갖고 있으면 어떤 바보라도 정상에는 오를 수 있습니다. 하지만 그보다 좀 더 중요한 건 살아서 돌아가는 겁니다." 창업도 마찬가지다. 단 한번의 창업을 통해 성공하려는 무모함을 버려야 한다. 창업은 에베레스트 등반처럼 몇 번이고 도전해야 할 장기전이기 때문이다. 김중태 원장은 이를 위해 일종의 '청산력'이 필요하다고 말한다.

사람들은 가수나 연예인은 재능이 없으면 성공할 수 없다고 흔히들 말한다. 하지만 창업은 아무나 할 수 있다고 생각하는 것 같다. 그러나 창업도 재능이다. 즉 회사를 세우고 경영하는 것도 재능이라는 말이다. 따라서 자신이 창업에 적합한 재능을 가지고 있는지를 반드시 확인해보아야 한다. 창업을 위해서는 지력, 체력, 인력, 행복력, 그리고 청산력이 필요하다. 여기서 청산력이란 여의치 않을 경우 재빨리 포기할 수 있는 능력을 말한다. 지혜로운 등산가는 100m 앞에서도 포기할 줄 안다. 왜냐하면 무리해서 100m를 올라가면 산은 오를 수 있어도 생명을 잃을 수 있기 때문이다. 턱없이 낮은 창업 성공 비율을 고려할 때 몇 번이고 계속해서 창업을 시도할 수 있는 힘을 남겨둘 수 있어야 한다. 나 역시 최근 오랫동안 준비해오던 창업을 6, 7년 후로 미루기로 했다. 가장 큰 이유는 첫째 아이가 중학교에 들어가기 때문이다. 몇 번의 경험을 통해서 직장인처럼 하루 8시간만 일해서는 결코 성공할 수 없는 것이 창업이란 걸 알았다. 따라서 아이들과 함께 할 수 있는 시간을 희생해가면서까지 당장 해야만 하는지에 대해 고민했고 결국 이 같은 결정을 내린 것이다.

그래서 최근 관심을 갖고 여러 사람들에게 권하는 것이 무자본 창업이다. 조금 있으면 평균 수명이 100세에 이르는데 서른 살 넘어 결혼해서 50세가 되면 퇴직해야 하는 것이 지금의 현실이다. 겨우 20년간 이후 40년의 노후를 준비한다는 것은 거의 불가능하다. 따라서 60세가 넘어서도 돈을 벌 수 있어야 하는데 방법은 한 가지, 지식노동 밖에 없다. 이러한 지식노동을 통한 창업은 자본이 상대적으로 적게 들고 여러 번 시도할 수 있으며 경험이 쌓일수록 자신만의 컨텐츠와 가치가 쌓여 다른 사람들과 차별화할 수 있다는 장점이 있다. 이렇게 자신만의 경쟁력을 가지고 자신만의 시장을 창출해낼 수 있어야만 하는 시대가 다가오고 있다. 창업의 목표는 올바른 경영을 통해 수익을 남기는 것이다. 그러나 그에 못지 않게 일의 가치도 중요하다. 일의 가치란 '나는 사회가 이래야만 한다고 생각한다'와 같은 자신만의 철학에서 비롯된다. 이때 자기가 하고 싶은 일을 하는 욕구, 자신이 세상이 필요로 하는 사람이라는 사회적 가치를 인정받는 욕구가 채워질 수 있다. 이런 철학을 가진 사람이라야 에베레스트 등산과도 같은 혹독한 시련과 엄청난 인내력이 필요한 창업의 과정을 이겨낼 수 있다고 생각한다. UB

김중태 서강대학교 국문과를 졸업했으며 현재 IT문화원(www.dal.kr) 원장으로 재직 중이다. 미래 IT업계에 대한 탁월한 식견으로 기업의 IT 컨설턴트 및 자문위원으로 활동하면서 건강한 IT 문화를 만들기 위해 노력하는 IT 전도사다. 주요 저서로는 《웹 2.0 시대의 기회, 시맨틱웹》《대한민국 IT史 100》《모바일 혁명이 만드는 비즈니스 미래지도》 등이 있다.

창업은 혼자 해도 경영은 함께 하라

The interview with 더디엔에이 대표 민영삼

성공적인 창업을 위해서는 자신의 장점과 경험에 대한 이해, 아이템의 선정, 시장 환경과 가능성 등에 대한 조사가 선행되어야 한다고 말하는 민영삼 대표는 대기업 출신으로 현재 UI 전문 회사를 10년째 운영해오고 있다. 하지만 생존을 위해 고군분투하는 시기를 넘기고 본격적인 기업 경영과 문화를 고민하는 그가 가장 강조한 것은 위기의 순간을 직원들과 함께 넘길 수 있는 지혜였다. 창업 이후 가장 큰 깨달음을 얻었다는 그 때 과연 무슨 일이 있었던 것일까?

"창업은 빵집이 아니라 빵을 좋아하는 사람이 해야 한다. 즉 빵이라는 본질에 매력을 느끼고 빵을 만드는 과정을 통해서 즐거움을 느낄 수 있어야 한다는 말이다. 그런 경우라면 기존에 다른 경력을 가지고 있었다 해도 그것이 오히려 차별화 요소가 될 수 있다. 마케팅이나 기술 개발의 경험을 살려 빵에 새로운 견해를 더할 수 있기 때문이다. 그런 본질에 대한 자신만의 견해가 창업의 성공 여부를 결정짓는 것 같다. 또한 도전을 즐기고 이를 실행으로 옮길 줄 아는 용기가 필요하다. 하지만 시장에 기회가 생긴다고 해서 그것이 자신의 기회는 아니라는 점을 분명히 깨달아야 한다. 그래야 자기 주도적인 비즈니스가 가능하다. 그도 아니면 아예 없던 분야를 개척해 시장을 선점할 수 있어야 한다. 어느 분야든 오랜 시간 싸우면서 내공을 길러온 플레이어들이 있기 때문이다.

1996년 삼성그룹에 공채로 입사했을 때만 해도 바 타입의 휴대폰에 겨우 세 줄의 텍스트가 전부일 정도로 시장은 UI에 대한 관심이 없었다. 하지만 제품을 하나의 미디어로 활용할 수 있겠구나 하는 디자이너의 직관으로 가능성을 바라봤다. 마침 벤처 붐이 막바지에 다다랐던 때라 모바일 인터넷 회사를 창업한 선배의 회사에 참여했지만 통신사에서 망을 열어주지 않아 실패했다. 아무리 기술이 좋아도 시장 환경을 고려하지 않으면 안된다는 교훈을 그 때 얻었다. 다시 1년 후에 오래 전부터 호흡을 맞춘 경험이 있는 제품 디자이너 출신 친구와 함께 지금의 회사를 창업했고 그 때 LG텔레콤, KT테크, 어필텔레콤, 팬텍 등의 표준 UI 모델을 개발했다. 모두 처음으로 해본 일들이었지만 UI의 필요성이 점점 커지던 시절이어서 없던 시장을 개척해갈 수 있었다. 컬러 LCD가 개발되고 화면이 커지면서 자연스럽게 그 곳에 담을 새로운 인터페이스가 중요해지던, 필요가 폭발하던 시점이었다.

창업 이후 세 번 정도 직원들에게 급여를 주지 못했던 때가 가장 힘들었다. 결국 사채를 쓰기로 결정하고 마지막으로 선배에게 전화를 했는데 대뜸 그러지 마라, 바보 같은 결정이다라는 말을 들었다. 왜 함께 일하는 직원들이 아닌 사채업자의 도움을 받느냐는 말이었다. 함께 일하는 직원들로부터 협조를 얻어내는 게 장기적으로도 옳은 판단이라는 선배의 충고였다. 그래서 직원들로부터 도움을 얻어 세 번 정도 위기를 넘길 수 있었다. 그 때 함께 일한다는 것이 어떤 것인지를 깊이 깨닫는 계기가 됐다. 만약 사채업자의 도움으로 위기를 넘겼다가 그 다음 번의 위기에서 오히려 그런 마음을 몰라주는 직원들을 원망했을지도 모를 일이다. 기업 경영의 가장 큰 지혜를 그 때 배웠다. UB

민영삼 삼성전자 디자이너를 거쳐 현재 UI 디자인 전문 회사인 The DNA의 공동대표로 10년째 재직 중이다. 제품 User Interface를 넘어 서비스 산업의 경험디자인 분야를 연구하고 있다.

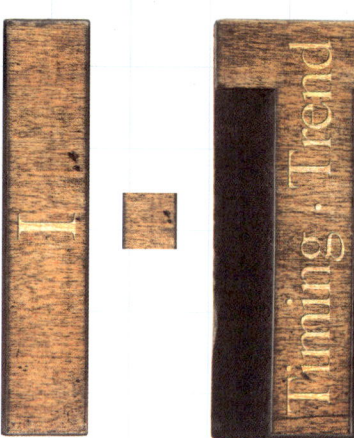

브랜드 창업, 전혀 다른 개념의 I·T·E·M에 집중하라

The interview with 작은가게연구소 소장 심상훈

창업을 생각할 때 흔히들 '어떤 아이템을 선택할까?'를 가장 먼저 고민할 것이다. 우리도 창업과 관련된 연구와 강연을 하고 있는 심상훈 소장이 아이템 이야기를 꺼냈을 때 바로 그런 류(?)의 내용이 아닐까 생각했다. 하지만 그는 우리가 걱정하던 것, 바로 사람들이 소위 '요즘 돈 꽤나 번다는 아이템' '트렌드'에 따라 창업을 결심하고 돈을 따라 이리 저리 휩쓸리다 좌절하고 결국 쉽게 망하게 되는 것을 경계하며 '전혀 다른 개념의 아이템'을 강조했다. 그가 말하는 아이템은 무엇일까?

"누가 이거해서 얼마를 벌었다더라!" 요즘 사람들을 창업으로 이끄는 가장 흔한 말이 아닐까 싶다. 내가 '아이템'이라고 말하면 다들 '어떤 것'을 생각하는데, 내가 말하는 아이템은 '어떤 것'이라기보다는 '어떻게'에 가깝다고 할 수 있다. 나도 사업을 해보고 망해도 본 선배로서, 그리고 작은 가게를 연구하고 이와 관련된 강의를 하면서 정리된 생각이다.

우선 I는 '나, 즉 사람'이다. 창업을 할 때는 내가 무엇을 좋아하는 사람인지, 나아가 내가 무엇을 즐기는 사람인지 알아야 한다. 이것은 나를 점검하는 것이고 동시에 I는 내가 고객이 되어보는, 역지사지의 개념도 포함하고 있다. 창업은 사람이 사람을 위해서 하는 일이다. 따라서 '내'가 '나다운' 것을 시작해야 하고 동시에 '내'가 '고객'이라면 무엇을 원할지, 무엇을 싫어할지를 고민하는 것이다.

T는 타이밍timing이자 트렌드trend다. 트렌드를 타라는 이야기가 아니라 순풍에 돛을 단 듯 브랜드가 앞으로 술술 나아갈 수 있기 위해서는 시장을 읽을 수 있어야 한다는 말이다. 예전보다 사람들이 인문학적 지식에 관심을 갖고, 과거를 돌아보게 된 것도 이런 능력을 기르기 위함이 아닐까 싶다.

E는 자신이 창업하고자 하는 분야를 밑바닥부터 충분히 익혀 적어도 그 분야만큼은 자신에게 쉽게easy 만들라는 말이다. 내가 예로 자주 드는 사례가 '총각네 야채가게'의 이영석 대표인데 그는 바로 창업을 하지 않고 야채 장사에서 무림이라 할 수 있는 트럭 야채 장사, 그 고수를 따라다니며 조수석에서 3년 동안이나 그 노하우들을 익혔다 한다. 아무것도 모른 채 알바생을 부려가며 '사장'이 되고 싶어 창업을 한다면 단언컨대, 취업이 훨씬 더 쉬운 일이다.

마지막으로 오는 것이 바로 M, marketing이다. 창업에서 사업 아이템을 먼저 고민하는 사람들이 브랜드를 이야기하면 꼭, 앞의 3가지가 완성되기도 전에 마케팅부터 이야기한다. 마케팅이 중요하긴 하지만 이것은 항상 순서상 제일 마지막에 고려되어야 하는 것이다. 마치 모든 것이 완성될 때 또 다른 M, money가 따라오는 것처럼 말이다.

취업이 이미 만들어진 업에 발만 내딛는 것이라면 창업은 정말 완전히 새로운 것을 창조하는 크리에이터creator를 필요로 한다. 취업에서 성공하지 못했다고 도망치듯 창업을 선택하면 분명 창업도 제대로 할 수 없다. 똑똑하다고 창업을 잘할 수 있는 것도 아니다. 왜 못 배운 아버지가 했을 때는 잘만 되던 30년 전통 설렁탕집이 똑똑한 아들이 맡는 순간 망하고 말까? 지식이 부족해서가 아니라 그 성공을 이끌었던 힘을 잘못 파악해서다. 아버지는 가치와 정신으로 경영했지만 아들은 지식과 숫자로 경영하려고 했기 때문이다.

마찬가지다. 돈이 되는 아이템이 아니라 결과적으로 돈이 따라오는 I·T·E·M에 집중하라. 창업이 창업에서 끝나지 않고 브랜드가 되는 것도 이것을 기본으로 하지 않을까 싶다. UB

심상훈 현재 브랜드매니지먼트 HNC 대표이자 작은가게연구소 소장이다. 북칼럼니스트, 커리어 컨설턴트, 브랜드 매니저 등으로 활동하고 있다. 아름다운재단 창업 전문 심사위원, 중소기업청 소상공인진흥원 평가위원 등을 역임하고, 경기대학교 고위정책자 과정, 한동대학교 최고경영자과정, 안양대학교 아름다운CEO 과정 등에 출강하고 있다. 저서로는 《가게 이렇게 하면 성공한다》《이립》등이 있다.

앙트러프러너십, 창업의 본질을 바꾸다

The interview with
OEC(Open Entrepreneur Center) 대표 장영화

삶 자체가 '도전'의 연속이었다. 서울대 이과대학을 나와 다시 법과대학에 편입해 변호사가 되었다. 그런가 하면 세계경영연구원에서 임원 협상 교육을 하기도 했으며, 일반인들에게 예방적 차원의 법률 지식을 전달해야겠다고 생각해 법률 북카페를 운영했는가 하면, 중소기업청에서 발행하는 전문지인 기업나라에서 중소기업 CEO들을 만나는 인터뷰어로 활동하기도 했다. "난 도전정신이 강한 사람이다. 그래서 늘 무에서 유를 창조해보고 싶었다"라고 말하는 그녀는 OEC의 장영화 대표다. 2010년 4월, 진정한 기업가정신, 즉 앙트러프러너십Entrepreneurship을 가진 리더들을 키워보자는 목적으로 그녀가 설립한 OEC는 현재 (파일럿 캠프까지 포함하여) 세 번의 캠프를 개최했다. 이 캠프를 통해 앙트러프러너십의 재정의를 내리고 있다는 그녀는 브랜드 창업을 함에 있어서 가장 중요한 것은 바로 이 앙트러프러너십이라고 말한다. 그녀가 말하는 앙트러프러너십이란 대체 무엇일까?

❝ 지난 12월, 제주에서 OEC의 세 번 째 캠프가 있었다. OEC의 캠프는 정형화된 프로그램이 있는 것이 아니라 참가자 스스로가 프로그램을 만들어가는 형식으로 이루어진다. 3박 4일간 진행되는 캠프 중 하루가 올레길을 걷는 것이었다. 그런데 올레길을 걸으며 이 길의 가치만큼 사단법인 제주올레가 경제적인 독립을 제대로 하고 있지 못하다는 것을 알게 된 참가자들이 올레길의 마스코트인 간세인형을 캐릭터화 하는 프로젝트를 자발적으로 진행하는 게 아닌가. 홍보전문가, 디자이너 등으로 구성된 이 프로젝트팀은 제주 사람들과 협업하여 프로젝트를 마무리한 뒤 사단법인 제주올레에 그것을 기부했다. 만약, 이것이 기업의 형태로 만들어진다면 우리는 이러한 기업을 일컬어 '사회적 기업'이라는 말로 불렀을 지도 모른다. 그러나 나는 이것에 대해 매우 유감스럽게 생각한다. 왜냐하면 기업의 태생 자체가 '사회적'이라고 생각하기 때문이다. 기업이라는 것이 사회의 유익을 위해서 존재하는 것이 아닌가. TV를 만든다고 할 지라도 그것이 사회에 유해하다면 만들지 말아야 한다. 그러나 앞서 설명한 프로젝트의 경우 앙트러프러너십을 가진 기업이라고 분류될 수는 있다. 왜냐하면 이 기업은 제주올레에 '가치'를 부여해준 기업이기 때문이다. 이것이 바로, OEC가 정의하는 앙트러프러너십이다. 안철수연구소의 전 대표인 안철수 교수를 예로 들어보겠다. 그는 창업을 준비하면서 "기업이 왜 존재하는가"라는 명제부터 출발선에 놓았다. 좀 더 정확히 말해 '기업의 목적은 수익창출'이라는 명제에 의문을 표했다. 결국 그는 기업이란 '고객에게 가치를 창출해주는 것'이라는 새로운(?) 정의를 내리며, 백신프로그램을 소비자들에게 무료로 제공하는 혁신적인 서비스를 통해 안철수연구소를 벤처기업의 신화로 만들었다. 안철수 교수처럼 기존에 기업이 가진 틀을 깨고 나오는 것은 물론이거니와 무엇보다 '이 세상에 존재하지 않는 새로운 가치를 만들어내는 것'이 바로 OEC가 정의하는 앙트러프러너십입니다. 현재의 수많은 기업들, 거기에 창업을 준비하고 있는 사람들까지도 '수익창출'이라는 기업의 1차원적인 목표에만 집중하고 있는 것이 사실이다. 그래서 '사회적 기업'이라는 (개인적으로는 매우 불편한) 용어가 생겨난 것이라고 생각한다. OEC 캠프를 통해 사회적 기업이라는 이름으로 만들어진 소수의 기업만이 아니라, 기업이라면 누구나 이러한 앙트러프러너십을 가져야 한다는 우리의 생각을 실험해보았다. 결과는 앞서 예로 들었던 프로젝트가 말해 주듯 성공적이었다. 그러나 이것은 절반의 성공일 뿐이다. 왜냐하면 단순히 OEC가 외치는 무브먼트가 아니라 이러한 앙트러프러너십에 대해 사회적인 공감대가 마련되어야 하기 때문이다. 그런 이유에서 브랜드 창업을 앞두고 있는 사람이라면 앙트러프러너십을 가져야 한다고 말한 것이다. OEC을 대변하는 세 가지 키워드는 도전, 창조, 변화다. 과감한 도전을 해야만 새로운 것이 창조될 수 있으며, 그 창조가 사회에 유익을 주는 것이라면 변화를 일으킬 수 있기 때문이다. 앙트러프러너십이란 이러한 세 가지 과정을 통해 만들어지는 것이라 할 수 있다. 중요한 것은 이것이다. 앙트러프러너십을 가지고 창업을 한다는 것은 거창한 무언가를 하는 것이 아니다. 작은 음식점을 열더라도 당신이 그 안에서 일구어내는 것이 단지 수익이 아니라 가치여야 한다는 것이다. 지금 당장, 이런 질문을 해보면 어떨까. 내가 만들고자 하는 혹은 만든 브랜드는 어떤 가치를 만들어낼 수 있을까? 이에 대해 딱 한 가지 답을 찾는다면 당신은 앙트러프러너십을 가진 창업자다. ❞ UB

장영화 서울대학교 법과대학을 졸업했다. 그후 변호사로 활동하며, 세계경영연구원에서 임원 협상 교육을 하기도 했으며, 중소기업청에서 발행하는 <기업나라>의 인터뷰어로 활동하기도 하는 등 다양한 활동을 했다. 그러다 2010년 4월 진정한 도전 정신을 가진 리더들을 만들어보자는 생각에 오이씨를 설립, 현재 대표로 활동하고 있다.

꿈을 품고 뭔가 할 수 있다는 생각이 든다면
그것을 시작하라.
새로운 일을 시작하는 용기 속에 천재성과
능력과 기적이 모두 숨어 있다.
괴테

우리에게는 지금까지 존재하지 않았던 것을
꿈꾸는 사람들이 필요하다.
존 F. 케네디

당신의 인생은 당신이 하루 종일 무슨 생각을
하는 지에 달려 있다.
랄프 왈도 에머슨

당신에게 가장 중요한 것은 자기 자신을
믿는 것이다.
파파이스 창업자 앨 코플랜드

인생의 첫발을 내딛을 때는 자신의 재력이나
장점에 의지하지 말라.
중요한 것은 남들과 다른 일을 하는 것이다.
베네통 창업자 루치아노 베네통

꿈을 밀고 나가는 힘은
이성이 아니라 희망이며,
두뇌가 아니라 심장이다.
도스토예프스키

어떤 사업이든 성공하려면 방향 감각과
소명 의식이 있어야 한다. 당신이 누구든,
무슨 일을 하고 있든, 어떻게 자신을 거기에
맞출 것인지 알아야 하고, 또 당신이 하고
있는 일이 중요하다는 사실을 인식해야 한다.
전 IBM CEO 루이스 거스너

사람은 존경과 품위로 대하고,
기업은 가치관과 원칙으로 운영해야 한다.
스타벅스 창업자 하워드 슐츠

성공하는 사람들은
자기가 바라는 환경을 찾아낸다.
발견하지 못하면 자기가 만들면 된다.
조지 버나드 쇼

우리는 매 순간 수많은 점을 찍으면서 살아간다.
그리고 나중에 뒤를 돌아본 뒤에야 비로소
그 점들이 선으로 이어진 것을 알게 된다.
그러니 지금 우리는 이 점이 어떻게든 선으로
이어져 미래에 도달하고 말 것을 믿어야 한다.
애플 CEO 스티브 잡스

Think to Sync
당신의 창업을 성공으로 이끄는 7인의 북 셰르파 sherpa

"이곳(에베레스트)에는 나로서는 생전 처음 보는 더없이 가파른 능선들과 보기만 해도 섬뜩한 천길 낭떠러지들이 있다는 것 정도만 말해두겠소. 하지만 이것은 더없이 스릴 넘치는 일이오. 이 일이 나를 얼마나 사로잡는지, 나에게 얼마나 큰 기대감을 안겨주는지 도저히 설명할 길이 없소." 조지 리 맬로리가 1921년 6월 28일 아내에게 보낸 이 편지는 수백 명의 목숨을 앗아간 에베레스트에 왜 해마다 수많은 산악인들이 등정을 시도하는지에 대한 답을 준다. 또한 산을 오르는 과정과 창업의 과정이 어떤 면에서 닮았는지도 함께 말해준다. 위험을 무릅쓰고서라도 산을 오르고 창업을 시도하는 것은 단순히 돈이나 명예 때문만이 아니라는 점에서 말이다. 따라서 성공적인 창업의 노하우를 배우기 위해서는 프랜차이즈 업체들의 리스트를 열거한 정보보다는 창업자들의 특성Identity과 창업의 이유Why를 다룬 책들에 더 많은 관심을 기울일 필요가 있다. 창업자들이 어떤 이유로 시작했는지가 100m 단거리 경주가 아닌 수십 킬로미터를 달리는 장거리 경주에 가까운 창업의 여정을 성공으로 이끄는 가장 큰 원동력이 되어주기 때문이다.

창업이란 그 자체로 기존의 시장에 대한 도전이자 새로운 변화의 주체가 되는 것을 의미한다. 자연스럽게 창업자들이 평범한 사람들과 어떤 다른 유전자를 갖고 있는지 의문을 가지지 않을 수 없다. 그레고리 번스는 《상식파괴자》를 통해 다양한 분야에서 변화의 발전을 이끈 사람들에 대한 연구를 통해 몇 가지 공통점을 발견했다. 새로운 관점에서 사물과 현상을 파악할 수 있는 능력, 불확실성과 실패에 대한 공포를 제어할 수 있는 능력, 자신의 아이디어를 타인에게 설득하고 전파할 수 있는 능력이 그것이다. 만약 창업에 도전하는 이라면 자신에게 이 세 가지 능력이 있는지를 자문해보는 것도 지혜로운 준비 중 하나라 할 수 있을 것이다. 하지만 창업을 원하는 이들에게는 좀 더 근본적인 차원이 능력이 필요하다. 다름 아닌 창조력이다.

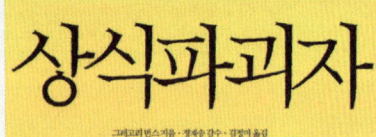

폴 존슨은 그의 책 《창조자들》을 통해 창조가 타고난 능력을 지닌 이의 번뜩이는 아이디어가 마술처럼 실현되는 과정을 말하는 것이 아님을 밝혀냈다. 오히려 투철한 직업의식과 평생에 걸친 피나는 연습과 노력이 만들어낸 결과였음을 보여준다. 이 책은 위대한 예술가 17인에 대한 연구를 통해 일견 화려해 보이는 창조의 과정 속에 숨은 기쁨과 고통의 순간들을 있는 그대로 보여주고 있다. 창업 역시 창조의 과정 중 하나라는 면에서 티파니의 창업자 찰스 루이스 티파니와 크리스찬 디올의 창업자 디오르의 이야기는 더욱 흥미로워진다. 만약 새로운 사업 아이템으로 전에 없던 시장에 도전하는 이라면 창조성을 발현해가는 이 책의 생생한 이야기들을 통해 다른 곳에서 얻을 수 없는 혜안을 얻을 수 있을 것이다.

하지만 창업은 그 과정과 결과가 한 개인에 머무르지 않는다는 점에서 더욱 중요하다. 만약 창업을 한 사회의 역동성과 미래의 가능성을 엿볼 수 있는 일종의 바로미터로 볼 수 있다면 2002년, 피터 드러커가 기업가 정신이 가장 높은 나라로 한국을 꼽은 이유가 지금도 타당하다고 감히 말할 수 있을까?
피터 드러커는 《기업가정신》을 통해 기업가entrepreneur를 '변화를 탐구하고, 변화에 대응하며, 변화를 기회로 이용하는 자'로 정의하고 있다. 또한 기업가정신을 바탕으로 끊임없는 혁신을 추구해갈 때 비로소 한 사회가 다음 사회로 나아갈 수 있다고 말한다.
2000년대 초 벤처붐의 불씨를 되살리기 위한 다양한 노력들이 이어지는 지금 이 책이 말하는 기업가정신의 의미는 그래서 더욱 의미있게 다가온다. 이러한 변화와 혁신의 중요성을 이야기한 사람은 피터 드러커만은 아니다.

《꿀벌과 게릴라》의 저자 게리 해멀 역시 자신의 책을 통해 급변하는 현대의 기업 환경에서 생존을 위한 기업의 자기혁신을 요구한 바 있지만, 이는 어쩌면 창업자들에게 더욱 적절한 것일지도 모르겠다. 그는 변화를 꾀하는 기업들에게 '당신 자신에게 끊임없이 질문하라. 무엇이 변하고 있는가? 이것이 시사하는 기회는 무엇인가?' 이러한 질문을 최소한 12번은 하라고 주장한다. 하지만 이 질문 역시 창업자들에게 자신만의 창업의 이유를 찾는 일이 얼마나 중요한지를 대변해주는 말로 이해해도 무리는 없을 것이다. 기업들로 하여금 상상력을 발휘해 미래의 산업풍경을 정의하는 새로운 룰, 새로운 비즈니스를 창조하도록 독려하는 글이 그래서 창업자들에게 더욱더 와닿는 것인지도 모른다.

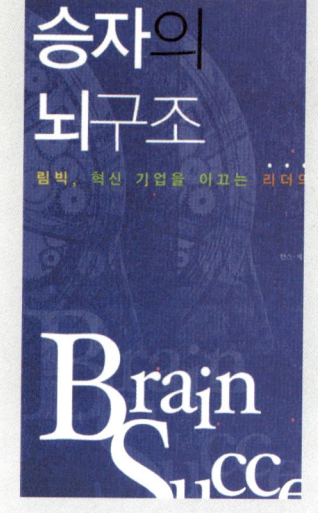

그렇다면 왜 사람들은 불확실성과 고통을 감수하면서도 창업을 시도하는 것일까? 한스-게오르크 호이젤은 《승자의 뇌구조》에서 뇌과학의 최신 성과를 통해 인간의 모든 행동의 이유가 사람의 뇌 중 무의식을 관장하는 림빅(대뇌변연계)에 숨어 있으며, 우리 행동의 70퍼센트 이상은 무의식에 의해 조종된다고 밝히고 있다. 어쩌면 창업자들이 창업의 이유를 처음부터 선명하게 말하지 못하는 이유는 이 때문인지도 모른다. 굳이 뇌에 대한 이해를 언급하는 이유는 숨겨진 창업의 이유를 발견하는 과정을 통해 수십 년의 경영을 끌어갈 힘을 얻을 수 있다는 점에서다. 하지만 더 큰 이유는 창업의 성공이 소비자와의 교감을 통해 결정되기 때문이다. 따라서 창업을 성공으로 이끌기 위해서는 무엇보다 소비자들의 마음과 행동을 이해할 필요가 있다. 진정한 차별화를 통한 브랜딩은 바로 그 지점에서 시작하기 때문이다.

하지만 불행하게도 10명 중 8명의 창업자들은 실패한다는 것이 통계가 보여주는 창업의 현실이다. 그래서 아무리 뜻이 좋고 필요한 창업이라 할지라도 고난의 여정을 이겨낼 역량을 확인해보는 것은 꼭 필요한 일이다. 사람들은 자신이 세계적인 배우나 축구선수, 노벨상 수상자가 될 수 없다는 사실을 잘 알고 있다. 하지만 창업은 누구나 할 수 있는 일이라고 착각하는 데서 수없이 많은 실패가 생겨난다고 《창업력》의 저자 김종태 원장은 말한다. 그리고 성공적인 창업을 위해 지력, 체력, 지모력 등의 7가지 능력을 갖고 있는지 점검해보라고 조언한다. 그러나 정말 저자가 강조하는 능력은 다름아닌 재창업력과 행복력이다. 창업에 성공할 때까지는 지치지 않고 몇 번이고 도전할 수 있어야 하며 내일을 위해 오늘의 불행을 감수해서는 안된다는 것이다. 만약 성공이 불확실할 경우 100미터 앞에서도 청산할 수 있는 용기가 3개월의 창업에서 30년의 경영으로 이끌어준다는 것도 잊지 말아야 한다.

하버드 경영대학원의 문영미 교수는 《디퍼런트》에서 저마다의 개성을 잃고 비슷한 전략을 구사하는 기업들에게 진정한 차별화의 의미를 제시한다. 아울러 우리가 시장, 브랜드, 소비자의 심리에 대해 잘못 알고 있는 점들을 조목조목 비판하면서 아무도 예상치 못한 새로운 가치를 어떻게 창조할 수 있는지에 대한 통찰력을 제시하고 있다. 창업자들에게 이 같은 차별화에 관한 지혜가 필요한 이유는 동일한 카테고리 내에 수없이 많은 브랜드와 제품이 이미 치열하게 경쟁하고 있는 시장의 현실 때문이다. 만약 이 책에 등장하는 혁신적인 기업 사례를 통해 새로운 모험에 도전하고 고정관념을 거부하는 도전 정신을 배울 수 있다면 시장에 새로운 룰을 제시할 수 있는 성공적인 창업에 한발 더 가까이 다가갈 수 있을 것이다. 그리고 이러한 도전을 위해 기업들과 전혀 다른 방식으로 세상을 바라보고 있는 소비자들에 대한 이해의 폭도 훨씬 더 넓어질 수 있을 것이다. UB

SEASON I 브랜딩 + SEASON II 솔루션

~~364,000원~~

291,200원

Vol.1 ~ Vol.19 총 19권 구성

Unitas BRAND
ALL SET

유니타스브랜드의 **히스토리**History를
여러분의 **스토리**Story로 적용할 때입니다

Unitas BRAND는 총 20권, 약 4,500 페이지로 구성 되어 있으며 기획기간 3년, 제작기간 3년 동안 성공적 인 브랜드 사례 260여 개를 분석하고 국내 전문가 및 브랜드 현장 리더 500여 명, 해외 석학 및 전문가 80 여명의 지식을 압축하여 만들어진 브랜드 매거북 시리 즈입니다.

격월로 발행되는 유니타스브랜드를 최신호까지 모두 모아 구성하는 ALL SET는 경영자는 물론 브랜더, 마 케터, 디자이너의 참고서 입니다. 프로젝트 기획 및 프 레젠테이션, 사내 그룹 스터디, 직원 교육 등에 활용되 고 있는 유니타스브랜드 전 권을 이제, 당신의 서재에 보관하십시오. 「당월 호는 제외」

ALL SET 세부구성

Vol.1 판타지 브랜드
정가 15,000원

Vol.2 브랜드뱀파이어
정가 15,000원

Vol.3 고등브랜드
정가 15,000원

Vol.4 휴먼브랜드
정가 15,000원

Vol.5 휴먼브랜더
정가 15,000원

Vol.6 런칭
정가 15,000원

Vol.7 RAW
정가 15,000원

Vol.8 컨셉
정가 15,000원

Vol.9 호황의 개기일식
정가 15,000원

Vol.10 디자인 경영
정가 23,000원

Vol.11 ON-Branding
정가 20,000원

Vol.12 슈퍼내추럴 코드
정가 20,000원

Vol.13 브랜딩
정가 28,000원

Vol.14 브랜드 교육
정가 23,000원

Vol.15 브랜드 직관력
정가 23,000원

Vol.16 브랜드십
정가 23,000원

Vol.17 브랜드 전략
정가 23,000원

Vol.18 브랜드와 트렌드
정가 23,000원

Vol.19 브랜드의 미래
정가 23,000원

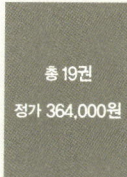
총 19권
정가 364,000원

Unitas BRAND
유니타스브랜드
SEASON II Vol.20

CONSULTING EDITOR 주우진

PUBLISHER / EDITOR-IN-CHIEF 권민
ART DIRECTOR 안은주

COMMUNICATION MANAGER 조선화

EDITOR 윤현식, 조아라

FEATURE EDITOR 배근정, 서정희

WEB EDITOR 박요철

SPECIAL FEATURE EDITOR
UNITAS CLASS 김우형, 김경필

BOOK DESIGN AND ARTWORK
ART DESIGNER 이상민, 이진희
ASSISTANT DESIGNER 박혜림

UNITAS FINDER
PHOTOGRAPHER 김학중

BUSINESS MANAGER 진경은
MARKETING MANAGER 김일출
MARKETING 윤인섭, 최승원
CONSUMER MARKETING 양성미
EDUCATION MANAGER 신현선
ASSISTANT MARKETER 정원석

WEB CHIEF EXECUTIVE OFFICER 주로니

KNOWLEDGE DIRECTOR 홍성태

도서등록번호 서울 라 11598
ISBN 978-89-93574-65-4
출판등록 2007. 7. 3
인쇄발행 2011. 4. 1
인쇄 ㈜프린피아

4F, 725-21, Yeoksam-2 dong, Gangnam-gu, Seoul, Korea, 135-921
서울시 강남구 역삼2동 725-21 4층
Tel 02) 542-8508 Fax 02) 517-1921
광고문의 02) 542-8508
구독문의 02) 545-6240 010) 4177-4077

이 책은 저작권법에 따라 보호 받는 저작물이므로 무단전재와 무단복제를 금지하며, 이 책의 전부 또는 일부를 이용하려면 반드시 ㈜모라비안유니타스의 서면 동의를 받아야 합니다. 이 책에 수록된 글, 사진, 그림 등은 ㈜모라비안유니타스에 저작권이 있으며, 이미지는 저작권자의 허락을 얻어 실었습니다. 계약을 얻지 못한 일부 이미지에 대해서는 편집부로 연락하여 주시기 바랍니다.

바로잡습니다 Vol.19 '브랜드의 미래'에 소개된 서민아 교수(p238)의 약력이 잘못 기재되어 바로잡습니다. 서 교수는 이화여대 물리학과를 졸업하고, 동대학 석사학위를 받았습니다(Vol.19에는 의대를 졸업한 후 동대학원에서 박사학위를 받은 것으로 기재). 또한 성균관대학교 융합의과학원 겸임 부교수 및 생명과학과 교수로도 재직 중임을 알려드립니다.

기업구독자

경기도교육정보연구원(문헌자료실), 한국광고단체연합회, 스튜디오바프㈜, 꼴크리에이티브, ㈜뉴데이즈, ㈜디자인파크, ㈜애드쿠아 인터렉티브, ㈜해피머니 아이엔씨, ㈜이투스, ㈜컨셉, ㈜예스북, 한국우편사업지원단, 우리컴, ㈜한국용기순환협회, ㈜디자인원, 얼반테이너, 민주화 운동기념 사업회, 광고인, 디자인수목원, ㈜에스마일즈, ㈜퍼셉션, 한화호텔앤드리조트, 다우그룹, 에스엘컨설팅, 비아이티컨설팅㈜, ㈜카길애그리코리아, 한국수입업협회, ls산전, 송추가마골, 거송시스템, ㈜굿앤브랜드, ㈜마더브레인, 브랜드트리, 브랜드36.5, 브랜들리, ㈜위즈덤하우스, ㈜작인, ㈜반디모아무역, ㈜브릿지 래버러토리, 삼육의료원, 한양애드, TBWA KOREA, ssp company, ㈜더크림유니언, MDSPACE, ㈜알파코, 유니버설문화재단, ㈜준코토미컴퍼니, 김천상업고등학교, 미창조㈜, 리안헤어, 디자인놀이터, ㈜아티포트, 파맥스오길비헬스월드, ㈜화승서울지점, 매거진랜드, ㈜휴먼컨설팅그룹, ㈜한빛인터네셔널, 대림통상, ㈜디자인컨티늄코리아, ㈜에이션패션, 동화홀딩스㈜서울사무, 더아이디어웍스 주식회사, 중소기업 기술정보진흥원, 익사이팅월드커뮤니케이션, ㈜라이트브레인커뮤니케이션즈, ㈜인디부니, 프린샵, 아이비즈웍스, 에리트베이직, 풀마루, ㈜빅솔, 브랜드아큐멘, ㈜아이듀오, rogmedia, ㈜위즈코리아, 지아이지오, 서하브랜드네트웍스, ㈜에스앤씨네트웍스, ㈜씨엔엠인터라거티브, 주식회사 오디바이크, ㈜엑스프라임, 삼화페인트공업㈜, 삼화페인트공업㈜, CDR어소시에이츠, 시니어커뮤니케이션, 에이다임, 고양아람누리, ㈜세라젬, ㈜기독교텔레비전, 시티그룹글로벌마켓증권, 서울장애인종합복지관, ㈜네시삼십삼분, 포트폴리오, 미래생활㈜, obs경인tv, 금양인터내셔날, ㈜에프앤어스, 아시아저널, 한국생산성본부, ㈜짐월드

외부 교육 프로그램 진행

LG 전자 CVI그룹(고객가치 혁신팀) 마케팅 교육, 서울 시청 해외 마케팅팀 브랜드 & 마케팅 교육, 펀 마케팅 클럽 PMC 프러덕션 교육, 이화여자대학교 평생교육원 MD과정 교육, 연세대학교 브랜드 전문가 과정(BM스쿨), ㈜세정그룹 마케팅 교육, ㈜톰보이 임원 워크샵 특강, ㈜티디코 브랜드 특강, 프랭클린 플래너 마케팅 특강, 한국디자인진흥원 실무디자이너 재교육 기획마케팅 과정, ㈜알파코 2008 우편원격교육 교재지정(노동부), 라퀴진 아카데미 트렌드 강의, 특허청 디자인트렌드 강의, 한국관광공사 온라인 브랜드 강의, 대우 일렉트로닉 디자인 트렌드 강의, Daum 브랜드 강의, 신세계 유통 연수원, MD들의 수다장 정기세미나, 브랜드 커뮤니티 「링크나우」 세미나, 제 1회 인사이트 포럼 「패션 인사이트 창간10주년 기념」, 웹어워드 2010 온라인 브랜드 마케팅 세미나, 서울 패션 소싱 페어 2010, 마포청년 창업아카데미 「마포 명물가게만들기」 브랜드특강, ㈜하이트 임원 역량 강화 교육,연세대학교 브랜드 전문가 과정, 대구,경북 디자인센터, 세정 시장조사 교육, GM 브랜드강의, 디자인코리아 2010, 브랜딩스쿨, 서울디자인재단 디자이너스테이블, 호서선도대학 「창업실무」강의, 2011 프랜차이즈 서울 spring 「브랜드창업」 특강, 콘텐츠진흥원 「청년 창의와 열정 취업특강」, 지콜론 3rd 세미나 「경험 브랜드」 특강, SK커뮤니케이션즈 「브랜딩, 자기다움과 남과 다름」 특강, 이마트 신입사원 브랜드 교육

Unitas BRAND MEMBERSHIP

www.unitasbrand.com
TEL 02.545.6240
MOBILE 010.4177.4077

격월 짝수달 초 발행

등급별 가이드

회원 여러분의 필요에 맞춰 다양한 등급별 정기구독 제도를 마련하였으니, 각각의 혜택을 참조하여 꼭 필요한 멤버십 회원으로 신청하시기 바랍니다.

등급	브랜드 매거진			지식 세미나		통합지식 네트워크
Unitas BRAND Purple MEMBERSHIP 300,000원	유니타스브랜드 정기발송 (연 6회)	유니타스브랜드 뉴스레터	 무크지 or 단행본 (연 1회)	유니타스브랜드 컨퍼런스 (동반 2인 무료)	브랜딩 클래스 (연 2회)	북 세미나 (연 4회)
 **Unitas BRAND Black MEMBERSHIP** 120,000원	유니타스브랜드 정기발송 (연 6회)	유니타스브랜드 뉴스레터	 무크지 or 단행본 (연 1회)	유니타스브랜드 컨퍼런스 (동반 1인 50% OFF)		
 **Unitas BRAND Green MEMBERSHIP** 96,000원	유니타스브랜드 정기발송 (연 6회)	유니타스브랜드 뉴스레터				

세미나 및 교육 가이드

*사정에 의해 일정이 변경될 수 있습니다.

구분	횟수/시간	참가비	무료 참가자격	1월	2월	3월	4월	5월	6월	7월	8월	9월	10월	11월	12월
Branding Class (권민 편집장 브랜딩 클래스)	2회 (pm 7:00~8:30)	100,000원	퍼플 (동반 1인 50% OFF)					○						○	
Unitas BRAND Conference (유니타스브랜드 컨퍼런스)	4회 (pm 1:30~6:00)	70,000원	퍼플 (동반 2인 포함) / 블랙 (동반 1인 50% OFF)				4/7	○				○		○	
Book Seminar (북 세미나)	4회 (pm 7:00~9:00)	20,000원	퍼플			3/4	4/12						○	○	
Knowledge Donation Conference (지식기부 컨퍼런스)	2회 (pm 1:00~6:00) 예정	무료 (예치금 제도)													

구입처

Unitas BRAND
- ONLINE: YES24, 인터파크, 알라딘, 교보문고, 영풍문고, 반디앤루니스, 리브로, 11번가
- OFFLINE: 교보문고 전점, 영풍문고 전점, 반디앤루니스 전점, 리브로(수원점), 프라임문고(신도림점), 대교문고 외 기타 자세한 내용은 홈페이지 www.unitasbrand.com FAQ 참조

UNITAS MATRIX
- ONLINE: FUN SHOP, 10X10, 후추통, YES24, 인터파크, 알라딘, 비젠(베스트벤)
- OFFLINE: 교보문고 핫트랙스(광화문점, 강남점, 영등포점, 잠실점, 목동점, 수유점) 영풍문고(종로점, 명동점), 반디앤루니스(종로점, 신림점, 코엑스점, 롯데스타점), 북바인더스(가로수본점)

㈜모라비안유니타스 서울시 강남구 역삼2동 725-21 4F Tel 02.545.6240 Email unitas@unitasbrand.com @UnitasBRAND

PROJECT NOTE
UNITAS MATRIX

유니타스매트릭스는 브랜딩, 마케팅 전문지인 유니타스브랜드에서 만든 전략 노트입니다.
유니타스브랜드는 수많은 브랜드들의 마케팅 프로젝트를 현장에서 직접 부딪치며 쌓아온 경험과 지식을 지혜로
옮긴 전문서라면, 유니타스매트릭스는 그들의 전략적 사고의 틀을 옮긴 도구입니다.

Planner Line 여러 개의 프로젝트를 한번에 관리하는 프로젝트 플래너

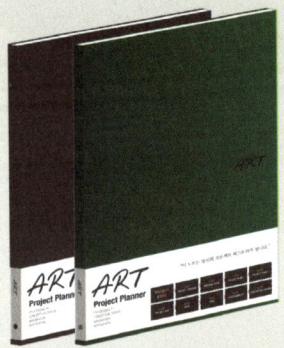   

ART
3개월 간의 단기 프로젝트(3개월용)를 위해 구성된 노트입니다.
Black, Green
Hard Cover 190x250mm 15,000원

smART
ART노트의 휴대성을 강조한 단기 프로젝트(3개월용)를 위한 노트입니다.
Black, Red, Green
Hard Cover 145x190mm 15,000원
smART red+는 smART red를 2% 늘린 제품입니다.
Hard Cover 150x195mm 15,000원

ART 365
1년의 프로젝트를 계획 할 수 있도록 구성된 노트입니다.
Black, Red
Hard Cover 145x210mm 25,000원

MULTI ART
드로잉, 스케치 뿐 아니라 프로젝트 관리까지 할 수 있는 노트입니다.
Black, Red
Hard Cover 145x210mm 15,000원

Creative Line 창의적인 아이디어와 생각을 실행할 수 있도록 돕는 크리에이티브 노트

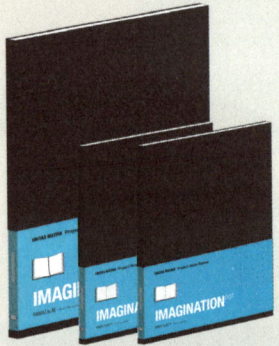 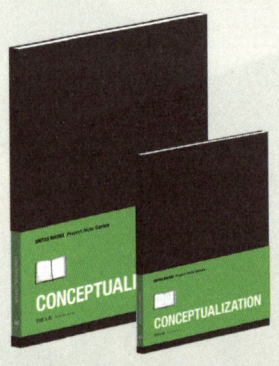  

IMAGINATION → **CONCEPTUALIZATION** → **PROCESSIBILITY** → **INTEGRATION**

프로젝트의 첫번째 과정인 아이데이션을 위한 무지노트입니다.
이미지네이션 노트 Black Hard 190x250 15,000원
이미지 노트LINE Black Soft 145x210 8,000원
이미지 노트DOT Black Soft 145x210 8,000원

아이디어를 개념화, 단순화 하는 컨셉 노트입니다.
컨셉츄얼라이제이션 노트 Black Hard 190x250 15,000원
컨셉츄얼라이제이션 노트 Black Soft 145x210 8,000원

단순화된 아이디어의 컨셉을 체계화 하여 스토리를 구성하는 노트입니다.
프로세스빌리티 노트 Black Hard 190x250 15,000원
프로세스빌리티 노트 Black Soft 145x210 8,000원

이미지+컨셉+프레젠테이션 노트의 내지를 한권에 모았습니다.
인티그레이션 노트 Black Hard 190x250 20,000원